单位组织边界形塑与单位共同体变迁

Work Unit Boundaries and the
Transition of Work Unit Communities

李珮瑶　著

中国社会科学出版社

图书在版编目(CIP)数据

单位组织边界形塑与单位共同体变迁/李珮瑶著. —北京：中国社会科学出版社，2020.7
ISBN 978 – 7 – 5203 – 6567 – 3

Ⅰ.①单… Ⅱ.①李… Ⅲ.①国有企业—企业组织—组织管理学—研究 Ⅳ.①C936

中国版本图书馆 CIP 数据核字（2020）第 092816 号

出 版 人	赵剑英
责任编辑	王莎莎
责任校对	张爱华
责任印制	张雪娇

出　　版	中国社会科学出版社
社　　址	北京鼓楼西大街甲 158 号
邮　　编	100720
网　　址	http://www.csspw.cn
发 行 部	010 – 84083685
门 市 部	010 – 84029450
经　　销	新华书店及其他书店

印　　刷	北京君升印刷有限公司
装　　订	廊坊市广阳区广增装订厂
版　　次	2020 年 7 月第 1 版
印　　次	2020 年 7 月第 1 次印刷

开　　本	710×1000　1/16
印　　张	26.5
插　　页	2
字　　数	390 千字
定　　价	158.00 元

凡购买中国社会科学出版社图书，如有质量问题请与本社营销中心联系调换
电话：010 – 84083683
版权所有　侵权必究

出 版 说 明

为进一步加大对哲学社会科学领域青年人才扶持力度,促进优秀青年学者更快更好成长,国家社科基金设立博士论文出版项目,重点资助学术基础扎实、具有创新意识和发展潜力的青年学者。2019年经组织申报、专家评审、社会公示,评选出首批博士论文项目。按照"统一标识、统一封面、统一版式、统一标准"的总体要求,现予出版,以飨读者。

全国哲学社会科学工作办公室

2020年7月

序　　一

　　自20世纪晚期学术意义上的单位研究发轫以来，学界即将目光主要集中在国企单位组织研究领域，推出了一些有价值的研究成果。这些研究成果的一个重要的研究目标在于，试图通过对国企单位组织内部结构的研究，破解改革开放尤其是迈向社会主义市场经济背景下国企发展所面临的诸多困境。但不容否认的是，多数相关研究成果忽略了国企组织的复杂性，只是就国企而言国企，没有将国企的改革发展问题置于国企复杂的组织体系和重层架构之中，因而其解释力和对策力也自然大打折扣。在这一意义上，李珮瑶博士撰写的《单位组织边界形塑与单位共同体变迁》一书，则在很大程度上对上述研究症结做出了有针对性的研究和破解。

　　该书主要以20世纪50年代以来的大型国有工业企业单位组织为研究对象，围绕东北地区Y厂和T厂两所大型国有工业企业单位进行实证研究，通过文献分析和深度访谈等研究方法，描述出一种依托于"典型单位制"而建构起来的特殊的组织模式。在历时态的纵向变动过程中考察单位组织边界的塑造及变动过程，以此来回视作为"共同体"的单位从产生到衰落的总体性变迁，并对其变迁的内在逻辑加以分析和思考。

　　众所周知，自单位制产生以来，单位组织的形态发生过两次重大的变动，即厂办大集体的产生所带来的单位组织规模膨胀，以及国企改制所带来的传统单位组织结构的瓦解。厂办大集体的产生使单位共同体走向了规模扩张和功能的全面化，但也在单位体制内部塑造了新的边界，并造成了结构差异与认同差异。随着市场化改革的不断深入，厂办大集体的改制成了单位组织改革的第一步，同时也是单位共同体衰落的先声。单位共同体变迁的过程，实际上也是单位组织内边界形塑、组织外边界式微并瓦解的过程。从历时态的角度上看，单位制的建立确定了单位体制与城市社会的分隔，构建了单位组织的外边界；厂办大集体的出现导致了单位组织内部的结构性差异，构建了单位组织内边界。单位组织内边界的逐渐强化，在单位组织内部形成了自反性力量，而单位体制边界的逐渐松动则催化了单位共同体走向消解。单位共同体意义上的单位组织结构的变化实际上就是在制度基础上建立起来的刚性边界，而单位共同体内涵覆盖范围的变化实则是由刚性边界所带来的软性区隔，在二者的叠加作用下，单位共同体完成了其变迁的全过程。单位共同体的变迁是阶段式的、渐进的过程，并且每个阶段的变迁都是有层次性的，其变迁的过程中"从闭合到开放"的逻辑是国家希望在单位体制不断的变动中实现资源重新配置的尝试，是国家对单位合法性的重塑。

在以往的单位研究中，厂办大集体这一对于促成单位制变迁的重要因素鲜有问津，并且对厂办大集体引入国营单位组织后，在产权基础上形成的"国营＋集体"的二元化现象以及其所引发的单位组织结构性变化也没有做出更为具体的阐释。将对厂办大集体的研究纳入单位制研究中来，是单位制研究的一个新的、重要的切入点。单位制的变动过程，实则是单位组织内边界形塑、组织外边界式微并瓦解的过程。对单位组织边界，尤其是厂办大集体的产生及终结所带来的单位组织形塑和单位共同体变迁的思考，是理解单位制的新路径。

在我近年来培养毕业的数十位博士中，珮瑶是年龄最小的一个。因小学阶段连续跳级，使得她大学毕业、硕士入学时刚刚20岁。这对于需要较为丰富社会历练的社会科学研究者来说，本来不是什么优势。但珮瑶在硕士、博士阶段，一直潜心单位组织研究，先后随我深入到长春一汽、长春客车、新疆克拉玛依油田等大型国企做调查，与各种类型的单位人访谈，积累了丰富的访谈资料。她还以"单兵"的形式，对世纪交替之际吉林省一些改制破产国企的职工进行深度访谈，对单位共同体意义上的厂办大集体有了较为深刻的理解认识。在学期间还多次参加中国社会学年会及其他学术会议，其分析问题和现场表达的能力得到了锻炼。尤其值得提出的是，她在博士二年级时，还获得国家留学基金委的资助，赴美国约翰·霍普金斯大学与劳工研究的著名学者安舟教授进行合作研究，在安舟教授的指导下阅读了大量的外文文献，其学力大进，是自不待言的。正是凭借着自身的努力刻苦和各位师长的提领帮助，珮瑶才能在出国一年的情况下，仍然三年博士毕业，其论文得到博士答辩委员会的高度评价，并获得优秀博士论文。在随后的国家首届优秀博士论文后期资助的评审中又脱颖而出，获得项目资助。应该说，与同龄人相比，珮瑶的学术之路的确是一帆风顺的，这自然与其天资聪明和读书期间的刻苦努力密不可分。此部学术专著的出版固然可喜可贺，但必须指出的是，珮瑶的学术之旅才刚刚起步，未来还会面临数不清的难题和障碍的挑战。在这一意义上，珮瑶应围绕着这一学术主题展开持续性的深入调查研究，本书的出版不过是作者一个新的学术起点而已。鼠年除夕将至，仅写出上面几段话对珮瑶的专著做简要的评价和勉励，希望她能够继续努力，成为国家的有用之才。是为序。

田毅鹏
2020年1月23日于吉林大学东荣大厦

序　二

如今，在中国工业单位环境中长大的人们常常会为共同体意识的失落而伤感。近几十年来，他们所成长的单位共同体已经消失了。一部分工业单位其原址已经被拆除，新工厂则搬迁去了更远的地方；而即便是仍在原址的工业单位，其中"共同体"的体验也不复存在了。过去的中国城市是通过单位共同体组织起来的，每一个单位都是一个"小社会"，而现在的中国社会则是以个体为中心的复合体，具有极强的流动性和陌生感。

单位制自20世纪50年代产生，一直到1990年代逐渐衰落，在这一过程中塑造了凝聚力极强的共同体，其原因主要在于以下几个方面。首先，固定工的用工制度具有很强的稳定性，因此，进入单位组织的人们基本上其整个职业生涯都会在这一单位中度过，同事之间的牢固关系也由此结成。此外，单位还致力于为其职工建造宿舍住宅区，得益于此，单位职工都居住在一起，即便他们退休后依然如此。这些单位职工同在食堂吃饭，同在卫生所就诊，他们的子女也在相同的幼儿园所、子弟校就读，再加上他们的福利也都来源于单位所享有的资源，因此这些单位职工结成了利益共同体——"单位人"，并在此基础上产生了对"单位人"身份的普遍认同。当然，共同体的内涵不仅是"包含"，也意味着"排斥"。单位体制塑造了界限清晰的体制边界，将单位人和单位外群体区隔开来。这种边界的存在也使每个单位都具有极强的共同体特性，并与其他单位相互区别。

因此，将"共同体"和"边界"这两个特征视为李珮瑶对单位研究所做的贡献的核心，是十分恰当的。在本书中，她通过深入、系统、有见地的分析，揭示了共同体凝聚力和共同体边界之间不断变化的关系。这本书的研究是基于李珮瑶在中国东北两所典型的大型工业企业单位所进行的实证调研，但是她并非意在对两所工厂的历史进行描述，而是着眼于关于单位体制的共性问题上。她以历史叙事的方式展开阐述，回溯了中华人民共和国成立前单位的前身，1949年后单位制的建立以及单位制时期共同体功能的发挥，并在最后对近几十年来的单位共同体的消解进行了探讨。

李珮瑶对于单位体制的核心问题——家庭和单位的关系——给予了特别的关注。与许多传统形式的公共性组织不同，单位体制并非直接基于亲缘关系而形成，家庭中的成员通常从属于不同的单位，并且他们作为单位成员的身份是不能（像基于亲缘关系的组织和村庄那样）直接继承的。然而家庭和单位之间仍然存在紧密的联结，单位成员身份的代际传承也有许多渠道可以实现。单位人子女除了可以通过就读单位技校和子女顶替接班制度获得与其父母同在一个单位的正式身份，还可以通过进入厂办大集体的方式实现，大部分厂办大集体也正是为了吸纳单位职工子女就业而举办的。到了1980年代，随着大批单位人子女达到就业年龄，这些就业机制也越发重要。

正如李珮瑶在本书最后一章中的论述，单位共同体是由于单位组织内边界不断强化、外边界不断弱化而逐渐地、系统性地瓦解的。面对日益激烈的竞争，企业的领导将劳动力划分为不同等级的方式，力求降低劳动力成本。在厂办大集体工作的年轻职工收入和福利较低，就业保障性较差，日益增长的临时工群体也是如此。到了20世纪80年代末，所有的新招职工都是按照合同制的方式聘用的。这些对单位职工的等级划分侵蚀了他们作为"单位人"的内涵，也加剧了单位共同体内部的分化。

普通职工和企业领导间差距的拉大也是造成单位组织内边界强

化的原因。即便在存续下来的国有企业中，企业领导也不再和普通职工共享宿舍居住区、食堂、卫生所，不再和普通职工一样骑自行车在同样的线路上通勤，他们的子女也不再和普通职工子女一样上同样的幼儿园所、子弟校。现在的企业领导工资高得多，许多也都离开了曾经和单位职工共同活动的闭合单位空间，搬进了带有"阶级隔离"色彩的封闭小区。并且，企业领导努力削减劳动力成本以及裁撤冗余职工，这使他们曾与下属之间结成的"父爱主义"式关系也被刻薄的市场理性所取代了。

在单位组织内边界不断强化的同时，单位组织外边界则在弱化。终身就业的用工制度被开放的劳动力市场所取代。作为20世纪90年代国企改制的重要步骤，所有职工都被迫"买断"并以合同工的身份被重新聘用。全国有上千万的职工被解雇，而即便那些没有被裁员、保住了工作的职工，也失去了他们作为"单位人"的身份，变成了打工者。用于区隔不同单位以及区分城市社会和农村社会的边界瓦解了，人们可以在单位、城乡之间自由流动。与此同时，住房商品化实行，单位宿舍变成了出租房；单位福利也被政府供给或市场化服务所取代。

这种变迁的大体过程并非是中国独有的。第二次世界大战结束后的几十年时间里，许多国家的工业职工都享有相对稳定的工作保障，并在稳定就业的基础上形成了共同体，这在社会主义国家和资本主义国家中都是如此。近几十年来全球新自由主义的迅速发展则将这些共同体消解了，就业变得愈发不稳定，劳动力市场完全打开，而层级化的用工制度则更加普遍。而与其他国家相比，这一变化在中国则表现得更加激进，从一个极端走向了另一个极端。中国已经从一个稳定的单位社会变成了超级流动型社会，成千上万的"流动"工人从一份临时性工作换到另一份，通常是替代那些下岗或退休的老职工。

通过对单位共同体兴起和衰落的敏锐分析，李珮瑶还介入了一个社会学界经久不衰的讨论——这个讨论由德国社会学家斐迪南·

滕尼斯最早提出。滕尼斯认为，现代化、城市化以及工业化，由于他们的本身的特性，将会造成传统的共同体责任被基于个体利益的客观性关系所取代。目前来看，中国社会显然已经发生了滕尼斯所言的这种变化。李珮瑶则认为，这并非是伴生于现代化、城市化和工业化的内在产物。在1949年后的几十年时间内，中国工业劳动力迅速增长，1952年工业劳动力人数为1200万人，到了1995年已经增长到了1.59亿[1]。但工业化的单位组织模式实则创造了更强、而非更弱的城市共同体。在随后的几十年中，对基于市场化关系的现代化模式的追求，才使得这些共同体瓦解，中国的城市社会也随之走向了原子化，并且产生了喜忧参半的结果。这一过程则同具积极和消极效应。

安舟（Joel Andreas）
约翰·霍普金斯大学
2020年3月

---

[1] Brandt, Loren, Debin Ma, and Thomas Rawski, 2016, *Industrialization in China*, IZA Discussion Paper No. 10096, https：//papers.ssrn.com/sol3/papers.cfm? abstract_ id = 2819378.

摘　　要

本书主要以20世纪50年代以来的国有大型国有工业企业单位组织为研究对象，在围绕东北地区Y厂和T厂两所大型国有工业企业单位所开展的实证研究的基础上，通过文献分析和深度访谈等研究方法，在历时态的纵向变动过程中考察单位组织内外边界的塑造及变动过程，以此来回视作为"共同体"的单位从产生到衰落的总体性变迁，并对其变迁的内在逻辑加以分析和思考。

自单位制产生以来，单位组织的形态发生过两次重大的变动，即厂办大集体的产生所带来的单位组织规模膨胀，以及国企改制所带来的传统单位组织结构的瓦解。单位制模式的确立塑造了单位体制边界，促进了单位共同体的结成。厂办大集体的产生使单位共同体走向了规模扩张和功能的全面化，但也在单位体制内塑造了新的边界，并造成了结构差异与认同差异。随着市场化改革的不断深入，厂办大集体的改制成为了单位组织改革的第一步，同时也是单位共同体衰落的先声。

单位共同体变迁的过程，实则是单位组织内边界形塑、单位组织外边界式微并瓦解的过程。从历时态的角度上看，单位制的建立确定了单位体制与城市社会的分隔，构建了单位组织的外边界；厂办大集体的出现导致了单位组织内部的结构性差异，构建了单位组织内边界。单位组织内边界的逐渐强化，使单位组织内部形成了自反性力量，而单位体制边界的逐渐松动则催化了单位共同体走向消解。单位共同体的单位组织结构的变化实际上就是制度基础上建立起来的刚性边界，而单位共同体内涵覆盖范围的变化实则就是由刚性边界所带来的软性区隔，在二者的叠加作用下，单位共同体完成了变迁的全过程。

单位共同体的变迁是阶段式的、渐进过程，每个阶段的变迁都是有层次性的，其变迁的过程中"从闭合到开放"的逻辑是国家希望在单位体制不断的变动中实现资源重新配置的尝试，是国家对单位合法性的重塑。并且，单位共同体从兴起到衰落的具体过程以及"后单位时代"对单位共同体要素的重提，亦是中国现代化进程中"组织化——再组织化——去组织化"进程的真实反馈，单位共同体变迁的过程也就成为了中国现代化进程的缩影。对单位组织边界、尤其是厂办大集体的产生及终结所带来的单位组织形塑和单位共同体变迁的思考，不仅是理解单位制的新路径，对于理解中国社会的整体性也变迁也具有重要意义。

关键词： 单位共同体；单位组织边界变迁；厂办大集体

Abstract

This book mainly takes the large-scale state-owned industrial enterprises (SOEs), so called work unit (*danwei*), since the 1950s as the research object, and conducts empirical research on two cases both located in Northeast China: Factory Y and Factory T. Through literature analysis and in-depth interviews, a "typical *danwei* model" (典型单位制) has been described. In the diachronic process of *danwei*, by focusing on the changing process of the organizational boundaries of *danwei*, regarding the overall transition of *danwei* as a "community" (共同体) from its generation to decline, we can analyze and reflect on the internal logic of its transition.

Since the establishment of *danwei* system, there has been two major changes in the shape of *danwei* organization, namely the expansion of *danwei* organization brought about by the establishment of subordinate collective enterprises (SCEs) established by state-owned enterprises, and the collapse of the traditional *danwei* organizational structure brought about by the reform of the SOE. The emergence of SCE made *danwei* community move towards scale expansion and comprehensive functions, but also created a new boundary inside *danwei* organization and caused structural differences and identity differences between SOE and SCE. With the continuous deepening of market-oriented reforms, the restructuring of SCE was the first step in the reform of *danwei* organization, and it was also the forerunner of the decline of *danwei* community.

The process ofthe transition of *danwei* community is, in fact, the process of shaping the internal boundary of *danwei* organization, diminishing and disintegrating the outer boundary of the organization. During the establishment of *danwei* system, it actually builds an institutionalized boundary between *danwei* organization and the outside *danwei*. The SCE set up a boundary inside *danwei* organization that divided *danwei* into 2 parts: state-owned part and collective part, which created duality within *danwei* system. With the strengthening of inner boundary and the weakening of external boundary, *danwei* community began to loose, the reform of SCE was pushed to the foreground, which directly led to the second fundamental change of *danwei* organizational structure since its formation.

The study of transition of "*danwei* community" plays a significant role in understanding *danwei*, it takes place under the logic of "from social closure to open market", and draw a clue of the state's attempt to reallocate social resources in the continuous remodeling of the legitimacy of *danwei*.

In the previous*danwei* study, the SCE, an important factor that promotes the transition of *danwei* system, has rarely been valued. Taking the SCE study and the conception of boundaries into *danwei* study can be a new way to understanding *danwei*. With the disappearance of the traditional *danwei* system, the community principles and logic contained in "*danwei* community" continue to play a role in modern society, not only as a re-emphasis on the political and social functions of SOE, but also of fundamental significance on Chinese society reorganization in "post- *danwei* era".

Key Words: Work Unit Community; Transition of Work Unit Boundaries; Subordinate Collective Enterprises

目　　录

导　论 ·· (1)
 第一节　问题的提出 ·· (2)
 第二节　研究意义 ·· (6)
  一　理论意义 ·· (6)
  二　现实意义 ·· (9)
 第三节　研究方法 ·· (10)
  一　方法论 ·· (10)
  二　研究方法 ·· (13)
 第四节　案例介绍 ·· (14)
 第五节　单位制及相关概念的厘清 ······························ (17)
 第六节　研究内容结构 ·· (20)

第一章　单位制研究评述 ·· (22)
 第一节　单位制研究综述 ·· (22)
  一　单位制的产生 ·· (22)
  二　单位制的变迁 ·· (28)
 第二节　单位与国家、社会及家庭关系 ······················ (35)
  一　单位与国家和社会 ·· (35)
  二　单位与家庭 ·· (43)
  三　"后单位时代"的社会治理 ······························ (51)
 第三节　对以往单位研究的回应 ·································· (55)

一　单位研究对中国传统社会思想的轻视……………………(55)
　　二　单位研究对"厂办大集体"的重视不足 ………………(57)

第二章　共同体与社会闭合……………………………………(61)
第一节　西方共同体理论与单位共同体………………………(61)
　　一　滕尼斯：村落共同体……………………………………(62)
　　二　马克思：虚幻共同体与真正的共同体…………………(66)
第二节　资源的社会分配………………………………………(69)
　　一　社会闭合：差异化的资源分配…………………………(70)
　　二　单位资源分配中的差异与限定…………………………(74)
第三节　"家国同构"思想下的单位共同体……………………(76)
　　一　"小共同体本位"的情理社会……………………………(77)
　　二　全能主义与"家国同构" ………………………………(80)
　　三　"父爱主义"下的单位共同体……………………………(83)

第三章　体制内外区隔：有限覆盖的单位共同体………………(87)
第一节　单位制的"工合"起源 ………………………………(88)
　　一　"工合"运动的兴起与衰落………………………………(89)
　　二　"工合"实践的反思：组织、动员与社会建设 ………(94)
　　三　"工合"的延续与完善：单位制的建立 ………………(101)
第二节　单位人身份的获得与认同……………………………(104)
　　一　单位人身份的获得………………………………………(105)
　　二　单位人身份的再生产与复合……………………………(114)
　　三　单位人的身份认同………………………………………(121)
第三节　单位体制边界：闭合性与排他性……………………(126)
　　一　闭合的单位空间…………………………………………(126)
　　二　伴随单位人身份的单位福利……………………………(139)
小结………………………………………………………………(148)

第四章 厂办大集体的产生：单位共同体的全面扩张 (149)

第一节 集体所有制企业的产生与发展 (149)
一 集体所有制的产生 (150)
二 单位准入机制的变迁：集体产权引入国营的历史条件 (155)
三 厂办大集体的建立 (162)

第二节 厂办大集体对单位共同体的重塑 (167)
一 "潜在单位人"依附意识的塑造与强化 (168)
二 厂办大集体与国营单位的双向联结 (178)

第三节 全面覆盖的单位共同体 (188)
一 单位共同体的结构性扩张 (188)
二 单位资源共享边界的扩大 (194)
三 单位组织的"家族化" (197)

小结 (203)

第五章 单位组织内边界的结成与强化 (205)

第一节 单位组织内自反性力量的结成 (205)
一 所有制身份混合后的得益者与失意者 (205)
二 单位组织内边界的塑造 (213)

第二节 国营与集体的逐渐分离：单位组织内边界强化 (222)
一 组织重组的制度性分离 (222)
二 单位组织内边界两侧的人情权力关系 (228)

第三节 厂办大集体改制：单位共同体衰落的先声 (235)
一 辅业改制前的厂办大集体 (235)
二 厂办大集体的改制路径与职工的身份转换 (241)

第六章 单位组织外边界的弱化与单位共同体的衰落 (251)

第一节 国企改制：单位组织外边界的式微 (252)

一　效益追求与市场面向 ………………………………（253）
　　二　单位社会性功能的剥离 ……………………………（261）
　　三　国企改制与单位共同体的衰落 ……………………（270）
第二节　单位领导的身份转变与权威重塑 …………………（274）
　　一　身份转变：从"内部人"到"外来者" ………………（274）
　　二　公共意识的模糊与角色政治性的淡化 ……………（281）
　　三　角色转变与管理权威的重塑 ………………………（289）
第三节　从"单位人"到企业员工 ……………………………（297）
　　一　职工间身份的差异化体验与相对剥夺感的产生 …（298）
　　二　职工工资、福利议题的缺失 ………………………（303）
　　三　职工与单位组织间关系的转变：从制度依附到
　　　　利益依赖 ……………………………………………（311）

第七章　单位共同体变迁的分析与思考 …………………（316）
第一节　单位资源的社会重置 ………………………………（317）
　　一　有意设定的边界：资源的体制内共享 ……………（318）
　　二　社会范围内的资源重置 ……………………………（324）
第二节　从闭合到开放：单位合法性的重构 ………………（331）
　　一　闭合下的父爱主义 …………………………………（332）
　　二　单位共同体衰落：非"意外后果" …………………（336）
第三节　单位共同体变迁的反思 ……………………………（339）
　　一　单位共同体变迁与中国的现代化 …………………（340）
　　二　"后单位时代"社会的再组织化 ……………………（345）

附录1　访谈提纲（国营） …………………………………（349）
附录2　访谈提纲（厂办大集体） …………………………（352）
附录3　访谈提纲（三线厂） ………………………………（354）
附录4　受访者基本信息表 …………………………………（357）

参考文献 …………………………………………………（361）

索　引 …………………………………………………（385）

后　记 …………………………………………………（390）

Contents

Introduction ·· (1)
   Section 1   Statement of Problem ··· (2)
   Section 2   Research Significance ··· (6)
      1   Theoretical Significance ··· (6)
      2   Practical Significance ·· (9)
   Section 3   Research Method ·· (10)
      1   Methodology ·· (10)
      2   Research Methods ·· (13)
   Section 4   Introduction of Empirical Cases ··· (14)
   Section 5   Clarification of Work Unit and Related Concepts ·························· (17)
   Section 6   Content Structure ··· (20)

Chapter 1   Review of *Danwei* Studies ··· (22)
   Section 1   Review of *Danwei* System Studies ··· (22)
      1   Origins of *Danwei* System ·· (22)
      2   Transition of *Danwei* System ··· (28)
   Section 2   Relations of *Danwei* Organization, State, Society and
              Family ·· (35)
      1   *Danwei* with State and Society ·· (35)
      2   *Danwei* and Family Relations ·· (43)
      3   Social Governance in "Post-*danwei* Era" ··································· (51)
   Section 3   Responses to *Danwei* Studies ·· (55)

    1 Lack of Recognition of Chinese Traditional Social Thoughts ･･･ (55)

    2 Lack of Recognition of SCE ･････････････････････････････ (57)

Chapter 2　Community and Social Closure ･･･････････････ (61)

  Section 1　Western Community Studies ･････････････････････ (61)

    1 Tonnies: Rural Community ･････････････････････････････ (62)

    2 Marx: Unreal Community and Real Community ････････ (66)

  Section 2　Distribution of Social Resources ･････････････････ (69)

    1 Social Closure: Pattern of Differences in Resource Distribution ･･ (70)

    2 Differences and Definiteness in Resource Distribution of *Danwei* ･･･ (74)

  Section 3　*Danwei* Community under Home-country Isomorphism ･･･ (76)

    1 Etiquette Society in "Small Community-based" Ideology ･･･ (77)

    2 Logic of Totalism and Home-country Isomorphism ･･･ (80)

    3 *Danwei* Community under Paternalism ･･････････････････ (83)

Chapter 3　Boundary between *Danwei* and Outside: Finite-covered *Danwei* Community ･････････････････････ (87)

  Section 1　*Danwei* System and Industrial Cooperatives ･･･････ (88)

    1 Raise and Fall of Industrial Cooperatives ･････････････････ (89)

    2 Reflection of Cooperative Practice: Organization, Mobilization and Construction of Society ･････････････････ (94)

    3 Establishment of *Danwei* System: Inheritance and Improvement of Industrial Cooperatives ････････････････ (101)

Section 2   Acquirement and Identification of *Danwei*
            Membership ·· (104)
  1   Acquirement of *Danwei* Membership ······················ (105)
  2   Reproduction andRecombination of *Danwei*
      Membership ··· (114)
  3   Identification to *Danwei* Membership ······················ (121)
Section 3   *Danwei* System Boundary: Closed and
            Exclusive ··· (126)
  1   Closed*Danwei* Space ······································· (126)
  2   Welfare Accompany with *Danwei* Membership ············ (139)
Summary ··· (148)

Chapter 4   Establishment of SCE: Overall Expansion of *Danwei* Community ······································ (149)

Section 1   Origins and Development of Collective
            Enterprise ·· (149)
  1   Origins of Collective Enterprise ······························ (150)
  2   Changes of Recruitment Mechanism: Historical
      Background of Collectives into SOE ······················ (155)
  3   Establishment of SCE ·· (162)
Section 2   Reorganization of SOE by SCE ······················· (167)
  1   Shaping and Strengthening the Sense of Dependence
      of "Potential *Danwei* Members" ·························· (168)
  2   Two-way Connection Between SCE and SOE ············· (178)
Section 3   Comprehensive *Danwei* Community ················· (188)
  1   Structural Expansion of *Danwei* Community ·············· (188)
  2   Expansion of Sharing Boundary of *Danwei*
      Resource ··· (194)
  3   Familization of *Danwei* Organization ······················ (197)

Summary ……………………………………………… (203)

Chapter 5　Formation and Strengthen of Boundary inside *Danwei* Organization …………………………… (205)

　Section 1　Formation of Reflexive Forces within *Danwei* Organization ……………………………………… (205)

　　1　Beneficiaries and Frustrated *Danwei* Members with Mixed Ownership ……………………………… (205)

　　2　Formation of Boundary inside *Danwei* Organization …………………………………………… (213)

　Section 2　Strengthening of the Boundary Inside *Danwei* Organization: Gradual Separation of SOE and SCE ………… (222)

　　1　Institutional Separation ………………………………… (222)

　　2　Network Relationship on both Sides of the Inner Boundary …………………………………………… (228)

　Section 3　Collapse of SCE: Signs of *Danwei* Community Decline ……………………………………………… (235)

　　1　SCE beforeAuxiliary Industry Reform ……………… (235)

　　2　Methods of SCE Reform and Changes of Status of Employees ………………………………………… (241)

Chapter 6　Disintegration of *Danwei* System Boundary and Decline of *Danwei* Community ……………… (251)

　Section 1　Reform of SOE: Weakness of *Danwei* System Boundary ……………………………………………… (252)

　　1　Profit-oriented and Market-oriented Changes ………… (253)

　　2　Stripping of Social Functions ……………………… (261)

　　3　SOE Reform and Decline of *Danwei* Community ……… (270)

Section 2　Changing Standpoint of *Danwei* Leadership ……… (274)
　1　Managers: from "Insider" to "Outsider" ……………… (274)
　2　Blurred Public Consciousness and Weakened
　　　Political Character ……………………………………… (281)
　3　Role Transformation and Remodeling of
　　　Authority ………………………………………………… (289)
Section 3　From "*Danwei* Member" to "Company's
　　　Employee" ………………………………………………… (297)
　1　Differential Experience of Identity among Employees
　　　and Generation of Relative Deprivation ………………… (298)
　2　Less Welfare from *Danwei*: Loss of Issues for
　　　Discussing ………………………………………………… (303)
　3　Change of the Relationship between Employees and
　　　Danwei: From Institutional Dependence to Interest
　　　Dependence ……………………………………………… (311)

Chapter 7　Analysis and Thinking on the Transition of
　　　***Danwei* Community** ……………………………………… (316)
Section 1　Social Replacement of *Danwe* Resources ………… (317)
　1　Intentional Boundary: Sharing of Resources inside
　　　Danwei System …………………………………………… (318)
　2　Resource Reset within Society ………………………… (324)
Section 2　From Social Closure to Open Market: Reconstruction
　　　of *Danwei* Legitimacy ……………………………………… (331)
　1　Closed *Danwei* under Paternalism ……………………… (332)
　2　Decline of *Danwei* Community: Non-unintended
　　　Consequences …………………………………………… (336)
Section 3　Reflections on the Transition of *Danwei*
　　　Community ………………………………………………… (339)

1　Transition of *Danwei* Community and China's Modernization ·················· (340)
2　Reorganization Society in "Post- *Danwei* Era" ············ (345)

Appendice 1　Interview Outline（for SOE） ····················· (349)

Appendice 2　Interview Outline（for SCE） ····················· (352)

Appendice 3　Interview Outline（for Factories in Three-line Area） ··· (354)

Appendice 4　Interviewees ·· (357)

Bibliography ··· (361)

Index ·· (385)

Afterwords ·· (390)

导　　论

中华人民共和国成立初期，为恢复被战争破坏的国民经济，中国共产党和人民政府采取了一系列措施以维护社会稳定，保证和促进百业运营和发展，国家建设也急切需要重工业发展的支持。但从1927年至1949年前夕，中国共产党的工作重点在农村，缺乏管理和建设城市的经验；同时工业的基础又来源于接管国民党的工业企业，缺乏管理和生产的经验，这无疑为城市社会建设和经济建设带来了困难。

在这样的背景下，中国共产党在总结根据地实践的基础上，逐渐修正并完善组织体制"单位"，作为一种重建中国社会的组织形式。在1956年"一五"计划基本完成之时，"单位社会"的"雏形"也基本定型。[①] 鉴于国有企业在经济建设和社会组织方面所发挥的作用，单位社会开始外延扩张，以大型国有企业为依托的"典型单位"便确立起其存在形态，成为计划经济时期单位研究的重要一环。其所带来的单位共同体的形塑及扩张，也成为中国社会变迁的缩影。因此，如何看待单位共同体的内涵及作用、如何认识和理解单位共同体的变迁，对于理解中国社会的组织和建构以及中国现代化的整体性进程是十分重要的。

[①] 田毅鹏、漆思：《"单位社会"的终结——东北老工业基地"典型单位制"背景下的社区建设》，社会科学文献出版社2005年版，第31页。

第一节　问题的提出

西方学界普遍认为，工业的发展必然会造成家族网络的解体，滕尼斯所言的"共同体"①将随着工业化、现代化的进程而瓦解，以个体为中心的社会关系将取代整体本位的共同体。②但事实上，单位的产生不仅没有造成传统意义上的共同体瓦解，反而形成了以业缘为基础并覆盖到职工家属的新圈子。"单位共同体虽然不能达到传统意义上共同体的'共有'水平，但彼此却感到亲如家人，对所属单位有着很强的认同感，这与共同体精神的实质是基本一致的。"③并且，单位共同体在形成后并不是一成不变的，而是呈现出不断扩展的趋势，表现为结构性差异的构建过程。

在整个单位社会发展变迁的过程中，其扩展不仅表现为空间上的扩张和单位组织的不断复制，更体现在被纳入单位中的"单位人"队伍的扩张。最初的国有企业单位只是有机地吸纳了表面上被否定、铲除的家庭观念及家庭制度④，通过将濒临瓦解的家庭中的个体纳入单位体系而避免个体走上原子化之路。因此，在企业建立之初，只有家庭里的户主（通常是丈夫）属于单位人。但随着时间的推移，对家属的工作也开始被纳入单位的工作议程当中。因为家属的安定是职工安心工作的重要条件，将这些职工家属有

---

① 参见［德］斐迪南·滕尼斯《共同体与社会：纯粹社会学的基本概念》，林荣远译，商务印书馆1999年版。
② 这些观点来自帕森斯、贝克等，在本书的第二章将做详细说明。参见［美］T. 帕森斯《现代社会的结构与过程》，梁向阳译，光明日报出版社1988年版；［德］乌尔里希·贝克《风险社会》，何博闻译，译林出版社2004年版。
③ 周建国：《单位制与共同体：一种可重拾的美德》，《浙江学刊》2009年第4期。
④ 陈映芳：《国家与家庭、个人——城市中国的家庭制度（1940—1979）》，《交大法学》2010年第1卷。

效地组织起来，可以缓解单位人家庭生活困难、消除他们的后顾之忧。① 同时更为重要的思考在于，"通过耐心细致的家属工作，可以把家属组织起来，一并将其纳入广义的单位体系，成为建厂的积极力量。在这一意义上，家属工作不是单位的分外之事，而是单位工作最重要的组成部分"②。此时的单位"集体"仍然是围绕"单位人"所展开的，并未对国企原本所具有的"国家行政系统的延伸"③的本质造成冲击。

20 世纪 60 年代初期，由于受到"左"倾路线的影响，"国家经济凋敝，职工生活水准急剧下降，为了提高部分困难职工生活水准，一大批职工家属走上了自救之路，进国营厂当了家属自救工，从而揭开了'家属革命化'的序幕。在'家属革命化'和'家属自救运动'的旗号下，很多国营企业通过举办家属五七厂，开始将原来居家的职工家属纳入单位体系之内"④。随着知识青年"上山下乡"运动中一些问题的暴露，国家也要求各单位对其"上山下乡"子女加强管理和生活安排，单位逐渐开始深度介入知识青年管理工作。单位逐渐把职工子女纳入单位的"外围"，子女顶替接班和"厂办大集体"开始成为单位共同体持续扩张的又一标志。⑤ 单位共同体由此实现了组织规模的结构性扩张和共同体功能的全面覆盖。

在资源有限的条件下，国家通过单位组织的建立，有意构建了体制的边界，通过城乡二元区隔强化了城市社会的组织程度，并在城市中造成了单位共同体内外不同待遇的差别。体制的边界在事实

---

① 田毅鹏、李珮瑶：《国企家族化与单位组织的二元化变迁》，《社会科学》2016 年第 8 期。
② 田毅鹏：《单位制与"工业主义"》，《学海》2016 年第 4 期。
③ 李培林、姜晓星、张其仔：《转型中的中国企业——国有企业组织创新论》，山东人民出版社 1992 年版，第 95 页。
④ 田毅鹏、吕方：《"单位共同体"的变迁与城市社区重建》，中央编译出版社 2014 年版，第 71 页。
⑤ 同上书，第 72 页。

上塑造了如韦伯所言的"社会闭合"①，为资源的分配框定了范围，即资源只能在单位共同体内部共享。随着单位人家属和子女逐渐被纳入单位共同体，单位共同体的扩展塑造了其内部的结构性差异。原本单位共同体的出现，只是在中国社会中形成了"单位"与"单位外"的差异，单位共同体内部是秉持着共同精神观念、生活方式的有机体，成员构成也有极大的相似性。而"五七厂"、厂办大集体的出现，使单位共同体内部开始出现了分化，形成了基于所有制属性差异而衍生的"国营"和"集体"的二元结构。这种结构性差异继而使得国企单位组织内部产生了如吕晓波所言"大公共性"和"小公共性"间的对立与分化。② 国营单位内集体产权的引入，不仅扩大并强化了单位的体制边界（单位组织外边界），同时也在单位组织内构建了资源占有的差序格局，从而促进了单位组织内边界的塑造。

厂办大集体的产生与发展成为单位制变迁的一个重要过程，实则是国家建构单位过程中所遵循的逻辑原则的集中体现。厂办大集体的出现表明了国家对完善单位制度的尝试，以及试图逐渐扩大资源共享范围、打开闭合体制的探索。但实际上这种做法却在单位体制内塑造了新的边界，并在变动的过程中客观形成了单位组织内边界强化、外边界弱化的趋势，最终产生了由内而外的力量，导致传统的单位共同体瓦解、单位制走向终结。从闭合到开放的制度设定，到单位组织内外边界的形塑过程，对于理解单位共同体扩张和消解无疑是极其重要的。

许多学者将单位视为国家进行自上而下的社会整合的手段，单

---

① 也译作"社会封闭"或"社会屏蔽"。参见［德］马克斯·韦伯《经济与社会》（第一卷），阎克文译，上海人民出版社2010年版，第135页。

② ［美］吕晓波：《小公经济：单位的革命起源》，载田毅鹏等《重回单位研究——中外单位研究回视与展望》，社会科学文献出版社2015年版，第3—22页。

位制的消解在某种程度上意味着一种社会组织模式的失效①,国有企业所表现出的"父爱主义"的种种特征也被视为矛盾的焦点。然而这些反思往往都忽视了单位在政策执行中的被动强制性,其在某种程度上分担、承载社会功能方面所凸显的功能也被掩盖。同时,单位共同体处在不断的变动之中,厂办大集体作为"大而全"单位体制走向顶峰的标志,基于由其引发的单位组织二元化现象而兴起的对计划时期国有企业的全面否定显然是有失偏颇的。

同时,对单位的考察不应视"单位"为简单的经济实体或经济组织,而更应看到它在中国社会中所表现出的对家庭、社会关系的建构,即单位"共同体"的特性。田毅鹏概括了单位共同体的总体特征:"一是特殊的'国家—单位—个人'的纵向联结控制机制,即单位成员依赖于单位组织,单位组织乃政府控制社会的组织手段;二是单位组织体制的高度合一性,即单位的党组织和行政管理部门不仅是生产管理机构,同时也是政治、社会管理机构,具有高度的合一性;三是终身固定就业与'包下来'的单位福利保障制度;四是基于单位组织的自我封闭性而形成的具有浓厚伦理色彩的'熟人社会'。"② 单位制在中国社会中起到的是对社会总体性重构的作用,对单位的考察不应仅视之为一种组织形式或制度模式,而应对单位的精神共同性,即作为"共同体"的文化、观念及传统内涵予以重视。在这种本应内在合一的单位共同体中,边界是如何塑造的,又是如何成为消解单位共同体的自反性力量的,这无疑是更值得思考的。

---

① 路风认为单位制是"过分依赖国家行政力量而日益僵化的组织形式",参见路风《单位:一种特殊的社会组织形式》,《中国社会科学》1989年第1期;叶麒麟认为单位制是一种"自我削弱"的变迁过程,参见叶麒麟《中国单位制度变迁——一种历史制度分析的视角》,《华东理工大学学报》(社会科学版)2008年第4期;任学丽对于单位依附性强、消解国家权威等诸多"以外后果"进行了总结,参见任学丽《单位制度的初始意图与意外后果》,《理论探索》2010年第5期。

② 田毅鹏、吕方:《单位社会的终结及其社会风险》,《吉林大学社会科学学报》2009年第6期。

从"单位共同体"的角度对"单位"进行回视，研究其产生、发展、变迁及转型过程中构建逻辑的运行模式，对于深入理解单位具有十分重要的作用。在传统的单位社会瓦解后，这种单位共同体逻辑是否依然存在、又以何种形式为载体，对认识"后单位时代"的中国社会亦是具有基础性意义的。在整个单位共同体变迁的过程中，由厂办大集体的产生而带来的单位组织内边界的形成、组织内外边界强弱的变化，是造成单位共同体结构变迁乃至消解的重要力量。因此，本书主要以20世纪50年代以来的大型国有企业单位组织为研究对象，在历时态的纵向变动过程中考察单位组织边界的变动及形塑过程，在此基础上探讨作为"共同体"的单位从产生到衰落的总体性变迁，并对其内在逻辑展开分析与思考。

第二节 研究意义

一 理论意义

目前对于单位制的研究，主要可以分为对单位制外在形态及内在功能两个维度。对于单位制外在形态的考察，表现为对单位制度的产生及变迁研究；对于单位制功能的考察，则表现为对单位组织与国家、社会和家庭关系的研究。在关于单位制起源的讨论中，"根据地经验移植说""社会资源总量约束说"及"苏联模式影响说"等几种理论观点[1]占据主导地位。但这几种观点都或多或少地缺少对

---

[1] 路风：《中国单位体制的起源和形成》，载中国社会科学院社会学研究所编《中国社会学》（第二卷），上海人民出版社2003年版，原文载《中国社会科学季刊》（香港）1993年第5期；刘平、王汉生、张笑会：《变动的单位制与体制内的分化——以限制介入性大型国有企业为例》，《社会学研究》2008年第3期；田毅鹏、刘杰：《"单位社会"起源之社会思想寻踪》，《社会科学战线》2010年第6期；柴彦威、陈零极、张纯：《单位制度变迁：透视中国城市转型的重要视角》，《世界地理研究》2007年第4期；等等。

中国传统社会思想的重视、忽视了中国共产党在抗战时期的根据地实践及其思想的延续性。这就造成了对单位制度形态及其特征理解的不全面性。中华人民共和国成立后的社会为何要采取"单位"这种模式组织起来，"单位"是如何成为生产性、政治性、社会性的复合体，为何"单位"存在城乡、体制内外差异，这些问题都要回归到单位制的起源才能得到恰当的解释。

并且，以往这些对单位组织的研究，单位或被视为根据地模式、苏联模式在新中国城市社会中的延续，或被视为国家进行总体性控制的工具、手段，将单位视为"共同体"而考察单位组织的变迁过程相对较少。以田毅鹏为代表的单位制研究看到了单位作为共同体的独特性质，同时也对作为"共同体"的单位所承担的社会总体性作用进行了考察。[①] 但这一研究重在从宏观的整体性视角入手，旨在对单位制各项制度安排下所体现的共同体属性进行探讨，而并没有对其变迁具体过程展开深入的讨论。同时，单位共同体作为与以往"共同体"不同的新模式，对于它的特殊性以及关于其从小群体向城市社会的移植过程的研究仍是有待加强和完善的。因此，在回溯单位制起源的基础上，围绕作为"共同体"的单位展开研究，对于深入理解单位具有重要意义。

单位组织自产生后，经历了从单一结构到"二元"结构的变化过程。在研究单位制度演进、变迁到走向终结的变迁历程中，"集体"进入"国营"的产权变动过程是思考这一问题的重要切入点。这一问题即可转换为由于单位人子女进入国营单位组织及其影响下而形成的"厂办大集体"的起源问题。在当时的特殊历史背景下，"文化大革命"时期长期积压的矛盾开始迸发出来，"上山下乡"知识青年的就业问题便是其中迫切需要得到解决的矛盾焦点。同时，在高考制度被取消的条件下，大量积压的待业青年无处就业，其数

[①] 田毅鹏、吕方：《"单位共同体"的变迁与城市社区重建》，中央编译出版社2014年版。

量亦超过了国家的容纳能力,于是"厂办大集体"应运而生。1978年10月12日,国务院召开全国知识青年上山下乡工作会议,通过了《全国知识青年上山下乡工作会议纪要》和《国务院关于知识青年上山下乡若干问题的试行规定》,提出要统筹解决好知识青年的问题,在全民所有制单位的领导下,大力发展集体所有制的企事业,并对"上山下乡"的安置形式作出详细规定。在就业市场被取消的情况下,本着"谁的孩子谁抱走"的原则,安置的任务只能由单位来承担。在这一意义上,厂办大集体的出现实为无奈之举。随着单位人家属通过制度性途径进入单位组织体系中,单位人家属的全部活动都被纳入单位的场域之中。不论身处其中的单位人的动机如何,单位组织内部以家庭成员或家族成员为中轴而构建的非正式群体已成为一种实体性的存在形式。

厂办大集体进入国企单位组织,不仅意味着单一结构的单位组织形态的变化,更使得单位的制度形态、组织文化呈现出与以往不同的特殊性。单位组织的这种扩张不仅是国家全能主义在横向维度上向社会延伸的体现,更是父爱主义自上而下的政策覆盖连带性的表征。厂办大集体的产生和发展是国企单位组织形态转换的一个重要阶段,同时也成为单位共同体变迁的连续性过程中重要的一环。可以说,对厂办大集体的考察对于理解单位共同体具有根本性的意义,离开厂办大集体,就无法真正认识和阐释单位的概念。

由厂办大集体的产生所带来的单位组织二元化,并不是单纯将单位组织内部划分为两个部分,而是形成了单位组织内部的结构性差异,即在单位内部塑造了新的边界,与单位体制边界(单位组织外边界)共同构成了单位的作用场域。随着单位组织内外边界强弱对比的变化,单位组织的转型及由其所带来的社会结构变迁从这一刻开始初现端倪。认识单位组织边界的建立、变动与瓦解以及由此引发的单位共同体变迁,对于理解单位制和中国社会结构的变迁都有着至关重要的意义。本书也试图在韦伯"社会闭合"的理论视角下，对单位共同体这一变迁过程进行解读，以此丰富单位研究的理论成果，为搭建本土化的工业社会学和单位组织研究提供可供参考的路径。

二 现实意义

单位组织的建立和发展，对于推动国家工业化建设具有基础性意义。在计划经济体制下，国家强力控制和动员机制具体通过单位发挥作用，以确保资源能够被有效地集中、分配并落实到现代化建设的具体实践中。单位对于中国现代化的意义却不仅如此，以单位组织为核心的城市社会组织，"既是国家推动工业化的组织载体，又是国家动员的组织基础"[①]。单位组织不仅是一种国有经济形式，同时也是国家对社会重构的模式探索，是在生产方式变革的基础上对于国家、家庭和社会关系的重新塑造。由此，中国通过"单位"的实践形成了社会主义现代化的独特路径。单位组织通过"单位办社会"塑造了单位共同体，实现了对中国社会的重组与再编，它不仅承载了现代化的工业化面向，更实现了对现代化关系的塑造。从这个意义上来理解，单位制的建立与变迁过程，就是中国现代化进程的缩影。随着传统单位制走向消解，单位共同体将会以何种形式存续？原本由单位承担的社会功能如何实现转移？单位观念如何延续并作用于当下的社会治理？单位制中的积极因素如何能够在国家现代化建设中持续发挥作用？对这些问题的思考对于中国的社会治理和社会发展都具有重要意义。

聚焦于单位组织自身，可以发现，对现代国有企业的研究和理解、对现代国有企业管理和发展模式的探索，都离不开对计划时期国企单位组织的回溯和探讨。一方面，经历市场化改革后的国有企业，如何通过深化改革克服"软约束"、释放新活力？老工业

[①] 田毅鹏、许唱：《"单位人"研究的反思与进路》，《天津社会科学》2015年第5期。

基地如何能够适应新时代发展，实现振兴？这就必须要将国企置于长时段的纵向视角下进行考察，从单位制发展与变迁的整体性进程中寻求路径。另一方面，国有企业内部"家族化"现象并未随着单位共同体的瓦解而消失，反而形成了一套通过非正规渠道结成复杂人际关系网络的路径。这种隐晦的关系网络为国企管理带来了负担，继而在国企内部滋生了诸多阻碍企业发展的现实问题。国企管理中"人情""关系"逻辑的溢出也造成了社会治理的负面效应，在如东北等单位制传统深厚的地区，因此被深深打上了"人情社会""没有关系寸步难行"的烙印，地区的经济发展环境也深受其影响。

虽然"国企改制"似乎已经逐渐淡出人们的话语，但由于厂办大集体解体、国有企业改革所带来的职工下岗等一系列遗留问题直到今天依然存在，其衍生出的临时工、派遣工问题，国有企业民主管理问题等，对于当下的中国社会都在产生实质性的影响。国企转型所带来的社会发展过程的加速，社会结构、阶层的变迁问题，不仅是学术讨论的焦点，更是社会关注的热点。通过对单位组织和单位共同体变迁的理论根源的追寻，理解其变迁过程以及认清其对中国社会结构变迁所产生的影响，对于解决这些现实问题具有基础性作用。如能通过重新回视单位共同体的发展过程，继而为国有企业深化改革和发展、中国社会治理现代化提供路径和启示，是值得期待的。

第三节　研究方法

一　方法论

在研究方法的选取上，因受所研究问题客观时代性及问题的本身复杂性的影响，本书选取质性研究方法作为主要研究方法。在现代主义时期，现象学、阐释学以及后期的扎根理论都是十分重要的质性研究方法①，本书研究的对象"单位共同体"，其变迁过程主要贯穿于20世纪50年代到90年代，故选取历史比较研究（Comparative historical research②）方法和生命历程（life course）理论作为本书的方法论支撑。

根据科卡的定义，"历史比较研究的特征是在提问的引导下，对两个或几个历史现象就其异同进行系统性研究，以求在此基础上做出尽量可靠的描写与解释，并对历史行为、经历、过程与结构做进一步探讨"③。在具体的比较路径上，又可以分为以理论论证为主的历史比较、说明事物过程的历史比较及宏观因果分析为主的历史比较三种④。考虑到单位组织存在于中国社会的特殊性，因此本书主要将单位视为特定历史时期、特定地域范围存在的现象考察，以宏观因果分析为主进行历史比较，在纵向上以时间为基础对单位组织的变迁过程进行分析。在分析文献资料的基础上，阐述单位共同体变动的各个阶段及其特征和原因。

20世纪60年代兴起的发展的生命历程理论框架强调，"个人的生命历程被主要看成更大的社会力量和社会结构的产物。生命历程研究不仅要求在一个共同的概念和经验性研究的框架内对个体生命事件和生命轨迹的社会形式做出解释，并且注重考察影响这些事件和轨迹的社会进程"⑤。这一研究方法"将时间多面性同社会结构变迁以及社会制度安排融合在一起，它不仅从历史的角度关注个体的生活经历和体验，同时也从社会文化的角度关注各年龄层在社会结构中所处的位置。生活在同一时期、经历了相同历史事件的人们，

---

① 陈向明：《质的研究方法与社会科学研究》，教育科学出版社2000年版。
② Matthew Lange, *Comparative-Historical Methods*, London: SAGE Publications Ltd., 2012.
③ ［德］于尔根·科卡：《社会史：理论与实践》，景德祥译，上海人民出版社2006年版，第49页。
④ 杨建军编著：《科学研究方法概论》，国防工业出版社2006年版，第409页。
⑤ 李强、邓建伟、晓筝：《社会变迁与个人发展：生命历程研究的范式与方法》，《社会学研究》1996年第6期。

因所处年龄段的不同会对时代有不同的体验、感受和记忆。对每一个个体而言，他对于'同一时间'的体会，仅与其同一年龄组的人们所共享。由此，现实中每一时刻就不再是同一时点——而是具有不止一个侧面的立体时间，因为总是有不同的代、不同的年龄组在其不同的发展阶段上体验了这一时刻"[1]。基于同一时代背景下的集体记忆也由此被建构。在生命历程的研究范式下，个体的人生经历被嵌入其所处的特定时空之中，并被其塑造，同时个体的生命历程又都成为对时代变迁的反映。个体间的生命历程在横向上具有相互影响的关系，纵向上也存在历史文化的承接。特定历史事件不仅是造成个人生命历程转折的重要因素，个人在面临重大生活事件时所做出的选择也成为构建社会变迁的合力。

"基于个体的生命历程嵌入于一定的历史时空中，同时个体能够通过自身的选择和行动改变历史与社会结构的制约，重建自身的生命历程这一基本思想，研究中国和其他社会主义国家的学者们十分重视社会结构与制度安排在形塑个体生命历程中所扮演的重要角色。"[2] 但在目前单位制的研究中，仍然"缺乏对企事业单位尤其是以产业工人为主体的单位人的生活史和命运史的真实关注，相关的微观透视则更加缺乏"[3]。

肖瑛提出从"国家与社会"的权力关系范畴转向"制度与生活"的研究视角，"通过返回生活世界来重新发现中国社会"[4]。其中"'制度'指以国家名义制定并支持国家的各级各部门代理人行使其职能的'正式制度'（formal institutions）。'生活'指社会人的

---

[1] 孙立平、郭于华主编：《制度实践与目标群体：下岗失业社会保障制度实际运作的研究》，社会科学文献出版社 2010 年版，第 110 页。
[2] 同上书，第 112 页。
[3] 田毅鹏、许唱：《"单位人"研究的反思与进路》，《天津社会科学》2015 年第 5 期。
[4] 渠敬东：《探寻中国人的社会生命——以〈金翼〉的社会学研究为例》，《中国社会科学》2019 年第 4 期。

日常活动，日常生活（everyday life）既是实用性的、边界模糊的（如各种偶然出现或权宜性地生产的利益、权力和权利诉求及应对策略和技术），又是例行化的、韧性的（如托克维尔用以表征一个社会基本情感结构的'民情'（mores）及各种'非正式制度'或曰'习惯法'）"①。在这种相对微观的分析路径下，"只有进入具体的制度实践中，以事件为中心洞察行动者在互动中如何通过习惯法的再生产来诠释、拆解、分化以及连接、整合各种正式制度，或者推动正式制度变革，为自身创造各种合法性空间，才能分析国家形成、社会维继、民情生成与变迁的具体逻辑。这是制度与生活视角的价值所在"②。

若能够将这一视角引入单位变迁的研究，在历史比较研究的视角下，注重社会性因素中所包含的个体真实体验与实践的建构作用，将生命历程的研究范式迭代进宏观比较的研究范畴，以制度文本及其真实实践结果为纽带，探寻结构话语与个人体验之间的张力，对于还原特定历史时期的社会变迁无疑具有重要意义。因此本书的研究拟将历史比较研究方法与生命史研究相结合，从文献及单位人生活史两个方面对单位共同体的变迁进行审视。

二 研究方法

在具体的研究方法上，主要从文献分析和深度访谈两个维度展开。

首先，国家层面关于单位组织模式、管理、招用工等相关制度安排，包括厂办大集体建立、分房等福利政策设定等，各自的相关文件、记录对于从宏观上把握单位的制度具有极其重要的意义。在中观层面上，单位企业是如何回应国家政策的，在实际操作中又做

---

① 肖瑛：《从"国家与社会"到"制度与生活"：中国社会变迁研究的视角转换》，《中国社会科学》2014年第9期。

② 同上。

了怎样的变通，国家政策的实践效果如何，则通过与企业相关的年鉴、厂志、报纸等文献进行考察。与此同时，截至目前，全国总工会曾对中国工人阶级（职工队伍）状况进行了平均间隔五年的 8 次调查①，其调查报告以及国家统计局的统计数据，对于了解单位组织状况也具有重要作用。

其次，以单位人口述的方式，通过对曾经身处其中的单位职工的访谈，以口述史的形式记录下来，最直观地展现单位人的生活样态。通过对经历过单位变迁的单位人真实经历的考察，通过访谈管理者、工人等不同层次的单位人对同一历史事件的体验，继而从微观的角度透视单位共同体的变迁。在具体的写作过程中，在对百余位受访对象的口述进行整理的基础上，选取了其中具有代表性的案例引用于文中。②

最后，通过考察单位人真实生活与制度构建间的相互关系，来重塑单位共同体变迁的历史过程。通过制度性文件的话语表述与单位人记忆中的一致性与矛盾性，继而考察国企单位组织背后的逻辑作用方式及其不可持续的原因。

第四节　案例介绍

本书主要选取东北地区大型国有企业为案例，描述一种典型的单位制模式。这主要有以下几点考虑。

首先，东北地区的国有企业具备"典型单位制"③ 的意义。

---

① 全国总工会从 1982 年开始，先后在 1982 年、1986 年、1992 年、1997 年、2002 年、2007 年、2012 年和 2017 年开展了全国职工队伍状况调查。

② 本书中引用的访谈资料其对应的受访者基本情况详见"附录 4：受访者基本信息表"。

③ 田毅鹏、吕方：《"单位共同体"的变迁与城市社区重建》，中央编译出版社 2014 年版，第 58 页。

1948年东北率先解放后，哈尔滨、吉林、长春、沈阳作为东北地区重要城市，在革命政权建设的过程中处于首当其冲的位置。在这里也最早出现了单位制的雏形。在"一五"计划时期，苏联援建的156项①项目共耗资196.1亿元，其中东北投资87亿元，占总投资额的44.3%，实际施工的150项重点工程中有56项安排在东北，占全部项目的37.3%②，其中106个民用工业企业，布置在东北地区50个。③大批工业企业在东北地区的建立，奠定了东北老工业基地的地位，可以说东北地区的大型国有企业，建立最早、规模最大。与此同时，"依托国家政策在东北建起的工业产业集群使得工业组织在该地区的城市化进程中起到了超常的重要性。……工业企业单位成形的同时，也对城市生活空间进行了形塑"④。东北的工业社区在空间形态上有着较为明显的封闭性，呈现出"单位社区化"的特点，其成员的互动关系也形成了独特的惯习，体现了最多的单位共同体的特征。其超强的社会整合力也使之成为国家单位制建设思想的直接实践。

其次，单位共同体的变迁在超大型国有企业中体现得最为明显，这尤其表现在组织内边界的形成上。在许多非大型国有企业，虽然自20世纪五六十年代开始，单位人家属、子女也被纳入了单位体系中，但其形式往往是隐晦的、不正规的，未形成规模或未形成制度化渠道的，不能集中体现国家政策设定的目标。与之相比，东北地区超大型国有企业其组织形式的变化则是与国家政策相对应的，从

---

① 实际进行施工的为150项，其中在"一五"期间施工的有146项。因为计划公布156项在先，所以仍称156项工程。参见陈夕总主编、董志凯执行主编《中国共产党与156项工程》，中共党史出版社2015年版，第751页。
② 高伯文：《中国共产党与中国特色工业化道路》，中央编译出版社2008年版，第94页。
③ 陈夕总主编、董志凯执行主编：《中国共产党与156项工程》，中共党史出版社2015年版，第751—752页。
④ 谢雯：《历史社会学视角下的东北工业单位制社会的变迁》，《开放时代》2019年第6期。

厂办大集体的建立到所有制改革，其变动过程正是对国家社会建设逻辑的回应。并且，超大型国有企业与一般国有企业在改制时选取的路径有很大差异，相比之下，超大型国有企业的变迁路径更能对单位共同体变迁作全面性的整体呈现。通过对超大型国有企业典型单位制的考察，能够更加精确地把握单位共同体变迁的脉络。

最后，东北地区的超大型国有企业具有很明显的共性，从建立时间、发展模式和组织结构等方面，都可以视为同一类型模式加以考察，从而总结出典型单位制下单位共同体的变迁模式。

在实际调研的过程中，主要对黑龙江、吉林、辽宁三省共 5 家大型国有工业企业进行了考察，并通过对曾身处这些企业中的职工进行访谈，积累了大量访谈资料。与此同时，也零散地对新疆维吾尔自治区一所石油企业以及吉林省两所"三线厂"的退休（退职）职工进行了访谈，对本书所描述的典型单位制下单位共同体变迁的过程加以印证以及作为相关案例的补充。

本书的实际写作主要围绕 Y 厂和 T 厂两所国有大型工业企业展开。Y 厂坐落于东北地区 C 市，是我国第一个五年计划期间苏联帮助建设的 156 项工程中最大的项目之一。该厂为汽车生产企业，建设投资总额 6.5 亿，设计生产能力为年生产载重汽车 3 万辆。1953 年开始建厂，到 1956 年上半年建成了建筑面积 70 多万平方米（包括工业面积 38 万平方米、民用面积 32 万平方米）的现代化的综合性企业。[①] 目前的 Y 厂集团公司是中央直属国有特大型汽车生产企业，并已成为国内最大的汽车企业集团之一。

T 厂坐落在东北地区 T 市，在伪满时期就曾有制钢的历史。中华人民共和国成立后的 T 厂始建于 1958 年 6 月，隶属省冶金局。其第一期建设规模为年产铁 22 万吨、钢 15 万吨、钢材 13 万吨、焦炭 45 万吨。到 1960 年末，T 厂已经是拥有 36700 多职工的省属

---

① 参见 C 市政协文史和学习委员会编《C 市二百年（1800—2000）》，C 市政协文史和学习委员会 2000 年（内部发行），第 216 页。

大企业。① 1961年T厂因国民经济调整而停产，1965年作为东北"小三线"配套项目恢复生产建设。1985年在省政府决策下与省内几家直属矿、厂合并组建了T厂钢铁公司，2010年与国内大型钢铁集团战略重组。目前的T厂集团股份有限公司是J省最大的钢铁联合企业。

这两个案例厂的选择主要基于两点考虑：第一，根据调研资料基本可以确定，东北地区其他国有工业企业与Y厂和T厂的变迁经历有明显的共性，并且在诸多案例中，Y厂和T厂的规模和变迁模式更加突出和典型。第二，Y厂与T厂相比较而言，Y厂企业级别更高、规模更大，因此两个案例厂在改制过程中，尤其在辅业改制和社会性功能剥离上存在着一定差异，这种差异也可以视为典型单位制改制的两种不同程度的表达。

第五节 单位制及相关概念的厘清

以"单位"为核心的概念，包括单位制、单位体制、单位制度、单位组织、单位共同体等，这些概念在本书中经常涉及，因此有必要在这里对这些概念加以厘清。

根据李路路的定义，"所谓'单位'，是改革开放前在城镇地区，基于中国社会主义政治制度和计划经济体制所形成的一种特殊组织，是国家进行社会控制、资源分配和社会整合的组织化形式，承担着包括政治控制、专业分工和生活保障等多种功能"②。在日常生活中，"单位"概念的使用也经常会被泛化，即"人们把自己所就业于其中的社会组织或机构——工厂、商店、学校、医院、研究

---

① 《T厂志》编纂委员会编：《T厂志（1958—1985）》，T厂1989年（内部发行），第16页。
② 李路路：《"单位制"的变迁与研究》，《吉林大学社会科学学报》2013年第1期。

所、文化团体、党政机关等等——统称为'单位'"①。

"单位制"则是单位组织与单位制度的加总，是与农村地区"人民公社"相对的概念，即城镇地区的特色组织制度。在对"单位制"的理解上通常包括两个层次，即"单位体制"和"单位组织"。根据李路路的看法，"前者主要涉及社会体制的层面或曰宏观的层面，后者主要涉及组织制度和结构的层面"②。"单位体制"是对单位这种组织形式的结构性定义，其基本内涵是："一切微观社会组织都是单位，控制和调节整个社会运转的中枢系统由与党的组织系统密切结合的行政组织构成。"③ "单位组织"是"国家基于社会主义基本制度建立起来的，或对原有的社会组织进行改造后建立起来的、由国家直接控制的组织形式"④，"这种社会组织通常具有三种社会功能，即政治统治功能、社会资源分配功能以及专业化功能"⑤，它不仅包括城市中的国有企业、集体企业，也包括城市中的党政机关、事业单位。

在单位制研究的框架下，一种"典型单位制"的研究范式也逐渐兴起。"由于东北老工业基地特殊的历史背景和空间条件，使得单位体制的诸要素在这里出现得最早，贯彻得最为彻底，持续时间最长，其内在结构也更为单一，其消解过程也非常缓慢，形成了一种别具特色的'典型单位制'。"⑥ 这种典型单位制主要以东北老工业基地为代表的"超大型"工业社区为依托⑦，是基于国有

---

① 路风：《单位：一种特殊的社会组织形式》，《中国社会科学》1989 年第 1 期。
② 李路路：《"单位制"的变迁与研究》，《吉林大学社会科学学报》2013 年第 1 期。
③ 路风：《单位：一种特殊的社会组织形式》，《中国社会科学》1989 年第 1 期。
④ 李路路：《"单位制"的变迁与研究》，《吉林大学社会科学学报》2013 年第 1 期。
⑤ 李路路、李汉林：《中国的单位组织：资源、权力与交换》（修订版），生活·读书·新知三联书店 2019 年版，第 221 页。
⑥ 田毅鹏、漆思：《"单位社会"的终结——东北老工业基地"典型单位制"背景下的社区建设》，社会科学文献出版社 2005 年版，前言第 5 页。
⑦ 田毅鹏：《"典型单位制"的起源和形成》，《吉林大学社会科学学报》2007 年第 4 期。

工业企业单位这一类型而开展的对单位的深入研究。在此基础上，田毅鹏进一步提出并丰富了"单位共同体"的概念。在他看来，"计划时期，以'单位生产区'和'单位大院'为载体的单位共同体，将地缘与业缘关系紧密结合，实现了'职住合一'。单位人生于斯，长于斯，长期密切互动，声气相通，形成了具有极强同质性的关系网络和社区文化，具有极强的认同感、归属感的地域生活共同体"①。

本书的单位共同体研究主要基于以上概念而展开。第一，本书采用的是狭义单位组织的内涵，并且是对典型单位制的研究，研究对象主要针对城市中的国有工业企业单位。第二，单位体制是在单位组织加总基础上的具有普遍性的制度体系，不仅包括单位组织自身的结构及制度安排，还包括宏观上逐渐确立起来的对单位的功能定位、角色设定和制度安排。第三，本书中所涉及的单位共同体的概念，既包含了对单位组织"共同体"内涵的理解方式，也包括了对单位体制认同塑造过程的思考。单位共同体不等同于单位组织，因为其在刚性的组织结构和制度安排外，还包含了共同体观念上结成的具有归属感的人际关系网络。同时单位共同体也不等同于单位体制，因为其除了具有宏观社会体制的意义外，还是传统中国情理社会中人情权力关系的运作场域。

需要说明的是，如果把单位视为中国社会的组织形式、把单位制度看作一种高度组织化的制度设计的话，中国乡村的"人民公社"实际上也是遵循高度组织化原则而开展的②，呈现出"单位"的诸多特征③。但在以往的单位研究中，乡村基本是被排除在单位研究之

---

① 田毅鹏、胡水：《单位共同体变迁与基层社会治理体系的重建》，《社会建设》2015年第2期。

② 田毅鹏：《单位制与"工业主义"》，《学海》2016年第4期。

③ 李侃如提出"在农村公社化时期，农民的单位是公社"，在他看来，单位是工作场所的总称。参见［美］李侃如《治理中国：从革命到改革》，胡国成、赵梅译，中国社会科学出版社2010年版，第186—187页。

外的，单位往往被认为是"标志城乡区别的社会集团，是城市生活的核心"[①]，而乡村的组织体制则是"单位化"[②]的或"准单位制度"[③]。因此，本书也遵循这种取向，在狭义单位组织概念基础上对典型单位制开展研究，对于农村社会组织也会略有涉及，但不作为讨论的重点。

第六节 研究内容结构

本书主要以20世纪50年代以来的大型国有企业单位组织为研究对象，围绕东北地区Y厂和T厂两所大型国有工业企业单位进行实证研究，在历时态的纵向变动过程中考察单位组织边界的变动及形塑过程，以此来回视作为"共同体"的单位从产生到衰落的总体性变迁，并对其内在逻辑进行分析。本书在结构上主要分为四个部分。

第一部分即第一章"导论"，主要对所要研究问题、采用的研究方法和选取的研究对象作简要的介绍，对研究所涉及的基本概念加以厘清，对所选取的Y厂和T厂两所案例厂的背景进行交代，并对本书研究的实证基础作出说明。

第二部分包括第二章"单位制研究述评"和第三章"共同体与社会闭合"。在这一部分中，在对学界关于单位制起源、单位制变迁以及单位制与国家、社会、家庭关系的考察的基础上，对已有的单位制研究进行综述。对本书所要应用的理论，即共同体理论、社会闭合理论及中国传统思想进行介绍，对几种理论与单位制理论相结

---

① 杨晓民、周翼虎：《中国单位制度》，中国经济出版社1999年版，第3页。
② 毛丹将人民公社视作"强势国家下的单位变体"，人民公社会的村落也呈现出自发单位化倾向，参见毛丹《一个村落共同体的变迁——关于尖山下村的单位化的观察与阐释》，学林出版社2000年版。
③ 田毅鹏：《单位制与"工业主义"》，《学海》2016年第4期。

合并作简要评述，从而厘清文章的理论脉络。

第三部分为文章的主体部分，包括第四章"体制内外区隔：有限覆盖的单位共同体"、第五章"厂办大集体的产生：单位共同体的全面扩张"、第六章"单位组织内边界的结成与强化"以及第七章"单位组织外边界的弱化与单位共同体的衰落"。这一部分是文章的核心，通过纵向历时态的维度，分阶段考察单位共同体成立初期的特征与表现；厂办大集体进入单一单位体系的过程，以及由此带来的单位组织模式扩张、功能的完善与强化；由于厂办大集体的举办而结成单位组织内边界（厂办大集体与国营之间）及其强化；单位组织内边界强化、单位组织外边界（单位组织整体与社会、市场之间）弱化及渐近终结而逐渐实行的国企单位改制的过程及其结果。在此基础上，具体描述单位组织边界变动以及单位共同体变迁的全过程。

第四部分即第八章"单位共同体变迁的分析与思考"。这一部分主要是对单位资源社会重置的过程进行汇总与梳理，继而从"闭合到开放"的视角对单位共同体变迁的历程加以分析。在此基础上，进一步思考单位共同体变迁与中国社会现代化之间的关联性，并探讨单位共同体衰落后中国社会的再组织化。

第一章

单位制研究评述

学界对于单位制的研究，主要可以分为对单位制外在形态及内在功能两个维度。对于单位制外在形态的考察，表现为对于单位体制的产生及变迁研究；对于单位制功能的考察，则表现为对单位组织与国家、社会和家庭关系的研究。这一章中将主要对学界单位制研究成果进行综述与回应。

第一节 单位制研究综述

一 单位制的产生

关于单位制的起源问题，学界有"苏联模式影响说""根据地经验移植说""社会资源总量约束说"等多种理论观点。随着单位制研究的不断深入，一些观点也在不断地修正。目前对于单位制起源的观点大体上可以概括为以下几种。

（一）苏联模式影响说

在对社会主义模式的探索上，作为第一个社会主义国家——苏联，其经济、社会模式对于其后社会主义国家的建设无疑有着重要的影响，也理所当然地成为新中国社会主义建设的参照。麦克夸尔和费正清曾指出，"在1949年至1957年时期，中共领导内部在采用苏联模式的社会主义这一问题上是普遍一致的。这个模式提供了国家组织的形式、面向城市的发展战略、现代的军事技术和各种各样特定领域的政策和方法"①。"一五"计划期间，中国工业化建设重点的"156项工程"即来自苏联的援助，因此中国的单位在建设之初就有着苏联模式的色彩，这不仅表现在工业企业建设模式和空间布局上，并且"苏联在工业规划和管理方面的操作模式对中国的社会主义转变产生了巨大影响。强调生产重于消费、高度集中的中央计划体制、党干部的角色、人事档案的重要作用、商品的缺乏以及逐步培养的工人集体意识，这些都是中国的单位所拥有的与苏联模式相同的共性"②。田毅鹏也以"一长制"为中心，对单位制中的苏联模式展开了探讨和追问。③ "模仿苏联搞中央集权和计划经济体制，这在新中国成立初期为了迅速改变内忧外患的局面而具有其必然性。"④

尽管与苏联模式有着很多相似或一致之处，但"这类观点的依据主要是基于中苏宏观的社会发展模式和工业化道路的比较，而缺少微观的制度实践层面的探索"⑤。中国的单位制是极具本土意义和特殊性的，"单位制是基于工业主义和社会革命的双重原则而建立起来的高度组织化的社会改造方案，既体现了现代性，同时又在'去资本主义化'的前提下，表现出其范型的特殊性"⑥。同时，单位通

---

① [美] R. 麦克法夸尔、[美] 费正清编：《剑桥中华人民共和国史：革命的中国的兴起（1949—1965）》，谢亮生等译，中国社会科学出版社1990年版，第65页。
② 柴彦威、陈零极、张纯：《单位制度变迁：透视中国城市转型的重要视角》，《世界地理研究》2007年第4期。
③ 田毅鹏、苗延义：《单位制形成过程中的"苏联元素"——以建国初期国企"一长制"为中心》，《吉林大学社会科学学报》2016年第3期。
④ 陈毅：《现代国家构建过程中的国家自主性研究——以中国的现代国家建设为例》，中央编译出版社2016年版，第73页。
⑤ 薛文龙：《单位共同体的制度起源与建构——以1946—1960年间的哈尔滨市为中心》，博士学位论文，吉林大学，2016年，第14页。
⑥ 田毅鹏：《单位制与"工业主义"》，《学海》2016年第4期。

过对"国家——社会"关系的重新塑造,避免了中国走上苏联"强制工业化"①的发展道路。因此,中国工业化道路的探索中"苏联因素"的影响是不可否认的,单位制与苏联模式的差异性也是不应被忽视的。

(二) 单位的根据地传统

路风认为,中国单位制的起源是共产党对新民主主义时期根据地建设经验基础上移植的结果,是对当时的组织制度与分配制度的继承。②清王朝被推翻后,在深刻的社会矛盾面前,中国共产党通过武装割据的形式领导人民进行社会革命,在客观条件的限制下,"当局无法对革命队伍的成员实行正规的工资制,而是由'公家'对个人按大体平均的原则供给最基本的生活必需品,其方法是实物计算和实物供给。它不是一种正常的报酬或供应制度,只能根据当时所能筹集到的财力和物资时好时坏地进行分配。这就是根据地的军事共产主义分配制度——供给制"③。"根据地包括党政机关和军队在内的各种组织机构还不得不经常从事自给自足的生产活动,以弥补战时给养的不足。产生于革命根据地的这些组织,实际上就是单位的最初雏形。"④ 在此基础上,缺乏城市管理经验的中国共产党将根据地制度移植到了城市企业组织架构中,并在城市社会中建立起了单位体制,其基本内涵是"一切微观社会组织都是单位,控制和调节整个社会运转的中枢系统由与党的组织系统密切结合的行政组织构成"⑤。这也就强调了"单位"作为基层社会组织形式和国家意志延伸的行政组织的功能合一性。

---

① [英]迈克尔·曼:《社会权力的来源(第三卷)——全球诸帝国与革命(1890—1945)》,郭台辉、茅根红、余宜斌译,上海人民出版社 2015 年版,第 477 页。
② 路风:《中国单位体制的起源和形成》,载中国社会科学院社会学研究所编《中国社会学》(第二卷),上海人民出版社 2003 年版,原文载《中国社会科学季刊》(香港) 1993 年第 5 期。
③ 同上。
④ 路风:《单位:一种特殊的社会组织形式》,《中国社会科学》1989 年第 1 期。
⑤ 同上。

吕晓波对单位的研究也是在"根据地经验说"的基础上展开的。① 长期的武装斗争中，共产党在根据地开展了供给制的实践，也在实践中遇到了公营短缺的问题。于是在此基础上发展出了一种自给自足的经济形式，即下放生产管理权，由每个个体单位"自筹自治"。这种生产的地方分权促生了非竞争性的、平均主义的"小公经济"的建立，产生了与中央利益相分离的基层组织。而这些基层组织的首要目标则是为小单位内部的成员提供福利和利益，并且带有一定的福利色彩。"单位系统的出现最关键之处就在于，它导致了中央和单位在利益优先权上出现分歧。换一句话说，这种二元结构为国家和单位之间不断进行的权利斗争奠定了物质基础。"② 这种"小公经济"的特征也一直延续到中华人民共和国成立后的单位制度中，并对后期的单位制的发展产生深远的影响。

（三）社会资源总量约束说

李培林等认为"单位制"是中国再分配经济体制下城市国有部门特有的组织形态和制度特征。③ 刘平等提出，单位制是"新中国在建国后进行有组织的现代化背景下，面对人均资源严重匮乏和社会整合机制相对脆弱的社会总体状况，通过强化国家政治权威和再分配能力实现社会控制和资源配置的社会管理机制"④。任学丽认为，"新中国成立之初，面对国际国内极其严峻的各种挑战，必须借助于高度集中统一的领导体制以形成极强的资源动员、配置和调度能力，国家才能应对这些挑战。单位制度就是这种特定历史状况和

---

① Xiaobo Lv, "Minor Public Economy: The Revolutionary Origins of the *Danwei*", 载 Xiaobo Lv and Elizabeth J. Perry, eds., *The Danwei: Changing Chinese Workplace in Historical and Comparative Perspective*, New York: M. E. Sharpe, Inc., 1997.

② [澳]薄大伟：《单位的前世今生：中国城市的社会空间与治理》，柴彦威、张纯、何宏光、张艳译，东南大学出版社 2014 年版，第 48 页。

③ 李培林、李强、马戎主编：《社会学与中国社会》，社会科学文献出版社 2008 年版。

④ 刘平、王汉生、张笑会：《变动的单位制与体制内的分化——以限制介入性大型国有企业为例》，《社会学研究》2008 年第 3 期。

国家目标的产物"①。这些观点突出了有限社会资源对于单位制产生的形塑作用，也因此强调了国家在建立单位制时对客观社会经济条件的考量与回应。

美国学者温奈良（Nara Dillon）也提出了与之类似的观点，她在论述中国福利制度时指出，中华人民共和国成立以来社会福利保障体系就存在着深层次的不平等性，即便是福利达到顶峰之时，也只是能确保党政机关和大型国有企业的固定职工享受到劳动保障，而大部分的中国人口则是被排除在外的。② 她对于"不平等"的描述，也体现了"单位"在资源匮乏的情况下作为圈定资源再分配范围的制度设定。

（四）晚清民国时期的制度改革说

卞历南认为，中华人民共和国成立后出现的国营企业制度并非简单的"根据地模式"或"苏联模式"的移植，"中国国营企业的根本特征都可以归因于中华民族的持续的全面危机以及这个民族为回应这一危机而作出的反应"③。柴彦威等指出，自晚清民国时期，中国就存在不同形式、不同程度的"单位办社会"，既包括洋务运动时期洋务企业所提供的福利与公共服务，也包括抗日战争时期以兵工国防为主的重工企业大量兴办的社会事业。④ 因此，"中国的单位制度是在某种制度原型上，与新中国成立后的社会制度、文化观念与政治形式深度结合"⑤进而形成的。这一观点强调了单位对晚清民国开始的企业制度的延续，为单位研究提供了又一视角。

---

① 任学丽：《从基本重合到有限分离：单位制度变迁视阈下的国家与社会关系》，《社会主义研究》2010 年第 3 期。

② Nara Dillon, *Radical Inequalities: China's Revolutionary Welfare State in Comparative Perspective*, Cambridge, MA: Harvard University Asia Center, 2015.

③ [美]卞历南：《制度变迁的逻辑：中国现代国营企业制度之形成》，卞历南译，浙江大学出版社 2011 年版，第 284—285 页。

④ 柴彦威、肖作鹏、刘天宝、塔娜等：《中国城市的单位透视》，东南大学出版社 2016 年版，第 30—33 页。

⑤ 同上书，第 33 页。

从历史主义的视角审视单位制度的起源及变迁，田毅鹏、刘杰也认为单位制起源过程中"中国知识精英和政治精英的理性思辨和选择"[①]往往被忽视了。在当时中国社会的危机状态下，20世纪初的中国思想家、政治家都对中国传统社会的治理模式展开了激烈批判，并希望建立一种有别于传统而又有别于西方的理想制度。其中毛泽东的社会动员理论和实践对于单位社会的形成具有重要意义，在他思想中"组织起来"的原则，也成为创制"单位社会"的基本原则，在此基础上对中国传统社会进行根本性改造，创造出"单位社会"的组织模式。[②]新中国的单位制是"现代中国为摆脱社会'总体性危机'，构建民族国家……改造中国传统社会，建立现代社会的思想方略"[③]。

（五）典型单位制起源说

田毅鹏在对单位的整体性研究中引入了空间维度，在对东北地区大型国有企业单位组织研究的基础上，提出了"典型单位制"[④]的概念，强调了单位制起源在全国范围内的非同步性。由于东北在解放战争中率先解放，单位制雏形也最早在东北发轫，因此东区地区在单位制演进中"扮演了关键的'典型示范'角色"[⑤]。"从地理空间角度，以东北老工业基地为代表的'典型单位制'是在较短的时间内，在相对集中的空间里建立起来的，其工业社区呈现出明显的'单位社区化'特点。从社会空间的角度，企业成员是在一个相对封闭的社会空间内展开其互动关系的，更容易形成浓郁的单位氛

[①] 田毅鹏、刘杰：《"单位社会"起源之社会思想寻踪》，《社会科学战线》2010年第6期。

[②] 同上。

[③] 田毅鹏、吕方：《"单位共同体"的变迁与城市社区重建》，中央编译出版社2014年版，第57页。

[④] 田毅鹏：《"典型单位制"的起源和形成》，《吉林大学社会科学学报》2007年第4期。

[⑤] 田毅鹏、吕方：《"单位共同体"的变迁与城市社区重建》，中央编译出版社2014年版，第58页。

围和国营惯习。'典型单位制'其有超强的社会整合力,几乎将全部社会成员都吸纳到单位之中。这些超大型的企业不仅仅承担'单位办社会'的诸项职能,而且同时还必须扮演一个行政区的角色。"[①]他的理论也构成了研究单位问题的一种极具解释力的分析框架。

以上几种观点都对单位制的起源做了不同角度的解读,由此也体现了单位制形成的复杂性。"单位"的起源对于中国社会结构调整及重构的模式探索,起到了至关重要的作用。在近代中国向工业社会迈进的过程中,传统农业社会秩序面临危机、难以为继,"单位"的兴起通过以业缘继而延续到地缘的连带性覆盖方式,形成了对中国社会格局的重建。在此基础上,一系列组织制度及文化建设开始构建起来,工资制度、福利制度、党政双重体制、奖惩制度、福利分房制度、厂办大集体、子女接班制度等制度性安排才得以发生。因此,在对单位制进行研究时,更应当充分重视单位制起源在单位发展体系中的重要作用,同时充分考虑到单位制起源的复杂性,不应只从单一维度进行解释,而应当将单位制的产生视为一种合力,在此基础上对单位制度的形成和变迁深入理解和阐释。

二 单位制的变迁

在对单位制的研究中,除了静态的考察单位制的形成外,另一重要的研究对象即单位制的变迁。自单位制产生以来,单位制形态并非是一成不变的,而是同时从单位组织变迁和单位制度变迁两个层次进行,呈现出与时代相匹配的不同特征。以厂办大集体的产生和国企改制为标志,其所带来的单位组织形态的变化,是整个单位制变迁研究中的关键点。与此同时,学界对于单位制的解体仍存在着争议——单位制是否已经终结、是否存在"新单位制"或"后单位制"——这都是单位制变迁研究中的重要问题。其研究成果将对

[①] 田毅鹏、吕方:《"单位共同体"的变迁与城市社区重建》,中央编译出版社2014年版,第58页。

如何认识和理解单位制有着至关重要的意义。

(一) 单位组织的二元化

根据田毅鹏的研究，单位应被视为一个高度组织化的特殊形态的共同体，对单位的研究也应从"单位共同体"变迁的视角展开。[1] 在他看来，单位制形成后，1958年到1978年，由于单位组织规模的变化，单位组织也进入了曲折发展的畸变期。以"家属革命化"和厂办大集体的出现为代表的两次单位人家属大量进入单位组织内部的标志性事件，成为单位制变迁过程的重要阶段。[2]

"随着单位职工家属通过各种途径逐渐进入到单位体系中，其内部存在的复杂的血缘、亲缘关系亦开始形成，使国有企业呈现出'家族化'的特征。……厂办大集体的出现使原本以全民所有制为基础的国企单位组织开始走向'国营+大集体'的二元化形态。"[3] 虽然在政策上，国营单位和厂办大集体之间存在着产权所有制的根本差异，并有着"独立运转、自负盈亏"的严格限定，但实际国营与大集体之间却存在着地域空间、人员岗位上密切的"父子关联"。单位组织的二元化样态的定型构成了单位制度变迁的重要部分，而与此同时，这种二元化也促成了国企改制背景下厂办大集体与国营母厂的分离。20世纪80年代开始，我国老工业基地国企即普遍出现了明显的衰退现象[4]，"企业办社会"的模式开始转变：传统的"单位社区"伴随着单位主辅分离而解体，成为"社会社区"；厂办大集体随着市场化改革的开展而被推出单位体系，成为"单位共同体"宣告终结的标志。

---

[1] 田毅鹏：《作为"共同体"的单位》，《社会学评论》2014年第6期。

[2] 田毅鹏、吕方：《"单位共同体"的变迁与城市社区重建》，中央编译出版社2014年版，第68—72页。

[3] 田毅鹏、李珮瑶：《国企家族化与单位组织的二元化变迁》，《社会科学》2016年第8期。

[4] 田毅鹏、吕方：《"单位共同体"的变迁与城市社区重建》，中央编译出版社2014年版，第87页。

渠敬东、周飞舟、应星在《从总体支配到技术治理——基于中国30年改革经验的社会学分析》一文中，在对中国30年改革历程进行阶段性研究时，也对"双轨制下的二元社会结构"有所涉及。在他们看来，国有经济和非国有制经济并存的双轨制在推进市场化改革的过程中实现了"保护和封闭存量"与"培育和发展增量"之间的平衡。其中双轨制"不仅指制度安排所具有的二元结构特性，也是指制度运行过程本身的双重机制"①，这种运行中的双重机制除了产权关系模糊的集体所有制关系下的乡镇企业外，也包括了产权关系不明晰的国有企业内的集体制。虽然不明晰的产权结构为市场化改革时期的经济发展提供了空间，但长远看来这种双轨制却阻碍了市场资源的统一配置，从而使得双轨制的终结成为市场化改革的先声。

虽然厂办大集体进入国营单位组织而带来的单位组织二元化现象对单位制变迁具有十分重要的意义，但学界对于单位制变迁的研究却更多地将单位组织视为内部同一的整体进行考察，并集中于对国企改制背景下单位体制变动的研究，而对单位体制内部的变迁有所忽视。

（二）市场化转型背景下的单位体制变迁

在研究市场化转型背景下单位制的变迁时，存在两种关注视角：一种将单位制视为统一整体进行考察，从宏观上探讨单位制变动与社会之间的关系；另一种则更加专注于对单位体制自身的考察，通过不同单位组织之间的差异、根据产业类型和产权所有制的不同做出细化区分。

西方学者对于中国市场化转型所带来的社会转型、组织制度改

---

① 渠敬东、周飞舟、应星：《从总体支配到技术治理——基于中国30年改革经验的社会学分析》，《中国社会科学》2009年第6期。

革研究中，最具影响力的当属倪志伟和华尔德。① 倪志伟在《市场转型理论：国家社会主义由再分配到市场》一文中，提出并检验了市场权力论题、市场动力论题和市场机遇论题，继而指出，市场改革并非单纯的经济效益博弈，而是权力与特权分配的斗争。"虽然任何导向市场经济的轨迹都会保留强有力的官僚制成分，市场转型理论预言，在直接转型期后政治权力和关系的优势将会削弱，市场经济的选择过程不太可能会区别对待离任再分配者和非官僚企业主所经营的企业。而且，随着经济活动超越等级结构而直接在私有买方和卖方之间进行，再分配者的权力将不再显著。"② 这种"再分配者权力的下降"成为市场对于再分配体制的有力冲击，从而根本上打破了原有的社会制度和组织特征。

澳大利亚学者迈克尔·韦伯（Michael Webber）在研究现代（1980—2000）中国的资本原始积累问题时，更是将市场的建立与资本、劳动力的创造视作相关的过程。③ 在他看来，这一时期的国企改制、农民土地丧失是中国资本原始积累的主要途径，这种国家形式的土地资源的占有和剥夺也造成了农业剩余劳动力向工业组织的迁移。从这个意义上看，单位制度变迁的过程，也是国家直接参与国企所有权转换与迁移的过程，是中国原始积累的重要阶段。

李路路、李汉林在对单位组织中资源、权力与交换研究的基础上提出，"整个社会逐渐由所谓'再分配经济'向市场经济转型……这种'转型'的实质是：由'再分配经济'下国家直接控制和统一分配社会资源的体制不断松动，其他机制，如市场或者社会

---

① 华尔德的单位研究及观点将在本章的第二节"单位与国家、社会及家庭关系"部分具体阐述。
② ［美］倪志伟：《市场转型理论：国家社会主义由再分配到市场》，载边燕杰主编：《市场转型与社会分层——美国社会学者分析中国》，生活·读书·新知三联书店2002年版，第212—213页。
③ Michael Webber, "Primitive Accumulation in Modern China", *Dialect Anthropology*, Vol. 32, No. 4, 2008.

网络等,也开始在某种程度上成为社会资源占有和分配的机制之一"①。随着市场化改革的推进,这种市场转型直接导致了传统意义上企业职工与单位之间关系的松动与瓦解,"传统产业工人在资源再分配中的优越地位也逐渐下降。特别自 20 世纪 90 年代中期以来,随着国企改革的推进以及'减员增效'、下岗政策的实施,传统产业工人的经济地位、政治地位以及社会声望与计划经济时期相比都有大幅下降。身份制的解体打破了传统产业工人阶级终身就业的待遇以及一系列附属于此种身份的权利"②。这一系列变动重新塑造了国家与工人阶级的分化,继而在更宏观的意义上引起了中国社会结构的整体变迁。

在李汉林、渠敬东的研究中,将这种单位组织变迁过程中的"冲突与混乱"理解为一种"失范效应"③。单位制的变迁,实际上意味着内化嵌入单位成员中制度规范的丧失,由此也引发了单位成员一系列行为取向上的不满意、相对剥夺感、绝对剥夺感、地位不一致性等主观体验。他们通过 1987 年、1993 年及 2001 年的问卷调查数据对相关指标进行了量化,并在此基础上试图对单位组织变迁引发的社会效应进行微观探析。

市场化转型下单位制变迁也促生了单位制的体制内分化。刘平等学者在《变动的单位制与体制内的分化——以限制介入性大型国有企业为例》一文中指出,"限制介入性大型国有企业凭借体制性地位优势,通过'一企两制'形成了集团内部的'差序格局'"④,以资产形式划分出了不同的层级结构,形成了核心企业、紧密层企业、

---

① 李路路、李汉林:《中国的单位组织:资源、权力与交换》(修订版),生活·读书·新知三联书店 2019 年版,第 4—5 页。
② 吴清军:《国企改制与传统产业工人转型》,社会科学文献出版社 2010 年版,第 146 页。
③ 李汉林、渠敬东:《中国单位组织变迁过程中的失范效应》,上海人民出版社 2005 年版。
④ 刘平、王汉生、张笑会:《变动的单位制与体制内的分化——以限制介入性大型国有企业为例》,《社会学研究》2008 年第 3 期。

半紧密层企业和松散层企业的内部层次化差异,以这种层化结构取代了一直以来国有企业的派系庇护关系。与单位组织的二元化不同的是,这种体制内分化还表现为不同国有企业之间的横向差异,即限制介入性大型国有企业与资源占有较少的一般国有企业之间的分化。这一分化也构成了单位体制变迁的重要一环。

(三)单位制消解的讨论

随着单位职工身份制度的转化,单位人与单位之间原本的资源、权利等依赖关系被打破,围绕单位的社会服务功能如分房制度、单位医疗、子弟教育等也相继社会化。单位体制变迁的发生带来了巨大的社会变迁,其所引发的社会关系的变革不仅表现为作为企业的单位与其职工之间经济关系的变化,单位社会性功能的剥离更意味着传统单位社会走向终结。

然而"单位社会"的终结是否意味着单位制的消解,抑或是单位制还在连续发展的过程中以一种新的形式长期存在,在学界依然有不同的看法。在路风看来,以城市为中心的经济体制改革的"核心内容之一,就是将个人和社会从单位以及任何具有人身依附和封闭特征的组织结构中解放出来,并创造出新的社会组织体系"[1],单位制的解体是改革实践的预定目标,也是其必然结果。曹锦清、陈中亚认为,"单位"的本质与市场经济的内在要求是难以相容的,随着中国从计划经济向市场经济的经济体制转型,单位制解体与个人发展多元化是不可避免的。[2] 何海兵也认为,所有制结构的变化、社会流动的频繁等,"都使得'单位制'失去了生存的土壤,不得不走向崩溃瓦解的地步"[3]。田毅鹏、李珮瑶则从"父爱主义"的角度,从单位组织内部二元结构关系出发论述了由于父爱主义传统的

---

[1] 路风:《单位:一种特殊的社会组织形式》,《中国社会科学》1989年第1期。
[2] 曹锦清、陈中亚:《走出"理想城堡"——中国"单位"现象研究》,海天出版社1997年版。
[3] 何海兵:《我国城市基层社会管理体制的变迁:从单位制、街居制到社区制》,《管理世界》2003年第6期。

不可持续性而导致的单位制消解的必然性。①

对于单位制是否消解，也有学者持相反的观点。刘建军认为，市场化改革与单位制之间并非是不能兼容的，市场经济也并非是对单位制的否认。②李汉林、渠敬东指出，"传统的'再分配经济'并没有在市场因素的冲击下全部瓦解，而是依照'路径依赖'的方式发生了转换；换言之，原有的依赖关系并没有完全消除，而是从一元的形式转换成多元的形式，从纵向的机会和资源配置的角度来说，单位组织依然在整个社会的分配体系中占有举足轻重的地位"③。在李路路等的研究看来，尽管历经众多改革，但单位制依然对中国城市社会的基层制度和社会秩序有重要影响④，单位组织基本制度发生变化后，中国城市社会秩序如何建立、维持以及中国城市社会随后的变迁与发展，是更值得思考的问题。⑤刘平、王汉生、张笑会对传统单位制解体后限制介入性大型国有企业展开研究，提出一种"新单位制"的概念：既保留有国有产权又不同于以往单位制的内部封闭，既与市场接轨又能够有效避免市场化的冲击，既注重经济效益又能为企业内部谋取福利。从"单位制"到"新单位制"的变化过程，也成为新型依附关系的建构过程。⑥

从学界的研究可以看出，无论广义单位制是否消解，计划时期的"单位制"模式已经不复存在。但单位的传统内核或以其他形式

---

① 田毅鹏、李珮瑶：《国企家族化与单位组织的二元化变迁》，《社会科学》2016年第8期。

② 刘建军：《单位中国：社会调控体系重构中的个人、组织与国家》，天津人民出版社2000年版。

③ 李汉林、渠敬东：《中国单位组织变迁过程中的失范效应》，上海人民出版社2005年版，第21页。

④ 李路路、王修晓、苗大雷：《"新传统主义"及其后——"单位制"的视角与分析》，《吉林大学社会科学学报》2009年第6期。

⑤ 李路路、苗大雷、王修晓：《市场转型与"单位"变迁——再论"单位"研究》，《社会》2009年第4期。

⑥ 刘平、王汉生、张笑会：《变动的单位制与体制内的分化——以限制介入性大型国有企业为例》，《社会学研究》2008年第3期。

得以延续，或发生变异而发展成为国企组织的新特征，其在内涵上依然具有连续性。因此，对于传统单位制运行逻辑及演变过程的研究对于理解中国社会的变迁过程仍然具有重要意义。

第二节　单位与国家、社会及家庭关系

广义"单位"作为新中国社会最主要的社会组织形式以及城市社会最基本的生活方式，其不仅是作为经济组织的存在，更是承载了社会性、政治性职能的功能合一体。因此单位与国家、社会和单位成员的家庭之间都存在着密不可分的关系。对这些关系的考察也成为单位制研究的重要组成部分。

一　单位与国家和社会

在对单位与国家间关系的考察上，在有些学者看来，单位是国家权力自上而下的延伸，是作为国家政治工具而存在的。一些学者则更强调单位的社会功能，认为单位承载了社会应有的功能，实质上是国家与个体之间的调和与纽带，不仅为单位成员提供了依赖的对象，也为其利益诉求提供了制度化的表达途径。

（一）单位作为国家与社会合一的载体

李路路、李汉林认为，"中国社会中的单位组织，就其本质来说，是一种统治的形式和工具"[1]。孙立平也强调了单位作为国家政权建设和进行社会管理的总体性控制的工具性作用。[2] 在这种视角下，单位不仅是国家用以发展工业的经济实体，更是为了实现基层

---

[1] 李路路、李汉林：《中国的单位组织：资源、权力与交换》（修订版），生活·读书·新知三联书店2019年版，第7—8页。
[2] 孙立平：《转型与断裂——改革以来中国社会结构的变迁》，清华大学出版社2004年版。

管理的社会动员力的延伸。田毅鹏进一步论证了单位制的普遍确立所带来的"空间重组"，其"既包括城市'地理空间'的变化，也包括社会关系和社会控制体系的重构"①，并确立了"国家—单位—个人"的社会动员及统治体系。因此，作为国家权力延伸的"单位"也被视作全能主义在中国的主要表现，即"城市单位和农村人民公社的形成成为全能主义政治开始走向高潮的标志"②。

薄大伟从空间形式、社会治理和主体生产之间关系入手，对"作为社会主义城市基本单元的单位"开展了空间实践的谱系研究，具体探讨了城市治理干预通过单位制度实施的过程。③ 比约克龙亦从空间的角度探讨了单位的控制作用。他认为对于空间的控制和管理是组织和管理社会的一个重要方面，"在空间意义上，单位的控制功能有多种表现。围墙本身就是单位内外控制最好的证据，大门进一步对人们出入单位进行了限制。工作场所与住处的紧密相邻也间接地发挥了管理作用。这使得佯病、迟到和无故缺勤的情况不易发生，同时也促进了单位成员彼此的联系，从而通过人际关系网络对单位成员进行监督。……单位的控制有时显而易见，有时则是间接的；有时过强，有时则过弱"④。这种管理和控制的因素则是与单位的空间基础伴生的，单位的空间组织结构本身即表明了其在管理方面的功能。以上几种观点都强调了作为国家行政权力延伸的单位在基层管理方面所起的作用。

在肯定单位政治性的基础上，许多学者进而对单位与国家和社

---

① 田毅鹏：《"典型单位制"的起源和形成》，《吉林大学社会科学学报》2007年第4期。

② 黄春芳：《新中国成立以后全能主义政治的两种模式分析》，《东南大学学报》（哲学社会科学版）2011年第S1期。

③ 薄大伟：《单位的前世今生：中国城市的社会空间与治理》，柴彦威、张纯、何宏光、张艳译，东南大学出版社2014年版。

④ ［加拿大］E. M. 比约克龙：《单位：中国城市工作地点的社会——空间特征》，载田毅鹏等《重回单位研究——中外单位研究回视与展望》，社会科学文献出版社2015年版，第91页。

会的关系作进一步分析,认为在当时的背景下,单位实则承担了社会的大部分功能,"在传统体制下,单位制向单位成员提供了最基本的福利保障以及社会交往的合法身份"①。中华人民共和国成立初期,国家集中力量发展工业,因此虽然物质资源匮乏是当时最为普遍的社会背景,但单位组织始终保持着"低工资+全面福利"的模式。虽然这种福利只是在较低的水平上,但"一个人进入了单位,单位就有了对其生老病死负责的各种义务,由此形成了个人对单位的依赖。但是究其本质,传统单位体制下这种员工对单位的依赖,实际上是对国家的依赖。……只要取得了'国有'身份,成为'国家的人',不管具体企业如何,都享有大致相同的福利资源,单位只是获取'国有'身份的阶梯和途径,一旦个人获取了这种'国有'身份,就具有了超越具体单位的统一的制度保证"②,单位实则是国家赋予个人资源的媒介。

"单位作为国家与个人的联结点,实际上是国家与社会合二为一的制度化载体……单位实际上是中国在革命后国家通过吞噬社会而建构的一种特殊的制度化结构。在这一结构中,社会本身已经被连续性的社会改造运动同构或者是吸纳到国家内部来了"③,单位在扮演着"私人领域"角色的同时存在于国家之内。④"国家全面控制单位,单位包办社会,国家通过单位覆盖社会,由此形成了国家与社会之间的基本重合关系。"⑤

---

① 刘平、王汉生、张笑会:《变动的单位制与体制内的分化——以限制介入性大型国有企业为例》,《社会学研究》2008 年第 3 期。

② 同上。

③ 刘建军:《单位中国:社会调控体系重构中的个人、组织与国家》,天津人民出版社 2000 年版,第 508 页。

④ 同上。

⑤ 任学丽:《从基本重合到有限分离:单位制度变迁视阈下的国家与社会关系》,《社会主义研究》2010 年第 3 期。

(二) 作为利益组织化表达途径的单位

张静在对企业职代会研究的基础上，提出了"利益组织化单位"①的概念。在她的论述中，单位是一个"利益政治社区"，企业单位中实则不存在绝对的权威。在工资水平较为均等、不能解除劳动关系的终身雇佣制的限制下，企业内的奖惩机制是缺乏效力的。而与此同时，福利决策、社会政策等在形成之后又必然要通过单位的层次实现下达，由此"不仅大量有关利益竞争的冲突出现在单位，关于利益再分配原则的意见冲突也出现在单位"②。在这样的制度环境下，单位反而成了调和矛盾的媒介以及释放冲突的安全阀。

在这个意义上，单位的角色呈现出"自主"却又不"独立"的样态："在国家和社会民众的关系方面，单位并非是完全自治的、对抗国家的实体，也不是完全执行国家意志的工具。单位是国家和个人之间的联结组织，它对本身事务有相当的自主权，却又在社会结构中不具独立地位。它可以把社会冲突传达到体制内，从而将企业职工与国家体制联系起来，它也可以把社会的利益紧张局限或化解于单位内，从而阻止社会冲突进入国家政治的机会。"③ 在此基础上，她以企业内部的职代会为例进行了深入的考察，更加精确地指出企业职代会作为制度化利益表达途径的功能，即职代会是分担行政和社会压力的、位于体制内的零散化的社会组织，"它的基本目标在于，避免大规模冲突的酝酿和滋扰，因此它应当属于国家政权建设的一部分，而不是社会阶级利益的聚合组织"④。

与视单位为国家政治工具的观点相比，张静对单位的看法更强调了单位组织在调和国家与社会关系之间的连接性。单位的功能不

---

① 张静：《利益组织化单位：企业职代会案例研究》，中国社会科学出版社2001年版。
② 同上书，第98—99页。
③ 张静：《阶级政治与单位政治——城市社会的利益组织化结构和社会参与》，《开放时代》2003年第2期。
④ 同上。

仅表现为对国家行政命令的下达和执行,同时也承载着将下层观念上传的承接作用,并试图将"上传下达"之间的冲突调和于单位组织内部,形成了一种"基层社会利益的纠错和平衡机制"[1],这也在事实上为民主参与提供了组织化、制度化的途径和渠道。

美国学者安舟(Joel Andreas)从一种政治性的视角切入,对国有企业中职工民主参与进行了研究,通过成员身份(workplace membership)的强弱和职工自主权(autonomy)两个维度的考察,分析了工人参与程度、参与效果的兴起与衰落。[2] 在他看来,20 世纪 50 到 80 年代,单位制赋予了单位职工极强的成员身份,单位人同时也是合法的利益相关者(legitimate stakeholders),因此在一段时期内,单位职工对于单位事务能够产生实际的影响力,其利益诉求也能够通过工会、职代会等制度化渠道进行表达。但国有企业的改制带来了单位职工自主权的衰落,更具强制性的劳动关系变化,在实质上撤销(revoked)了单位人的成员身份,单位人变成了"打工者",对于单位人的依赖性降低,工人的力量也随之被削弱。

(三)基于权力和利益分配的网络化单位

葛兰西在《狱中札记》中曾提出了"霸权主义"(hegemonies)[3] 的概念,这种"霸权主义"所描述的"不是强制性的控制,也不是'自觉'的拥护,而是'自发的'同意,即在自己的工作、生活中不对现存制度和统治反抗,而是自觉不自觉地认同"[4]。虽然葛兰西的论述意在描述广义的阶级关系,但这种"自觉不自觉地认同"对于理解经济组织也有很大的启发性。1979 年,布若威在芝加

---

[1] 张静:《个人与组织:中国社会结构的隐形变化》,《探索与争鸣》2019 年第 6 期。

[2] Joel Andreas, *Disenfranchised: The Rise and Fall of Industrial Citizenship in China*, New York: Oxford University Press, 2019.

[3] Antonio Gramsci, *Selections from the Prison Notebooks*, New York: International Publishers Co., 1971, p. 333.

[4] 王晓升等:《西方马克思主义意识形态理论》,社会科学文献出版社 2009 年版,第 51 页。

哥一家机械工业厂进行劳动过程研究后出版《制造同意》一书，对资本主义工厂中这种"制造同意"进行了描述。通过他的观察，他认为工人们在劳动过程中创造出了一种"游戏"的情形，薪酬系统等一系列组织内的制度规范则成了"游戏规则"，其存续的基础则是工人在参与游戏的过程中产生的对其规则的认同。"同意依赖于参与游戏，通过参与来建构。游戏并不反映潜在的利益和谐；正相反，它是和谐的原因并产生了和谐。游戏自身的来源不在于预先注定的价值共识，而在于为了适应内在于工作中的剥夺的历史性特殊斗争以及与资方争夺定义规则的权力的斗争之中。"[①] 这种基于"自愿"的"同意"，也可以视作葛兰西"霸权主义"在经济组织中的体现。但与之不同的是，中国单位组织中的成员其"同意"或"认同"的对象与制度规则本身相比，更体现于一种网络化关系的结成。

在新制度主义的视角下，"庇护主义"所带来的组织依附关系是社会主义单位组织的根本特征。在华尔德看来，"新传统主义模式提出了这样一个悖论：共产党为动员社会起见确实提出了行为上非个人化的，以意识形态为准则的标准。在提出这些标准的同时，共产党政权还试图全面地改造现存的社会结构。然而，这些非个人化的标准所带来的却是个人以政治效忠和思想追随为交换条件的特殊待遇，而且通常党的领导在实践中都需要发展一套无所不在的由这样的积极分子组成的固定关系网"[②]。这种关系与"象征性交换"相似，即现实的符号或活动与抽象的价值理念之间的交换，前者为后者带来世俗的权威，而后者给予前者以信仰和行动力量。[③] 与一般现代西方经济组织中"非正式"的关系网络不同，这种庇护主义逻辑

---

① ［美］迈克尔·布若威：《制造同意——垄断资本主义劳动过程的变迁》，李荣荣译，商务印书馆2008年版，第89—90页。
② ［美］华尔德：《共产党社会的新传统主义——中国工业中的工作环境和权力结构》，龚小夏译，牛津大学出版社1996年版，第6—7页。
③ 林兵、腾飞：《传统单位制中的家族识别方式——基于制度与文化的解释》，《吉林大学社会科学学报》2014年第3期。

下的关系网络其前提并不是被受性或被迫性的服从，而是自愿、习惯性的"同意"。在纵向上，这种网络关系还表现为非积极分子和积极分子之间的对立，有时积极分子甚至还要充当非积极分子针对领导发泄不满情绪的替代对象。这一观点打破了原有的领导和员工之间二元化的认知，指出了单位组织内部的张力。在这种组织依附关系外，单位组织与国家之间也存在着网络化的依附关系，由此也构成了庞大的依附关系网络，即庇护主义下的网络化的单位。

李猛、周飞舟、李康在研究中指出，单位内存在一种以权力为基础的纵向关系网络，"这个网络以单位内某一级别的某个官员为枢纽，呈分散状上下延伸出去。而在同一级别内，竞争使官员往往组合成几个分裂的单位。这样就形成了几个上下延伸、平行断裂的关系网络"[1]，即"派系结构"。这一概念与刘建军所提出的"伞状结构"类似，即"一种基于权力和利益的制度化分配而形成的一种格局，它把行业领域和等级体制结合在一起，形成了自上而下的一体化的调控体系"[2]，并且形成了具有"横向闭合性"和"纵向贯通性"的网络结构。

李路路和李汉林进一步指出，"无论是'庇护关系'还是'派系关系'，都反映出在现实的组织生活中，单位中资源分配的结果，是组织结构和实际行动二者相结合的产物，因而是人们'建构'的产物。建构活动不仅直接影响到单位组织中的资源分配，而且是导致组织变迁的重要原因之一"[3]。

（四）单位共同体

路风在对单位团体行为准则进行论述时，着重强调了单位重视

---

[1] 李猛、周飞舟、李康：《单位：制度化组织的内部机制》，载中国社会科学院社会学研究所编《中国社会学》（第二卷），上海人民出版社 2003 年版，第 152 页，原文载《中国社会科学季刊》（香港）1996 年第 16 期。

[2] 刘建军：《单位中国：社会调控体系重构中的个人、组织与国家》，天津人民出版社 2000 年版，第 255 页。

[3] 李路路、李汉林：《中国的单位组织：资源、权力与交换》（修订版），生活·读书·新知三联书店 2019 年版，第 91 页。

人际关系的特性,并指出"单位是一个其成员因长期共事而彼此熟识的共同体"①。但他并未就此作进一步的说明。以田毅鹏为代表的学者将单位视为"共同体"来考察。在他看来,"所谓单位制度建立的过程,实际上就是克服中国人传统散漫劣根性,将家族化的'臣民'改造为'国民',整合到现代国家体系之中,造成现代多民族国家,形成新的'集体认同'的过程"②。"计划时期,以'单位生产区'和'单位大院'为载体的单位共同体,将地缘与业缘关系紧密结合,实现了'职住合一'。单位人生于斯,长于斯,长期密切互动,声气相通,形成了具有极强同质性的关系网络和社区文化,具有极强的认同感、归属感的地域生活共同体。"③ 作为"共同体"的单位融合了中国传统思想中的乌托邦思想,与强调国家自上而下的控制性功能不同,"单位共同体"体现了单位介于国家与家庭之间的、承载社会功能的"小公共性"的一面,进入单位不仅意味着获得一份工资或简单的福利保障,更是一个融入价值共同体的过程。

除了从国家建构的角度展开讨论,周建国也提出了单位所具有的共同体特征。"从单位形成的时间维度来看,单位一经成立,通常都会在较长时间内存在,并最终成为比较稳定的形态。在计划经济时期,中国许多企事业单位特别是独立性比较强的学校、工厂、矿山、农垦殖场等,大多形成了自身比较独特的存在形式。它们一般都有自己稳定的地域范围、语言风格、组织形式,并在长期的生活中形成了自身的文化特色、风俗习惯和生活方式,可以说就是一个个典型的社区。这在一些独立的工矿企业尤为明显,凡是在这类企业生活和长大的人,对这种生活方式至今仍然是记忆犹新。即使是在城市社会里,一个个规模较大的企业表面上是融合在城市社会里,

---

① 路风:《单位:一种特殊的社会组织形式》,《中国社会科学》1989 年第 1 期。
② 田毅鹏:《作为"共同体"的单位》,《社会学评论》2014 年第 6 期。
③ 田毅鹏、胡水:《单位共同体变迁与基层社会治理体系的重建》,《社会建设》2015 年第 2 期。

其实也大多形成了自己内部的组织构架、文化气质和独立的运行逻辑，与工作生活密切相关的诸多问题也是在企业内部加以消化和解决。"[1] 在他看来，"单位共同体虽然不能达到传统意义上共同体的'共有'水平，但彼此却感到亲如家人，对所属单位有着很强的认同感，这与共同体精神的实质是基本一致的"[2]。

田毅鹏和吕方在《"单位共同体"的变迁与城市社区重建》一书中也对单位共同体的变迁、消解及"后单位时代"的城市中国进行了研究。然而对于单位共同体变化的具体阶段及每一阶段的特征、表现没有深入展开。薛文龙对单位共同体的几点主要特质进行了阐释，这些特质包括"单位共同体既是生活共同体，又是社会职能组织"；"单位人对单位的人身依附关系是单位共同体的重要支撑，单位人的共享价值和心理纽带（单位意识和集体认同等）都是其衍生物"；"单位共同体内部利益表达与利益输送高度组织化，整合具有跨阶级的异质性"；"单位共同体与国家之间存在着'小共同体——大共同体'的同构"；等等。[3]

二 单位与家庭

除了在宏观上考察单位的政治性功能外，单位的出现对国家与社会关系所造成的影响以及单位内部关系也是单位研究所关注的重要问题。单位研究所涉及的"关系"，不仅包括前文所涉及的庇护网络或派系结构，也包括对传统、家族关系网络的影响或塑造。在单位与家庭关系的研究中，西方结构主义的观点往往强调家庭的非"现代"性，继而认为工业化必然带来家族关系网络的解体，因此单位的产生也被视为中国社会走向原子化之路的标志。另有学者持相反的观点，即认为单位的出现强化了中国传统的家族、家庭观念，

---

[1] 周建国：《单位制与共同体：一种可重拾的美德》，《浙江学刊》2009 年第 4 期。
[2] 同上。
[3] 薛文龙：《单位共同体的制度起源与建构——以 1946—1960 年间的哈尔滨市为中心》，博士学位论文，吉林大学，2016 年，第 12—13 页。

单位组织中事实上形成了"家族化"的特征。更普遍的观点则认为，单位承载了社会的功能，继而成了国家与家庭之间的媒介，对家庭进行了重组与再编。这也强调了单位对于重组社会家庭结构的纽带作用。

（一）工业化与家族网络的解体

西方学界普遍认为，现代化工业生产方式与传统的家族或家庭是存在矛盾的，家族或家庭的存在会影响工业化的发展进程，同时工业化的发展必然会带来家族网络的解体。帕森斯在《现代社会的结构与过程》中"工业社会的若干基本特征"这一章里指出，"工业社会与以前所有的社会都不同，它有时候必须特别强调经济发展，因而经济观点是或者曾经是至高无上的。这意味着此类社会与社会'内部'事务（如社会自身的价值、宗教、个人兴趣或者社会本身的整合）相对应，必须明显地倾向于控制外部环境"[1]。"因为在工业社会中有精密的分工和劳动专业化，所以，任何一个'公司'或生产单位必须从许多不同的家庭招收劳力，反过来，任何一个家庭必须从许多不同的生产单位得到消费品供应。"[2] 在这种观点下，工业化生产所带来的必然是业缘关系对地缘、亲缘关系的替换，个人必须要被从家庭中抽离出来，才能够实现与工业化生产相适应的分工。

早在 19 世纪末，涂尔干就提出了类似"个体化"的概念，从广义上指代家庭关系从社会有机整体中的分离。[3] 贝克则明确提出，20世纪 80 年代由于现代性带来的个体化实现了个人和社会关系的根本性转变，"个体自身成为生活世界中的社会性的再生产单位。社会性

---

[1] ［美］T. 帕森斯：《现代社会的结构与过程》，梁向阳译，光明日报出版社 1988 年版，第 108 页。

[2] 同上书，第 109 页。

[3] ［法］埃米尔·涂尔干：《社会分工论》，渠敬东译，生活·读书·新知三联书店 2017 年版。

的所是所为与个体决定缠绕在一起"①。这种个体化的主要特征在于其后果,即"家庭作为'倒数第二'种世代和性别之间的生活境况的综合物崩溃了,而家庭内外的个体成为以市场为中介的生计以及生涯规划和组织的行动者"②。

这一视角被应用到对中国单位组织的研究中时,以阎云翔为代表的学者认为,毛泽东时代是中国社会个体化的先导,国家在进行现代化建设的同时带来了中国社会的个体化。社会主义现代化道路出人意料地导致了中国社会个体化的发端,单位制把个人从家庭、亲属所构成的传统网络中抽离了出来,国家将个人从"个体——祖先"的轴线上抽离出来而嵌入"个体——党和国家"的轴线上③,党和国家在很大程度上取代了许烺光所言的"祖荫下",实际上是对家族化的消解,单位制实质上就是"集体式的个体化"④。随着"后发外生型"现代化在中国社会的不断发生,中国社会的个体化也存在其独特地表达,这体现在"自我主义传统、市场化改革进程、转型期的制度环境以及互联网的兴起"⑤ 四个方面。由此带来的就是20世纪70年代后期,国家引导和掌控下个体化的持续发生。农村劳动力的自由流动和企业改制带来的下岗工人无疑催生了个体化的进程,中国社会也不断地进行新一轮的重塑与再组织。

(二)单位对家庭的重组与再编

"将国家对社会、对家庭的干预,视作为社会现代化的一个具有普遍性的机制……可以看到,区别于工业化、城市化对传统家庭制度的冲击,现代国家遵循一定的意识形态或国家目标、社会建

---

① [德]乌尔里希·贝克:《风险社会》,何博闻译,译林出版社2004年版,第109页。

② 同上书,第159页。

③ 阎云翔:《中国社会的个体化》,陆洋等译,上海译文出版社2012年版,第356页。

④ 同上书,第357页。

⑤ 王建民:《转型社会中的个体化与社会团结——中国语境下的个体化议题》,《思想战线》2013年第3期。

设目标，通过制定相关的家庭政策、发动相关的社会运动，对家庭实施改造，这是许多不同意识形态和社会体制的国家都经历过的'家庭现代化''个人成长'的过程。"[1] "国家通过家庭政策，强制性地对家庭实施重建、再编，既可能是废除传统的家庭制推行民主的家庭意识形态，促进家庭的'现代化'，但也可能是强化传统的家庭制度，组织家庭的现代化、家庭的解体倾向，促使传统家庭制度的复活。"[2]

从相对温和的角度来看，单位制的产生虽然瓦解了传统中国社会家庭本位的社会组织形式，但却没有从根本上将中国社会直接拉入个体化的浪潮之中。恰恰相反，单位将家庭进行了重组与再编，反而在一定程度上延缓了现代性对中国社会的根本性冲击，将其纳入渐进式的过程。路风指出，"在我国特定的社会环境中，单位逐渐演化成为家族式的团体"[3]，传统意义上的家族"原有功能的消失不是由社会化的活动所代替，而是被单位以另一种团体本位的形式所吸收"[4]。刘建军也表达了类似的观点，认为"单位奉行一种新型的集体主义精神，并作为个人社会化的唯一通道，又与家庭共同构成了个人活动的所有空间"[5]，是一种对首属群体和次属群体多种特征加以融合的组织形式。

在陈映芳看来，由于计划时期市场的缺乏，使得职工及其家属的生活必然要依附于单位，家庭是被作为消费单位捆绑在单位体制中的：

---

[1] 陈映芳：《国家与家庭、个人——城市中国的家庭制度（1940—1979）》，《交大法学》2010年第1卷。

[2] ［日］青井和夫、增田光吉编：《家族変动の社会学》，培風館1973年版，第134—135页，参见陈映芳《国家与家庭、个人——城市中国的家庭制度（1940—1979）》，《交大法学》2010年第1卷。

[3] 路风：《单位：一种特殊的社会组织形式》，《中国社会科学》1989年第1期。

[4] 同上。

[5] 刘建军：《单位中国：社会调控体系重构中的个人、组织与国家》，天津人民出版社2000年版，第517页。

国家配置给"职工"与"居民"的福利资源，几乎都是以"家庭"为基本消费单位的。……在这样一系列的福利制度中，城市的居民，并不是以作为"个人"的国民或市民平等地从国家获得生活福利资源，而是被设置为"单位职工"与"职工家属"，通过不同的单位系统，获得不同的资源配置。……在职工成为"单位人"的同时，职工自己以及他们的家属，也成为特殊的"家庭人"和"家属人"。

……

作为一个独立的结构性存在，家庭也是与单位形成复杂互动关系的社会主体。生活资源配置的高度"单位—家庭"化，使非"单位职工"的城市居民作为"职工家属"从国家获取基本的生活资源。在"单位—职工"的家庭捆绑式福利制度的安排下，单位—家庭之间的关系既具有生活连带的一面，也具有国家与私人领域之间对立紧张的一面。换句话说，职工为家庭成员的生活需求而向单位谋取福利，虽可能被视为出于私利而不顾国家利益的非高尚行为，却也是一种具有合理性的制度安排。而事实上，从单位中发掘家庭福利资源，可以说是单位职工的集体愿望。尤其当沉重的子女负担成为普遍的城市问题、而城市政府又无力解决时，单位一步步向职工开放新的福利资源，包括职工以子女生活困难向单位借款/要补助、单位出面承担职工子女上山下乡的安置任务、单位优先招收职工子女、职工退休子女顶替等。这样一些制度，由家长意愿到单位行为，从非正式制度到正式制度，体现的是家庭需求、家庭行为改变单位福利制度以及家庭—国家关系的制度演变逻辑。

……

从这个意义上讲，"家属人"一方面是国家通过单位及其职工家庭，将生活资源的配置延伸到所有城市人、并据此统制全社会的一种制度设置。但同时，它也具有家长凝聚子女、家庭整合个人，并进而与国家展开利益博弈和政治互动的重要功能。[①]

另外，田毅鹏、李珮瑶指出了这种"重组、再编"具有"不得已而为之"的色彩。单位社会的封闭性限制"使得其员工无法走出单位的辖区，缺乏社会流动。同时，单位的封闭性自然带来'排他性'。从摇篮到坟墓的社会福利保障体制使得单位人充满了一种优越情结，人们也不愿意轻易离开单位空间"[②]。这也就形成了家庭与单位间的集体意识与相互认同。"人们在寻找工作时，最重要的并不是找适应自己业务能力和专长的职位，而是找能够获得更多利益的单位，单位比专业对口更重要，人们对单位的认同感一般要高于对自身职业群体的认同感"[③]。

此外，作为生活共同体和关系共同体，单位共同体也是建立在一系列真实的制度体系的基础之上的。诸如工资制度、福利制度、党政双重体制、奖惩制度、福利分房制度、厂办大集体制度、子女接班制度等。正是依靠上述制度体系，才能构建出单位共同体赖以存在的社会物理空间和关系空间。虽然计划体制下的就业制度表现出"统包统配""充分就业"的特点，但经济发展的不稳定，甚至导致"精简职工"和"劝退职工"一度成为企业的主要工作，在劳动力市场几乎已萎缩到归零程度的背景下，政府和单位对国企职工子女就业问题兜底式的承担也就显得顺理成章了。

（三）关系主义逻辑下的国企家族化

在张翼看来，国企不仅对家庭的概念进行了重新的诠释，同时

[①] 陈映芳：《国家与家庭、个人——城市中国的家庭制度（1940—1979）》，《交大法学》2010年第1卷。

[②] 田毅鹏、李珮瑶：《计划时期国企"父爱主义"的再认识——以单位子女就业政策为中心》，《江海学刊》2014年第3期。

[③] 李培林、姜晓星、张其仔：《转型中的中国企业——国有企业组织创新论》，山东人民出版社1992年版，第99—100页。

家庭介入国企单位组织的过程，也是家族化、泛家族化的非正式组织不断改造单位正式制度的过程。① 国有企业中的亲缘关系及在此基础上形成的更为复杂的人际关系是影响国有企业中资源配给逻辑变化的关键，也正是由于家庭的介入使国企原有的科层制组织结构产生变化，使之在市场经济制度的框架下无法持续运行，继而走向改制。

张翼在《国有企业的家族化》一书中，描述了"家族镶嵌企业组织的过程，分析了企业的资源配置倾向于'自家人的'手段"。他认为，"在'单位制'的长期作用下，很多工人的家属和亲戚大都集中在同一个企业。……这种以血缘和姻缘关系为轴心的社会关系网络都架构在同一个企业的情况，还使得企业里的初级群体牢牢地打上了家族的色彩，形成了一个相对于企业正式组织的非正式组织结构"②。这种家庭网或亲属、亲戚网镶嵌在科层制的企业内部的过程，实际上就是家族化，即"国有企业职工成员的家族形成过程"③，重在强调血缘、姻缘关系基础上所缔结的非正式群体。"国有企业中的职工，在企业中的行为，是重家庭或家族，而轻企业；是先家族或家庭，而后企业或组织；是以家庭或家族为中心，或者是以泛家族群体为中心来展开利益取向的配置过程，而不是以车间或班组为中心来组建利益集团。"④ 但张翼的观点在对"家族化"是何时在国企中开始产生广泛、深刻影响的时间划分并不清晰，并且将家族化的国企视为统一整体的考察忽略了"家族化"的阶段性，有些过于强调了家庭介入国企后造成资源配给逻辑的失衡的片面性。毕竟最初家属被纳入国企体系中并非是单位人本身"于私"的利益导向，而是恰恰相反，是为了国企能够更好地运作、壮大社会主义队伍的力量。

---

① 张翼：《国有企业的家族化》，社会科学文献出版社2002年版。
② 同上书，自序第4页。
③ 同上书，第102页。
④ 同上书，第114页。

从单位产生到发展的纵向脉络加以考察，单位"家族化"也具有其历史因素。这主要体现在，在社会主义、共产主义意识形态倡导下，涵盖单位人家属子女的福利保障所具有的合法性基础。"在20世纪50年代和60年代，制定共和国政策的许多官员都是从前工人运动的积极分子。……他们在制定国家政策时扮演了关键角色。考虑到技术工人在革命运动中发挥过的重要作用，他们在1949年以后得到优厚的工作保障和福利待遇"[1]，国有企业的组织形态实则是对工人应有待遇的一种保障。李培林等指出，"中国企业的单位化特征和企业目标、功能的多重化，使企业组织的权力系统更为复杂，并且往往与扩散的人际关系网交织在一起"[2]。在对国有企业的管理实践中，"国有企业在历史发展中形成的复杂的人际关系也对企业领导的权力形成潜在的影响。退休职工由子女顶替安排了一批职工亲属，照顾职工子女就业又安排了一批职工亲属，加之解决两地分居、照顾人情关系等因素安排的职工以及企业内部的职工联姻（由于生活圈子的狭小，这种联姻是很普遍的），国有企业中具有血缘、亲缘、姻缘关系的人就占了相当的比重，使企业领导被迫在用人、奖惩和利益分配等方面要考虑照顾各种'关系'，否则就会失去'群众基础'而处处碰壁"[3]。

王韵、刘新宜在论述中进一步扩大了国有企业中人际关系的作用范围，将"以裙带、亲信朋友关系和利益交换关系构造并运作管理指挥系统"[4]称为"准家族化"，并纳入对国企"家族化"问题的考量中。同时他们指出，虽然"准家族化"存在很大弊端，但在某

---

[1] ［美］裴宜理：《上海罢工：中国工人政治研究》，刘平译，江苏人民出版社2012年版，第297—298页。

[2] 李培丽、姜晓星、张其仔：《转型中的中国企业——国有企业组织创新论》，山东人民出版社1992年版，第100—101页。

[3] 李培林：《中国社会结构转型——经济体制改革的社会学分析》，黑龙江人民出版社1995年版，第162页。

[4] 王韵、刘新宜：《如何认识国有企业中的"准家族化"管理现象》，《理论前沿》2001年第14期。

种程度上也顺应了我国市场化改革的需要。然而对这种准家族化的影响，学界仍存在争论。"单位组织中的人际关系结构的存在，使得组织规范的有效执行并不是十分充分的。在结构主义的意义上，单位组织可以被视为一个大'家庭'，这本身是默认了对人际关系的传统认同。在这种认同中，人情因素往往多于规范作用。……在具体且可以灵活变通的人际关系之上来加诸普遍的规范是困难的，相对刚性的规范难免会受到抵制。"① 在此基础上，田毅鹏等也从国企家族化产生的原因入手做了细致的分析，并指出了"单位组织二元化"与"国企家族化"之间的内在关联，以及国企家族化现象存在的必然性。由国企家族化带来的是单位组织内部二元结构的出现，这种畸变也导致了单位组织结构的整体性变迁。②

由以上几种理论观点可以看出，国企单位组织与家庭之间存在着双向的互动关系。单位不仅对家庭关系进行了重构，家庭作为初级群体其与单位正式结构所不同的互动逻辑也使国企单位组织带有了家族化的色彩。这种关系也为单位的变迁提供了解释的依据。

三 "后单位时代"的社会治理

随着传统单位制的消解，对于单位制消解后的国家与社会关系的考察也成为研究的焦点。这些研究包括两个视角，第一个视角倾向于认为当代中国社会是社会治理从"单位制"到"社区制"的转型，即集中思考离开单位，中国社会是如何实现再组织化的。第二个视角则倾向于探讨社区对单位组织结构和形态的承接，从空间治理的角度出发，对单位制消解后的社会治理展开研究。

（一）从"单位制"到"社区制"

从社会控制的角度看，计划时期的单位不仅承担着"单位办社

---

① 林兵、腾飞：《传统单位制中的家族识别方式——基于制度与文化的解释》，《吉林大学社会科学学报》2014年第3期。
② 田毅鹏、李珮瑶：《国企家族化与单位组织的二元化变迁》，《社会科学》2016年第8期。

会"的功能,"还必须扮演着一个行政区的角色"①,"单位组织依赖于国家(政府),个人依赖于单位组织。同时,国家有赖于这些单位组织控制和整合社会。因而,单位组织的状况,构成了当代中国城市社区的基本结构"②。柴彦威等则用"去单位化"的概念来描述市场化所带来的城市发展组织模式的变化过程。在他看来,"去单位化是一个多维的过程,包括单位制度的逐渐解体和市场经济体制的明确和确立、单位空间日益融入城市空间和体制外空间的增长、单位人向社会人过渡和外来人口增长,以及单位社会的特质减弱、城市性逐渐增强等"③。

随着单位制变迁,社区建设也在20世纪90年代进入了热潮。田毅鹏等指出,"从理论上看,社区建设的推进过程,实际上是由'单位办社会'转向'社区办社会'的过程,即'非单位化'的过程"④。在此基础上,他进一步对单位制变迁后的城市社区重建进行了重点考察,在他看来,社区依然表现出单位所带有的"强国家"传统,并且带有浓厚的行政化色彩。然而,单位所具有的"地点社会"的熟悉感、全息性和舒适感却是当代社区所欠缺的。"'后单位时代'的城市治理,恰恰是需要建立一种新的社会联结模式和公共性构造,回应当代城市社会生活中的公共需求和不断增加的复杂性。"⑤ 离开单位,如何避免社会原子化以及由此引发的社会规范失灵、社会结构"碎化",是单位制变迁后社会管理体制改革应予以重

---

① 田毅鹏:《"典型单位制"的起源和形成》,《吉林大学社会科学学报》2007年第4期。

② 胡伟、李汉林:《单位作为一种制度——关于单位研究的一种视角》,《江苏社会科学》2003年第6期。

③ 柴彦威、肖作鹏、刘天宝、塔娜等:《中国城市的单位透视》,东南大学出版社2016年版,第16页。

④ 田毅鹏、漆思:《"单位社会"的终结——东北老工业基地"典型单位制"背景下的社区建设》,社会科学文献出版社2005年版,第75页。

⑤ 田毅鹏、吕方:《"单位共同体"的变迁与城市社区重建》,中央编译出版社2014年版,第219页。

视和警惕的。①

郑淑美将城市基层管理制度变迁视为从"封闭体系"到"开放体系"的变化。"自1980年代以来,中国大陆经济体制变革导致原有的社会体制无法与之相应,为了维持社会体制运作并适应环境变革,城市社会管理体制从一相对'封闭体系'(单位制和街居制)逐步向相对'开放系统'(社区制)演变。"② 社区建设的重要特征包括"党委政府领导、民政部门主管、居委会执行",同时"社区亦逐渐兴起一股'自下而上'的自治力量,对既有国家基层政权形成挑战"③。

(二)当代城市治理的"单位化"

与认为社区制是"去单位化"的相比,许多研究则强调了当代城市治理对单位模式的承接和延续。谭文勇把单位后勤体系的消解以及外部商业机构对单位制社区的入侵理解为后单位时代单位制社区转化为"泛单位圈"的过程④,"也就是人口和空间实体依然比较完整的单位制社区,逐渐演化为一种以传统单位为核心,在其周边形成为单位服务的后勤圈的现象。这实际上是单位效应在转型过程中的一种空间'溢出'"⑤。张汉进一步对此进行了阐释,认为单位对社会管理的退出是一种"选择性退化",是对社区的让渡。与此同时,单位制长期存在所塑造的单位人对单位的依赖结构,"使单位以及单位成员的生存方式和心理状态在很大程度上固定化为一种集体

---

① 田毅鹏、吕方:《"单位共同体"的变迁与城市社区重建》,中央编译出版社2014年版,第226—247页。

② 郑淑美:《从"封闭系统"到"开放系统":中国大陆城市基层治理体制的建构、演变与转型》,《远景基金会季刊》2008年第9卷第1期。

③ 同上。

④ 谭文勇:《单位社会——回顾、思考与启示》,硕士学位论文,重庆大学,2006年。参见张汉《中国大陆的城市转型与单位制社区变迁——单位制研究的空间维度》,《香港社会科学学报》2010年第39期。

⑤ 张汉:《中国大陆的城市转型与单位制社区变迁——单位制研究的空间维度》,《香港社会科学学报》2010年第39期。

人格，从而构成一种'单位文化'现象"①。在"选择性退化"和"单位文化"的交叉作用下，"单位制作为一种基本的社会管理体制仍没有完全消亡，反而作为一种体制遗产，在新的组织、行业和空间中得到不同形式和程度的呈现"②。

李威利则直接指出，"改革开放以来中国城市治理体系不再是单位制的，但仍然是'单位化'的"③。在他看来，"在社区单元的治理中，社区治理的网格化和体制内组织的单位制实际上存在一种普遍的联动机制，正是这种联动机制，使得单位在社会治理中的作用突破了体制内组织的边界，在社区治理中形成了'空间单位化'的治理效应"④。"国家在城市的空间治理中，仍然紧紧地依赖于'单位'（体制内的公有制组织）的作用，在城市社区治理中，治理资源不足主要通过公有制单位的支持进行补充……换句话说，'单位'是城市空间治理的核心主题，'单位'之间的合作治理重构了当前的城市基层治理体系。"⑤

在此基础上他进一步提出，"在国家治理的纵向结构与横向结构之间，国家正是通过'体制内单位'勾连二者，起到了'制度节点'的作用，从而形成了当代中国国家治理的'新单位制'"⑥。这种新单位制"不仅局限体现在体制内'单位回归'倾向，也不仅是部分地区基层治理的创新探索，而是国家治理基层社会的一种普遍

---

① 张汉：《中国大陆的城市转型与单位制社区变迁——单位制研究的空间维度》，《香港社会科学学报》2010 年第 39 期。
② 同上。
③ 李威利：《空间单位化：城市基层治理中的政党动员和空间治理》，《马克思主义与现实》2018 年第 6 期。
④ 李威利：《新单位制：当代中国基层治理结构中的节点政治》，《学术月刊》2019 年第 8 期。
⑤ 李威利：《空间单位化：城市基层治理中的政党动员和空间治理》，《马克思主义与现实》2018 年第 6 期。
⑥ 李威利：《新单位制：当代中国基层治理结构中的节点政治》，《学术月刊》2019 年第 8 期。

性机制。一方面表现为体制内组织的内部控制、资源的单位化占有和个人对单位的依赖;另一方面突出地表现为体制外空间治理中的'空间单位化'机制"①。

第三节 对以往单位研究的回应

通过对以往单位研究的综述可以看出,学界在对单位组织、单位制度本身的研究主要集中在单位制的起源、变迁及消解各个阶段。跳出单位本身,在对单位制与国家、社会关系的研究中,又主要根据单位是否消解了家庭关系而产生了几种不同的视角。但在这些研究中,却都缺乏对中国传统社会思想的重视,并且,厂办大集体这一对于促成单位制变迁的重要因素也鲜有问津。虽然田毅鹏等"单位组织二元化"概念的提出将厂办大集体重新纳入了单位研究的考察范围,但是对这种二元化背后产生的单位组织结构性变化却没有做出更为具体的阐释。

一 单位研究对中国传统社会思想的轻视

从对单位制起源的集中主要观点上来看,"苏联模式影响说"强调了第一个社会主义国家——苏联,其经济建设模式对于我国单位制起源的重要影响;"社会资源总量约束说"讲明了单位制建立时期所面临的客观社会条件,分析了单位制产生的社会因素。但事实上这两种学说都意在强调单位制起源的外因。相比之下,"根据地起源说""晚清民国时期的制度改革说"以及田毅鹏对于"典型单位制"的论述,则指出了共产党革命根据地实践、晚清民国的企业管理模式以及社会精英对于如何重新组织中国社会的本土化思考,这些内

---

① 李威利:《新单位制:当代中国基层治理结构中的节点政治》,《学术月刊》2019年第8期。

生性因素对单位制起源的影响无疑是更为根本和深刻的。在此基础上，我们也可以将单位制的起源视为以上几种因素的合力，即在苏联经济模式的影响下，当时的社会精英在考虑到社会现实状况、并结合共产党根据地建设经验和近代企业管理模式后，建立起来的重新组织中国社会的一系列制度安排。然而即使将单位制起源视为多重因素的混合来考量，依然可以看出这其中鲜有提及中国传统社会思想。

再从单位与国家、社会关系的角度来看，虽然单位制的建立是伴随着中华人民共和国的成立而产生的，但单位作为承载经济关系、社会关系的组织形式，协调国家、社会和家庭关系的手段，其之所以能行之有效，必然是因为能够与当时的中国社会相契合。这种契合的背后，不仅需要制度模式与社会状况相匹配，更需要制度内涵与社会文化相适应。如果仅仅把单位置于20世纪初及其后来考察，显然是忽视了单位制内在思想与中国传统社会思想的一致性，因此也就会造成对单位制思想内涵上理解的不足。

单位的组织形式虽然是伴随着中华人民共和国的成立而迅速建立起来的，但其制度内涵却并非是短时间内能够塑造的。作为在社会动荡、百业待兴的背景下发展社会经济、重组中国社会的制度体系，"单位"不仅是重新分配社会资源的静态组织结构安排，更是为了恢复社会秩序、实现社会整合的"共同体"。在这个意义上，单位制也可以视作一种新的社会类型，即通过中国传统文化来回应由于现代化发展所造成的"权威危机"[①]。任何一种社会类型都是社会生产力和生活方式的结晶，同时也具有接续性，是在既有的、继承的和既定的基础上创造的。单位制之所以成为中国社会所特有的社会

---

① 在美国学者斐鲁恂（Lucian Pye）看来，近代中国社会受到西方列强的冲击迅速、全面的瓦解，因而出现了认同危机、合法性危机、渗透危机、参与危机、整合危机和分配危机这六种危机，而这六种危机又都可以视作现代化的权威危机。参见［美］斐鲁恂《中国人的政治文化》，胡祖厦译，台北风云论坛出版社1992年版，第63—66页。

组织形式，这与中国传统的社会思想密不可分，也因此构成了单位制与其他任何组织形式相比的特殊性。不仅如此，单位制所构建的国家、社会与家庭关系，也是在与传统文化相适应的基础上才能实现的。通过"单位"重组中国社会之所以能迅速被人们所接纳，就在于这种制度文化没有造成对传统文化的冲击，这也更加体现了单位制与中国传统社会思想之间的接续性。

因此，对单位制的理解应当在视单位为"共同体"的基础上展开，充分考虑中国传统社会思想对单位制内涵建构的重要意义。在中国传统社会思想中，"家国同构"的逻辑一直贯穿始终，以国家为轴的权威模式与以国家为中心辐射开来的家族与团体关系在不断地互动，并塑造出了大同思想下的"井田制"直到差序格局的乡土中国的变动过程。单位制的出现也是在这些思想逻辑的引导下、变动过程的基础上发生的。正如马克思所言，"人们自己创造自己的历史，但是他们并不是随心所欲地创造，并不是在他们自己选定的条件下创造，而是在直接碰到的、既定的、从过去继承下来的条件下创造"[①]。单位制作为这种"创造"的产物，与"家国同构"的大逻辑背景、传统中国社会井田制的实践、宗族团体观念、小共同体本位的权力交换模式都是密不可分的。综上所述，以往单位研究中存在着对中国传统社会思想的轻视，将传统中国的社会建构思想纳入对单位共同体的考察，是十分必要的。

二　单位研究对"厂办大集体"的重视不足

在对单位制变迁的相关研究进行综述时，虽然对单位组织内部二元化现象的研究现状有所提及，但考虑到厂办大集体对于单位制度形态变迁的重要意义以及目前研究的欠缺程度，在这里希望对单位研究中的"厂办大集体"研究做进一步说明。

出于"上山下乡"后解决单位人子女就业问题的现实要求及国

[①] 《马克思恩格斯选集》（第一卷），人民出版社2012年版，第669页。

家的政策安排，"厂办大集体"这种集体产权所有制开始进入单位体系，成为与国营单位组织并行存在的经济实体，共同存在于国有企业内部。在关于厂办大集体的近四千余篇期刊论文及三百余篇学位论文中，多数是经济学、管理学或政治学视角下对于厂办大集体改革或改制问题的研究，尤其在近两年的研究中，这种视角更是占了突出比例。

改革开放后，学界曾掀起对"一厂两制"研究的浪潮。费孝通在 1984 年对包钢考察时，提出了"人文生态失调"的观点，即"一个企业受到来自设备和制度的种种限制，无法消化企业内不断增长的人口现象"[1]。"包钢这类大企业，为了自身解决这个失调问题，在大厂里办了许多层次的集体所有制的小厂。这其实就是'一厂两制'的雏形。"[2] 这种一厂两制模式的形成，是为了解决靠外注入实现发展的"注入式大企业"无力自主更新和扩建的"孤岛"压力，然而"它们实际上又成了大厂背着的一个个小包袱"[3]。费孝通在 1989 年再一次对甘肃进行考察时，则发现了一厂两制的模式发展，即打开厂门、与地方结合，联合开办中小型企业，实行利益均沾、共同负责。在他看来，这种开放和扩散的"一厂两制"不失为一条很有前途的路径。邱泽奇在《边区企业的发展历程——国有大企业和企业型城市的集体企业》[4] 一书中也对这一问题进行了探讨，但其论述主要集中于对市场经济时期的国企与集体关系的查考。总体来看，这一时期的研究主要围绕着国企改制及其衍生问题的出现及应对，并没有对厂办大集体的产生及终结过程作出理论分析，更缺乏对厂办大集体与国营单位组织间互动关系的研究。

从制度或单位组织结构的角度对厂办大集体的研究，以刘平、

---

[1] 费孝通：《甘肃行杂写（之三）：一厂两制》，《瞭望》1990 年第 10 期。
[2] 同上。
[3] 同上。
[4] 邱泽奇：《边区企业的发展历程——国有大企业和企业型城市的集体企业》，天津人民出版社 1996 年版。

渠敬东等人的文章为主要代表。刘平、王汉生、张笑会在文章《变动的单位制与体制内的分化——以限制介入性大型国有企业为例》中，着重区分了限制介入性大型国有企业与一般国有企业，并对非公有产权的厂办集体企业产生后"一企两制"的现象进行了讨论。但其对"一企两制"问题的讨论，主要集中于其所带来的层级化结构问题，对于厂办大集体进入国营单位及其变迁过程未做进一步说明。[①] 渠敬东、周飞舟、应星在对中国改革开放30年的分析中，提到了双轨逻辑下"国有企业内的集体制"，并指出了其在产权及职工身份上的模糊性，同时也指出"国有企业基于单位制和集体制之组织形态的双轨运行，也为计划体制改革寻找了突破口，为国有企业拓展了一定市场空间"[②]，然而文章并未对此展开进一步论述。

以上对于厂办大集体的研究都是将厂办大集体置于静态的宏观的社会结构中加以讨论，没有对厂办大集体的变迁过程做历时态的分析，同时也缺乏自下而上的对单位人生活史和生命历程的真实关注，对与厂办大集体在国企单位中扮演的角色以及其作为社会变迁重要表征的结构性功能没给予充分的重视。

事实上，"厂办大集体"作为存在于全民所有制组织内部的集体经济形式，虽然其存在的时间较短，但厂办大集体并不是简单的、临时性的组织变动，而是深刻的、结构性的制度变迁。厂办大集体的产生首先造成了单位组织内部产权关系的分化，即国企单位组织由单一的全民所有制变成了"国营＋大集体"的二元结构模式，随之而来的则是单位组织内部边界的建立。以往单一所有制的单位组织之间虽然存在着等级上的隶属关系、空间上的规模大小等的区别，但这种区别始终是横向的，各个单位组织在宏观上仍可以被视作同一整体，单位体制边界存在于单位组织外，用以区分单位组织和社

[①] 刘平、王汉生、张笑会：《变动的单位制与体制内的分化——以限制介入性大型国有企业为例》，《社会学研究》2008年第3期。

[②] 渠敬东、周飞舟、应星：《从总体支配到技术治理——基于中国30年改革经验的社会学分析》，《中国社会科学》2009年第6期。

会。厂办大集体的出现则是在制度结构安排上对单位组织内部进行了区分，边界不再仅仅是单位体制的内外分割，同时也将单位组织内部划分为两个层次，从而形成了单位组织内边界（厂办大集体与国营）与单位组织外边界（单位组织与社会）的双重结构。并且，双重组织边界自从塑造以来就处于不断的变动之中，变化的特点主要体现为单位组织内边界的强化和外边界的松动。这种变化的直接结果就是在单位组织内产生了瓦解单位组织的力量，并最终导致了单位制的消解。但在以往的研究中，厂办大集体对于边界塑造和消解的作用并没有得到应有的重视。

同时，厂办大集体产生和终结带来的不仅是单位组织刚性结构的变化，对于单位组织内单位成员的权力与身份认同（entitlement & identity）也产生了深刻的影响。由于单位成员国营和集体身份的差异、相应的福利待遇的不同，单位成员之间也形成了隐性的边界。身份认同的差异强化了单位成员之间的边界意识，身份体验的"边界感"又加深了差异化身份认同的构建。由此带来的则是更加深刻的体制内边界的发生。

综上所述，厂办大集体对于单位组织边界的塑造和单位人权力和身份的建构都具有十分重要的意义，这种"边界"的概念对于理解单位制是极其重要的，同时又是以往研究中所忽略的。从厂办大集体的兴起带来的组织边界变动入手，继而探讨单位共同体的衰落，对于研究单位制变迁具有无法替代的重要意义。

第 二 章

共同体与社会闭合

本书意在考察单位组织边界变迁的基础上重新认识单位，并对作为"共同体"的单位进行反思。在这一过程中，与中国传统社会思想相交织的共同体理论则成为理解的关键，其作为西方概念与中国社会相融合，并融入单位体制的过程是十分值得思考的。与此同时，单位体制边界的建立，实则可以理解为国家在资源分配过程中对资源共享范围的有意划分，由此也产生了韦伯所言的"社会闭合"。单位体制边界的变动，既是对"单位共同体"的强化，同时也是试图将单位共同体模式推广的尝试。在这一章中，主要对本书所应用的共同体理论及社会闭合理论进行阐释，将这两种西方本位的理论与中国独特的单位制相结合并加以理解。

第一节 西方共同体理论与单位共同体

"共同体"的概念源于亚里士多德，他所指的"共同体"，是成员之间有着共同或共享事物（koinon）的集体。在他的定义中，"所有的城邦（或国家）都是某种共同体；共同体都是为了获得某种善而建立的"①。在《政治学》的第一部分"论家庭"中,他将共同体区分为家庭、村庄、城邦等不同形式,并阐释了政治共同体及其与其他共同体的关系,即在所有的共同体中,政治共同体是最高尚的,因为"它真正体现了人的自然本性"②。

随后的一百多年里,学者们从不同的角度研究共同体,又对"共同体"概念提出了数十种不同的定义。虽然从根本上看,不同类型的共同体都是基于"共同"或"共享"事物展开的,但由于其本身所内含的主观性色彩和依附性程度的不同,也造成了其研究的复杂性。本书所关注的对象为"单位共同体",考虑到其内涵上与以往共同体研究的相关性程度,因而以滕尼斯"村落共同体"理论为基础展开,探讨单位共同体在根本上与传统共同体的同质性与异质性,继而对马克思的共同体思想进行论述,讨论共同体理论的发展以及这种变化在单位共同体上的体现,从而对单位"共同体"的特征进行阐述。

一 滕尼斯:村落共同体

在共同体理论的发展谱系中,滕尼斯最早对共同体概念进行了系统的阐述。他在1887年发表的《共同体与社会》一书中,把共同体从社会概念中分离出来作为一个基本的社会学概念。他将共同体视为基于如情感、习惯、记忆等自然意识形态形成的一种社会有机体,"共同体"(community)的概念是指"那些有着相同价值取向、人口同质性较强的社会共同体,其体现的人际关系是一种亲密无间、守望相助、服从权威且具有共同信仰和共同风俗习惯的人际关系;这种共同体关系不是社会分工的结果,而是由传统的血缘、地缘和

---

① [古希腊]亚里士多德:《政治学》,高书文译,江西教育出版社2014年版,第1页。

② 同上书,第3页。

文化等自然造成的"①。

从这个意义上看,滕尼斯对"共同体"的定义是基于关系主义的视角展开的,因此共同的生活环境、共同的生活特征、深刻而持久的"共同性"就成了探讨共同体的重要维度。据此共同体可以分为三种类型:血缘共同体、地缘共同体和精神共同体。对于三者的关系,滕尼斯指出:

> 血缘共同体作为行为的统一体发展为和分离为地缘共同体,地缘共同体直接表现为居住在一起,而地缘共同体又发展为精神共同体,作为在相同的方向上和相同的意向上的纯粹的相互作用和支配。地缘共同体可以被理解为动物的生活的相互关系,犹如精神共同体可以被理解为心灵的生活的相互关系一样。因此,精神共同体在同从前的各种共同体的结合中,可以被理解为真正的人的和最高形式的共同体。②

简单理解,与这三种共同体相对应的关系为亲属、邻里和友谊。亲属是血缘共同体的基本表现,以牢固的家庭关系为基础;邻里是基于在村庄共同生活的基础上构成的地缘共同体;友谊则是在血缘、地缘之外的,以同心协力一致的思想为条件的精神共同体。由此看来,滕尼斯所言的"共同体"更接近初级群体的概念,其本质是一种同质性很强的"熟人社会"。

在滕尼斯看来,从村庄到城市的变迁过程,是"合作社"③ 取

---

① [德]斐迪南·滕尼斯:《共同体与社会:纯粹社会学的基本概念》,林荣远译,商务印书馆1999年版。参见徐永祥《社区发展论》,华东理工大学出版社2000年版,第29页。

② [德]斐迪南·滕尼斯:《共同体与社会:纯粹社会学的基本概念》,林荣远译,商务印书馆1999年版,第65页。

③ 滕尼斯所言的"合作社",是指中世纪德国法律里的部落或职业的联合体,目的是共同履行某些义务,并非现代意义上的合作社。参见[德]斐迪南·滕尼斯《共同体与社会:纯粹社会学的基本概念》,林荣远译,商务印书馆1999年版。

代"共同体"的过程。虽然城市是由村庄发展而来,但城市的实现并不基于自然物品的共有性,也没有维持一致的共同精神,只是形式上的村庄集合体。实际上,共同体强调的是一种整体性,"相互之间的——共同的、有约束力的思想信念作为一个共同体自己的意志,就是这里应该被理解为默认一致(consensus)的概念。它就是把人作为一个整体的成员团结在一起的特殊的社会力量和同情"①。无论共同体的表现形式如何、归属类型如何,这种内在的一致性始终构成着共同体的实质。从村庄到城市的发展模式,就如同从中心点向外放射直线,中心点则是"默认一致"的整体性统一。如果直线上的点都保持着这种向心力,则共同体仍然是围绕着唯一内核扩张的,然而实际情况却并非如此。"在半径上的点成为一些新的中心,它们越是需要更多的能量来向周围扩展,同时保持自己的范围,它们就越是脱离较早的那个中心点"②,这就意味着共同体规模的扩张,事实上是反身性的、与原有共同体本质的脱离。就此,雷德菲尔德在承认滕尼斯观点的基础上提出真正共同体所需具备的三个特征:"没有任何反思、批判或试验的动力","只有在特定范围内才和它的本质保持一致","共同体是最小的,也是自给自足的"③。

  从整体上看,可以说滕尼斯的共同体观念是基于村落而存在的,规模小、内部联系紧密是其基本特征。并且滕尼斯对于共同体发展的理论,即随着共同体规模的扩大,必然带来共同精神的衰减和共同体逐渐的边缘化分离的观点,实际上反映了他对城市化进程中共同体失落的焦虑。将滕尼斯的理论置于西方社会历史中加以考察,无疑可以证明其理论的正确性:工业化确实造成了村落共同体的衰

---

  ① [德]斐迪南·滕尼斯:《共同体与社会:纯粹社会学的基本概念》,林荣远译,商务印书馆1999年版,第71—72页。
  ② 同上书,第78页。
  ③ Robert Redfield, *The Little Community and Peasant Society and Culture*, Chicago, IL: University of Chicago Press, 1971, p.10, 参见[英]齐格蒙特·鲍曼《共同体》,欧阳景根译,江苏人民出版社2007年版,第7—8页。

落并将个体抽离出来嵌入社会中,形成了相互区分的"社会"与"共同体"的概念。但当将这一发展路径套用到中国社会时,则出现了明显的不适用性。可以说,中华人民共和国成立后,单位组织的出现不仅没有瓦解传统的共同体,反而强化了其"共有"的内涵。而单位共同体的瓦解,才是真正的"共同体"与"社会"相分离的过程。

伴随着新中国经济发展要求而建立起来的工业组织——"单位",实际上包含了三种共同体类型的全部特征,可以视为对滕尼斯意义上村落共同体的延续。从组织成员的构成上,"单位"并不像西方工业企业那样以个体化的方式将成员嵌入进去,而是对传统家庭进行重组与再编。单位福利通过单位人员向其家属扩散,单位人家属也逐渐被赋予单位正式成员的身份成为单位人再生产的一部分,这也促成了单位内血缘共同体的凝聚,为国企引入了"家族化"的色彩。从地缘关系上,西方工业化的发展基于生产与生活的分离,企业成员关系的结成是以业缘为基础的,生产场所与居住地的分离使得成员之间除了工作关系外并不发生交集,地缘共同体也就缺少了最基本要素。然而在中国的单位社会却非如此。单位作为生产性的工业组织同时也承载着社会性功能,其福利体系亦包括了分房、医疗、子弟校等各个方面。"单位办社会"的组织模式使得单位不仅是生产的空间,也是单位人的生活空间,"单位"几乎涵盖了单位人的全部生活空间和社会活动。因此"单位社会"也成了移植到城市的地缘共同体,即不存在滕尼斯意义上的共同体与社会的分化。从共同体的内在精神上看,单位组织的政治性功能,从单位制度产生之初就奠定了单位组织思想上的一致性,精神上的向心力是在单位组织中预设的最为重要的内在要求,并且在单位变迁的过程中不断被强化。单位的产生不仅没有造成共同体精神的衰落,反而将单位塑造成了比村落共同体更为紧密的精神共同体。

可以说,中国城市社会中国有工业企业单位的出现,并没有造成共同体与社会的分离。"单位"实际上是将传统"村落共同体"

移植到了城市之中并强化了其内核，通过"单位共同体"的塑造，成为血缘共同体、地缘共同体和精神共同体的复合。将单位视为与滕尼斯概念中村落共同体相类似的概念来考察，不仅可以更好地理解单位组织本身，也可以更好地理解单位制变迁的过程，并对"后单位时代"展开思考。

二 马克思：虚幻共同体与真正的共同体

在众多共同体理论中，马克思的共同体理论对以往研究有着很大突破，这也同时构成了马克思国家理论的一部分。首先，有别于一般共同体研究的视角，相较于深入剖析共同体的结成及其特征，马克思的研究视域并非集中于"共同体"自身，而是从人与共同体关系的角度更加深刻地分析了共同体内涵，并从社会"三阶段"的论述阐明了人与社会关系的嬗变。另外，对于共同体的认识往往都建立在"共同性"或"共有性"基础上的，而马克思却从中看到了相对于"自由"的"约束性"的一面，从"虚幻的共同体"到"真正的共同体"，这事实上意味着人类关系的根本变革。因此，在马克思看来共同体并非一个高度抽象的理论范畴，而是人类的一种具体生存方式，因此他致力于构建"真正共同体"，继而强调个体的自由发展。[1]

在对社会共同体的探讨中，马克思用社会"三阶段"的划分回答了个体与共同体之间的分裂关系。与滕尼斯强调的村落共同体与城市社会的横向区分不同，马克思对共同体三阶段的划分是基于纵向的社会变迁，依据不同的生产力、生产关系而结成的。马克思在手稿中指出：

> 人的依赖关系（起初完全是自然发生的），是最初的社会形式，在这种形式下，人的生产能力只是在狭小的范围内和孤立

---

[1] 邵发军：《马克思的共同体思想研究》，知识产权出版社2014年版。

的地点上发展着。以物的依赖性为基础的人的独立性，是第二大形式，在这种形式下，才形成普遍的社会物质变换、全面的关系、多方面的需要以及全面的能力的体系。建立在个人全面发展和他们共同的、社会的生产能力成为从属于他们的社会财富这一基础上的自由个性，是第三个阶段。第二个阶段为第三个阶段创造条件。①

从生产力发展的角度看，从"人的依赖性"到"物的依赖性"对应着从自然共同体到市民社会共同体的发展过程，而随着个人发展最终则会实现"人类社会"或"社会的人类"，即"自由人联合体"。这三种形态即马克思意义上的"本源共同体""虚幻共同体"和"真正的共同体"。

就当时的社会条件来看，"本源共同体"和"虚幻共同体"是已有的社会状态，"真正的共同体"则是一种理想型。以"人的依赖性"为中心的本源共同体实际上与滕尼斯的村落共同体是极其相似的，都是人类最基本的生存方式的集合。但与这种"共同体"相背离的不是"（城市）社会"，而是资本主义社会。资本主义带来了对本源共同体的破坏，资本主义生产方式消除了共同体中血缘和地域特征，缺乏流动的社会结构被打破；生产力的转变从根本上造成了共同体转向对"物的依赖性"；道德伦理不再是社会控制的主要依托，"秩序"成为社会整合的主要力量。"这种人为建构的社会发生了变异并与人相互对抗。……'资产阶级社会'没有了人的容身之地，而只存在社会关系的人格化身"②，共同体也变现为一种"契约共同体"。人们在这种共同体中，实际上并未达到马克思所言的"自由"，而只是形式上、虚幻上的共同体，同时其在共同体中的确定性

---

① 《马克思恩格斯全集》（第3卷），人民出版社2002年版，第107页。
② 王虎学、万资姿：《"共同体""资产阶级社会""自由人联合体"——从人与社会的关系嬗变看马克思的社会"三形态"》，《湖北社会科学》2009年第1期。

也不能得到充分的保证。

马克思对"虚幻共同体"的理解,建立在对黑格尔市民社会的批判以及对国家的反思基础之上。"在黑格尔哲学中,国家不仅与市民社会中的个人生活断绝了关系,而且在逻辑上也先于个人而存在。行动的个人,作为历史的真实创造者,从属于国家所体现出来的政治参与理念,国家俨然是社会发展的动力源泉。"① 马克思则认为,"'虚幻的共同体'并不是对共同体的全部否定,相反它要借助于共同体的名义,以共同体的旗号来行使特殊权力,它是'真正的共同体'的虚假存在形式,这种存在形式普遍以国家形态来呈现"②。国家以代表社会为名,维护自身利益为实,国家大于社会,先于个人;市民社会的个体利益与政治生活的"社会"特性之间相互分立,个人与政治共同体之间的异化难以调解。那么"代替那存在着阶级和阶级对立的资产阶级旧社会的,将是这样一个联合体,在那里,每个人的自由发展是一切人的自由发展的条件"③,即"真实共同体"。真实共同体意味着对异化分工和私有制的克服、对政治形态的超越,即精神实质与形式手段的统一。

站在马克思的理论视角下来理解中国社会,本源共同体瓦解、国家形态确立后,中国社会的共同体形态存在着国家与个人关系对立、缺乏有效缓冲的局面,这实则意味着公民社会的缺失,从共同体维度也造成了个人与社会关系上个体化和碎片化的发生。但这与滕尼斯将村落共同体与城市共同体分离看待的观点,都存在着对中国社会独有的单位组织的忽视。与西方社会不同的是,新中国的工业化是以城市中建立起来的单位组织为依托的,由广泛分布的单位组织所结成的单位社会,不仅避免了中国社会中国家与个人关系的

---

① [英] 安东尼·吉登斯:《资本主义与现代社会理论——对马克思、涂尔干和韦伯著作的分析》,郭忠华、潘华凌译,上海译文出版社2013年版,第8页。
② 牛先锋:《从"虚幻的共同体"到"自由人联合体"——马克思国家理论及其对国家治理现代化的启示》,《天津社会科学》2016年第4期。
③ 《马克思恩格斯全集》(第1卷),人民出版社1995年版,第273页。

断裂，同时承接了市民社会的缓冲性功能。陆学艺在讨论经济组织单位化的社会后果时指出，单位"'分而治之'的制度安排（华尔德，1996），有效地消解了社会利益群体横向联结聚合、进而形成作为哪怕是哈贝马斯（1999）所谓'平民公共领域'之基础的公共利益诉求的结构性条件，使得公民社会的发展缺少关键性的动力机制和组织动员根据"[①]。换句话说，虽然中国社会中并未出现真正意义上的市民社会共同体，但却通过单位组织构建出了介于本源共同体与市民社会共同体之间的中间形式。正是由于单位组织的存在，工业化进程中的中华人民共和国虽然出现了马克思意义上的"物化"生产和"物化"需求，但并未结成"物化"社会关系，计划经济的形式也避免了"物的依赖性"的形成。

从社会发展的阶段性来看，伴随单位组织建立而形成的"单位共同体"代替了本源共同体，成为中国现代化过程中调节人与社会关系的主要的共同体形式。它在生产力和生产关系上超越了本源共同体，却没有消除本源共同体血缘和地缘上的内在联结、保留了"人的依赖性"内涵。从人与国家的关系上看，单位共同体保证了个人和国家之间的连接性，单位组织承接了社会职能为个体活动提供了表达空间，其与本源共同体相联结的一面又避免了国家对个体强制力的发生。可以说，单位共同体的发生在生产力发展的基础上超越了马克思对"虚幻共同体"的某些判断，这就意味着对单位共同体的理解可以成为认识中国社会变迁轨迹的关键。

第二节 资源的社会分配

韦伯在《开放的与封闭的关系》一文中，曾提出"社会封闭"

[①] 陆学艺主编：《当代中国社会结构研究报告Ⅲ：当代中国社会结构》，社会科学文献出版社2018年版，第358—359页。

（或译为"社会闭合"）的概念，用以描述资源在框定的边界范围内被一小部分人所共享、继而实现自身利益最大化的情形。在这一概念的基础上，他展开了对有组织群体经济关系的探讨。虽然韦伯对这种资源分配规则的描述是概化的，但从本质上看，单位制也很明显的体现出了"闭合"的资源分配逻辑，并且在单位制演进变迁的过程中呈现出从闭合到开放的过程。在这个意义上，重视韦伯"社会闭合"的概念，对于理解单位制是十分重要的。并且，在宏观闭合的分配逻辑下，单位制的资源分配逻辑也体现出明显的限制性特点，这种限制性不仅体现在单位体制边界两侧资源获取的差异，同时也表现为资源的不可流动性以及组织内成员对资源支配能力的限制性。"单位制"就是在国家主导下实现社会管理和控制的再分配体制，这个意义上，如何理解单位的资源分配逻辑，对于理解单位制具有重要的意义。

一 社会闭合：差异化的资源分配

社会闭合（social closure）是由韦伯最早提出的概念。在翻译上常被译为"社会封闭"[1]，有时也被译为"社会屏蔽"[2]。他在《开放的与封闭的关系》一文中提出"如果而且只要它的秩序系统并不拒绝任何希望参与并实际处在能够参与的地位上的人们参与其中，就可以叫作对局外人'开放'的社会关系。另一方面，如果按照它的主观意义及其约束性规则，某些人的参与被排斥、限制或者需要接受附加条件，那就可以叫作对局外人'封闭'的社会关系"[3]。在

---

[1] 采用这种译法的学者包括刘能、李春玲、吕鹏等。参见［美］戴维·格伦斯基编《社会分层》（第 2 版），王俊等译，华夏出版社 2005 年版；李春玲、吕鹏《社会分层理论》，中国社会科学出版社 2008 年版。

[2] 采用这种译法的学者以李强为代表。参见李强《社会分层十讲》，社会科学文献出版社 2008 年版。

[3] ［德］马克斯·韦伯：《经济与社会》（第一卷），阎克文译，上海人民出版社 2010 年版，第 135 页。

这一概念中，实际上主要强调的是通过垄断的排他性以保护特定参与者的利益，强调的是闭合圈子内的资源共享而非封闭的关系空间，因此本书主要采用"社会闭合"这种译法，这也更适合描述单位制的特征。

韦伯首先描述了"社会闭合"发生的环境，在这一部分中也对"共同体"进行了讨论，并提出了"共同体"和"联合体"的概念。在他的定义中：

> 如果并且只要社会行动——无论是个别情况、一般情况还是纯粹类型——的取向是基于各方同属的主观情感，这种社会关系就可以叫作"共同体"（Vergemeinschaftung）关系，不管他们的感情是情绪型的还是传统型的。如果并且只要一种社会关系内部的社会行动取向是基于理性动机下的利益平衡，或者类似动机下的同意，它就可以叫作"联合体"（Vergesellschaftung）关系，不论这种理性动机是价值理性的还是工具理性的。①

社会闭合所描述的社会关系，对于共同体和联合体同样适用。在此基础上：

> 一种封闭性社会关系可能会以各种方式保障其参与者获得它所垄断的优势：（a）免费获得；（b）按照总量和种类进行调整或分配；（c）由某些个人或者小集团在永久性基础上占用，并且在某种程度上不可让渡。最后这种情况不光是拒绝局外人，而且还是内部的封闭。被占用的优势应该叫作"权利"。……封闭性社会关系的一个参与者应该称之为"成员"，因为他的参与是

---

① ［德］马克斯·韦伯：《经济与社会》（第一卷），阎克文译，上海人民出版社2010年版，第132—133页。

以这样的方式被调整的,即保证他享有所占用的优势,这使他成为一个有特权的成员(Rechtsgenosse)①。

将社会闭合置于经济关系的范畴下思考,实际上就是共同体或联合体从作为利益集团向"法定特权群体"(Rechtsgemeinschaft)的转变,从而形成了一种封闭现象。这些群体对特定机会、尤其是经济机会表现出一种垄断倾向,并且会采取共同体行动,达到"对局外人封闭社会与经济机会"②的目的。

在韦伯后,帕金也使用了"封闭"概念。"他认为韦伯的社会封闭只包含了对外群体的排斥,社会封闭应该既包括排斥性的策略,也包括那些被排斥的社会群体作为对自己外部人群这一身份的直接反应而采取的回应性策略。"③ 在帕金看来,社会闭合不应只包括特定利益群体对局外人的排斥,同时也有被排斥群体的回应,即双向的两种策略:"排斥"(exclusion)和"篡夺"(susurpation)。

无论是韦伯社会闭合的概念,还是帕金对社会闭合概念内涵的发展,其所包含的排斥局外人以保证参与者垄断利益的核心都是一致的。通过闭合社会关系实现对资源共享范围的限定,这与中华人民共和国成立后城乡二元区隔下资源分配的规则是十分相似的,并且城市中的单位组织也明显是这种社会闭合的实践场域。

首先,在讨论共同体和联合体关系时,韦伯曾指出,"相当多数的社会关系在某种程度上具有共同体性质的同时,也在一定程度上具有联合体的因素"④。单位实际上也是这样一种带有联合体因素的

---

① [德]马克斯·韦伯:《经济与社会》(第一卷),阎克文译,上海人民出版社2010年版,第136页。

② 同上书,第462页。

③ Frank Parkin, *Marxism and Class Theory: A Bourgeois Critique*, New York: Columbia University Press, 1979, 参见董良《从韦伯到帕金:社会封闭理论的发展和思考》,《学术论坛》2015年第3期。

④ [德]马克斯·韦伯:《经济与社会》(第一卷),阎克文译,上海人民出版社2010年版,第133页。

共同体。基于"共有的"传统思想的延续而产生的情感联结，使单位同具共同体的性质；与此同时，作为经济组织向政治延伸的、并承担重组中国社会功能的复合体，单位可以被视为理性的联合体。在这种情形下，单位具备了理性社会闭合得以发生的前提，即"一种社会关系可以为当事各方提供能够满足内在或外在利益的机会，不管那是绝对的封闭还是仅仅作为手段的封闭，也不管是通过合作行动还是通过利益的妥协"[①]。

其次，单位通过体制边界的建立，明确区分了单位组织和单位外社会两个区域，单位组织内成员可以获得边界外无法获得的各种资源。单位用工制度不仅塑造了单位成员在韦伯意义上"特权成员"的身份，同时也强调了这种身份的排他性。获得单位人身份意味着同时获得了工作机会、福利保障及享有其他国家资源的合法性，这是未能进入单位组织的个体所无法得到的，因此就形成了单位体制内外的区隔。继续聚焦于单位组织内部可以发现，厂办大集体举办后，单位组织内部也出现了不同的利益团体，并且一定程度上表现为"国营"对"集体"的排斥。这些基于闭合关系而产生的闭合现象，确保了在资源有限性的情况下单位仍可以保障其功能的实现。

最后，韦伯指出了从闭合到开放的转变，其目标始终是保持参与者利益的实现。如果保持垄断更有利于利益的实现，那么关系就会趋于闭合；如果开放的关系会使参与人的利益得到改善，关系则会转向于开放。这种"闭合到开放"的视角，对于解释单位组织边界变动以及单位共同体的衰落是具有极强的有效性和解释力的。事实上，单位制的变迁过程也是有意地从闭合到开放的过程，从单位组织边界的扩展到瓦解，都是在通过不同的资源分配规则实现利益的过程。因此"社会闭合"这一理论也成为理解单位共同体变迁的重要基础。

[①] [德]马克斯·韦伯：《经济与社会》（第一卷），阎克文译，上海人民出版社2010年版，第136页。

二　单位资源分配中的差异与限定

在社会闭合逻辑关系下考察单位制，可以明显看出其中限制性的特点。这种限制性通过资源分配具体呈现，包括单位体制对外的限制性、单位组织之间的限制性以及对内的限制性三个层次。第一，单位组织内成员对资源的占有是排他性的，即对非参与者限制。第二，在单位组织之间资源是不可流动的，也就是说在社会闭合的范围之内，依然存在细化的闭合关系以及限制性。第三，在国家主导的资源分配逻辑下，单位组织使通过闭合的关系占有了资源，但其内部成员对资源的支配程度仍是有限的，这也与一般意义上的社会闭合有所不同。

首先，对单位资源占有的对外限制性加以考察。在社会学概念上，社会分层的主要划分依据即个体对资源获取及占有的能力和程度的不同。因此在这个意义上，很多学者都认为单位制也是社会分层的一种形塑机制。在这一视角下，由于社会闭合所塑造的单位身份成了分层中的优势因素，它不同于常用的经济分层指标，是非财产型分层；同时也有别于家庭出身、政治面貌所产生的政治分层，实际上是一种社会身份的分层体系。[1] 通过社会身份分层体系的塑造，单位制时期的中国社会虽然奉行"均等化"的收入策略，但却在事实上形成了不均等的差异化。在美国学者温奈良（Nara Dillon）也将其描述为一种有意设定的"不平等"（radical inequalities）[2]。在差异化的基础上，单位资源分配的限定性继而产生，这种限定性在单位制初期表现为单位组织内资源共享、对单位组织外成员的排斥。

其次，单位资源的差异化和限定性在单位制框架内同样存在，主要表现为资源的不可流动性。不仅单位组织内的资源无法向外流

---

[1] 李强：《改革30年来中国社会分层结构的变迁》，载李强主编《中国社会变迁30年（1978—2008）》，社会科学文献出版社2008年版。

[2] Nara Dillon, *Radical Inequalities: China's Revolutionary Welfare State in Comparative Perspective*, Cambridge, MA: Harvard University Asia Center, 2015.

动,在计划下,某一单位组织所获得的资源也无法向其他单位组织流动。根据单位所有制性质的不同(全民所有制、集体所有制)以及行业性质的不同(重工业、轻工业)等,单位资源呈现出明显的体制内差异,并且由于其不可流动性,资源的闭合范围又被进一步限制。在厂办大集体产生后,同一单位组织内,出现了闭合关系下国营单位对厂办大集体的差异化和限定性。刘建军从对单位组织间的"封闭秩序"作出这样的描述:"首先,封闭秩序的表现是每一个单位都有明确的编制、权限和资源规模,单位之间的联系在计划体系中既不畅通,又缺乏竞争性……其次,封闭秩序是以依靠政府主管部门对所属单位的政治控制和行政控制得以实现的。"[1]

随着市场经济体制改革和国企改制,单位体制中的封闭秩序已有所改观。"国有单位组织与国家关系的改变和市场化的发展,国有单位组织对于自己实际控制的资源有了相当大程度的经营自主权,市场化的环境也推动资源在市场中的大规模流动。"[2] 这也使得单位资源不可流动性的内在特质发生了根本性的改变,从而反映了单位制的变迁。

最后,由于单位资源的获取来源于国家计划下的分配,因此单位组织对所分配到的资源的使用也是限制性的。蔡禾曾在研究单位组织内权威关系时对这种限制性有所涉及。他指出,"企业对作为报酬提供给职工的资源,有相当一部分自己并不拥有真正的控制和支配权。在计划经济体制下,国有企业不是一个独立的经济组织。企业生产计划的制订、固定资产的投资、原材料的购买、产品的定价、劳动力的聘用规模,均是由国家来负责。企业盈利不能自由支配,企业亏损也不会减少职工作为国有企业一员应得的那份利益。在这种体制下,国家是一个大企业,企业不过是一个生产加工的车间,

---

[1] 刘建军:《单位中国:社会调控体系重构中的个人、组织与国家》,天津人民出版社2000年版,第279—281页。

[2] 李路路:《"单位制"的变迁与研究》,《吉林大学社会科学学报》2013年第1期。

用经济学的术语来讲，企业没有独立的产权。正因如此，企业对相当一部分作为报酬给予职工的资源没有真正的占有、支配、处置的权力。比如，职工的工资标准、晋升工资的时间和条件、职工的主要福利项目和水平等，都是由国家的各种行政部门制定的。一个人只要被招进工厂成为固定工，它就有了几乎不能剥夺的享受一系列资源的权力"[1]。由此也可以看出，这种限定性一方面表现为单位组织内部对单位资源实际支配能力的缺乏，另一方面一旦进入单位的闭合场域，就以确定性的形式表现出来的资源获得的制度化途径也是限定性的体现。

在对单位组织边界及单位共同体的演进、变迁的研究中，社会闭合是十分重要的理论基础。闭合的关系不仅可以描述单位制，也可以描述单位制的变动过程。在此基础上，通过对单位资源分配中差异和限定性的考察，也可以对单位制变迁作出有力的解释。

第三节 "家国同构"思想下的单位共同体

通过对"共同体"概念的考察可以看出，将单位组织视为共同体来理解，对于研究单位制及单位组织是十分重要的理论视角。而单位共同体的属性，不仅与西方话语体系中的共同体概念相契合，同时也深刻地受到中国传统社会思想的影响。差序格局下"熟人社会"的特点、"小共同体本位"的权力交换逻辑以及"家国同构"的社会建构思想，都在单位共同体中有着明显的体现。中国传统的社会思想使单位制有别于一般意义上的刚性制度安排，丰富了其作为"共同体"的内涵，并使之能够与我国的文化环境相适应，从而成为中华人民共和国成立后发展经济、组织社会的有效形式。国家

---

[1] 蔡禾：《论国有企业的权威问题——兼对安基·G.沃达的讨论》，《社会学研究》1996年第6期。

也在单位共同体的实践模式的基础上，不断探索中国社会建构的途径。

一 "小共同体本位"的情理社会

在理解"单位制"这一本土化的概念时，了解其发生和运作的场域是十分必要的。单位制的产生，是中国社会从农业社会进入工业社会的标志。从农业生产关系向工业生产关系的转化，意味着中国社会形态和结构的根本性变迁，也是中华人民共和国成立以来对于经济、社会建设的首次尝试。与西方相比，我国当时所面临的制度条件和环境，都不具备仿照西方工业化进程的条件；与苏联相比，虽然单位制的建立借鉴了苏联的经济建设模式，但苏联模式与我国的现实情况存在着很大的不匹配性，其模式框架下的制度安排和运行逻辑仍然需要进行本土化改造。在这种情形下，中国单位制的实践，避免了社会动荡局面的发生，并对重新组织社会和生产起到了巨大的作用，这与其构建逻辑中与中国传统思想的契合和匹配是密不可分的。

在前工业时代，社会实际上处于一种较为封闭的熟人社会的状态，因此绝大多数的社会都表现出如滕尼斯所言的共同体形态。传统中国的农业社会也是如此，呈现出"共同体"的许多特征。在对这一概念进行本土化研究时，吴文藻、费孝通等学者也曾经把滕尼斯意义的共同体分别翻译为"自然社会"或"礼俗社会"，旨在强调一种"小公共性"。费孝通曾以"差序格局"描述乡土中国："以'己'为中心，像石子一般投入水中，和别人所联系成的社会关系，不像团体中的分子一般大家立在一个平面上的，而是像水的波纹一般，一圈一圈推出去，愈推愈远，也愈推愈薄。"[①]

在以土地为关联基础的中国农业社会中，人口流动小，村落间呈现出一种相对封闭的状态。这一时期，共同体成员的自我意识尚

---

① 费孝通：《乡土中国》，江苏文艺出版社 2007 年版，第 29 页。

未觉醒，社会整合依赖于"自然秩序"，因此更倾向于一种"道德共同体"的形式。以帕森斯为代表的西方学者普遍认为，工业化必然会带来传统的关系网络的解体，中国社会的工业化之路亦会如此。吴理财等指出，"中国传统农村社区之所以具有滕尼斯意义的社区或共同体相近的特点，最根本的原因是农民累世聚居在一起，他们几乎没有任何选择性地共同生活在同一个自然村落。然而，一旦这个自然村落打破了封闭状态，人员可以自由流动，中国传统农村社区必将趋于解体"[①]。如果这种根植于中国社会的传统熟人圈子瓦解，势必会给社会带来不安定的因素。然而单位制的产生则避免了这种情况的发生，除了前文中提到的单位制对于家庭关系重组方面的意义外，单位实则是以经济组织的形式在城市中构建了新的"村落"。这些"村落"意义上的单位虽然以工业关系取代了农业关系，但却保留了地缘、业缘、包括亲缘关系，承接了乡土中国"自然社会"下的关系网络，延续了传统的社会思想，从而在城市社会中塑造了新的"小公共性"。

同时，中国社会又具有独特的"人情""面子""关系"的概念，并在此基础上产生了与西方社会不同的权力交换方式。"人情"是一个极具中国本土化特征的概念，"这种情感当然是人们相互间的，也是感性的，但也不完全是，因为在它之上积淀了社会关于此情感应当怎样的认识与看法。人情既是情感，也是规范"[②]。因此中国社会不仅是熟人社会，同时也是人情社会、关系社会。即使在正式制度规范出现后，"人情"与"关系"的存在仍然在社会中起着重要的作用，并且基于熟人而产生的"关系"在实际运作中也可能会以"人情"的形式储存起来，由此即产生了具有中国本土化特色的权力运作模式。

在翟学伟的研究中，他预设了"情理合一"的中国社会的概念，

[①] 吴理财等：《公共性消解与重建》，知识产权出版社2014年版，第14页。
[②] 陈刚：《法治社会与人情社会》，《社会科学》2002年第11期。

"此种社会中发生的人情与面子全然不同于西方人的类似心理和行为。在中国社会,我们在经验中便可以发现,大多数人的办事和处世原则既不会偏向理性,也不会偏向非理性,而是希望在两者之间做出平衡和调和"[①]。在他看来,以家庭为本位的、差序格局的社会关系下,公共情感存在的基础也只能是"由个体发生的将心比心而来的同情心"[②]。"人情与权力之间的交换关系不是指权力的移交或传递,也不是指授予他人行使该权力。而是说因为有了人情交往的存在,便如同相关者自己拥有了同样大小的权力,让人们在想象的空间和关联逻辑思维中认为,相关者的意愿就是权威者的意愿。"[③]这实际上就构成了情理社会中"小共同体本位"逻辑下的权力交换关系。

美国汉学家杜赞奇曾提出"权力的文化网络"(culture nexus of power)的概念,用以阐释中国传统社会的"小共同体"本位。在他看来,"权力是各种无形的社会关系的合成,难以明确分割。权力的各种因素(亦可称之为关系)存在于宗教、政治、经济、宗族甚至亲朋等社会生活的各个领域、关系之中。……这种文化网络包括不断相互交错影响作用的等级组织(hierarchical organization)和非正式相互关联网(networks of informal relations)"[④]。杜赞奇也在这种视角下对传统中国所经历的近代变革做出了解释,说明传统文化网络的衰落。

基于"小共同体本位"传统思想而构建出的情理社会,以及在此基础上产生的权力关系交换和权力文化网络,对于理解单位共同体是十分重要的。在单位制的正式组织结构和制度安排之下,这些

[①] 翟学伟:《人情、面子与权力的再生产》(第二版),北京大学出版社2013年版,第197—198页。

[②] 同上书,第202页。

[③] 同上书,第208页。

[④] [美]杜赞奇:《文化、权力与国家:1900—1942年的华北农村》,王福明译,江苏人民出版社1996年版,第4—5页。

传统的思想和交换逻辑依然在发生着作用。单位制的模式选择充分考虑到了这种"小共同体"本位的思想，它并没有将个体从原本的小共同体观念中拆解出来，而是以"新共同体"的形式重新组织，从而在组织形态上很好地适应了当时的社会环境。同时，在组织内部关系结成的过程中也极大程度地利用了既已存在的"人情"和"关系"。通过重新塑造单位制下的权力网络，非正式网络关系下的权威也成为单位组织管理的重要手段，这也保证了单位组织得以有效运行。

二　全能主义与"家国同构"

在对单位制模式的探讨上，集权的政治经济体制往往会引发关于极权主义的思考。因此在这里首先对极权主义的概念进行辨析。极权主义（totalitarianism）不同于绝对主义、专制主义等看似相近的概念，它在20世纪20年代首次被政治学家用来形容意大利法西斯政权，后来又将它推广应用于国社党的德国和苏联，在50年代"冷战"时期，这一概念在西方政治科学和报刊的词汇中逐渐确立。[①]

极权主义通常是作为一种政治体制而出现，与分权政治相对，其在表意上的内涵也经历了从中性或褒义到贬义的转变过程。卡尔·弗里德里希等在《极权主义体制的演进理论和实践》一文中，曾列举了极权主义政权不同于其他专制政治以及民主政治的几个特点：极权主义意识形态；信奉这种意识形态的党；十分完备的秘密警察制度；在大规模通信系统、作战武器和包括经济组织在内的一切组织方面实行的三种垄断性控制。[②] 这也成为极权主义最著名的定义之一。

---

① ［英］汤姆·博托莫尔主编：《马克思主义思想辞典》，陈叔平等译，河南人民出版社1994年版，第579页。

② Carl Friedrich and Zbigniew Brezezinski, *Totalitarianism Dictatorship and Autocracy*, New York Washington: Praeger Publishers, 1967, 参见陈伟《阿伦特的极权主义研究》，《学海》2004年第2期。

阿伦特对于极权主义的研究在学界具有十分重要的理论地位。她在著作《极权主义的起源中》，对极权主义的概念进行辨析，并主要从政治研究的角度分析了极权主义在历史上的实践过程[1]，并提出"极权主义的兴起以阶级社会的解体为前提，极权主义运动在本质上只能存在于'无阶级社会'"[2]。魏特夫曾提出"治水社会"的概念，他将世界分为两类地区：非治水地区和治水地区。非治水地区多发展成为现代的资本主义社会，而治水地区多是干旱、半干旱地区，需要利用灌溉等方式有效整合利用水资源维持农业生产，因此也需要强有力的领导和中央权力。这一理论试图把"共产党的极权主义解释成这种制度的极权管理的变形，而且是专制的变形"[3]。

在某种程度上，单位制产生时期的中国社会具有一种试图建构"无阶级社会"的大环境，同时党中国共产党的集中领导及计划经济体制都为"极权主义"创造了存在的条件。但实际上，在当时的中国社会以及国家与单位组织的互动中并没有形成刚性极权主义的局面。国家对于单位的控制并不是野蛮的统治，而留有互动的弹性空间，只不过在广度和深度上呈现出国家通过单位组织而逐渐向单位人生活的其他方面渗入的过程。从这个意义上看，"全能主义"的视角则更适合描述当时的国家与单位组织间的关系。

全能主义（totalism）最初由美国学者邹谠所提出，作为一个西方政治学概念用以描述国家与社会关系。它主要指"政治机构的权力可以随时地无限地侵入和控制社会每一个阶层和每一个领域的指导思想"[4]。与极权主义不同，全能主义描述的不是政治体制，而是

---

[1] [美] 汉娜·阿伦特：《极权主义的起源》（第二版），林骧华译，生活·读书·新知三联书店2014年版。

[2] 陈伟：《阿伦特的极权主义研究》，《学海》2004年第2期。

[3] [美] 卡尔·A. 魏特夫：《东方专制主义：对于极权力量的比较研究》，徐式谷等译，中国社会科学出版社1989年版，1962年序言第24页。

[4] [美] 邹谠：《二十世纪中国政治：从宏观历史与微观行动的角度看》，牛津大学出版社1994年版。

一种治理关系，并且，全能主义相较于极权主义而言是一种程度上的软化、深度上的渗透。全能主义是"由一个高度组织化程度的政党国家，在全能主义意识形态的引导下，全方位地渗透到社会的全部细胞、全部组织、全部单位，并有效地控制社会生活的各个领域，各个层面。通过这种方式来进行最广泛、最深入的社会政治动员，以此来实现政党所确定的社会发展目标"①。

具体到中国社会的语境下，"以单位作为一元化的社会调控单元，必然导致这样一个结果，在单位之外没有完整的社会体系，个人在单位之外也寻求不到资源的赋予者和分配者。与这一社会调控体系相适应，单位只能将所有公共职能浓缩其中，由此形成单位本身就是一个微型社会，单位全能性的产生就不可避免"②。换句话说，"在中国的政治概念当中，全能主义是一种政府依靠中国特色的单位制、主要以政治动员的形式来调配社会资源的过程，它反映了中国在特定历史时期的政治面貌"③。

这种全能主义国家建构的思想，并不是单位制的创新，也是根植于中国传统的社会思想之中。孟子"天下之本在国，国之本在家，家之本在身"《孟子·离娄》的思想一直贯穿于传统中国的统治思想中，并且宗法制之下的社会治理更强调了伦理关系而非刚性的制度规范。伴随着近代民族国家意识的崛起，很多知识分子开始批判"家国同构"的思想衍生的家族主义，这也在一段时期内造成了家国连续体的断裂。④ 在许纪霖看来，家国连续体的断裂带来了两重负面影响，"一是由于失去了社会和天下的制约，国家权威至高无上；二

---

① 萧功秦：《中国的大转型：从发展政治学看中国变革》，新星出版社 2008 年版，第 84 页。

② 刘建军：《单位中国：社会调控体系重构中的个人、组织与国家》，天津人民出版社 2000 年版，第 351 页。

③ 田舒：《从全能主义到后全能主义：政治动员模式的变迁》，《理论界》2013 年第 4 期。

④ 许纪霖：《家国天下——现代中国的个人、国家与世界认同》，上海人民出版社 2017 年版。

是由于从家国天下共同体'脱嵌',现代的自我成为一个无所依傍的原子化个人,失去了其存在的意义"①。在这个意义上,单位制的建立可以理解为"家国同构"的秩序重构。

首先,由于单位制的出现,国家并没有成为脱离社会和家庭的权威,即没有变成去伦理化的政治法律共同体,这也得益于单位制对"小共同体本位"传统思想和社会关系的承接。其次,单位制的存在不仅没有造成共同体的"脱嵌",反而将面临原子化风险的个体都组织进单位中来,个体形成了对单位的依赖,并产生了对国家的依附意识。最后,中国共产党的领导思想在内涵上与"家国同构"的传统思想具有一致性,不仅表现为治理过程中文化伦理的张扬,更体现在对于认同的强调。国家在治理的过程中希望能够寻找认同和支持的力量作为同盟,因此全面渗透、"大包大揽"的组织形式也成为这种认同构建的手段,并具体通过单位制的形式表现了出来。在"家国同构"社会建构思想的影响下,全能主义国家的形象就被塑造出来了。

三 "父爱主义"下的单位共同体

在很多企业研究中,计划时期的单位组织被视为"执行国家计划的生产器官,即实现计划'均衡'的工具"②,"预算软约束"的理论也经常被用来形容和理解计划时期的"均衡"。这一理论由匈牙利经济学家科尔内在《短缺经济学》中提出,其根源可以追溯到"父爱主义"的存在。"父爱主义"最初是作为一个经济现象或经济概念而存在,"国家通过一系列指令性计划安排企业的经营活动,企业所需生产资料由国家无偿拨给,其产品由国家统购包销,由此产生了企业对国家的依赖。人们把国家袒护企业和企业依赖国家这种

---

① 许纪霖:《家国天下——现代中国的个人、国家与世界认同》,上海人民出版社2017年版,第10页。

② 路风:《光变:一个企业及其工业史》,当代中国出版社2016年版,第424页。

经济现象，叫父爱主义"①。在概念的细分上，"父爱主义"又可分为"软性父爱主义"即"弱（软）家长主义"和"强（硬）家长主义"，这两个概念多数用于法学及伦理学意义上的讨论②，与本书中所使用的"父爱主义"有所不同。

在科尔内看来，"在国家与微观组织的关系中的父爱主义的程度，是一种体制重要的本质特征"③。在宏观上，"社会主义经济应被解释为'行政组织'的一种特殊形式。根据这种观点，体系中所发生的事都取决于经济管理，尽管某些物质的和技术的条件是给定的，在其他方面，各种决定都是不受限制的"④。在此基础上，社会主义经济中的许多问题都因为预算软约束的存在，根源就在于父爱主义，许多国企中阻碍生产的负面因素的产生都被归结为"父爱主义"的存在。

如果从"国家—单位—单位人"的纵向视角来剖析父爱主义，那么单位人家属、子女进入单位中获得单位身份也可以视为国有企

---

① 《市场经济百科全书》编辑委员会编：《市场经济百科全书》（上卷），四川人民出版社1993年版，第149页。

② 乔尔·费恩伯格将两个概念进行了区分，认为"在弱家长主义模式中，行为主体根据有利原则或不伤害原则进行干预，只是为了防止实质性非自愿的行为，即保护人们不实施实质性非自主的行为。实质性非自愿或非自主行为包括没有充分知情的同意或拒绝、阻碍理性思考的严重抑郁，以及妨碍自由选择和行动的成瘾行为等情况。因此，在弱家长主义模式中，一个人的行为能力必须是以某种方式遭到了损害。与之相反，强家长主义涉及旨在利于个人的干预，而不管这个人有风险的选择和行为是知情的、自愿的和自主的这一事实。当有必要保护一个人时，强家长主义者就会拒绝认可这个人自主的愿望、选择和行为。强家长主义者将限制这个人可以获得的信息，或压制这个人知情自愿的选择。这些选择不必是完全知情或自愿的，但要使这种干预符合强家长主义的要求，这些选择必须是实质性自主的"。参见［美］汤姆·比彻姆、詹姆士·邱卓思《生命医学伦理原则》（第5版），李伦等译，北京大学出版社2014年版，第176页。

③ ［匈牙利］亚诺什·科尔内：《短缺经济学》（下卷），高鸿业校，经济科学出版社1986年版，第273—274页。

④ ［匈牙利］亚诺什·科尔奈：《增长、短缺与效率》，潘丽英译，商务印书馆2013年版，第110页。

业父爱主义的扩大或延续，由此所带来的影响和结果也可以被认为是社会主义经济本身或体制自身的弊端。但结合单位制重视"父爱主义"可以发现，这种思想的存在是有其现实的社会历史背景和制度前提。首先，"父爱主义"的存在有着意识形态基础。"由于工人阶级不仅是中国共产党的阶级基础，还是社会主义国家的领导阶级，因此，一切以工人阶级及其家属子女为对象的福利保障政策与社会主义国家的性质是相一致的，自然会获得意识形态的合法性支持"[①]。其次，"父爱主义"的存在有合理的制度前提。计划时期的单位制塑造了闭合的社会空间，并通过排他性与限制性塑造了资源分配的逻辑。在这样的运行空间和制度安排下，由国家兜底的形式实现对单位共同体中各项关系的维系和保障也就顺理成章。再次，"父爱主义"与中国传统社会建构思想中"家国同构"的逻辑是契合的。"家族文化传统浓厚的背景下，国家所扮演的父亲的角色势必是大包大揽的。在此体系下，国家与国企或者说国家与单位之间的关系，绝不仅局限于经济领域，而是渗透到单位生活的整体"[②]。最后，父爱主义是实践导向的变动性的塑造过程，"'父爱主义'从政策制定到推广实施，中间多次经历重大转变，其内容构成和适用人群会根据制度环境的变化进行弹性调整……并非出于一种理论预设，也不是基于一张事先描绘好的蓝图，而是在各个层面的互动中，在多种力量的影响下逐步形成的"[③]。

综上所述，将单位视为"共同体"加以考察是具有理论基础和合理性的，因此共同体理论也是本书开展单位制研究的理论基础。在对单位组织边界变动进行考察时可以发现，单位体制边界的存在以及由此划分出的资源共享区域对于理解单位制具有重要意义。这

[①] 田毅鹏、李珮瑶：《计划时期国企"父爱主义"的再认识——以单位子女就业政策为中心》，《江海学刊》2014年第3期。

[②] 同上。

[③] 林盼：《"父爱主义"的延展及其机制——以20世纪六七十年代上海国营企业精简职工为例》，《开放时代》2019年第4期。

种资源分配规则是在国家主导下有意为之的,社会闭合的空间也是国家有意塑造的,并且这种从闭合到开放的关系变化伴随着单位制变迁的全部过程。因此韦伯的社会闭合理论也成为本书研究的又一理论支撑。与此同时,不可忽视的是中国传统社会思想在单位制中的反映。虽然这些传统思想并未以明确制度规范的形式体现出来,但离开融入单位制内核的传统思想就无法真正理解单位制及其变迁的逻辑。因此,"小共同体本位"的权力交换逻辑以及"家国同构"的社会建构思想也是本书重要的思考视角。

第 三 章

体制内外区隔：有限覆盖的单位共同体

中华人民共和国成立后，单位制逐渐确立并成为极具中国特色的社会组织形式。在单位制的建立过程中，以单位组织外边界为限，实际上出现了单位组织内外的差异。这种差异明显表现为单位组织间的同质性，因此这种基于单位体制边界而产生的对内一致、对外排斥的特点，即塑造了单位体制内外的区隔。单位体制外的个体或组织不具备占有单位体制内资源的资格和能力，而单位体制内的单位组织成员则能够通过成为"单位人"的方式，获得工作机会、连带覆盖其家属的福利保障，并享有获得其他单位体制内资源的合法性。

以单位组织为基本框架，单位共同体逐渐结成。单位共同体并非简单的制度或体制安排，其中除了资源分配的理性逻辑外，"小共同体本位"的行动思想及"家国同构"的社会建设思想等也在发生作用。然而，在单位制建立初期的单位共同体的覆盖范围仍是有限的，这种有限性主要表现为单位成员身份的不可继承性以及单位共同体功能的非全面化。

第一节　单位制的"工合"起源[①]

以往对单位制起源的研究[②]，或以新中国所处的客观条件为主要分析依据展开讨论；或向前追溯到晚清民国时期，探讨中国的经济传统与工业建设；又或探寻苏联模式的影响与移植。以路风为代表的学者虽然关注了"单位"的根据地起源，对"工农武装割据"的根据地时期经济建设有所涉及，但其论述更多地强调了供给制与单位制起源间的联系，因此也在一定程度上忽视了单位制的社会性功能。

从历时态的角度来看，工农武装割据时期的制度设定并非是无缘而起。抗日战争时期是中国社会转型的关键时期，中国共产党也正是从这一时期开始了社会建设的实践，自此以后的制度建设都是在这一时期的经验基础上逐渐开展、完善的，建设思想和逻辑上更是一以贯之。然而，1938年开展的"工合"运动作为这一时期最为重要的探索与尝试，在以往的研究中却鲜有提及，"工合"传统及其对于新中国工业化建设的重要意义更是被忽视了。中国共产党如何在"农村经验"的基础上治理城市，如何在半手工、小工业生产的劣势基础上迅速接管国民党城市工业企业并实现工业发展，这都与"工合"的组织思想及组织形式有密不可分的关系。单位制的很多重要问题离开了中国共产党治理中国社会的这一实践很难获得解释。并且，以往研究中对于中国共产党的

[①] 本节源于作者攻读博士学位期间论文成果《从"工合"到新中国的工业企业——"单位"的"工合"起源》，《福建论坛》（人文社会科学版）2018年第3期。关于"工合"运动，主要以斯坦福胡佛档案馆（Hoover Institution Archives, Stanford University）海伦·福斯特·斯诺包括书信、文章等在内的一手资料（Nym Wales Collection）为基础。

[②] 学界对单位制起源观点，详见第二章第一节。

社会治理思想与传统思想的契合性也有所轻视。事实上，中国传统的社会建构思想对于理解单位制的建立是十分重要的，其中与共产主义思想的内在合一性也在一定程度上构建了单位制的合法性基础。这一节主要通过对单位制"工合"起源的讨论，对单位制起源的研究加以补充和丰富。

需要说明的是，1938年开展的"工合"运动，它实质上是小工业生产，即"工合"所组建的工业合作社是一种工业组织形式，其生产类型包括纺织工业类、化学工业类、制衣工业类、采矿工业类、土木工程类、食品工业类、冶金工业类、文化用品类、交通工具类等。在某种程度上，这些工业合作社可以被视为中国共产党领导下的中国工业的雏形，与中华人民共和国成立后1953年至1956年"三大改造"期间的"手工业合作社"有着根本性的不同。

一 "工合"运动的兴起与衰落

"工合"即中国工业合作协会的简称。1938年8月在汉口由美国记者海伦·斯诺[1]、埃德加·斯诺、新西兰作家路易·艾黎等进步人士发起组成的合作社性质的工业企业联合团体，旨在"把后方的人力、物力动员组织起来，发展各种工业生产，支持长期抗战"[2]。自1938年成立后，"工合"在全国境内都有广泛的发展，直至1945年逐渐衰落，其间为我国的抗战事业和经济建设都做出了巨大的贡献。

根据"工合"运动发起人之一海伦·斯诺1938年在上海的笔记[3]中记录，关于在中国办"合作社"（cooperative）的想法肇始于在上海的一场晚宴后的讨论。英国大使馆秘书约翰·亚历山大对合作社的观点给了海伦·斯诺启示：

---

[1] 海伦·福斯特·斯诺（Helen Foster Snow）即尼姆·威尔斯（Nym Wales）。
[2] 王捷等主编：《第二次世界大战词典》，华夏出版社2003年版，第123页。
[3] Nym Wales Collection, Box1, Folder 1, Hoover Institution Archives.

合作性组织是社会民主的基石,它可以在资本主义、社会主义、共产主义或任何其他的社会背景下开展……为什么不用合作社的形式将中国工人组织起来呢?工人们通过劳动时间而非货币资本筹资,让他们自己作为合作社的所有者,自主管理合作社。由此开展一场工业革命,不仅可以为失业难民提供生产性的工作、为赢得战争提供支持,同时也能保证乡村的长期发展。无论未来的中国要建设成为什么样的社会,合作社实践都是民主的重要基石。同时这也是避免国民党和共产党之间冲突的中间桥梁,至少现阶段能够保证国、共一致抵抗日本侵略。①

在萌生了这种想法后,她便向时任工厂督察的路易·艾黎提出了自己想法,而艾黎也在思考如何能够发展支援抗战的经济力量,二人一拍即合,很快完成了《中国工业合作社》的宣传册,并在上海率先宣传"工合"运动。在斯诺夫妇和艾黎的共同努力下,"工合"得到了宋美龄和时任国民政府行政院院长孔祥熙的支持。②1938 年 8 月 5 日,中国工业合作协会在汉口宣告成立,由国民党政府拨给资金 500 万元,孔祥熙任总会理事长,艾黎代理总干事(并被任命为行政院技术顾问)。③

"工合"运动自 1938 年开始迅速发展,在我国西北、东南、西南地区国民政府统治区及中国共产党抗战根据地都陆续建立起来。

---

① 译自 Nym Wales, "The Beginning of the Industrial Cooperatives in China", Nym Wales Collection, Box1, Folder1, Hoover Institution Archives.

② [新]路易·艾黎:《"工合"运动记述》,载中国人民政治协商会议全国委员会文史资料研究委员会编《文史资料选辑》(第 71 辑),中华书局 1980 年版,第 102—107 页。

③ Nym Wales, The Chinese Labor Movement, New York: The John Day Company, 1945, p. 125.

截至1940年,"工合"已经覆盖16个省,涉及50种工业类别。[①]
1938年12月至1942年6月"工合"发展概况如下(见表4-1):

表4-1　　　　　　1938.6—1942.6"工合"发展概况[②]

时间	合作社数量	社员人数
1938年12月	69	1149
1939年6月	724	9534
1939年12月	1284	15625
1940年6月	1612	21330
1940年12月	1789	25682
1941年6月	1867	29284
1941年12月	1737	23088
1942年6月	1590	22680

作为群众性的生产救亡运动,"工合"运动在抗日战争时期为我国的经济、民主和社会建设都作出了巨大贡献。在生产上,"工合"不仅为支持抗战提供了物资保障,同时日用必需品的生产也保证了战时的人民生活。[③] 除了生产方面的作用外,"工合"为残疾军人、

---

① 至1942年6月,"工合"大区级办事处发展至7个,合作社总数共计1590个,根据其类型可划分为:纺织工业类584个(36.7%),化学工业类322个(20.2%),制衣工业类159个,采矿工业类111个,土木工程类106个,食品工业类70个,冶金工业类57个,文化用品类43个,交通工具类7个,其他杂项类131个。数据来源于Nym Wales: *The Chinese Labor Movement*, New York: The John Day Company, 1945, p. 126.

② 数据来源于宣传册 *A Nation Rebuilds: The Story of the Chinese Industrial Cooperatives*, New York: Indusco Inc., American Committee in Aid of Chinese Industrial Cooperatives.

③ 根据当时的报道,在没有机器、技术工人缺乏的情况下:"他们每月挖出了约有三千五百吨到四千吨的煤;采出了三十八两的沙金;制成了六十余万斤铁件。此外,每月有几万加仑的酒精和代汽油,价值三十余万元的各种布疋,两万磅的纱布药棉……这些产量相当大的东西,很奇妙的,是从那些没有烟突的工业合作社里无声无息地送到市场上来的。"参见述周《抗战中经济的新流——工业合作社》,《群众》1939年第11期。

流离失所的农民、难民提供了工作场所，使其能够维持生活。这对于维持社会运行、奠定民主基础是具有根本性作用的。

然而自1942年开始"工合"却逐渐衰落下去。至1943年，合作社数量甚至与1939年的水平相当（见表4-2）。至1945年，"全国尚开工或局部开工之'工合'社，仅余336个"[①]。

表4-2　　　　　　1943年11月全国工业合作社雇工情况[②]

地区	合作社数量	社员数	雇用劳动者数	其中	
				工人	学徒
全国	781	12395	3598	1823	1775
西北区	261	2744	1186	448	738
西南区	239	5429	945	294	651
东南区	281	4222	1467	1081	386

对于"工合"运动的衰落，国民党政府的打压与破坏是重要原因之一。"工合"作为社会组织，其独立于政府部门的政治独立性为经济民主思想的萌发提供了温床，而这种民主观念的发展对于当时的国民党社会控制都是不利的，因此后期的"工合"运动受到国民党政府的打压，在资金上遭遇困境。1942年末，国民政府完全停止了对"工合"的拨款，并限制来自爱国人士及境外援助款项，这使得"工合"开始逐渐失去经济基础。此外，"工合"在成立之初，为了获得孔祥熙的支持，"全部采取使他的私人银行能进行剥削的小工业方式"[③]，这种发展模式直接导致了"工合"运动后期更加困难

[①] 季崇威：《中国合作事业概观》，《经济周报》1946年第3卷第2期。

[②] 数据来源于《中国工业》1944年第26期，第41页，载自彭泽益编《中国科学院经济研究所中国近代经济史参考资料丛刊（第四种）：中国近代手工业史资料（1840—1949）》（第四卷），生活·读书·新知三联书店1957年版，第381页。

[③] [新西兰] 路易·艾黎：《"工合"运动记述》，载中国人民政治协商会议全国委员会文史资料研究委员会编《文史资料选辑》（第71辑），中华书局1980年版，第102—107页。

重重。"工合"运动的主要组织者也都受到不同程度的打压，艾黎作为"工合"技术顾问的职务也被解除。

除了国民党政府的压制与破坏外，"工合"自身存在的问题也是不容忽视的。"工合"其设定即为工人"自有""自治"的集体所有制的社会组织，是一种新的工业思想或社会思想的载体。然而其社员多数是农民、难民及伤残军人，其自身对于"工合"的认识和理解尚不充分。在"工合"运动初期，解决就业和发展生产是主要目标，因此作为参与者的社员其对于"工合"理念理解上的缺乏并不会过多影响组织本身作用的发挥。但随着"工合"的迅速发展壮大，希望将"工合"作为民族载体、探索中国社会构建新模式的思想越发强烈，这也对"工合"的组织者和参与者都提出更高的要求。然而"工合"是在较短的时间内迅速发展起来的，这种发展模式就使得更深刻的思想观念在实践中很难渗透，其内部的许多问题迫于生产发展的迫切需求只能暂时搁置。这些积存的问题到"工合"后期就集中凸显了出来。例如：

> 参加工合的人都有一种平等的思想。这种平等思想，在实际工作中往往演变成一种平均主义的作风。无论钱多的钱少的社股要平均分配。纵观全国各地合作社的报表，社员与社员之间股金的差额是很少的。不过合作社员究竟是穷的多，大家这样按着最低的标准认购股金，资金当然不够周转。可是为了保持这样一种平均主义的平等，当周转不灵的时候，却宁肯停工，逼着社员到外面去挑盐，或是宁借大一五的高利贷，也不肯让有钱的社员多认缴一点股金，更不肯让出钱的参加为社员。这种平均主义简直是让合作社员跟着工合受罪。①

---

① 孟用潜：《目前形势和我们对工合的应有看法与做法》，《工业合作半月通讯》1944年第5期。

至此，国统区的"工合"组织架构已是支离破碎，整个"工合"运动的发展逐渐衰落并陷入困境，其社会影响也被严重削弱。然而作为通过民主方式进行经济建设、社会建设的尝试对于随后的中国建设具有十分深远的影响。"工合"思想在共产党抗日根据地中得到了延续与发展，"工合"探索与尝试的经验也深刻影响了新中国城市建设和社会组织化方式。

二 "工合"实践的反思：组织、动员与社会建设

从"工合"运动的实践可以看出，作为一个工业生产合作社，"工合"有别于其他类型的合作社组织，其从成立背景、目标设定到实践开展都具有深远的意义。首先，在"左"和右之间的道路选择上，"工合"探索出了一条能够被资本主义和社会主义政党都接受的组织模式，为抗战提供了支持和保障。其次，通过合作社的方式发展工业，将散落在社会上的农民、难民和残疾工人等都组织起来，并让社员成为合作社的所有者和管理者，这种观点和尝试也是首创，且对我国后来工业建设及社会发展是极具启发性的。最后，虽然"工合"运动在客观条件的限制及自身矛盾难以解决的情况下走向衰落，但其实践经验对于共产党如何组织、建设新中国的社会具有极其重要的意义，不仅为新中国单位制的建设提供了思路，同时"工合"探索中暴露问题也为单位制的实践提供了借鉴。

（一）有别于资本主义的工业生产道路何以可能

"工合"运动的发起者之一海伦·斯诺更倾向于将"工合"运动视作一场工业革命，或以工业为基础的社会革命。虽然合作社运动作为经济互助、改良社会的尝试早在 19 世纪的英国就开始兴起，然而中国的"工合"运动却与合作社运动盛行的国家有很大的不同。在英美等合作社运动发达的资本主义国家，合作社的形式大多是基于资本私有的消费合作社，即生产资料私人占有、"合作"关注销售而非合作生产。在社会主义的苏联，虽然也有让工人自己管理、组织生产的尝试，但工人却并不是生产资料的所有者，其社会主义思想仍然保留有土地私人所有观念的残余。① 这就使中国探索建立集体所有制基础上工人自主管理的生产性合作组织成为开创性的尝试。

首先,"工合"运动是建立在生产资料集体所有的基础上的,社员不仅是劳动者,更是合作社的管理者和生产资料的所有者,他们的生产目的是进行市场交换而并非以使用价值为生产目的。纵观19世纪的中国,国家出于维持社会稳定的考量,对资本主义商业的发展限制颇多:商人更倾向于成为士绅阶层、政治精英而缺乏向资本家转化的动力;劳动者有不具备发动革命的刺激因素。② 虽然进入20世纪以后,国民政府大力扶持民族资本主义的发展,并在东南沿海城市实现了工业建设,然而中国的大部分地区,尤其是乡村,经济发展模式仍是十分滞后的。这从当时的记述中可见一斑:

> 中国,中国,地大物博;开化最早,五千年的古国。四万万人民,勤苦耐劳,务农立国。男的补碗打铁,女的织布缝衣,一共三百六十行,行行都要用手臂。③

在乡村的经济模式中,生产的目的往往都是自给自足或维持生计,而"工合"的生产却是以对外销售及支援抗战为主要目的,同时带有规模生产和安置就业的特征。在资本主义经济模式下,生产资料掌握在资本家手中、生产基于剥削性的雇佣劳动,然而"工合"的生产却是平等合作的。二者的结合造就了"工合"的独特性:有别于封建主义,农民能够摆脱土地的束缚自由出卖劳动力进行生产;

---

① Nym Wales, *The Beginning of the Industrial Cooperatives in the Communist Ares of China*, in Nym Wales Collection, Box 1, Folder 2, Hoover Institution Archives.

② Ho-fung Huang, *The China Boom*: *Why China Will Not Rule the World*, New York: Columbia University Press 2016, pp. 15 – 33.

③ Jack Chen:《中国工业合作运动写真 *Progress of China's Industrial Cooperatives*: *A Series of Twenty Drawings*》, New York: Indusco Inc. , American Committee in Aid of Chinese Industrial Cooperatives, in Ida Pruitt Collection, Folder 2, Hoover Institution Archives.

同时有别于资本主义,生产资料为劳动者集体所有。这种独特性使得"工合"能够适应当时的社会状况,在共产党领导下的抗日根据地和国统区都能够顺利开展,不仅有利于恢复战时的工业生产,更有助于战后工业体系的建立。

其次,"工合"是非政治性的社会组织,始终保持独立于任何政府部门或组织的控制,是"工合"能够有别于中国的其他合作社或劳动组织而取得成功的重要原因。这也是在"工合"成立之初的政策设定,即"要严格坚持非政治、无党派,拒绝任何既存的政府经济部门的干预,不允许任何政治党派控制'工合'"[①]。正是这种政治上的独立性使"工合"得以成为真正意义上的群众运动,并能够在当时的政治环境下保持中间道路。这种"非政治性"的做法在当时的环境下是行之有效的,并推动了民主经济的发展和民主思想的传播。然而发展到后期的"工合"也正因为缺乏强大的、可依附的政治力量,从而失去了存续发展的保障。这也为我国随后工业经济组织建设中政治性的引入埋下伏笔。

最后,"工合"运动将社员从被迫劳动变为主动参与,突破了资本主义生产方式下人对机器的附庸,充分肯定了劳动力自身的价值,这对于激发工人积极性是极为重要的。"工业合作社的生产策略,并没有把馒头交给一只蚂蚁去啃,而是经过动员的有组织的十万、百万只蚂蚁的组成事业。"[②] 这种集体所有制形式和参与管理的模式起到了充分的动员作用。这种动员模式并非基于政治命令或经济刺激,而是在充分肯定农民、工人价值的基础上致力于构建其对组织的认同和依附,从而产生促进生产的凝聚力。

从 1938 年 69 个合作社到 1942 年的 1590 个;从最初仅有 1149 名社员发展到 22680 名;从民族工业损失殆尽到保障抗战事业的顺

---

① 译自 Nym Wales, *The Chinese Labor Movement*, New York: The John Day Company 1945, p. 131.

② 述周:《抗战中经济的新流——工业合作社》,《群众》1939 年第 11 期。

利进行，"工合"的实践为群众性运动的成功提供了示范。它证明了"中国人不需要精英的领导，只要给他们运用自身创造性才能的机会，民生在哪里都可以得到发展，并会以一种让孙中山'民生主义'拥戴者大吃一惊的方式"①。这次实践充分肯定了工农阶层作为革命力量的有效性，并为共产党领导工农建设新中国提供了实践基础。

（二）经济组织的社会性探索

由于旧中国经济发展的滞后，农村地区落后的小农手工业生产和大城市急速发展的民族资本主义工业建设中都缺乏能够持续维持社会稳定的合法性②设置。在工业生产严重破坏、社会不稳定且又需要集中力量抵抗日本侵略的时代背景下，除了发展生产之外，保证人民生活、社会运行也是十分迫切的需求。因此在"工合"运动的发起者看来，"工合"运动虽然是经济运动，但却不仅仅具有经济功能，而是"提供了在战时创造新型社会的可能性"③。

首先，"工合"运动突破了资本主义国家的社会构建方式，有别于社会主义苏联工人共同合作生产却不占有生产资料的生产方式，提出了"生产者社会"（producers' society）④的模式，社员不仅是合作社的所有者，也是管理者和生产者。在"工合"里，"工作有得做，饭亦吃得饱。工厂合作，人人快乐。我们来集会，我们

---

① 译自 Rewi Alley, "China's Industrial Future", *Free World*, 1944, in Ida Pruitt Collection, Folder 2, Hoover Institution Archives.

② 这里的"合法性"，是指组织社会学新制度主义视角下的所提出的一种观念力量，即组织迫于制度环境压力而采取的能够被广为接受的组织形式或做法，虽然这些形式或做法可能会无益于组织内部效率的达成。

③ 原文出自埃德加·斯诺书信，参见［美］伯纳德·托马斯《冒险的岁月：埃德加·斯诺在中国》，吴乃华等译，世界知识出版社1999年版，第240页。

④ Nym Wales, *The Beginning of the Industrial Cooperatives in China*, in Nym Wales Collection, Box 1, Folder 1, Hoover Institution Archives。鲍曼将工业社会区分为"生产者社会"和"消费者社会"两个发展阶段，"生产者社会"为第一阶段，即社会成员被驱使成为生产者，其能力与意愿共同构成行为规范。而斯诺所言的"生产者社会"，则主要强调劳动力实际上是工厂（合作社）的所有者，他们自己管理这些工厂（合作社），同时自身也是工厂（合作社）的成员并参与生产劳动。

敢说话"①。这种组织形式相当于赋予了合作社成员作为"社员"的身份，将流散在社会上的零散个体整合到了合作社内部，同时也为处于社会底层的劳动者提供了意见表达的平台和渠道。随着合作社在全国范围内的发展，由于战争造成的难民、失地农民及失业者、伤残军人等都被吸纳到"工合"中。这种通过经济组织的形式对社会进行再组织的尝试赋予了"工合"以社会性、合法性，同时也为今后通过经济组织整合社会奠定了民主基础。

其次，"工合"运动对于解决生计问题和就业问题起到了重要作用。日军的侵略使无数村庄被毁，农民失去耕地，被迫背井离乡。大量城市被日军占领，工厂被毁，城市失业人口大幅增加。据国际劳工通信的估计，在抗战初期全国至少有3497963失业工人，仅无锡一地"已经加入工会的就有53583人，这五万多有组织的以及其他无组织的工人，在无锡变为一片瓦砾场的今天，当然全加入了饥饿流亡的失业队伍"②。除了这些流散的难民和劳动者之外，大量伤残军人也面临着无处可去的难题。这些流散的人口成了社会上的不稳定因素，对于抗日和社会稳定都是极为不利的。

"工合"则通过合作生产的方式将这些人口进行了再组织化。通过兴办多种类型的小型生产合作社的方式，各地的难民、伤残军人都能够被聚集起来，并通过参与生产的方式维持生计，从而避免了国内严重社会问题的发生。城市失业工人往往具有一定的工业生产经验和技术，可以迅速投入"工合"生产中。不仅可以解决就业问题，更提高了生产效率。同时，这种小规模机器生产也保证了生产成本在社员可承受范围之内，成为"工合"能够顺利开展并迅速发展的保障之一。

---

① Jack Chen:《中国工业合作运动写真 Progress of China's Industrial Cooperatives: A Series of Twenty Drawings》, New York: Indusco Inc., American Committee in Aid of Chinese Industrial Cooperatives, in Ida Pruitt Collection, Folder 2, Hoover Institution Archives.

② 时事问题研究会编:《抗战中的中国经济》, 中国现代史资料编辑委员会1957年（翻印），第214页。

最后，"工合"不仅致力于重组当时的中国社会，同时也具有深刻的教育意义，即对民主意识的培育和社会民主建设有着重要的影响。战争影响下，中国的医疗、教育事业全都遭到巨大的创伤，因此"工合"除了进行经济生产外，也提供医疗健康相关的服务，并且开办学校，提供书籍、资料，并采用课堂讲授和小组讨论等方式对社员进行教育。① 根据赣县工合社的一篇通讯，"区办事处对于社员教育的事情，向来非常重视，现更加紧推行这一工作，以提高社员文化水准，增强抗敌意识……这一次会议的意义，一方面是使他们明白教育的切要，另一方面是征求各社的意见及讨论工作如何进行。现经决定于水东各社举办娱乐室，工友识字班，社员家属识字班，儿所等。……亲爱的舍友们！希望你们热心学习，研究，不要错过这个良好的机会"②。这种教育和民主思想的积累对于"工合"组织的持续发展，以至于中国民主社会的建设都具有基础性意义。

（三）农村小工业建设的局限性

相比于东南沿海的城市地区，我国拥有更为广阔的乡村及农业人口，而这部分人群也是受到战争影响最为严重的。受战争影响，农村可用耕地面积的严重萎缩，人畜损失严重。③ 在这样的情况下，通过小型工业合作社的方式将农村社会整合起来，无疑是有效且必要的。但这种在农村社会进行工业发展的尝试却存在很大的局限性。

---

① 参见"工合"宣传册 A Nation Rebuilds: The Story of the Chinese Industrial Cooperatives in Pictures 1940, Chinese Industrial Cooperatives Hongkong Promotion Committee, in Ida Pruitt Collection, Folder 2, Hoover Institution Archives.

② 《工合教育动态——赣县水东各工合社教育讨论会的一点报告》，《工合战士》1939 年第 3—4 期。

③ 根据 1937 年 12 月至 1938 年 3 月在江苏四村的调查，"无辜被杀的人民，达 4 万人，农家所受损失：房屋 2400 万元（平均每家损失 192 元），牲畜 670 万元（平均每家损失 36 元），农具 524 万元（平均每家损失 28 元）。藏谷 420 万元（平均每家损失 23 元），农作物损失 78 万 5 千元（平均每家损失 4 元）。总计 4100 万元，平均每家损失 220 元。……中国东部农家每年收入款约 289 元。如果以这个数字作标准，则这一次每一农家之损失，就要等于其全年入款四分之三了"。参见许涤新《抗战第一阶段中国经济的动态》，《理论与现实》1939 年第 1 期。

首先，中国农村面积广大，但长期以来农业为主的生产方式使其在工业发展中始终处于劣势，工业水平落后且缺少相应的设备，再加上农村分布的相对分散性，使得以小工业或手工业为主的合作社很难实现规模化发展。虽然在"工合"运动之初这种小工业的发展形式是在客观条件的约束下，考虑到社会条件、社员状况的基础上实施的，并且这种模式也是保障"工合"能够迅速发展壮大的原因之一，但是随着对工业生产要求的提高，这种生产方式的弊端则越发凸显。地域限制使其不具备互相联合进行大规模生产的可能，落后的设备使其缺乏继续发展的必要条件。因此在面临需求量大、规模化程度高，尤其是重工业生产要求时，这种"农村小工业"是无法满足的。

其次，虽然有大量具备经验技能的工人参与到"工合"生产中，但大多数劳动者都缺乏工业生产的相关技术，其中受过高等教育的工程师更是少之又少。虽然"工合"运动中有思想先进的领导者，然而社员的受教育程度普遍不高，这种宣传教育在短时间内很难取得较大的进展。斯诺指出：

> 所有这些活动，是由大约只有一千名受过教育的无党派年轻人负责主持管理，他们都是受过训练的工程师、经济学家、科学家、会计员、各种技术人员和组织者，而路易·艾黎则是他们的首席技术顾问。这些人员的工资很微薄，生活条件很艰苦，但他们有自豪感，精神昂扬。他们认为，他们在协助振兴中国进步的前途。……但是，全国人口的百分之八十，都不识字，占有极少的财产或一无所有。上过中等学校的，可能占不到全国人口的百分之五。上过大学的，一千人中占不到一个。[①]

---

① ［美］埃德加·斯诺：《我在旧中国十三年》，生活·读书·新知三联书店1973年版（内部发行），第114页。

路易·艾黎自己也意识到了这个问题。据他11年以来在上海工厂的调查，工业产业中受过大学教育的人少之又少，而反观当时的社会精英：

> 他们良好的家庭背景能够为他们提供各种优势条件。他们出过国并且都学习过机械工程方面的专业知识。但是为什么他们却极少有人参与到制衣、灰口铸铁、制纱、制陶、皮革、香皂生产类似这种简单的生产中，真正地解决问题、发挥作用呢！我认识一位采矿工程师现在是女子学校的校长；一位机械工程师转行做了会计；还有另一位做了牙医；还有的改去参与公共事务。大多数人都在非技术性的、坐办公室的白领工作间换来换去。诚然，他们中也有许多人想做一些建设性的工作，然而他们却觉得和普通群众有思想隔阂，受不了拖沓的繁文缛节，因此也放弃了这种尝试。①

缺乏专业技术人员的参与也成为"工合"运动在农村实践最终走向衰落的重要原因之一。

三 "工合"的延续与完善：单位制的建立

从"工合"运动的实践中不难看出，其对于经济组织如何建设以及民主社会如何构建的探索都是具有开创意义的，并且对中国共产党领导的中国建设产生了巨大的影响。"工合"思想与中国共产党的宗旨是一脉相承的。"合作社性质，就是为群众服务，这就是处处要想到群众，为群众打算，把群众的利益放在第一位。这是我们与国民党的根本区别，也是共产党员革命的出发

---

① 译自 Rewi Alley, "China's Industrial Future", *Free World*, 1944, in Ida Pruitt Collection, Folder 2, Hoover Institution Archives.

点和归宿。"① 这种将生产性与社会性相复合的组织形态及其探索与实践也为随后的经济、社会建设提供了路径。中华人民共和国成立后中国社会中"单位"组织模式的建设更是带有"工合"的传统和影子，它并非简单的外国经验的移植，也并非是为了回应国家、社会危机而仓促构建的，而是"寄托了现代中国政治精英共产主义社会的理想"②的尝试，是在中国本土化实践的基础上逐渐修正并完善的一种组织体制。它吸收了"工合"组织形态的优越性，充分发挥了劳动力的积极性为经济发展提供了保障；同时它也克服了"工合"运动的局限性，并在试图缩小平均主义作风所带来的负面影响。可以说，单位社会的建立是在"工合"运动的基础上才得以起源并发展的。

首先，从社会背景上看，单位制与"工合"的产生背景是相似的。中华人民共和国成立之初，急需发展生产，尤其是重工业生产，以支援国家建设。"工合"其优势之一就在于"把公私劳动力组织起来，发动了群众生产的积极性，提高了劳动效率，大大发展了生产"③。单位制的建立也继承了这种合作社的模式，它首先将游离在社会上的个体纳入作为生产组织的"单位"中使其成为生产者，同时又通过"人民当家做主"的国家体制赋予他们以所有者和管理者的身份。这种"单位人身份"的构建过程实际上就是将个体重新嵌入单位体制的过程，同时也形成了"动员的集体主义"④，成为发展

---

① 毛泽东：《论合作社——1943年10月在边区高干会讲话》，载中国人民解放军政治学院党史教研室编《中共党史参考资料》（第九册），1979年（内部参考），第255页。

② 田毅鹏、吕方：《单位社会的终结及其社会风险》，《吉林大学社会科学学报》2009年第6期。

③ 毛泽东：《论合作社——1943年10月在边区高干会讲话》，载中国人民解放军政治学院党史教研室编《中共党史参考资料》（第九册），1979年（内部参考），第253—255页。

④ 田毅鹏、汤道化：《转型期单位内部个人与组织关系的变迁及其影响》，《吉林大学社会科学学报》2012年第6期。

生产的向心力。这种组织方式的可行性实则是经过"工合"运动检验过的，同时在社会主义意识形态合法性的支持下，基于对单位组织的归属感和认同感，这种"动员"在单位中也发挥了更好的效用。

其次，"单位"的发展克服了"工合"运动"平均主义"的局限。从"工合"内部来看，"工合"运动后期的平均主义倾向阻碍了"工合"的持续发展，与此同时，"工合"的实践证明，在农村地区发展小工业合作缺乏保证工业生产持续发展的条件和动力。这两点也在主观上促成了单位组织建设的城市转向。客观上，1947年"中国政府已经控制了90%的钢铁产量、66%的电力生产以及45%的水泥产量。此外，大多数大银行和运输企业也在政府控制之下。1949年后，萌芽中的国营经济被共产党政府接管"①。大部分接管的工业工厂都在东部沿海或内地城市，因此城市相较于农村有着明显的发展基础和优势。单位制的建设也充分地发挥了这种优势。通过单位体制边界的建立，在有效利用城市工业资源的基础上，集中力量发展大型工业企业，这无疑克服了"工合"实践的缺陷。

再次，单位制凸显了"工合"的社会性一面。单位组织不仅将大量劳动人口纳入单位的范畴，并且将单位职工家属也纳入单位体系中，由此形成了覆盖性极强的关系网络。并且，"工合"在医疗、教育方面的社会性功能，也在单位身上实现了继承和发展。单位组织通过附属医院、子弟学校的建立，将单位职工及其子女的生活保障和福利再生产都纳入了单位体系中来，进一步强化了这种社会性，并构建出了能够保障单位体制长期存在的合法性基础。

最后，单位制对于政治性的强调弥补了"工合"在维持组织形态上的缺陷和不足。"工合"运动失败的原因之一，就在于其外在缺乏强有力的政治依靠，而内部又缺少政治性的引导。这种实践在团结抗日的大背景下是行之有效的，然而在新整体需要稳固的情况下，

---

① [美]巴里·诺顿：《中国经济：转型与增长》，安佳译，上海人民出版社2016年版，第44—45页。

缺乏导向性的民主思想反而不利于组织的发展。单位的建设则吸取了"工合"运动失败的教训，因此其政治性特点是极为鲜明的。单位组织承担起了作为国家行政力量延伸的重要工具性作用，并逐渐演化成一种以"政治动员的形式来调配社会资源"[①]的全能主义。这种全能主义客观上保障了单位体制的存续，主观上又强化了国家与工人之间的"庇护关系"[②]以及单位人对单位组织的依附。虽然单位组织的改制与其功能的复合性有着很大的关联，在变迁的过程中单位也试图逐渐剥离社会性和政治性功能实现市场化的转向，然而不可否认的是，这种社会性与政治性的引入，在单位制建立初期是十分合理且必要的。

从对"工合"运动的回视以及单位制起源的几个重要问题的分析中可以看出，单位制的产生并不是简单的外国经验的移植或中国共产党重构社会的首次尝试，而是共产党在抗日革命根据地实践的基础上逐步继承、修正和完善后的产物，其产生是同具理论合理性和实践基础的。"工合"运动作为一种经济、社会的组织形式，其思想与中国共产党的宗旨是一脉相承的。同时工业"合作社"的形式又能够将零散的劳动力以高度组织化的形式归纳起来，集中力量发展生产，这对于单位组织生产性、社会性、政治性复合体的模式塑造，影响十分深远。

第二节 单位人身份的获得与认同

单位制的建立不仅包含着单位组织制度的建立以及单位体制模式的选择，单位组织中单位成员身份的获得也是其中的重要一环。

[①] 田舒：《从全能主义到后全能主义：政治动员模式的变迁》，《理论界》2013年第4期。

[②] ［美］华尔德：《共产党社会的新传统主义——中国工业中的工作环境和权力结构》，龚小夏译，牛津大学出版社1996年版。

单位制建立后，国家通过赋予个体以"单位人"的身份，构建了劳动者对单位组织的合法性认同，重新实现了对社会的整合。在制度化的环境下，获得"单位人"身份是个体成为单位资源共享范围内参与者的唯一途径。而获得"单位人"身份则意味着同时获得了相应的福利及保障，这是未能进入单位组织的个体所无法享受的，因此就形成了单位体制内外的区隔。如何通过严格的准入机制划定资源的分配范围和边界，这对于理解单位制的建立和变迁无疑是极其重要的，因此单位人身份的获得途径就成为理解单位制的重要因素。

在单位制成立初期，单位身份实则也是一种制度性安排，因此单位合法身份的获取只能通过制度化渠道实现。具体来看，单位人身份的获得主要通过两种途径，第一，依据国家集中审批下的招工制度进入单位组织；第二，以"家属革命化"的方式，被吸纳进单位组织。单位体制的闭合性也在一定程度上造成了单位人从单位组织中"流出"的困难性，因此单位组织内部亲缘和姻缘关系的结成也促成了单位人身份的嵌套与再生产。

一 单位人身份的获得

（一）集中审批下的招用工制度

以单位组织为核心的城市社会组织"既是国家推动工业化的组织载体，又是国家动员的组织基础"[1]，单位不仅是生产性的经济组织，也承担了将社会"组织起来"的政治性、社会性功能。在这一时期，物质资源的匮乏是普遍的社会背景，但国家集中力量发展工业的政策方向却使单位组织得以始终保持着"低工资＋全面福利"的模式。虽然这种福利只是较低的水平，但更重要的是单位能够为其成员提供依附于国家的庇护和保障。在此意义上，单位用工制度

---

[1] 田毅鹏、许唱：《"单位人"研究的反思与进路》，《天津社会科学》2015 年第 5 期。

作为单位组织的准入机制,是赋予个体以"单位人"身份的途径,体现了国家自上而下的整合性作用,在内涵上与中华人民共和国成立前的雇用制度有着根本的不同。

1949年9月29日,中国人民政治协商会议通过的《中国人民政治协商会议共同纲领》成为这一个时期社会立法的基本依据。① 以此为基础,1951年5月15日,劳动部出台《关于各地招聘职工的暂行规定》对招聘职工提出两点规定:

> 一、凡中央直辖各省市和各大行政区之间招聘职工时,须持有中央人民政府劳动部正式介绍信件。在大行政区所辖地区范围以内的省市之间招聘职工时,须持有大行政区劳动部正式介绍信件。
>
> 二、招聘职工时,雇用者与被雇用者,双方应直接订立劳动契约,须将工资,待遇,工时,试用期以及招往远地者来往路费、安家费等加以规定,并向当地劳动行政机关备案。②

由此,单位招工制度的雏形基本形成。集中统一的计划审批,着重解决失业问题,以及逐渐走向单一、固定的用工形式的变化,成为这一时期单位用工制度的主要特征。

出于政治性和社会性的要求,作为社会组织基础的单位必然要接受国家的统一管理,这种"统一管理"不仅体现在生产的计划性上,也体现在对单位组织职工的管理上。对于个体来说,进入单位组织、获得"单位人"身份,不仅意味着找到了一份得以谋生的工作,更重要的是可以获得享受连带性的福利和保障的权利,能够合

---

① 郭道晖总主编:《当代中国立法》(上),中国民主法制出版社1998年版,第646页。

② 劳动部《关于各地招聘职工的暂行规定》(1951年5月15日),载张培田主编《新中国法制研究史料通鉴》(第7卷),中国政法大学出版社2003年版,第8313页。

理享受非单位人无法获得的资源。而中华人民共和国成立初期物质资源相对匮乏，资源的有限性也就决定了国家必须要统一地、有计划地进行劳动力管理，而不能随意赋予个体以"单位人"身份。因此，按照计划经济的要求加强计划审批、统一招收调配劳动力成为单位制初期单位人身份获得的最主要途径。

1951年开始，对单位组织中职工人数的控制在全国范围内都被纳入国民经济计划中，成为计划管理的一部分。通过这种统一调配的方式，有效地防止了封建、半封建的用工形式的残余对工人的盘剥，同时也充分实现了劳动力的有效利用，满足了企业的用人需要。但与此同时，统一调配也产生了效率降低等问题，企业在用人方面的便利性和自主性都受到了一定的限制。① 因此1953年中共中央批转下发的《中央劳动就业委员会、劳动部、内务部〈关于劳动就业工作的报告〉》提出，"劳动就业的新方针，即实行政府介绍就业和失业人员自行就业相结合的方针，也就是劳动就业的'两扇门'方针"②，对集中统一招工政策做了适当地放宽。

然而，由于招工政策的放宽，不同企业对于政策的把握和实践有所不同，也造成了一定程度的资源浪费。为了进一步严格劳动力的管理，1955年中共中央提出，"一切部门的劳动调配必须纳入计

---

① 1953年8月5日，中央劳动就业委员会、劳动部和内务部联合向中央提交《关于劳动就业工作的报告》指出："为保障工业发展对劳动力的需要，有计划有步骤地实行统一调配，是必要的。但在目前情况下，实行无所不包的统一调配办法是过早了，实际是限制了公私企业机关用人的灵活性，缩小了自行就业的出路。因此，为了使失业人员获得更多的自行就业机会，应适当缩小统一调配的范围。"中央劳动就业委员会、劳动部、内务部《关于劳动就业工作的报告和请示》（1953年4月），参见苏树厚、段玉恩、张福明编《新中国劳动制度发展与创新研究》，山东人民出版社2006年版，第35页。

② 中共中央批转《中央劳动就业委员会、劳动部、内务部〈关于劳动就业工作的报告〉》（1953年8月5日），参见汪茂勤主编《劳动法指南》，东南大学出版社1992年版，第107页。

划，增加人员必须通过劳动部门统一调配，不准随便招收人员"①。在此原则下，政策对用工制度方面的规定主要体现在对单位人进入单位组织途径的限制上：

> 今后劳动调配必须执行以下原则：老企业老机关增产、增事不增人，新企业新机关首先从老企业老机关抽调；精简机关，充实企业，企业中要精简管理人员和服务人员，充实生产人员；凡是需要人员的单位首先从原行业（公的私的）中抽调，从有多余劳动力的城市中抽调。②

自此，单位组织中职工来源由国家统一、招收调配的模式基本确定下来，并长期贯彻执行。其后，国家出台的关于单位用工的安排基本都是在对"统一招收、调配"制度的完善③，其目的都是在资源有限的情况下尽最大的可能避免浪费，充分发挥劳动力价值。

通过国家政策的规定和劳动部等劳动力管理部门的统一调控，可以充分在资源不充足的情况下集中力量发展城市中的单位组织，实现各行业、地区间的平衡。同时，单位组织用工制度在单位制早期呈现出收紧、放松、再收紧的变化过程，限制社会劳动力流入单位组织的制度安排也是在这一过程中逐渐固定下来的。这种变动的过程不仅反映出国家在单位组织建设及用工制度的安排上不断尝试，而且有限度地赋予劳动力以"单位人"身份、将人员

---

① 中共中央《关于第二次全国省、市计划会议总结报告的批示》（1955 年 4 月 12 日），参见张培田主编《新中国法制研究史料通鉴》（第四卷），中国政法大学出版社 2003 年版，第 3520 页。

② 同上。

③ 这些政策安排包括中共中央批转《劳动部党组〈关于第二次全国劳动局长会议的报告〉》（1955 年 12 月），劳动部《关于做好 1956 年劳动力调配工作的意见》（1956 年 5 月 25 日），国务院《关于有效地控制企业、事业单位人员增加、制止盲目招收工人和职员现象的通知》（1957 年 1 月 12 日）等。

流动控制在单位组织之间和单位组织内部，更是将"单位人"与其他群体区分开来的有效手段。"一旦个人获取了这种'国有'身份，就具有了超越具体单位的统一的制度保证"[①]，单位体制区隔的壁垒逐渐形成。

（二）"家属革命化"

在单位制成立初期，除了通过正式招工的方式进入单位组织外，以单位职工家属的身份、作为单位成员的附属进入单位组织也是一种重要的途径。通过这种途径进入单位组织的单位职工家属与正规招工进入单位组织的单位职工在身份上有着很大的不同，这主要体现在其作为"附属"的身份属性上，即单位职工家属得以进入单位组织的前提是，其家庭中必须有正式单位职工。进入单位组织后，这些家属工的工作多数是为单位的常规生产提供外围服务，工作场所包括"五七"家属厂或企业下属的农场等，其享有的福利和待遇与正式单位职工之间也存在差别。

民主革命时期，在革命斗争和战时军事共产主义的背景下，包括妻子、子女在内的家属从来就是作为革命队伍中的一部分而存在的。单位职工家属进入单位组织不仅可以缓解单位人家庭生活困难、起到稳定单位人家庭的作用，同时这些单位职工家属也是重要的人力资源。正如毛泽东所指出的："中国的妇女是一种伟大的人力资源，必须发掘这种资源，为了建设一个伟大的社会主义国家而奋斗。"[②] 曾在Y厂担任"家属干部"的受访者G讲述了她在1955年做家属工作的经历：

> 我是1955年来（Y厂）的。1955年来到这儿不是也没工

[①] 刘平、王汉生、张笑会：《变动的单位制与体制内的分化——以限制介入性大型国有企业为例》，《社会学研究》2008年第3期。

[②] 毛泽东：《发动妇女参加社会主义建设的重要意义》，载中华全国妇女联合会编《毛泽东、周恩来、刘少奇、朱德论妇女解放》，人民出版社1988年版，第64页。

作嘛,就在家当家属呗。1956年也不是1957年的时候,家属们就选我当家属干部了,一开始当组长,后来因为家里卫生搞得好,就选我当卫生委员。俺们那时候当家属干部可忙了,一个礼拜啊,都开好几天会啊!最少也得开两天,政府有啥新的指示,我们就到东安派出所,把我们召进去开会。开完会(我们)再给(其他)家属们召集到一块儿,再给她们开会,往下宣传。那时候家属好管,都可听话了。一喊"扫大街了",这人儿都出来了,那时候可好领导了。那时候检查卫生,一个礼拜也要查个一两回,卫生挨家查、挨家走。俺们这些(家属)干部,摸那个柜子,检查被垛、看被子干净不,摸门框子、看门框的灰有没有,墙上挂的镜框子,挨排摸,摸摸看有灰没有。完了要是不合格吧,就不行,就赶紧重新收拾。(收拾)完了还要检查,还要继续检查。可严了那时候,那扫大街,一天一扫!而且一分钱都不挣,都是白尽义务。主任也是,委员、组长都是,一分钱不挣。那时候虽然累,虽然忙,但是跟旧社会的累肯定不一样,感觉也挺有意思,挺有奔头的。都爱干,也干得挺来劲儿。①

可以看出,调动单位职工家属的积极性及革命热情,能够产生极强的凝聚力,这对于为工业生产创造有利的后方条件都是十分必要的。在单位制初期,单位职工家属的工作主要是为单位生产和单位职工生活提供保障,这些家属工们从事的多为后勤方面的服务②,"一分钱不挣"基本是当时家属工的普遍状态。

20世纪60年代初期,由于受到"左"倾路线的影响,国家经济凋敝,职工生活困难,国企职工的家属们也开始逐渐走向自救道路,纷纷走出家庭,希望为国家做出贡献,从而揭开了"家属革命

---

① 2013年5月C市Y厂厂办大集体退休家属工201305G访谈。
② 除前文提到的卫生工作外,还包括职工食堂工作和幼儿照护等。

化"的序幕。"职工家属革命化,对职工和企业的革命化都具有重大的意义。家属革命化,首先就要使家属劳动化。通过生产劳动,使无产阶级思想占领分散而又广阔的家庭阵地。"① 在"家属革命化"和"家属自救运动"的旗号下,很多国企也开始兴办家属厂、五七厂,这也是单位共同体扩张的一个重要步骤。于是,吸纳单位职工家属进厂也成了单位组织准入的另一方式。

B厂一位职工的家属Z就是出于缓解家庭生活困难的现实需要做家属工的:

> 我是1966年(随丈夫)来(B厂)这儿的,刚来时候家里孩子小,(我)就没上班。我其实是一直想上班,我奔这来的目的就是想找工作,要不地呢,就不来了。但是来了之后一找工作呢,全要(求)手持三证:户口本、粮本、待业证,手持三证嘛。完了我就没有啊,所以咱们厂里几次招人,我都是干瞪眼进不去,就挺遗憾的。后来1970年,咱们厂成立小型工业(招家属工),我说我怎么也得去。第一批招人的时候呢,我家那个(丈夫)不让我去,那时候(我们)已经有俩孩子了。我说:"不行,这是个机会啊,一定要去。"反正我坚持,他就给我报名了。②

1970年代,"家属工"在Y厂盛极一时。曾经在Y厂后勤工作的家属工M曾这样描述自己进厂的过程:

> 我进Y厂是1974年。当时是家属招工,(我)就随爱人去的Y厂。我们那时候(进Y厂)可容易了,在那儿打个广告说

---

① 水利电力部劳动工资司供稿:《参加劳动,促进家属革命化》,《水利与电力》1966年第5期。
② 2010年2月S市B厂五七厂退休工人201002Z访谈,访谈内容及整理来源于陶宇。

"Y厂哪个分厂招人了",你一联系、人家分厂一面试,就可以了。基本上是大批招人,它不是特殊工种,所以都(容易)进。那时候家属工招的特别多,都是辅助工种。它技术性不强,都是做那些水桶啦、油箱了、盖房子了什么的(工作)。①

招用家属工的范围也不仅局限于单位职工的配偶,一位受访者得以进入"家属连"参加工作就是通过她的大姑姐夫介绍的:

> 当时我去的就是我大姑姐夫他们单位的家属联。当时就是得(通过家属)介绍,像我这也是属于家属,就这样的(亲属关系)都算。②

将单位职工的家属纳入单位体系,不仅是意识形态上的设定,也是对国家工业化的推进和单位建设所带来的家属问题的一种现实性的回应。第一,单位建设初期通过行政指令的方式将劳动力迅速地集中了起来进行工业建设,如何解决这些职工和其家属两地分居的问题,如何有序、有效地安置这些职工家属,对于单位的整体的稳定具有重要意义。第二,早在中华人民共和国成立前夕,涵盖单位职工家属的福利政策就被视为中国共产党为保障工人阶级生活,为职工解决后顾之忧的重要措施。"在'家属革命化'运动中,单位家属得以进入到依托于国营单位的集体五七厂,通过自己的劳动获取微薄的报酬,对于缓解物质生活极度匮乏状态下的单位人的家庭生活具有非常重要的价值"③。第三,以"家属革命化"的方式将单位职工家属有效地组织起来,不仅是对劳动力的组织化,也是对单位职工家属思想的组织化。通过赋予单位职工家属以单位人身份,

---

① 2013年11月C市Y厂退休工人201311M访谈。
② 2015年1月C市Y厂厂办大集体退养工人201501M访谈。
③ 田毅鹏、吕方:《"单位共同体"的变迁与城市社区重建》,中央编译出版社2014年版,第72页。

通过单位对她们进行组织和政治动员，是将矛盾冲突化解于单位内的重要手段，也是增强单位内部团结和凝聚力的重要办法。1966年《工人日报》的一篇文章中就曾这样写道：

> 办企业，有职工就有家属。但是，职工家属所起的作用，在不同的企业中却并不完全一样。有的企业不重视对职工家属的教育和组织工作，不去领导职工家属实现革命化，在这些企业里，家属们就不但不能为社会主义建设多出力，反而要国家和企业来为她们服务。相反，有的企业认真去做职工家属的教育组织工作，领导家属实现了革命化，家属们就会像大庆职工家属那样，成为一支革命的力量，一支劳动大军，"顶起半边天"，为企业、为国家作出应有的贡献。[1]

除了对于家庭和单位组织发展的作用外，"家属革命化"对于城市女性发展也具有历史性的意义。"单位制实施的全员就业制度，第一次以制度形式为城市妇女走出家庭，走向社会，取得同男子一样的就业权利提供了强有力的保障。"[2] 单位分担了家庭中男性作为生活资源提供者的地位，这也塑造了家庭中的女性对单位的依赖关系。换句话说，通过将单位职工家属吸纳进单位体系，这些家属便可以越过单位职工这一媒介，与单位之间产生直接的联系。

由此，单位进一步具有了介入单位人生活的合法性，单位人的家庭活动与单位活动之间相互影响的深度以及单位人家庭关系与单位关系之间相互移植程度也不断加强。例如，"当一个男子的行为违背了党的意识形态所倡导的生活准则，表现出了虐待、污辱妻子（如家庭暴力、抛弃妻子、婚外恋）的劣迹时，他在单位中的发展前

---

[1] 工人日报编辑部编：《大庆家属革命化的标兵——薛桂芳》，工人出版社1966年版，第1页。

[2] 揭艾花：《单位制与城市女性发展》，《浙江社会科学》2001年第1期。

途就会受到很大的影响,甚至彻底丧失提拔晋升的机会"[1]。在这种家庭和单位间持续卷入的状态下,单位共同体也被不断强化和深化。

二 单位人身份的再生产与复合

(一) 作为福利保障的"子女顶替"

严格意义上来讲,单位职工子女通过"接班"(顶替)的方式获得正式单位职工身份,也应被视为单位职工家属进入单位组织的渠道。但与"家属革命化"不同的是,"子女顶替"并非是规模化的单位人身份扩张,而是对原单位职工的一种替换,换句话说,虽然单位职工的子女通过顶替接班获得了成为单位职工的正式身份,但它并没有增加单位职工的总额。这种途径其实是为了应对单位职工在退出单位组织后可能面临的生活危机,所采取的一种保障性的措施和安排。因此,本章将其归为单位人身份"再生产"的范畴。

最早提及子女顶替政策的文件是1953年1月由劳动部颁布的《中华人民共和国劳动保险条例实施细则修正草案》。该草案第6章第24条指出,"工人职员因工死亡或因工残废完全丧失劳动力,其直系亲属具有工作能力而该企业需人工作时,行政方面或资方应尽先录用"[2]。但当时此规定涉及的范围较窄,"只适用于因工死亡或因公残废完全丧失劳动能力的职工。这是当时国家对职工的社会保障而规定的一项福利措施"[3],是对因工死亡或因工残废完全丧失劳动力工人职员的一种补偿。

与此同时,中华人民共和国成立初期,轻工、纺织系统中存在

---

[1] 揭艾花:《单位制与城市女性发展》,《浙江社会科学》2001年第1期。
[2] 劳动部《中华人民共和国劳动保险条例实施细则修正草案》(1953年1月26日),参见劳动人事部政策研究室编《劳动人事法规规章文件汇编(1949—1983)》,劳动人事出版社1987年版(内部发行),第1572页。
[3] 李劭南、杨薇薇:《当代北京社会保障史话》,当代中国出版社2011年版,第6页。

许多遗留下来的旧企业，老职工较多。为了鼓励这些企业中老年体弱或常年有病不能坚持正常工作的职工退休或退职，1956年1月劳动部发出《关于年老体衰职工以其子女代替工作问题复轻工业部的函》，对子女顶替接班的条件进一步放宽，提出"企业劳动力不足，按规定手续经批准从社会招用工人和职员时，可适当吸收退休后生活确有困难的职工的子女参加工作，但不作为一项制度"[1]。1956年7月，劳动部发布《关于企业单位招用职工家属问题的通知》，明确指出有些部门在招工时吸收一部分符合条件的职工家属的做法是合适的，同时对企业吸收职工家属的范围、比例等做出了具体规定。[2] 但这仍是作为一种权宜性的照顾措施，实行范围较小。

此时期子女顶替是作为一种补偿性措施而存在的，因此在防止盲目招工的要求下也暂时停止过一段时间。到了20世纪60年代初"大精简"工作结束后，不少企业的职工队伍中出现老弱残职工比例大、后备力量缺乏的现象，给企业生产造成了困难，因此不少地方和企业要求恢复实行子女顶替办法，以便安置老弱残职工、促进职工队伍更新。1962年10月，中共中央、国务院在《关于当前城市工作若干问题的指示》中提出，"年老退休的职工，家庭生活困难的，允许子女顶替"[3]。可以看出，子女顶替就业政策自1953年启动以来，时断时续，一直在较窄的范围内推行，而未成为一种普遍的制度。

子女顶替除了表现为普遍对困难家庭的照顾外，对一些特殊艰苦行业也有所倾斜，放宽顶替接班的条件。对矿山井下工人、林业采伐

---

[1] 劳动部《关于年老体衰职工以其子女代替工作问题复轻工业部的函》（1956年1月14日），参见《当代中国》丛书编辑部编《当代中国的劳动力管理》，中国社会科学出版社1990年版，第406页。

[2] 劳动部《关于企业单位招用职工家属问题的通知》（1956年7月2日），参见辽宁省劳动局编《劳动力管理文件选编》，辽宁省劳动局1980年（内部资料），第150页。

[3] 中共中央、国务院《关于当前城市工作若干问题的指示》（1962年10月6日），参见中共中央文献研究室编《建国以来重要文献选编》（第十五册），中央文献出版社1997年版，第666页。

工人、地质勘探工人、盐场工人等特殊艰苦职业，1963 年国务院批转《关于安置和处理暂列编外的老、弱、残职工的意见》规定，"原来久居城市的老、弱残职工，如果退休、退职后家庭生活有困难的，原单位可以在编制定员人数以内，吸收他们合乎条件的、居住城市的子女参加工作（矿山井下工人和森林采伐工人的子女，不论居住在城市或者农村，在定员以内都可以吸收），动员本人退休、退职"[①]。

随后，国务院又发布《关于从社会上招用职工的审批手续的通知》，继续强调"各企业、事业单位在劳动计划以内，可以吸收家居城市退休退职的老、弱、残职工的子女顶替和优先录用死亡职工家居城市的子女；对于矿山井下工人、森林采伐工人和盐业工人中的老、弱、残退休退职或死亡以后，其子女不论家居城市或农村，都可以顶替或优先录用"[②]。

1964 年 3 月，中共中央、国务院批转《劳动部、内务部、财政部、全国总工会〈关于老、弱、残职工暂列编外以及安置处理工作的报告〉》中，对 1963 年 4 月国务院批转《劳动部、内务部、全国总工会〈关于安置和处理暂列编外的老、弱、残职工的意见〉》进行了进一步研究，并规定：

> 可以先适当放宽老、弱、残职工退休、退职以后子女等顶替工作的条件，即完全或者大部分丧失劳动能力需要做退休、退职处理的老、弱、残职工，不论暂列编外与否，凡是他们家居城镇合乎条件的子女和其他赡养亲属，都可以顶替；矿山井下工人、林业采伐工人、地质勘探工人、盐场工人和其他能够

---

① 国务院批转《劳动部、内务部、全国总工会〈关于安置和处理暂列编外的老、弱、残职工的意见〉》（1963 年 4 月 1 日），参见劳动部保险福利司编《我国职工保险福利史料》，中国食品出版社 1989 年版，第 505 页。

② 国务院《关于从社会上招用职工的审批手续的通知》（1963 年 9 月 25 日），参见辽宁省劳动局编《劳动力管理文件选编》，辽宁省劳动局 1980 年（内部资料），第 245 页。

迁回农村居住的职工，在退休、退职以后，他们家居农村的合乎条件的子女和其他赡养亲属，也可以顶替。……无论定员是否已满，都可以进行顶替，但是由于顶替而超过定员时，企业的上级主管部门和地方劳动部门，应当按照劳动计划统筹安排，将多余的职工调剂到其他企业、事业单位去，以免浪费劳动力。①

虽然子女顶替在"文化大革命"后依然存在，但从总体上看，这一时期的子女顶替政策是有原则、有条件的，其政策的出台是在严格的限定的基础上提出的，无论是实行条件还是执行标准都有明确的限定，与 20 世纪 70 年代后期大批招收单位职工子女进厂的政策有很大的不同。在这一时期，子女顶替基本上只是出于对因工死亡、致残或年老体衰职工的社会保障而颁布的一项补偿性福利措施，虽然后来又扩大到一些艰苦行业和特殊工种，但始终未提升到制度层面。② 这些政策的规定也说明了，此时期子女接班顶替政策主要是对职工中具有特殊情况者所实施的补偿性政策，并不是实现劳动力更新的主要途径。

通过单位人身份的获得途径，即进入单位组织的渠道可以看出，通过国家统一审批下的招用工制度成为单位成员是最主要的一种形式，这也体现了在闭合单位体制下国家对共享资源参与者准入机制的严格限定。同时，贯穿于单位制建立的家国同构思想以及对单位组织承担社会性功能的要求使得单位职工的家属工作也需要被纳入

---

① 中共中央、国务院批转《劳动部、内务部、财政部、全国总工会〈关于老、弱、残职工暂列编外以及安置处理工作的报告〉》(1964 年 3 月 29 日)，参见劳动部保险福利司编《我国职工保险福利史料》，中国食品出版社 1989 年版，第 518 页。

② 如在劳动部《中华人民共和国劳动保险条例实施细则修正草案》(1953 年 1 月 26 日) 以及其后国务院《关于有效地控制企业、事业单位人员增加、制止盲目招收工人和职员的现象的通知》(1957 年 1 月 12 日) 等一系列政策文件中，都明确限定了子女顶替的实行范围和条件。

单位的框架内。但总体上看,单位职工家属进入单位组织仍是小规模的、非制度性的,其出于照顾的福利性色彩也表现出了这一时期单位共同体的有限覆盖性。

(二) 单位内姻缘关系的结成

在单位组织中,除了单位人身份的再生产,还存在着单位人身份的复合,其塑造方式主要通过单位内姻缘关系的结成。与单位职工家属以家庭中的正式单位职工为媒介获得单位身份不同,这种姻缘关系的结成是建立在双方都是正式单位成员的基础上的,即单位职工间姻缘关系的结成。因此在这里将这种情况称为单位人身份的复合。

张翼曾对单位制下企业内部职工的内婚倾向及其原因进行了研究,他将"内婚倾向"定义为:"一个企业内部的男女婚龄青年,在婚配意向上,具有在本企业内部适龄异性中寻找配偶的倾向。"[1]并将这种倾向归结为五个方面的原因:经济收入的反差;社会文化观念的反差;婚姻审美观的反差;条块分割的状况;互相之间的认知偏差。[2] 根据对 Y 厂的调研,造成这种内婚倾向的原因可以进一步归结为两个方面,即单位的闭合性以及"非单位人"在经济收入、福利待遇等方面与单位职工的差异。

由于 Y 厂的选址位于当时 C 市的市郊,并且 Y 厂职工的生活区域都是围绕着 Y 厂的厂址而建设的,因此这些单位职工很少有机会与 Y 厂外的人接触,这种闭合性也就限制了 Y 厂单身职工的择偶范围和渠道。

一位 Y 厂的女职工嫁给了同在 Y 厂工作并介绍她进厂的同学:

> 那时候我的同学,也就是现在我的爱人,他家里他哥在 Y 厂,(是)某某(领导)的秘书。那时候他跟我爱人说:"Y 厂要招人了,小老弟能不能把你的同学招来?"我爱人比我大一

---

[1] 张翼:《国有企业的家族化》,社会科学文献出版社 2002 年版,第 183—184 页。
[2] 同上书,第 184—186 页。

岁，他先来的（Y 厂）。然后我爱人就给我去封信，他说"Y 厂可好了，你来吧，我二哥在这儿"。然后他就给我这封信，信封里邮五块钱。我拿着这五块钱就来了。我来到 Y 厂，不结婚啥也没有呀。那我就跟他结婚了呗。那时候我来了，他们全家就等于白捡一个媳妇，五块钱说了一个媳妇。①

在 Y 厂建厂初期就来到 Y 厂的干部 T 对这种现象进行了概括：

> 凡是没在大学恋爱的，可以这么说，在当地找（对象）的多。有的是他们工程师找的描图员（结婚）。描图员，初中毕业（就能干）的事儿，那阵儿（描图员）初中毕业就不错啦。还有化验员什么（的），这些年轻的，有的是跟他们（工程师）结婚的。②

在闭合的环境下，通过熟人介绍的方式建立起与 Y 厂外的联系也是当时"找对象"的主要方式。在 20 世纪五六十年代进入 Y 厂的职工，大部分是通过国家委派、部队转业以及毕业分配等渠道进入的，他们的干部身份和文化水平往往都要高于 Y 厂周边甚至 C 市的平均水平，而 Y 厂作为国家级的大型工业企业，其工资和福利水平都具有极强的比较优势。因此，即便是通过介绍对象的方式寻找配偶，被介绍人也往往具有单位身份，即便这些单位不如 Y 厂，但也不会造成太大的收入差距或观念差异。而这些没有在 Y 厂找配偶的职工还有一点相似之处在于，他们在结婚后都通过家属招工的途径将他们非 Y 厂的配偶调入了 Y 厂。单位组织间的姻缘关系也由此被移植到了单位组织内，单位内姻缘关系的结成和单位家属招工之间也形成了又一重的复合关系。

---

① 2013 年 4 月 C 市 Y 厂退休职工 201304W 访谈。
② 2013 年 5 月 C 市 Y 厂离休干部 201305T 访谈。

受访者 Z 的妻子是通过同在 Y 厂工作的同学介绍的，后来以单位职工家属的身份进入了 Y 厂：

> 我是进厂之后，1973 年（结婚的）。通过我的同学的爱人（介绍的）。我同学的爱人和（我爱人）她姐夫是转业兵，他俩都是转业兵，转业以后分到 Y 厂。她姐夫是工具（厂）的，完了我那同学当时是越野（厂）的，这一介绍，哎哎（就成了）。她当时是在 C 市的一个铸钢厂，就是一个小厂子吧。完了结了婚以后，我把她调到 Y 厂来的。①

另一位受访者的妻子是通过他同班组的老乡介绍的，结婚后也以单位职工家属的身份进入了 Y 厂：

> 我老伴儿不是 Y 厂的。那时候我们班组有一个老乡，他给我介绍的，（是）他小姑子（的）同学。我老伴儿是制旗印花厂的。上班太远了，后来我给他调到这边儿来了。②

单位人在择偶时表现出的"工业人"对"农业人"的排斥现象是普遍存在的，这主要表现为已经获得单位正式身份的单位职工很少选择农民作为配偶。Y 厂职住合一的典型性和闭合性限制了其与农村的交往，因此这一点体现的并不明显。张翼通过对黔厂考察对此做出了分析：

> 黔厂的职工……在经济上能拿得一份相对稳定的工资；在政治地位上高于当地的农民，属于国家领导阶级的一个部分。尽管他们常常意识不到"领导"的含义，但那种基于比较高的

---

① 2013 年 5 月 C 市 Y 厂退休工人 201305Z-3 访谈。
② 2013 年 4 月 C 市 Y 厂退休职工 201304C 访谈。

收入的自豪感,却往往使其不愿在当地农民中寻找配偶。而当地的农民,觉得能够找上工人做女婿,那就是莫大的幸事,是一种"高攀"。只有那些面目姣好的女子才会有此殊荣,一般的姑娘家,身处贫困的家庭,是"攀"不起这种亲事的。①

三 单位人的身份认同

个体在获得作为"单位人"的身份后,其对于自己的单位身份也会产生认同感,并且逐渐凝聚成一种对单位的集体意识。这种身份认同的塑造在最初表现为个体对国家的认同,而在个体进入单位组织后,其作为"单位人"所享有的参与单位事务的话语权和获取单位资源的权利进一步增强了他们的单位意识以及对单位身份的认同感。

(一) 对国家的认同感的具象化

在个体进入单位组织前,其对单位身份的认同感主要来源于对国家的认同,单位组织事实上充当的是国家的代理人,是国家形态的具象化。个体通过进入中华人民共和国成立的单位组织,政治地位获得了提升,国家赋予个体的单位身份意味着他们得到了国家的承认和肯定,这与一般意义上的雇佣关系是完全不同的。这种认同构成了一种双向关系:在个体对国家认同的基础上,国家通过赋予个体以"单位人"身份向个体传递了肯定性的反馈,作为"单位人"的个体对国家的认同感加深,并希望进一步获得国家的认可。因此,在单位制初期,个体不仅具有作为单位人的荣誉感,也有着希望为国家、为单位做贡献的使命感。

曾参与 Y 厂建厂的离休干部 T 就是如此。1953 年,全国号召支援 Y 厂建设,他作为 J 省团干部被派到 Y 厂参与建厂,并担任二工区的团委书记。虽然当时条件艰苦,但从他的描述中仍可以感受到骄傲、激动的心情:

---

① 张翼:《国有企业的家族化》,社会科学文献出版社 2002 年版,第 184 页。

那阵儿可是支援经济建设！那阵儿愿意来。我是 1953 年春天来的。那时候呢，也是全国号召支援 Y 厂建设。从干部到工人，都是从全国抽，招各行各业的人来。咱们不算技术干部，也不算专业工人，属于群众工作干部，属于党群工作干部。（当时）我先到团省委，团省委组织部打电话，通知 C 市团市委。团市委派干部到那儿把我接走，然后用汽车把我送过来。一直就给我送过来，带着行李卷。

1953 年的 7 月 15 号正式开工典礼。那阵儿的开工典礼呢，会场就在一号门里头，就现在 Y 厂 1 号门里那一片啊，大会场，一万多人开大会！那阵儿那是平地呢，因为没有厂房，都是平地。开会那天，两驾起重机专门把两面五星红旗竖起来。一万多名建设者参加大会。开工典礼那一天呢，Y 厂的建设委员会主任首先致辞。我们都排成大队，一个工区一个队，一个工区一个队，一共 10 个工区。就像现在学校似的，一个班、一个班排成大队。每个工区在党委书记领导下，排大队，后边工人都来，我们也是。

哎呀，那阵儿可不得了啊！解放以后一穷二白，真是的，这么大工厂建设那是头一回，高兴透了。参加开工典礼的省市领导也多，（还有）国家领导。除了厂长讲话以外，东北局的第一副书记、东北局行政委员会的副主任、一机部部长、苏联的专家组组长这都讲了话。省委书记、市委书记都在会上致了辞。那天大主席台搭得可大了，可有意思了。①

这种愿意进入工业企业参加建设的心情，在进入单位组织后也转化为了更加努力工作的热情和责任感：

那时候的人很执着、很真诚，不像现在这样，什么事走个关系了，那时候很少。那时候是咋地就是咋地，没有（走关系）

---

① 2013 年 5 月 C 市 Y 厂离休干部 201305T 访谈。

那个想法，人都特别执着。干活吧，也没人监督你，大家都觉得要好好干，一定要好好干，这是真实的状态。别说我们了，就是那些家属工——后面有一段时间就是（职工）家属可以就业嘛，上Y厂上班——家属工更能干啊！可能吃苦了。那有些老太太都50多岁了，但是还是特别能干。（家属工）工资不高，连二级工都达不到，就那么给你干！①

（二）单位民主与职工话语权

单位人身份认同塑造的另一重要原因在于，国家出于确立新政权合法性和管理权威以及对工人地位、权益的保障的需求，在单位组织中建立了职工代表大会和工会制度等民主形式。单位职工的意见能够通过这些民主渠道表达②，也会对包括单位生产、领导任免、工资福利等单位事务产生实质性的影响，因此这些职工也就具有了参与单位管理的合法性，对单位事务享有话语权。

在中华人民共和国成立以前，中国共产党领导的人民政府就十分注重对国营、公营工厂中职工管理地位和职工权益的保障。1949年8月华北人民政府公布的《关于在国营、公营工厂企业中建立工厂管理委员会与工厂职工代表会议的实施条例草案》中，就对工厂管理委员会的人员构成、职权范围以及职工代表大会的组织和职权作了规定。工厂职工代表会议的职权就包括"听取与讨论管委会的报告，检查管委会对工厂的经营管理及领导作风，对委员会进行批评与建议"③。

---

① 2013年5月C市Y厂退休职工201305L访谈。
② 张静曾对企业中的职代会进行深入考察，蔡禾和李晚莲也以一个厂的职代会变迁考察了国企职代会的制度实践。参见张静《利益组织化单位：企业职代会案例研究》，中国社会科学出版社2001年版；蔡禾、李晚莲《国有企业职工代表大会制度实践研究——一个案例厂的六十年变迁》，《开放时代》2014年第5期。
③ 华北人民政府《关于在国营、公营工厂企业中建立工厂管理委员会与工厂职工代表会议的实施条例草案》（1949年8月10日公布），参见国营工业企业法调查组编《厂长负责制参考资料》，中国经济出版社1985年版，第10页。

根据1957年中共中央文件中对职工群众参加企业管理问题的规定，应当"扩大企业管理方面的民主，保证职工群众能够切实参加企业管理和对行政工作实行有力的监督……体现工人阶级国家主人翁的地位和作用，充分发挥社会主义企业的优越性"[1]。职工代表大会的权力也被适当地扩大，这些权力包括：

（1）听取和审查厂长的工作报告，审查和讨论企业的生产计划、财务计划、技术计划和劳动工资计划及实现这些计划的重要措施，定期检查计划执行情况，并且可以提出建议。

（2）讨论和审查企业奖励基金、福利费、医药费、劳动保护拨款、工会经费以及其他有关职工生活福利的经费开支；在不违背上级机关的指示、命令的条件下，可以做出决议，交企业行政或者其他有关方面执行。

（3）在必要的时候，向上级管理机关建议撤换某些企业行政领导人员。

（4）对上级管理机关的规定有不同意见的时候，可以向上级管理机关提出建议。但是如果上级管理机关经过研究仍旧坚持原有决定的时候，就必须贯彻执行。[2]

1978年"工业三十条"中也明确规定，"企业要定期举行职工代表大会或职工大会，听取企业领导的工作报告，讨论企业有关重大问题，对企业的工作提出批评、建议，对企业的领导干部进行监督。职工代表大会或职工大会，有权向上级建议处分、撤换某些严

---

[1] 中共中央《关于研究有关工人阶级的几个重要问题的通知》（1957年4月7日），参见中共中央文献研究室编《建国以来重要文献选编》（第十册），中央文献出版社2011年版，第149页。

[2] 同上书，第149—150页。

重失职、作风恶劣的领导人员"①。

曾经在 B 厂工作过的老工会主席 H 这样描述当时的情况：

> （我当工会主席的时候）正好是赶上厂子最好的时期，当时咱干的这个活儿呢，最像工会工作。像以后这个吧，都不像工会工作了，都在围绕行政这个指挥棒转呢。那时候呢，就提出这么个口号：你作为工会干部，你不能荒了自己的田，种了别人的地。行政开会，你必须参与，叫作"请不请你，你要破门而入"，破门而入，你看着没有？再一个啥呢，那时候不管你是调资啊，还是干啥，必须工会得参加。有一次给那个什么领导李明，这会上大伙儿提的（意见）——"不行""你这个不行"——都给他整哭了嘛。所以你必须（听职工意见）这么办，不办你就不通过啊。②

单位的工资标准、包括分房等福利分配的标准③和规定都需要职代会审议。单位人不仅可以享受单位体制内资源，甚至还在一定程度上具有如何分配这些资源的权力，其对于单位的依赖关系大大加强，对于单位身份的认同感也极大地提高了。

此外，单位制的重要特征之一即闭合性，这种闭合性在"典型单位制"下常以"生产与生活高度合一"的形式表现出来。在单位营造的生活空间内，单位人及其家属可以明显地体验到"单位办社会"的氛围。一方面，体制性的限制使得单位职工无法走出单位的辖区，缺乏社会流动；另一方面，闭合单位体制的对外排斥性，塑

---

① 中共中央《关于加快工业发展若干问题的决定（草案）》（1978 年 4 月 20 日），参见国家经济委员会经济法规局、北京政法学院经济法、民法教研室编《中华人民共和国工业企业法规选编》，法律出版社 1981 年版（内部发行），第 81 页。

② 2010 年 2 月 S 市 B 厂五七厂退休干部 201002H 访谈，访谈内容及整理来源于陶宇。

③ 职代会参与单位分房标准制定的案例，详见第三节中"单位分房制度"部分。

造了单位人的优越情节，人们也不愿意轻易离开单位空间。这种空间闭合性与单位福利分房制度、单位医疗体系、厂办子弟校等一系列安排共同作用，构建了单位共同体赖以存在的社会物理空间和关系空间。

第三节　单位体制边界：闭合性与排他性

单位组织不仅在准入环节设置了门槛，并且也塑造了相对独立的单位地理空间，并以此为基础对单位人的行动空间进行了框定，单位体制的闭合性基本形成。这种闭合不仅是对单位体制内的单位人的一种限定，也是对单位体制外的非单位人的排斥。非单位人甚少有机会涉足单位空间，很难参与单位生活，更无法享受单位的福利保障设施或安排。这种对外排斥性进一步强化了单位体制内的同质性和集体认同，强化了单位体制边界并促进了单位体制的闭合。

一　闭合的单位空间

虽然单位作为资源分配的工具性作用是国家宏观设定的结果，但单位体制的闭合性及由其闭合性所带来的诸多特征却并非国家建立单位时的预设。国家虽然设立了单位体制边界，并通过边界的分割塑造了"社会闭合"的状态，但并没有将单位与城市生活完全割裂。单位组织建立后，为了促进单位人的生产生活，单位人的住宅区与生产区相邻；为了方便单位人的日常生活，后勤机构和生活设施逐渐完善；为了丰富单位人的业余生活，单位文化建设逐渐完备。这一系列建设的逐渐推开，使得单位人身处于"职住合一"的空间环境，生产生活和家庭生活几近重合。与此同时，计划时期对消费的抑制以及精神生活的集体化及大地压缩了单位人的私人生活，有限的私人空间也被单位承接。由此，单位人的行为空间基本闭合，单位体制基本完成了闭合性的空间塑造。

(一)"职住合一"的地理空间

第一批国有大型工业企业基本都是国家集合资源与力量集中建立的,这一点也表现在空间上的集中性。这些企业"在建厂的过程中,主要选择了一些靠近城市,但其地点相对荒芜的空旷地区,在空间分布上具有占地面积大和高度集中等特点"①,并且具有广阔而又相对独立的空间。这一特点在 Y 厂和 T 厂两个案例厂都有明显的体现。

Y 厂选址时先后在全国多地进行了考察,在框定了区域范围后,又对区域内符合条件的城市的基本情况做了全面的调查分析,最后选择了 C 市的一片区域。这一地区的优点之一即"接近城市,地形开阔,大部分土地为公有"②。T 厂的生产对资源的需求较高,主要是以当地自然资源为依托而建立,距离 T 市 10 公里,位于群山环抱的盆地中③,其厂址占地广阔和相对独立的特点十分明显。

在厂房建设时期,"白手起家"可以说是对当时最好的概括。Y 厂通过从 C 市房产部门接收承租房,作为职工家属宿舍和单身宿舍,解决了一部分建厂职工的住宿问题。但大批参与建厂的职工面对一片空旷的平地,只能通过搭建工棚解决住宿问题,这些工棚也就构成了单位人"职住合一"的雏形。曾参与 1953 年 Y 厂建厂的 Y 厂离休干部 T 对这段经历印象十分深刻:

(建厂)那阵儿我们住在孟家屯那一片,那一片房子那时候都是展示工棚,工棚子。……那阵你看,所有的工人,已经集

---

① 田毅鹏:《"典型单位制"的起源和形成》,《吉林大学社会科学学报》2007 年第 4 期。

② Y 厂史志编纂室编:《Y 厂厂志第一卷(1950—1986)》(上),吉林科学技术出版社 1991 年版,第 99 页。

③ 《T 厂志》编纂委员会编:《T 厂志(1958—1985)》,T 厂 1989 年(内部发行),第 6 页。

中了一两万人了。一两万人呢，从市内车站到西安大路的白楼、黄楼，一直到红楼，一直到七联、四联，通通是住着 Y 厂的职工。①

同时，Y 厂也模仿苏联模式，在建厂房的同时对职工宿舍区进行规划。Y 厂的宿舍区委托苏联规划设计，宿舍区工程共 23 项，在 1953 年至 1956 年间陆续完成。Y 厂宿舍建成后，参与建厂的职工也从距厂较远的宿舍逐渐撤出，迁入厂内职工宿舍。随着 Y 厂第一批职工生活区住宅和文化福利设施的逐渐完善，Y 厂第二生活区也于 1983 年在厂区西北动工。第二生活区总占地面积为 225 公顷，到 1986 年底，共建成职工宿舍 1045 栋②。Y 厂职工宿舍建筑情况如表 4-3 所示。

表 4-3　　　　　　　　Y 厂职工宿舍建筑情况表③

时间	建筑面积（平方米）	居住面积（平方米）
1953—1955 年	270540	123651
1960—1965 年	14461	7961
1966—1975 年	144523	75652
1977—1986 年	689087	307236
合计	1118611	514500

除了解决住宿问题，解决职工的吃饭问题也是单位必须具备的功能。1953 年建厂初期，Y 厂在各建筑工地设简易食堂 32 处，同年

---

① 2013 年 5 月 C 市 Y 厂离休干部 201305T 访谈。
② Y 厂史志编纂室编：《Y 厂厂志第一卷（1950—1986）》（上），吉林科学技术出版社 1992 年版，第 114—115 页。
③ 数据来源于 Y 厂史志编纂室编《Y 厂厂志第一卷（1950—1986）》（下），吉林科学技术出版社 1992 年版，第 323 页。

年底正式建立职工食堂3个。1957年,全厂职工食堂数量增至18个。到1986年,Y厂共有职工食堂40个,总建筑面积4万平方米,其中4个食堂由Y厂福利处管理,其余由各分厂分级管理。①

除了宿舍和食堂外,理发室和浴池作为单位职工生活所需的功能性设施也在单位建设过程中被不断纳入进单位体制。1955年以前,Y厂在市内委托理发、浴池点供职工理发洗澡,1955年开始便在Y厂的职工生活区内兴建理发浴池楼。在1986年末,Y厂共有浴池25处,理发室8处,浴池面积1045平方米,理发室(包括烫发室)面积850平方米。②

在单位就业制度下,许多单位人家庭都是"双职工",即夫妻双方都在单位中工作,他们对子女的照护也就成了问题,幼儿保教和子弟学校等设施因此建立。Y厂在建厂初期就设立了哺育室和临时幼儿园,到50年代末,全厂共有托幼园所8个,面积7608平方米;60年代末,全厂幼儿园所10个,面积10520平方米;70年代末,全厂幼儿园21个,面积18631平方米;截至1986年年末,全厂托幼园所共29个,总面积34983平方米。③ Y厂子弟小学成立于1954年,最早是接收C市市区内一所小学为校舍,1955年将学校迁入厂区。1959至1986年间,Y厂共在厂区内建设了7所子弟小学,总占地5.87万平方米,校舍建筑面积2.67万平方米。Y厂的第一所子弟中学于1957年直接在厂区内建立,到1986年底,Y厂共有6所子弟中学,占地6.61万平方面,校舍建筑面积3.56万平方米。④

T厂的情况与Y厂相似,其生活福利设施主要分布在厂内冶金生活区,包括职工食堂、职工浴池、冷冻库、菜窖、液化站、液化

---

① 数据来源于Y厂史志编纂室编《Y厂厂志第一卷(1950—1986)》(下),吉林科学技术出版社1992年版,第317—318页。
② 同上书,第319页。
③ 同上书,第314页。
④ 参见Y厂集团公司史志编纂室、子弟教育处编《Y厂史资料:子弟教育简史(1954—1999)》,Y厂2000年(内部资料)。

气充装站、厂容管理科、房产工程队，总占地面积为 17818 平方米，其中建筑面积为 9184 平方米。① 截至 1985 年，T 厂冶金区企业占地总面积 290 余万平方米，房屋建筑总面积 52.8 万平方米，具体建筑及面积分布如表 4-4 所示。

表 4-4　　　　　　1985 年底 T 厂冶金区房屋建筑面积表②

项目	面积（平方米）	项目	面积（平方米）
厂房	190691	办公室	36222
仓库	31095	附属学校	24805
住宅	214623	单身宿舍	3905
家属宿舍	210718	福利设施	30387
其他	563		

此外，农副业产品与生活物资的供应、公园等公共空间建设、绿化与公路铺建以及招待所等，全部都由单位负责、在厂区内完成。仅 Y 厂的第二生活区，就包括各种服务设施："百货商店、邮局、银行、新华书店、饭店、药店、照相、文体设施集中设置在居住区中部……菜场、粮油店、托儿所、幼儿园、小学校等设施分散布置在街区的内部。"③

随着围绕单位人居住和生活的区域设施不断建设和单位后勤保障功能的完善，单位人在单位空间内就可以实现几乎全部的生活所需，"职住合一"的单位模式也基本定型。在单位人的话语体系中，

---

① 《T 厂志》编纂委员会编：《T 厂志（1958—1985）》，T 厂 1989 年（内部发行），第 297 页。

② 数据来源于《T 厂志》编纂委员会编《T 厂志（1958—1985）》，T 厂 1989 年（内部发行），第 21 页。

③ Y 厂史志编纂室编：《Y 厂厂志第一卷（1950—1986）》（上），吉林科学技术出版社 1992 年版，第 115 页。

如"300区"①"47栋浴池楼"②"家10栋"③等单位内统一规划、编码的称呼，取代了惯用的街道名称，成了他们描述空间方位的主要方式，这对单位外的人来说则是很不敏感的。并且，在这些单位人的观念中，单位与单位所在的城市间有着一种明确的分别——所有80年代以前进入单位组织的受访者都会用"Y厂""T厂"指代自己，用"市里"这里说法指代C市和T市——虽然Y厂和T厂在发展过程中已逐渐被纳入了城市规划的一部分，但这种说法依然延续了下来。

（二）业余生活的集体化

单位空间的闭合性不仅体现为封闭地理空间以及由封闭地理空间所带来的单位人行动空间的闭合，也表现为单位向单位人私人空间的介入和渗透。如前文所述，单位对家庭关系进行了吸纳，在单位职工家属不断进入单位体系以及单位"职住合一"环境的塑造下，单位人的单位生活和家庭生活之间存在着互相影响和高度重合的关系。在计划经济时期"重生产、轻消费"的观念导向下，个体的消费生活和娱乐生活也十分欠缺，离开了工作生产和家庭生活，私人时间和空间已经被极大地压缩了。这时，单位通过图书馆、文化宫、俱乐部的建设和职工教育培训机构的举办，对单位职工的业余生活加以填充，以集体化、组织化的方式将单位人的私人生活承包了下来。这不仅促进了单位文化功能的完善，也增强了单位的闭合性，并促进了单位共同体的强化。

Y厂的俱乐部建于1955年，最早是作为剧场使用，1980年改成了舞厅和旱冰场；露天看台灯光球场、足球场均建于60年代，1971年新建了运动场，1985年增设了游泳池；文化宫于1979年投入使

---

① Y厂职工惯于把第一生活区建设时300工地八个街区称为"300宿舍区"，简称为"300区"。
② "47栋浴池楼"即位于Y厂生活区第47栋的理发浴池楼。
③ "家10栋"即"家属宿舍第10栋"的简称。

用，可以接纳各种大型文艺团体演出；文娱活动楼于 1981 年动工，里面设有影视厅、展览厅、电子游戏室、健身室、乒乓球室、棋牌室、阅览室、台球室、歌舞厅、接待室、会议室等，每天可接待参加活动的职工 2000 余人次；图书馆设有 300 平方米的阅览室，日均来馆借阅与阅览的职工有 600 余人次。①

"看电影"几乎是所有曾在单位生活过的"60 后""70 后"的集体记忆。Y 厂经常会把电影票免费发放给厂内职工：

> 我记得小的时候（看电影的次数）很多啊，经常我爸爸就拿个电影票（回家）啊，我觉得十天八天就能看场电影。总厂有电影院，那个时候就好的企业都有电影院。（看电影）不要钱。②

同在 C 市规模较小的 E 厂，看电影则需要"抢票"：

> 我们小时候总去看电影！那时候（电影票）就 1 毛钱一张票，我家买两张票，我爸我妈分别抱着我弟和我妹妹，我就坐在两个凳子中间的缝那儿。那时候电影票都可难买了，买票时候都在那儿抢。卖票那儿也有个栏杆，大家都爬到栏杆上去抢。那你都想象不到我们看的都是啥，还看过沪剧《红楼梦》。③

E 厂的情况和 T 厂非常相似：

> 那时候电影票 1 毛钱一张，根本都买不着。我妈那时候特别节省，也舍不得给我钱让我去看电影。当时我想去看《大闹

---

① 参见 Y 厂史志编纂室编《Y 厂厂志第一卷（1950—1986）》（下），吉林科学技术出版社 1992 年版，第 305—306、308 页。
② 2016 年 8 月 C 市 Y 厂厂办大集体下岗职工 201608W 访谈。
③ 2019 年 11 月 C 市 E 厂国营职工子女 201911G 访谈。

天宫》，我妈就说没意思啥的，主要是家里也没钱啊，就不让我看。正好我那时候是正在发烧，要不就是发烧刚好，我妈这才给了我一毛钱，说"那你去看去吧"。我家就住在家（属区第）10栋，离电影院特别近，结果去到了那儿也没有票了。那时候卖票的地方旁边也总有人出电影票，我就在那儿喊："谁卖票？谁卖票？"结果有一下还喊错了，喊成了"谁买票"，结果一帮人就围上来了。后来电影票还好买一些，学校也组织包场看电影。每学期每人交2毛钱电影费，（包场）看电影就是5分钱一张票。等到80年代的时候电影票就好买了。①

为了满足单位职工学习技能、提高文化水平的需求，单位也兴办业余大学②等，对职工进行培训，吸引了大量职工参加业余学习。据一位当时在Y厂业余大学担任文化课教师的退休职工讲：

> 那时候上业（余）大（学）的都是在职的（职工）比较多，在工作岗位上工作的，报名去参加业（余）大（学）。有的下班都不吃饭就去上夜大，有的把孩子托付给父母也要去上课，那个景象特别感人。有很多都是（工人）自己主动报名，学校工人多，特别多！……大部分（职工）学习是出于工作需

---

① 2019年11月T市T厂国营职工子女201911L访谈。

② 对于职工教育学校的叫法，不同厂、不同时期都有不同称呼。Y厂最初的"职工大学"，其性质为业余大学，后来在名称上也变更为"业余大学"，其中又根据职工工作时间、业余时间的不同，分为"日大"和"夜大"。1980年，Y厂业余大学与Y厂另一工人大学合并，称"职工大学"，学校包括日大、夜大、电大、函大和工程师进修五个部分。T厂的职工教育学校成立于1975年，最开始称"工人大学"，不久更名为"职工大学"，招生对象为"公司内部具有2年以上实践经验的符合其他要求条件的干部和工人"，并且毕业后承认其大专学历、重新分配工作岗位。并且，T厂的函授和电视教育由电大辅导站负责，不在职工大学的序列中。在这一点上，T厂与Y厂的职工教育存在差异。参见Y厂史志编纂室编《Y厂厂志第一卷（1950—1986）》（下），吉林科学技术出版社1992年版；参见《T厂志》编纂委员会编《T厂志（1958—1985）》，T厂1989年（内部发行）。

要，（面对工作）有紧迫感。①

除了兴建体育场、俱乐部、职工学校等实体性业余活动场所外，单位也会经常组织如周末舞会、联欢会、各项体育竞赛等文体活动，依托业余文工团、体育运动委员会等组织团体，丰富单位人的业余生活。

（三）"小三线"：一种闭合单位的典型

本书描述的单位形态，主要是以大型工业企业"典型单位制"为基础的，其许多特征都是计划时期城市单位所普遍具有的，可以视为单位总体性特征的集中体现。但仍然存在一种类型的单位，即"小三线"②。因受到国家工业布局的政策因素和客观环境条件的限制，极强的封闭性是其有别于其他单位的显著特点。虽然"三线厂"并不是本书研究的重点，但为了更好说明单位闭合性的特点，因此在这里以一个案例厂S厂为例，对这种闭合单位的典型模式略作描述。

（J市）S厂始建于1965年，其性质为军工企业，主要生产步枪7.62型号子弹，属于东北地区"小三线"建设的一部分。S厂的地理封闭性非常强，根据参与S厂建厂的老职工N回忆：

---

① 2019年10月C市Y厂职工大学退休教师201910W访谈。

② "三线厂"即三线工厂，是20世纪60年代中期开始国家在"三线"地区建立起的工业企业，是国家进行工业布局的重要举措。这些工业企业以工业交通和国防科技工业为基础，包括军工厂、钢铁厂、机械厂等。"三线"是指当时由经济相对发达且处于国防前线的沿海沿边地区向内地收缩而划分的三道线，"三线地区"指长城以南、广东韶关以北、甘肃乌鞘岭以东、京广铁路以西的地区，主要包括四川、贵州、云南、陕西、甘肃、宁夏、青海、山西、河南、湖南、湖北、广东、广西13个省（区）。这其中又分为"大三线"和"小三线"，"大三线"指川、贵、云和陕、甘、宁、青地区，"小三线"主要是一、二线地区省内山县靠后的地方（后方腹地）。参见宋建钢主编《修史资政育人研究（2015年卷）》，宁夏人民出版社2017年版；参见徐有威、陈东林主编《小三线建设研究论丛》（第一辑），上海大学出版社2015年版。

那时候根据毛主席提倡的呗，靠山隐蔽搞"三线"嘛。"大三线"一般在城里，"小三线"在山区，我们那时候就属于"小三线"。（建厂）最开始就是修公路，那时候在B地大山里面，什么都没有，连路都没有，都是现修公路、现盖厂房。我们当时就是第一批去建设的，一去就开始修公路。

我们这些人当时都是被"骗"去的。（S厂招人）号召的时候跟我们也讲过一些条件，比如说，去了以后就是部队待遇，粮食也是百分之百的细粮。我们在（去S厂）路上就觉得不对劲，（他们）在T市讲课的时候，我们就问他们到底去哪儿，他们也不说。又从T市坐火车到L市倒了一次车，最后到了J市B地的火车站。到了B地火车站，下车以后都已经快晚上10点了，也没有个车来接我们，带我们的人就让我们休息休息，第二天再赶路。就找到火车站附近有个学校，让我们暂时住在学校里。那阵是4月份快5月份的时候，正是冷的时候，他们找来的取暖的火炉，也点着烧热了。刚把炉子烧热了，又接到通知说又来车接我们了，我们铺盖卷都铺好了准备休息了，又有车了。我们又把铺盖卷卷好，然后去坐车。

厂子离B地火车站还挺远的，还得100多里地呢！我们上了车以后就往厂里开呀，天又黑，我们看着周围全是山，一个接一个的大山，我们就这样稀里糊涂地往山里走呀，瞅着（心里）都害怕呀。[1]

这从S厂一位职工家属的Z去找她丈夫的经历也可见一斑：

当时S厂（建厂）搁T市厂子调人，然后就给我们那老头子（丈夫）就调到军工厂去了，就把我和孩子娘俩扔到T市了。我那户口没迁到T市，我那户口关系没过去，我没有粮

---

[1] 2015年12月J市S厂退休职工201512N访谈。

啊。我们娘儿俩一个月就8斤粮,我们娘儿俩能够活吗?这日子我就不说了。完了军工厂(S厂)不让他们(职工)往家邮信,就(派人)上T市去看看你们家(家属)有没有啥事,了解完了都不告诉你(S厂)做啥事的,怎么能坐车到那儿。后来我儿子有病了,肺炎,治病不得打针嘛,没有钱,(再说)俺俩8斤粮也不够吃。

后来S厂又派人上T市去,访问家属去了,然后我就问他,"像你们也不让来信,也不知道咋回事"。(S厂的人说)"我们不能说"。完了我就多个心眼,我说:"坐火车到你们那儿大概得多少钱啊?"他说:"六块钱。"完了我说:"那六块钱,能直达吗?"他说:"不能,到J市还得倒车呢。"我说:"你下了火车就到厂子了?"他说:"不对,还得坐汽车呢。"(我问)"坐汽车多少钱啊?"他说:"一块二。"我就记住一个六块(钱)火车,一个一块二(汽车),我拿之前卖煤剩的25块钱,给我儿子买点药吃,我就背着我儿子,拎着个包(就去找丈夫去了)。我们邻居一看我走了,我们就说回娘家,不敢说去找他去,你找不着呢?不敢说啊。

(到车站)我问卖票那个人:"去哪个站六块钱的?"人家说到J市J县六块。我又问旁边有个小服务员,我说:"服务员,我也没有文化,麻烦你给我查一下子,咱们T市到什么地方是六块钱?"后来她一查,她说到B地。我就给他(服务员)六块钱,到J市倒的车,到B地了。下了车我又打听,我说:"军工厂在哪儿啊?一块二的汽车到哪个厂啊?"他说:"你上哪儿啊?"我说:"我是军工厂家属,说是到他们那厂子得一块二毛钱到B地。"他说:"你上前面去吧,那车就是上军工厂的",我就跟着他去了。也不知道厂子叫啥名,都不告诉名,就知道这一块二毛钱到那厂子门口,就这么的到那儿了。到了桥口那了,人家司机就说了,"这就是一块二的车票(到的地方),你该下车了"。下来了,我一看,他那儿有一个桥,过去了就是厂子了,那厂房都能看出来了,锅炉房啊,什么大烟筒啊，我就看出来了。厂子最后抓住我了，说我"真有胆"，一般的人来，没有地址，能敢这么远来？①

并且，S厂的条件十分艰苦，因为其地理位置的封闭性，在建厂初期对于生活物资的需求大部分都需要自行解决，S厂职工家属们也只能通过组建"创业队"的方式，开荒进行农业生产，"干农场"：

> 我们山区的这些人也挺苦，怎么说呢？那阵儿吃菜靠厂子工人家属自力更生，自己创业种白菜、种黄豆做豆腐，供自己吃，哪个方面都自力更生、自供自足。②

"创业队"几乎承包了S厂全部的后勤服务，据一位曾经的家属工讲述：

> 我们那时候（S厂）就成立了家属大队，跟农村的大队没什么区别，所有的五谷杂粮、能吃的菜我们全种，就供应厂子职工，我们（家属工）都捞不着吃、捞不着拿的。我在生产队那时候是（挣）积分，到了秋天家属队就像农村大队似的，给大家一起来核算，看你一年积多少分，然后给我们点儿钱。我们创业队的家产老多了，应有尽有，什么厂冰糕厂、汽水厂、加工厂、钢铁厂——就是做盆、做桶——服装店，那汽车呀、牛马车呀，啥都有。我们是从1990年下山（从S厂回城），在山上（S厂）我光烧锅炉就烧了8年，都是挣积分呀！太苦了。③

---

① 2016年1月J市S厂原创业队家属工201601Z-2访谈。
② 2016年1月J市S厂退休工人201601L-2访谈。
③ 2016年1月J市S厂原创业队家属工201601Z访谈。

S厂艰苦的客观条件与城市中的单位形成了鲜明的反差，S厂的许多职工都是像老职工N这样被"骗"来的，家属工加入创业队也基本都是由于生活所迫的无奈之举。因此，相比于城市"典型单位制"所具有的闭合性，S厂的情况更接近于一种封闭性，这种封闭性是由于封闭地理空间和职工与单位间强制性依附关系所共同塑造的，具有明显的外在性的特点。

当时到了厂子以后看到山里面的这种状况吧，非常后悔，环境条件各方面都不行，但是没办法。那时候你的粮产关系、户口都带去了，你想走？跑都跑不了。既然来了就在这儿干，你不想干也得干，就得好好干。①

S厂的"单位人"并不是"不想离开"，而是"不能离开"：

1965年S厂招工，我老头被招到三线厂，1965年进的山区。我是作为家属1966年进的S厂。哎呀，当时去了一看山区那环境，就感觉挺憋屈的。S厂就是一小山沟，四面不通气，老大的山围着单位，一去一看心里也是难受。四周都是大山，特别闷得慌。（但是）没办法，你就是再困难，也不能走了。那个时候在山区是真困难，吃的吃的没有，天很冷，一出门（都是）大山，围着我们这个小屯，看着跟不透气似的。不透气也没办法，走不了，回去也没有单位了，回不去。没有介绍单位，可难办了。②

封闭性无疑是强化组织内部力量的重要条件，事实上S厂也确实由于其封闭的环境而塑造了内部结合十分紧密的、同质性极强的单位共同体，但与城市单位不同的是，这种单位共同体形态更具强制性。

---

① 2015年12月J市S厂退休职工201512N访谈。
② 2016年1月J市S厂原创业队家属工201601F访谈。

二 伴随单位人身份的单位福利

在单位所塑造的空间内,单位福利保障的设施及政策的相对完善使得单位人几乎没有离开单位环境的动力。在这一时期,为单位职工提供免费住房的分房制度、为单位职工及其家属提供医疗服务的职工医院、为单位职工子女提供教育机会的厂办子弟校以及单位办的公安局都是伴随单位职工的福利的主要组成部分,理发室、洗浴、班车、招待所等后勤服务功能更是十分齐全。然而,这些单位所提供的福利和服务虽然是单位人以家庭为单位享受的,但其实质是从单位正式职工向其家庭成员辐射的。例如,单位职工本人及其父母、配偶、子女可以享受单位提供的医疗服务,但他配偶的父母却没有这项权利,即便这名单位职工的配偶是一名"家属工"。

(一)单位分房制度

城市中众多单位组织的建立,虽然将面临原子化风险的个体组织进了单位中,但如果不解决其住房问题,不仅单位制的存续面临着风险,城市社会的稳定也会受到威胁。然而当时中国的城市社会饱受战乱的摧残,房屋损毁严重,住房资源严重紧缺;以往的城市住房以私有制为主,虽然人民政府接收了大量官僚资本家、汉奸、战犯、反革命分子在城市的住房,但如何对这些有限的住房资源进行合理的再分配、尽快建立与社会主义制度相匹配的住房体系,是当时所亟待解决的重要问题。

"社会主义的住房制度,即福利分房制度的实质是由职工所在单位统一建房或买房,再无偿地分配给职工使用,职工以极低的房租租住分配的公有房屋。"[①] 实际上,对于公共房产的分配政策在中华

[①] 田毅鹏、陈卓:《单位人"住房策略"及其对单位共同体的影响——以Y厂为例》,《学习与探索》2014年第6期。

人民共和国成立前夕就已经存在①,但关于单位组织中福利分房应当如何实行,始终没有专门的制度规定。直到 1957 年 1 月国务院《关于职工生活方面若干问题的指示》的出台,才真正奠定了单位福利分房的基础。根据这一文件的规定,中央到地方各级政府根据国家计划的投资是单位住房建设资金的主要来源,同时企业中提取的奖励基金也是住房建设的资金来源之一。②

以 T 厂为例,1958 年建厂初期 T 厂筹备处成立后,首先购买了日伪时期留下的旧楼和平房约 4000 平方米。随后开始兴建职工住宅,计划面积为 29427 平方米,主要施工项目包括家属宿舍和独身宿舍,均为砖木结构三层楼房。③ 因为住房资源的稀缺,最初一批或几批住房的分配多是根据级别或技术水平,另外从外地调转的或年龄较大的职工也有更大的机会获得住房资源。由于需要住房的单位人越来越多而单位的房屋建设难以匹配,因此"打分"也成为普遍认可的分房办法,并且逐渐形成了较为科学规范的打分体系。K厂④曾经主管过分房的人事部老干部 X 就讲述了他曾经起草分房政策的经历:

> (当时分房主要看)工龄,年龄。就是在 K 市、本企业的工龄。(除了)工龄,(还有)职务。比如说,正科(级),16 分、副科(级)14 分、一般人员 13 分,都算成分。工龄,一个工龄年一分;年龄,一个年龄年一分,然后加在一起。另外,

---

① 公房分配主要依据《中共中央关于城市中公共房产问题的决定》(1948 年 12 月 20 日)。
② 国务院《关于职工生活方面若干问题的指示》(1957 年 1 月 11 日),参见国务院法制办公室编《中华人民共和国法规汇编(1956—1957)》(第 3 卷),中国法制出版社 2005 年版,第 494—495 页。
③ 《T 厂志》编纂委员会编:《T 厂志(1958—1985)》,T 厂 1989 年(内部发行),第 298 页。
④ K 厂为 K 市限制介入性大型国有企业,规模与 Y 厂相似。在分房的案例中 X 的讲述具有典型性和特殊性,所以在这里进行举例,对 K 厂的背景不予涉及。

获得国家级荣誉证书的，给你加 14 分；获得 K 市级（荣誉证书）的，我给你加 12 分。就是一种鼓励，对不对？但是我说你获得国家级（证书）就是国家级，我说你获得管理局级就是管理局级，我说你没有奖你就是没有奖，这个资料都在我这儿。

怎么算分（得）通过职代会（确定），东西（政策）我得起草。我们以前盖房子、分房子，我们要考虑很多。（比如）今年我们盖房子，厂长、书记（跟我）说："我这有两个工程师，他们的工龄都是多少；我这还有两个技术拔尖人才；这有两个老弱病残；还有两个正科级；还有几人。这些人，你得保证（分到）一楼、二楼，你去起草这个文件去。"我就按照他的条件去起草，（规定）在什么地方（可以）加分，我就得按照他（指必须要分到一楼、二楼的这些人）的条件起草。起草之后到职代会上，我把这个发给大家，看看什么地方需要改正。（有人说）"这玩意儿不合理"，哪点为什么不合理，他们（职工）就说说他的理由来。

（我说）"虽然说你（的理由有道理），但是我现在重（视）的是技术人才，那我这个是技术拔尖人才，我是不是要加 8 分？我能和你一般的工人比吗？我能和打扫马路的、浇树的比吗？"有的说那个腿瘸了（应该加分），（我说）"我（已经）给他加分了，我这给他加了 2 分了啊。我不能给他加上 8 分，他的贡献只能加 2 分。他这是一个个体情况，如果你们有人愿意发扬风格，你把你的房给他也可以啊，为什么你不能给呢？你们谁行？你提这个意见，那你跟他调行不行？你还是共产党员呢，行不行？"①

可以看出，分房打分的政策从衡量指标和制定的流程上是大体公平、相对规范的，虽然也存在许多允许策略运作和变通的空间，但这些灵活的处理方法多是基于单位立场上考量，为了私人利益的

---

① 2016 年 7 月 K 市 K 厂退休返聘干部 201607X 访谈。

"特事特办"还是在少数。

Y 厂曾经的经管科科长 L 1954 年就进入 Y 厂参加工作,直到 1965 年才第一次分到房子:

> 分房子就打分,根据你的条件给你打分,排出(顺序)来。可难了!不管你家(属)在不在 Y 厂,就按照你个人的(条件),给你打分。(比如)干的什么工作(得几分),还有其他这个那个的。这分都公布出去。有人找(关系),但是(找不找关系)都差不多少,(分房指标)都是从劳资科档案里给你弄。你可不知道那个时候这个雨点太稀了,得等好几年!我 1965 年(才)结婚就是(因为才)等着一个房子,那就是一个小房,一个门 3 家,14(平方)米的,公用的厨房。它是一个楼门 3 个房间,3 家(住),然后共用一个厨房、一个厕所。那(邻居间)互相影响,像我们处的关系好还行,互相照顾照顾;因为煤气啊、水啊,打架的多得是。我在这个房子住了 14 年,后来孩子都挺大了,都没有地方了。你说就这 14(平方)米,吃的用的全在这一屋,老少 3 代:还有我老父亲,还有我两个孩子,挺难的吧。后来到了 1976 年、1977 年吧,又分了一个一间半,一个独门的房子。房子虽然小,但是自己(单独)一家了。这可是个大工程啊。①

L 分房的经历以及住房的条件也反映了当时普遍的住房状况。

(二)覆盖至单位人家属的医疗体系

中华人民共和国成立后,公费医疗成为社会主义制度的重要一项,企业中的公费医疗则主要是通过卫生所或职工医院实现的。在如 Y 厂、T 厂等大型单位中,卫生处或职工医院是配套建立的,并且在下属的各级分厂中也会设立下级卫生所或医疗站,方便为

---

① 2013 年 5 月 C 市 Y 厂退休职工 201305L 访谈。

职工提供医疗服务。① 在一些规模较小的单位中，虽然不具备成立独立职工医院的条件，但也设有卫生所，例如 C 市集体所有制的 S 厂就是如此：

> 我们单位当时还有卫生所呢。仨人，一个大夫、一个护士、一个拿药的。有大病的就介绍（转）出去。我们还有六厂联合卫生所，挺有意思，和保温瓶（厂）、铝制品（厂），六个厂联合的。那块儿（能看的病）就多了，带透视带啥的。（我们厂卫生所看不了的病）给你开个单子你就上那去看去。那块儿看不了你再上省医院去看去。完了家属（看病）也报销，家属看病报（销）50%。②

而在组织规模更大的 Y 厂和 T 厂中，职工医院无论从规模还是正规程度、设施配备、医疗水平都与省、市级医院无二。1960 年时 T 厂职工医院就有医务人员 70 人以上，并设有专门的门诊部，设置内科、外科、儿科、妇科诊室及药房、中医、化验室、X 线科等科室。③ 因单位职工医院的资金来源于主办企业，因此如 Y 厂、T 厂这样的大型国有企业，职工医院的医疗水平超过当地的市级医院也是正常的现象。

"看病不花钱"是单位医疗福利的集中表现：

---

① Y 厂在 1953 年建厂时就建立了隶属于厂行政处领导的卫生科，同年建立了 Y 厂职工医院；1955 年成立了卫生处，同年建立了门诊部，其中卫生处和职工医院是平行关系，后合并。T 厂在 1958 年大规模基本建设期间设立了 T 厂卫生所，1959 年扩大为门诊部，1960 年扩大为职工医院。参见 Y 厂史志编纂室编《Y 厂厂志第一卷（1950—1986）》（下），吉林科学技术出版社 1992 年版；参见《T 厂志》编纂委员会编《T 厂志（1958—1985）》，T 厂 1989 年（内部发行）。
② 2017 年 9 月 C 市 S 厂退休技术工人 201709G 访谈。
③ 《T 厂志》编纂委员会编：《T 厂志（1958—1985）》，T 厂 1989 年（内部发行），第 285 页。

> 那时候住院什么的，都不花钱。过去厂部大楼里边儿有那个职工医院，我上班的时候，1959年，"大跃进"高潮呢，那时候跟苏联（关系）好像有点紧张，号召"深挖洞，广积粮"。那时候我下班我就买一口饭，跟他们一起挖菜窖，挖的时候有点儿下雨，我就不小心掉到菜窖里头了，掉到坑里了。挖的菜窖都老深老深了。当时骨裂，没算骨折，然后就给我送到职工医院去了。那职工医院的（大夫）服务态度都老好了，又照相又干啥的，一看（是）骨裂，就（让我）住院。住院就打石膏，不能动，住院那（期间）一级护理一会儿来看、两会儿来看，可好了，也不要钱。①

不仅是工伤看病不需要花钱，单位职工其他原因就诊也不需要本人花钱，而据受访者所说，一直延续到90年代都是如此：

> 那时候不兴这个（医疗保险），那个保险好像T厂在1996年以后才有，因为我1996年生我姑娘的时候还一分钱没花。（当时）那叫职工医院，（看病）免费。只要我是T厂职工就免费。后来经过改革以后，T厂医院也归到了地方了，然后我们都得拿医保卡去了，你有卡花卡（里）钱，没卡完了按百分比给你报销。在这之前没有，去T厂医院花1毛钱挂号，然后随便开药、住院，只要是T厂职工，就免费。②

不仅单位职工本人可以享受免费看病的待遇，以单位职工为中心，其父母、配偶和子女均可以享受职工医院的医疗福利。一位曾在Y厂工作的家属工就因为这种医疗福利而无比怀念当时的医疗体制：

---

① 2013年4月C市Y厂退休职工201304W访谈。
② 2017年9月T市T厂内退职工201709M访谈。

那时候我跟你说，好比一个职工在 Y 厂的，他一家老少三辈、五口人（单位职工的父母、配偶和子女）都享受医保。医保都在他一个人身上，一个人就代表我们全家。（家里）谁有病，家属半费，他一个人免费。好比我老头（的）爹妈住院了，到（医院）那儿不用拿现金，就说你儿子是哪个单位的，你一分钱不用交！领到病房就给你住院，给你打针、给你吃药。（看病的费用）给你累计，那时候钱也不多，都挣得少。等你出院你也不用管，就说"大夫我要出院"，那给你办出院手续你就走。你要说你没有钱，你住院（花）多少钱就给你转到（医保）。所以说我们现在一想都老感动了。现在你看这人有病，看病多费劲啊！没有钱能给你看病吗？那时候我们家老爷子有病，那都不行了。直接到（职工）医院，没有钱，医院给留下、住院。病好了出院，说花了多少多少钱。（医院）说"你是拿现金还是咋办？没有钱？那从工资里走吧"。就一个月从工资里扣你五块钱、十块钱的，你说扣多些就扣多些，你能负担得起就给你扣。[1]

（三）幼儿看护与子弟教育

伴随着单位人身份的福利，除了住房和医疗这两个重要的方面外，免费的托儿所、厂办子弟校、甚至包分配的职工技校，也是单位人福利体系中的重要组成部分。并且，不仅分房福利是非单位人不能享受的，职工医院、厂办子弟校基本也只对单位成员开放，除了少数特殊情况外，单位体制外的人鲜有途径能够享受这些单位资源。

单位提供婴幼儿保教服务[2]，无疑极大减轻了女性职工的家庭负

---

[1] 2013 年 4 月 C 市 Y 厂退休家属工 201304T 访谈。
[2] Y 厂幼儿保教概况详见第三节第一部分。

担。这些托幼园与单位职工的生产工作区距离很近，也可以满足她们照顾孩子的需求，同时也能够让她们安心工作：

> Y厂从建厂就开始有托儿所，1956年开工生产就有托儿所。那时候（托儿所）就在生产车间里头，小会议室啦、小红角啦，那整一个屋。一个屋也没多大，也就30（平方）米左右，那就不错了，能放十张二十张床。它就是看着本厂职工的孩子，工具厂也好，铸造（厂）了，车身发动机（厂）了，都有（托儿所）。那（时候）叫哺乳室，我生下孩子就往那送，一天喂两回奶。那时候幼儿园不那么正规，哪像现在这么好啊，又教这个又教那个的。阿姨给孩子就教些乱七八糟的，在我的记忆中可有意思了，孩子会走会唱的时候，她就在那儿叨叨，唱歌谣，她唱的啥？"王大娘，噘大缸，走了二里半地呀，裤裆还在炕沿上。"我就想那阿姨教的啥歌呀！不管啥歌，人家哄孩子不哭就行呗。有人看着孩子，我们上班不就安心了，要是孩子不好，那妈妈的心情不可能好，对生产不就有影响嘛。那时候阿姨都招的家属工。三四个阿姨，十六七个孩子。那时候交托儿费也很便宜，就两三块钱。①

随着Y厂幼儿保教服务的不断完善，Y厂的幼儿保教成体系化地分成了婴幼儿教育、幼教管理和卫生保健三个部分进行制度管理。1978年开始，根据"全国幼儿教育大纲"的要求，幼儿教育开始分语言、计算、常识、音乐、美术、体育六科教学，对保教人员也规定相应的职责和考核方案②，阿姨"乱教歌谣"的情况也很少发生了。

在子弟教育方面，除了前文中提到的子弟小学和子弟中学③外，

---

① 2013年4月C市Y厂退休职工201304W访谈。
② Y厂史志编纂室编：《Y厂厂志第一卷（1950—1986）》（下），吉林科学技术出版社1992年版，第315—316页。
③ Y厂子弟小学和子弟中学概况详见第三节第一部分。

还包括技工学校，旨在为厂里培养、输送技术工人。T厂技工学校设立于1958年，属于中等技术学校，其自开办以来的所有毕业生，全部由T厂劳资处分配到冶金区各厂。① Y厂技工学校②建立于1960年，主要教授与汽车生产相关的专业技术。截至1986年末，共招收2729名学生，毕业1552人③，这些毕业生在毕业后都被分配进Y厂的各个专业厂。

从毕业分配这一点可以看出，技工学校的兴办塑造了单位人身份获取的又一制度化途径。技校不仅保障了单位人子女的教育机会，也为他们获得单位职工身份提供了机会。但由于技工学校受政策原因和生产状况影响偶尔会经历中断或停办，其每年招收上来的学生中又有一部分不能顺利毕业，因此通过这一渠道进入单位组织的人员规模并不大。

根据曾在Y厂中学、业余大学工作过的受访者概括：

> Y厂的子弟，全都有书念，有工作。考上中学了，就去上中学、上大学，考不上中学还可以上技校，毕业了可以分配到Y厂。所以我说Y厂的子弟，全都有书念，有工作！开始子弟校分配都是"一锅端"，全包分配。后来毕业的大学生越来越多，学校也有权力开除表现不好的学生。④

可以看出，技工学校和举办更多的是出于教育以及为企业培养

---

① T厂技工学校的招生及毕业情况，参见《T厂志》编纂委员会编《T厂志（1958—1985）》，T厂1989年（内部发行），第271—272页。

② Y厂技工学校与Y厂职业技术学校并不相同。Y厂职业技术学校成立于1982年，隶属于Y厂子弟教育处管理，其前身是Y厂职业中学。并且，Y厂的职业技术学校遵循"择优录用，不包分配，只招收厂子弟应届初中毕业生"的原则，与包分配的技工学校并不相同。

③ 数据来源于Y厂史志编纂室编《Y厂厂志第一卷（1950—1986）》（下），吉林科学技术出版社1992年版，第292页。

④ 2019年10月C市Y厂职工大学退休教师201910W访谈。

技术工人的目的，对于单位人子女就业的保障并非其首要目标。这也是单位共同体早期有限覆盖性的体现。

小　结

单位体制边界的建立和单位体制内外区隔，随着单位闭合空间的塑造和伴随着单位人身份的福利待遇而逐渐强化。在单位体制内，单位职工的生产生活和家庭生活逐渐重合，私人生活也日益集体化和单位化，基于业缘、地缘和血缘关系而逐渐复合的单位共同体随之凝聚。伴随单位人身份的单位福利体系不仅是维系单位共同体的手段，同时也是其基础和结果。但单位制建立早期的单位共同体，其覆盖性仍然是有限的。这种有限性不仅表现为覆盖范围的有限性上，同时也表现为广度的未全面化和深度的非代际化。

一方面，单位人家庭成员对单位身份及福利等一切资源的获取都要依赖于已获得正式单位身份的单位职工。一旦作为正式单位职工的身份丧失，除了少数子女允许顶替接班的情况外，其原本的家庭就会因为缺少正式单位职工这一联结单位与家庭的节点，而被排除在单位体制之外。另一方面，单位制早期，单位人家庭人口再生产还未进入高峰，并没有出现大量就业人口，单位人身份的再生产因而也没有成为当时单位框架内的首要问题。单位人身份的非代际化和不可传递性也由此体现出来，构成了单位共同体覆盖有限性的重要一面。

第 四 章

厂办大集体的产生：单位共同体的全面扩张

在单位制变动的过程中，厂办大集体的产生对于单位组织结构的变化产生了十分重要的影响。考察这一时期的单位共同体可以发现，与上一时期单位共同体在广度和深度上的有限覆盖性不同的是，厂办大集体的产生在横向上扩大了单位共同体的外边界，在广度上将单位共同体资源的共享范围向外延伸到了涵盖单位人家属的全面覆盖，在深度上则全面将包括单位人子女在内的单位身份代际再生产纳入了单位共同体的功能之中。

第一节 集体所有制企业的产生与发展

从产权角度看，"厂办大集体"属于集体所有制企业的一种，是集体经济的重要组成部分。与一般社办集体企业不同，厂办大集体由于其依托全民所有制企业而存在的这一特殊形态，又被赋予了与一般集体企业不同的特征，成为一种介于"国营"与"集体"之间的复合体。因此在考察厂办大集体时，首先应对集体所有制企业的产生和发展脉络进行廓清，区分通常表述中的"大集体""小集体"

等概念，对厂办大集体作出清晰的界定，由此把握厂办大集体产生的背景以及在整个体系中的地位和作用。

一 集体所有制的产生

纵观中国社会的发展历程，"小共同体"本位的思想一直影响着中国社会的结构变迁。自"井田制"开始，中国社会的组织逻辑中始终有着在"家国同构"框架下的集体性一面，并且一直延续至今。中华人民共和国成立后，中国社会广泛建立起的广义单位体制也深受中国传统社会建构思想的影响，在对集体所有制经济形态的考察过程中也可以很明显地看到这种集体观念。虽然集体所有制有着深刻的社会历史背景，但本书主要集中于对厂办大集体的考察，因此对此问题不做更远的历史回溯，主要从中国共产党抗日革命根据地实践、中华人民共和国成立后手工业合作社运动和城市社办"小集体"几个代表性阶段对集体所有制的产生及发展予以介绍，从而对集体所有制经济中的特殊模式——厂办大集体产生的历史背景进行铺垫，并同其他类型的集体企业相区分。

（一）中华人民共和国成立前的"合作社"生产实践

中国共产党对中国社会的治理实践基本上是从农村开始的，因此如何在农村发展农业生产、手工业生产甚至小规模的工业生产，都是中国共产党在当时历史条件下所必须要解决的问题，而这些发展模式也为随后中国社会建设模式提供了实践基础。其中很重要的方式之一，就是通过"合作社"的方式将劳动力组织起来发展生产。

在抗日革命战争时期，由斯诺等人倡导的"工业合作社"运动成为当时国共双方都能接受的组织模式，并在1938—1942年间蓬勃发展。纵观晚清民国时期的民族经济状况可以看出，虽然南京临时政府颁布了一系列法令以促进民族实业的发展，并为民族工业的发展扫清障碍，但我国的工业发展，尤其是重工业发展水平仍是处于初级阶段，区域分布不平衡性极为明显。"全国工厂的70%簇集于江苏、浙江、安徽三省……在全国民族资本工业中，全厂数的50%，全资本额的40%，全年产额的46%，还集中于上海一地。"① 抗日战争爆发后，日军首先占领了东南沿海地区及华北、华东各地，我国现代工业也因此几乎损失殆尽。这直接导致了我国主要城市中包括技术人员在内的人口大量失业，也"使得中国不得不依赖从外国进口物资，并处于日本的经济封锁之下"②。"工合"运动正是在这样的背景下逐渐兴起的。

在"工合"运动开展初期，周恩来、博古等人都为"工合"运动的方针和方向提供了建议和指导。③ 1939年毛泽东在致中国"工合"国际委员会的信中对"工合"的作用更是给了了极高的评价：

> 我赞成以合作社的方式在中国组织建设许多小型工业……如能在华北游击区和西北接近战区的地方组织建立这种工业合作社，八路军和鄙人自己对此种援助将表示极大的赞赏和热情的欢迎。
>
> 我了解到这一计划实际上已在拟议之中，极为希望其能够实现，因为这对于我们的斗争贡献之大，将是不可估量的。④

在中国共产党的大力支持下，"工合"运动在中国共产党领导的抗日根据地发展得更为顺利。1939年年初，西北工合延安事务所成立，在陕甘宁边区组织工业合作社。到1942年9月，仅延安地区就

---

① 陈真、姚洛编：《中国近代工业史资料（第一辑）民族资本创办和经营的工业》，生活·读书·新知三联书店1957年版，第78页。

② 译自 Nym Wales, Industrial Cooperatives Needed to Strengthen China, *The China Weekly Review*, 1938, in Nym Wales Collection, Box 1, Folder 1, Hoover Institution Archives.

③ 卢广绵：《抗日战争时期的中国工业合作运动》，载中国人民政治协商会议全国委员会文史和学习委员会编《文史资料选辑》（第24卷）（总第69—71辑），中国文史出版社2011年版，第408—424页。

④ 毛泽东：《致中国"工合"国际委员会主席何明华的信》1939年9月25日，载卢广绵等编《回忆中国工会运动》，中国文史出版社1997年版，第332页。

有工业合作社 41 个，社员 1041 人。虽然其生产方式仍是手工或半手工的，但在当时物资匮乏的条件下，"工合"生产对抗日革命根据地建设起到了巨大的作用，这种模式也为中国社会的经济组织建设和社会组织形式提供了重要的参考。

在农业生产方面，毛泽东在《论合作社——1943 年 10 月在边区高干会讲话》中指出，"如果不从个体劳动转移到集体劳动的生产方式的改革，则生产力还不能获得进一步的发展。因此，建设在以个体经济为基础（不破坏个体的私有财产基础）的劳动互助组织，即农民的农业生产合作社，就是非常需要了。只有这样，生产力才可以大大提高"[1]。由此，部队机关学校的生产、农村集体互助劳动，包含各种业务在内的综合性合作社、运盐队的运输合作社、工人们集体互助的手工合作社等，多种多样的合作社形式构成了根据地时期发展社会生产的主要方式。在党的七届二中全会报告中，合作社在经济建设中的重要作用又被进一步提了出来："单有国营经济而没有合作社经济，我们就不可能领导劳动人民的个体经济逐步地走向集体化，就不可能由新民主主义社会发展到将来的社会主义社会，就不可能巩固无产阶级在国家政权中的领导权。"[2] 虽然中华人民共和国成立前的合作社经济是半社会主义性质的，是新民主主义经济形态的重要构成之一，但合作社实践也为随后中国社会生产的发展和模式选择做了铺垫。

（二）手工业合作社运动与"小集体"

在对城市"小集体"展开论述前，首先对其概念进行界定。在提到集体经济时，往往存在两种说法，即"大集体"和"小集体"，

---

[1] 毛泽东：《论合作社——1943 年 10 月在边区高干会讲话》，载中国人民解放军政治学院党史教研室编《中共党史参考资料》（第九册），1979 年（内部参考），第 253 页。

[2] 毛泽东：《在中国共产党第七届中央委员会第二次全体会议上的报告》（1949 年 3 月 5 日），载中共中央文献研究室、中央档案馆编《建党以来重要文献选编（1921—1949）》（第二十六册），中央文献出版社 2011 年版，第 165 页。

二者都是社会主义经济的重要组成部分。从所有制性质上看，大集体企业和小集体企业的产权所有制属性都是集体所有制，生产资料属于劳动群众集体所有，实行共同劳动，工资福利均由企业自行负担，自负盈亏。在分配方式上，均以按劳分配为主体。而二者的区别则主要取决于其举办主体：小集体企业按其举办的主体的不同，又可以分为街道办集体企业和乡镇（社队）办企业；大集体企业则是由国营企业出资兴办，因此"厂办大集体"与"大集体"可视为同一。厂办大集体作为集体经济中的一种较为特殊、兴起较晚的形式，是在特殊时代背景下继承了"小集体"的大部分模式特征而成型的，因此在理解厂办大集体前，对集体经济的主体形式"小集体"的产生和发展有所了解是十分必要的。

在党的七届二中全会会议精神的指导下，中华人民共和国成立后开始进行"一化三改"，发展生产力，改变生产关系。具体方式为对农业、手工业实行合作化，对资本主义工商业实行公私合营。实际上，城市国营单位的大量存在已经将大部分工业生产组织了起来，农业合作化运动则以土地为基础，对农业生产方式进行了社会主义改造。手工业合作化又将城市、农村中包括工农业在内的规模生产所覆盖不到的手工业生产纳入改造，亦成为集体经济的重要部分。

根据20世纪50年代手工业合作化工作的领导者程子华回忆，当时的我国手工业劳动者多，手工业生产量大，手工业生产产品又是农村和城市居民大量需求的，"手工业者一方面是劳动者，另一方面又是私有者。手工业生产是分散的、落后的、保守的、盲目的，不进行社会主义改造，就不能改变它的私有制，就不能纳入国家计划轨道，就不能把古代的生产方式改变为近代的生产方式，就不能提高其生产力，也就不能把手工业者由穷困的状况引到富裕的境地"[1]。

因此手工业合作化运动，事实上是用社会主义的方式逐渐将小

---

[1] 程子华：《程子华回忆录》，中央文献出版社2015年版，第254页。

生产"规模化"的过程。一位受访者对这种"合作化"的描述非常直观：

> 那个时候必须得有集体（经济）存在，也必须得有过渡。咱们就是啥呢，由个体变成集体，完了才能有国营。就是咱们国家当时就这么定的。因为我同学跟我讲，他爸是（给别人）理发的，完了最后就非得让他们（向集体经济）过渡，四个人合一起（算账），一天都（得）记上，（比如）你理发挣多少钱，完了变成集体的。就包括修自行车那个，都给他们合一起，不允许个体（经济）存在。你个体不是属于私有制嘛，就消灭私有制。①

虽然"消灭私有制"的说法有些绝对，但这种理解对于集体经济的功能定位实际上是较为准确的。手工业合作社往往被视为从"私有"到"公有"的过渡，因此这种合作社"小集体"从产生之初就带有一种居于国营之下的色彩，这种结构差异也继而蔓延到工资、福利从而带来国营与集体单位职工间体验的差异化。1963年《人民日报》发表题为《巩固和提高手工业合作社，积极发展手工业生产》的社论中指出：

> 为了巩固提高手工业合作社，积极发展手工业生产，各地手工业合作社都要贯彻执行政治教育和物质鼓励相结合而以政治教育为主的原则。一方面，要在发展生产、提高劳动生产率的基础上，实行按劳分配，多劳多得的原则，适当调整集体手工业劳动者的工资收入，逐步改善他们的物质和文化生活。另一方面，也要注意使集体手工业劳动者工资收入的增长，低于劳动生产率的增长；并且不要高于当地同行业、同工种、同等

---

① 2017年9月T市T厂厂办大集体退休职工201709L-2访谈。

技术条件的国营工厂工人的工资水平。在农村和小城镇，既要按照历史习惯，使手工业劳动者的工资收入，高于当地农民的劳动收入；也要注意不能同农民的收入相差悬殊。在劳保和福利方面，要使集体手工业劳动者懂得长远利益和眼前利益相结合的原则，以保证手工业合作社集体经济能够不断增加积累，扩大再生产，从而保证广大集体手工业劳动者有可能不断增加收入和逐步改善生活。①

二 单位准入机制的变迁：集体产权引入国营的历史条件

集体所有制产权进入国营单位组织，是集体企业发展的一次重要变革。而厂办大集体的兴起，即集体产权如何得以进入国营，实则是在复杂的历史条件下产生的。厂办大集体的出现将单位共同体规模推向了顶峰，但事实上这种规模的扩张并非一蹴而就，而是一个渐进的过程。厂办大集体既是造成单位组织结构变化的原因，也是原本单位组织内部关系长时间量变积累的结果。

单位组织内部关系的变化与整体社会环境的变迁相伴而生，同时单位也在不断尝试对这种外在环境变迁作出回应，这在"文化大革命"时期表现得无疑是最为激烈的。1966年5月，在"左"倾错误的支配和林彪、"四人帮"反革命集团的破坏下，我国的政治、经济、社会开始呈现出混乱无序的状态，并在随后的十年内走向全面动乱。在这十年里，不仅经济、政治、社会遭受了严重的破坏和挫折，单位的正常生产运行也受到阻碍，劳动力管理陷入困境，单位用工制度存在的弊端更达到空前严重的程度。单位招用工制度决定着单位人身份获得的途径，对单位组织形态的变化有重要的塑造作用。正是由于这种单位准入机制的变动，才导致单位组织形态的一

---

① 《巩固和提高手工业合作社，积极发展手工业生产》，《人民日报》1963年10月27日，载《人民日报社论全集》编写组编《人民日报社论全集：全面建设社会主义时期（1956年9月—1966年5月）》，人民日报出版社2013年版，第1115页。

系列变化，这实际上也为厂办大集体的出现埋下了伏笔。

（一）"文化大革命"期间用工制度的混乱与倒退

单位制自建立以来，包括管理制度在内的各项具体制度安排都处在不断发展和完善之中。这些制度变动与国家需求和社会环境密切相关，也都对单位共同体的形态产生了巨大影响。在这些制度中，与引起单位共同体结构性变化关系最为密切的，就是国有企业招用工制度，即单位准入机制的变动。从长时期来看，自中华人民共和国成立以来，单位人身份的获得途径基本是较为固定的，虽然经过多次的调整，在不同时期出现过紧缩或膨胀，但始终是在既有制度安排内进行的，并未对制度边界造成冲击或突破。在用工制度方面，国家一直在不断尝试对固定工制度进行改革，意在调和合法性和效率性之间的矛盾，单位也在探索如何在生产性、社会性和政治性三者间实现平衡。但不可忽视的是，单位始终是带有生产性、政治性和社会性功能的复合体，其政治性使得单位组织无法像单纯的经济组织一样以效率和利润为导向，而必须要承担相应的政治功能。这种政治性也使得单位体系中包括招用工制度在内的一系列制度安排都与政治运动密不可分，城市工业企业单位也不可避免地卷入其中。

1966年5月，随着"文化大革命"的开始，国家劳动力管理开始陷入混乱。在"文化大革命""左"倾思想的影响下，用工制度改革所尝试的"多种用工形式并存"显然是与"社会主义"相违背的，因此，在1966年以前尝试进行并取得一定成效的"编制定员"遭到否定，企业内职工的数量开始突破限制走向膨胀。与此同时，刚刚开始实践的合同工、临时工制度也遭到了全面否定，新政策试图消除单位组织内不同身份所带来的区分，开始大规模的将临时工、亦工亦农工全都转化为固定工，固定工制度开始强化，其弊端日益严重。在江青等人"固定工是社会主义、临时工是修正主义"的思想影响下，刘少奇提出的推行两种劳动制度①被定义为"阴谋瓦解工人阶级队伍"的

---

① 一种是八小时工作的劳动制度，一种是四小时工作的劳动制度。

"资本主义的一套",固定工制度被要求重新强化。

1966年11月,由一部分合同工、临时工凑合起来的全国性工人造反组织"全国红色劳动者造反总团"在北京成立并宣称:"我们当前的主要任务,是造现行合同工、临时工制度的反,彻底铲除这一反毛泽东思想的大毒草。"[1] 在中央"文化革命"小组的支持下,"全国红色劳动者造反总团"强迫当时中华全国总工会和劳动部的负责人于1967年1月签发了一个《联合通告》,主要内容是:

> 经全国红色劳动者造反总团建议,与中华人民共和国劳动部、中华全国总工会协商,联合作出以下紧急决定:
> 一、为了保证"合同工""临时工""外包工"等参加无产阶级"文化大革命"、参加生产的权利,一律不得解雇。
> 二、1966年6月1日以后被解雇的"合同工""临时工""外包工"等,必须立即召回本单位,参加运动,参加生产,补发解雇期间的工资。
> 三、凡遭受资产阶级反动路线迫害的"合同工""临时工""外包工"等,必须当众恢复名誉,赔偿损失,妥善安排,认真处理,以上决定,通报全国。[2]

"联合通告"散发后,在全国各地引发大批合同工、临时工闹事的混乱局面,也引起了一系列连锁反应,大批工人外出,党政机关和企业主管部门受到冲击,工作陷于瘫痪。

这种对固定工制度的强化,事实上是对1965年以前用工制度的一种反复。因此"文化大革命"结束后,用工制度改革的重点集中于对由于"全国红色劳动者造反总团"、中华人民共和国劳动部、中

---

[1] 《中华人民共和国国史全鉴》编委会编:《中华人民共和国国史全鉴第3卷(1960—1966)》,团结出版社1996年版,第3648页。

[2] 同上书,第3648—3649页。

华全国总工会《联合通告》发布后所引发一系列问题进行修补。

(二)"文化大革命"后用工秩序的逐渐恢复

为了纠正 1967 年"联合通告"散发后造成的混乱局面,中共中央、国务院于 1967 年 2 月 17 日发布通告,其主要内容是:

> 1. 全国红色劳动者造反总团、劳动部、中华全国总工会 1967 年 1 月 2 日联合通告,是非法的,应予取消。各省市劳动局根据"三团体"的联合通告所决定的一切文件,一律作废。
> 2. 临时工、合同工、轮换工、外包工等制度,有些是合理的,有些是很不合理的、错误的。中央正在研究,准备分别情况予以改革。在中央未作出新决定以前,仍按原来办法进行。
> 3. 各企业、各单位的临时工、合同工、轮换工、外包工,应和正式的职工、工作人员享有同等的政治权利,有权参加"无产阶级文化大革命"。①

由于上一阶段对固定工制度的重新强化使得单位用工再一次出现混乱的局面,造成了用工制度改革的倒退,因此 1968 年 1 月,中共中央发布《关于进一步打击反革命经济主义和投机倒把活动的通知》进一步规定:"临时工、合同工、轮换工、外包工等,中央准备经过调查研究,分别情况予以改革。在中央未作出新的决定以前,一律不得转为固定工。现在是集体所有制单位的职工,不得强行要求转为全民所有制职工。所有临时工、合同工、轮换工、外包工等,都不许成立单独的组织。"②

---

① 中共中央、国务院《关于临时工、合同工问题的通告》(1967 年 2 月 17 日),载李景田主编《中国共产党历史大辞典 (1921—2011):社会主义革命和建设时期》,中共中央党校出版社 2011 年版,第 263 页。

② 中共中央《关于进一步打击反革命经济主义和投机倒把活动的通知》(1968 年 1 月 18 日),载中华人民共和国国家经济贸易委员会编《中国工业五十年——新中国工业通鉴(第 5 部)1966—1976.10》(上),中国经济出版社 2000 年版,第 223 页。

进入20世纪70年代,在国家一系列政策的指导下,单位组织的生产秩序开始逐渐恢复,但不按计划擅自增人及大量招工的情况依然十分严重。因此1971年2月全国计划工作会议又进一步明确强调:

> 1971年计划招收固定工的来源是:1. 退伍军人;2. 根据"四个面向",从家居城镇的应届初、高中毕业生中招收一部分;3. 经过劳动锻炼两年以上的上山下乡知识青年,由贫下中农推荐招收一部分;4. 矿山、森林工业、地质勘测单位符合条件的职工子女,本系统可招收;5. 从农村招工要严格控制,必须从农村招一部分工人时,要经省、市、自治区革委会审批。①

在这之后,国家一直在不断采取措施恢复企业劳动力管理秩序,严格劳动力管理,试图逐步解决"文化大革命"造成的劳动力管理混乱、无序等问题。1971年11月,国务院发布《关于改革临时工、轮换工制度的通知》,其中规定:

> 常年性的生产、工作岗位,应该使用固定工,不得再招用临时工。现在在这种岗位上使用的临时工,凡是企业、事业单位生产、工作确实需要,本人政治历史清楚,表现较好,年龄和健康状况又适合于继续工作的,经群众评议,领导批准,可以改为固定工。……临时性、季节性的生产、工作岗位,仍须使用临时工。这些临时工在企业工作期间,政治待遇、粮食定量、劳保用品应当和同工种的固定工相同。②

---

① 《当代中国》丛书编辑部编:《当代中国的劳动力管理》,中国社会科学出版社1990年版,第436页。
② 国务院《关于改革临时工、轮换工制度的通知》(1971年11月30日),载冶金工业部劳动工资司编《工资福利文件选编(第2册)(劳保福利部分)》,冶金工业出版社1980年版(内部文件),第813—814页。

由"通知"可以看出，虽然用工制度正在逐步恢复，但大批临时工都在此时期转成了固定工，客观上使得单位用工制度更加单一化，固定工制度实际上得到了加强。

1972年3月，国家计委对70年代初的招工情况作出了说明，指出"1970年和1971年两年，超计划增加职工过多，全国原定计划增加职工306万人，实际增加了737万人，其中未经批准超计划增加固定工130万人，新增临时工170万人"①。并在通知中规定：

> 1972年计划全国增加职工100万人，各地必须从紧从严安排。上半年应着重整顿劳动组织，进行余缺调剂，必须补充的人员，先安排从部队直接动员的和家居城镇的复员退伍军人，以及大专、中专和技工学校毕业生，其余指标下半年再安排使用。新增职工指标，应当重点用于新建、扩建成的投产企业和教育、商业部门。这些单位必须增加的人员，也要首先从本地区现有职工中调剂，有些有技术专长的工人还可在全国同行业范围内调剂。计划外的项目，不给增人指标。老企业要挖掘劳动潜力，支援新企业。……国家下达的劳动计划，必须严格执行。新增职工人数、年末职工人数和工资总额，未经国务院批准，不得超过。轮换工和县办企业常年性生产岗位上使用的临时工，不得在国家劳动计划外招收。②

然而因这一通知贯彻执行较差，因此1973年2月国务院副总理李先念在全国计划会议领导小组扩大会议上讲话，对招工做了更为严格的限制，第一条即规定：

---

① 国家计委《关于严格控制增加职工，充分挖掘现有劳动潜力的通知》（1972年3月11日），载中华人民共和国国家经济贸易委员会编《中国工业五十年——新中国工业通鉴（第5部）1966—1976.10》（上），中国经济出版社2000年版，第268页。

② 同上书，第269页。

1973年基本不招工，除了特别批准的以外，一个劳动指标也不给。1974年也基本不招工，除了特别批准的以外，一个劳动指标也不给。1974年也基本不招，甚至1975年也基本不招。需要安排的大专毕业生和家住城市的复员退伍军人，从减少的人数中安排；新开工企业需要的职工从现有职工中调剂解决。[1]

此后，各地虽然也都做了一些工作，但实际减下来的职工人数并不多，不过也确实起到了抑制增人的效果。

（三）政策修补的成效与隐患

回顾这一时期，全民和集体所有制单位共增加职工3700万人，其中从农村招收1400万人。十年"文化大革命"期间，城镇800万劳动力经过"上山下乡"后最终留在了农村，但又通过招工渠道招收了800万农民进城做工，造成城乡劳动力"大对流"极不合理的现象。[2]虽然国家不断通过政策、文件的出台进行修补，然而这段时间的劳动力管理混乱依然对国家经济发展造成很大冲击，遗留下许多问题。

强调"取消临时工、亦工亦农工，全部转化为固定工"，这种用工制度的变化实际上反映了当时试图消除单位组织内身份差异的平均主义的探索，是一种对单位社会性的复归。随着单位组织的不断发展，其作为国家行政权力延伸的政治性功能及解决就业、组织社会生活的社会性功能都开始衰减，单位也正在尝试着向生产性经济组织转型。然而"大跃进"后用工制度的调整带来的是工人对于身份区分的不认同，在社会环境和政治运动的影响下，逐渐走向制度化管理的单位组织改革也出现了停滞甚至倒退。这也说明了在当时的条件下，带有明显平均主义的用工制度缺乏存在的基础，是难以维持和延续的。

---

[1] 《当代中国》丛书编辑部编：《当代中国的劳动力管理》，中国社会科学出版社1990年版，第438页。

[2] 同上书，第138页。

为了调整用工混乱的状况，1966年至1968年期间，高等院校不招生、工厂企业基本不招工，城镇积累起来的几百万知识青年只得"到农村去，接受贫下中农的再教育"，全国范围内掀起了"上山下乡"的高潮。这些举措虽然解决了当时所面临的问题，却为随后的工作带来了极大的困难。"文化大革命"对教育造成了巨大的负面影响，使得包括职业技术培训在内的教育事业都受到了严重冲击，直接导致了企业职工队伍素质的严重下降。大量"上山下乡"青年无处安置，国家不得不采取接班、内招等方式来解决，厂办大集体也因此成了恢复单位用工秩序而采取一项重要的制度性安排，并对单位共同体的结构变化产生了重要的影响。

此外，自单位用工制度实施以来，复员军人可以获得国营企业单位正式工身份的规定几乎是鲜有变化的，这一规定也逐渐扩展到对复员军人家属、子女的安置。无论单位招工的松紧或用工混乱与否，转业军人能够获得单位身份往往都是比较稳定的，作为一种独特的单位组织进入途径而存在。这也导致许多希望进入单位组织而缺乏进入途径的劳动力，会选择"先当兵、再转业"这样迂回的方式。这种"当兵就能进国营"的思想也对单位组织招用工以及单位人身份认同的塑造也产生了深远影响。

三 厂办大集体的建立

与一般意义上的集体经济即"小集体"相区分，"厂办大集体"是指由国有企业批准或资助兴办的，以安置回城知青和职工子女就业为目的，主要向主办企业提供配套产品或劳务服务，由主办企业委派人员或领导参与生产经营并在工商行政机关登记注册为集体所有制的企业。根据国家政策文件，厂办大集体从出现到定型的大致过程基本集中于1978年到1980年。1978年10月，国务院召开全国知识青年上山下乡工作会议，肯定了知识青年上山下乡工作的成绩，并提出要统筹解决好知识青年的问题：

第四章　厂办大集体的产生：单位共同体的全面扩张　163

城市应该积极开辟新的领域，新的行业，大力发展集体所有制的企事业，举办大学分校、中等专业学校、技工学校等，为更多的城镇中学毕业生创造就业和升学条件。在农村，要学习大庆的做法，在全民所有制单位的领导下，建立集体所有制的农、工、林、牧、副、渔业基地，安置知识青年。要学习湖南湘潭红旗农场的做法，办独立核算的集体所有制的青年场（队）。①

随后在国务院《关于知识青年上山下乡若干问题的试行规定》中，对"上山下乡"的安置形式问题作具体规定：

对上山下乡的知识青年，要集中安置，不搞分散插队。主要是举办集体所有制的农、工、林、牧、副、渔知青场、队和到机关、学校、部队、企事业单位的农、林、牧、副、渔业基地……各地区、各部门的一些五七干校可以改为本地区、本系统安置下乡知识青年的基地。②

1980年8月，中央召开全国劳动就业会议，在会议上议定了《进一步做好城镇劳动就业工作》文件中提出，"知识青年上山下乡工作中的问题，还需要继续妥善地加以解决"③，这一文件被中共中央转发，并要求各地、各部门结合具体情况贯彻执行。同年9月，国务院

---

① 中共中央《批转〈全国知识青年上山下乡工作会议纪要〉和〈国务院关于知青上山下乡若干问题的试行规定〉的通知》（1978年12月12日），载劳动人事部政策研究室编《劳动人事法规规章文件汇编（1949—1983）》，劳动人事出版社1987年版（内部发行），第367页。

② 国务院《关于知青上山下乡若干问题的试行规定》（1978年12月7日），载劳动人事部政策研究室编《劳动人事法规规章文件汇编（1949—1983）》，劳动人事出版社1987年版（内部发行），第372页。

③ 中共中央《关于转发全国劳动就业会议文件的通知》（1980年8月17日）的附件《进一步做好城镇劳动就业工作》，载劳动人事部政策研究室编《劳动人事法规规章文件汇编（1949—1983）》，劳动人事出版社1987年版（内部发行），第320页。

知青领导小组在对国务院知青办《关于当前知识青年上山下乡工作的几点意见》进行讨论的基础上发出通知，提出"积极扶持集体所有制的知青场（包括安置下乡知青的知青厂，下同）队和农工商联合企业的发展"①，同时文件中也为扶持知青场、队建设提供许多优惠条件。在此背景下，为安置返城知识青年和城市待业青年就业，解除广大职工的后顾之忧，政府及企事业单位纷纷举办集体企业，在典型单位制下的国有企业中，则主要体现为"厂办大集体"形式。

1984 年 10 月，中共中央《关于经济体制改革的决定》中，在强调积极发展多种经济形式时重申了"集体经济是社会主义经济的重要组成部分"，并指出："许多领域的生产建设事业都可以放手靠集体来兴办"②，为集体企业向"三产"以外扩展提供了政策依据。此后"在国有企业下面，以集体企业的名义，设立'二国营'企业"③ 的做法在许多国企开始实行。

"从国企举办厂办大集体的背景可知，国家出台厂办大集体的相关政策，其目的主要是为了解决企业职工子女就业问题，带有一定的权宜性。故国家从多方面对国企'母厂'与厂办大集体'子厂'之间的关系进行了明确的区隔与限定"④，这种制度区隔最根本地表现在产权区分和运转独立两个方面。第一，在产权所有制性质上，中华人民共和国成立以来所建立的国有企业一直是单一的全民所有制，而厂办大集体虽然为"厂办"，但仍属于集体经济的一种，与国

---

① 国务院知青领导小组《关于转发〈国务院知青办关于当前知识青年上山下乡工作的几点意见〉的通知》（1980 年 9 月 6 日），载劳动人事部政策研究室编《劳动人事法规规章文件汇编（1949—1983）》，劳动人事出版社 1987 年版（内部发行），第 384 页。

② 中共中央《关于经济体制改革的决定》（中国共产党第十二届中央委员会第三次全体会议 1984 年 10 月 20 日通过），载中共中央文献研究室编《十二大以来重要文献选编》（中），中央文献出版社 2011 年版，第 47 页。

③ 张翼：《国有企业的家族化》，社会科学文献出版社 2002 年版，第 372 页。

④ 田毅鹏、李珮瑶：《国企家族化与单位组织的二元化变迁》，《社会科学》2016 年第 8 期。

营单位组织有着本质的区别。此后国家发布的文件中数次对厂办大集体在产权所有制上的"集体"属性加以明确。① 第二，厂办大集体虽然是国营企业的下属单位，但要本着"独立运转、自负盈亏"的原则。这一点在文件中也被多次强调：

> 在国营企业扶植下举办的集体企业，一定要独立核算，自负盈亏，不能吃"大锅饭"。创办资金提倡由群众自己筹集。由国营企业提供的资金以及厂房、设备和其他生产资料，应当采取作价分期归还的办法，或者作价入股，把合作社办成合营企业。②

1980年9月，国务院知青领导小组在《关于转发〈国务院知青办关于当前知识青年上山下乡工作的几点意见〉的通知》也对此做进一步强调，提出"努力办好知青场（包括安置下乡知青的知青厂）队。要独立核算，自负盈亏。要根据各自的特点，一业为主，多种经营，发挥优势，实行联合，逐步建成农工商联合企业，为城乡人民生产、生活服务"③。

从独立运转的角度，在生产管理和人事管理上厂办大集体与国营厂之间各自是独立的运作体系，国营单位的生产是以国家计划为指导的，而厂办大集体的生产则是为完成国营单位生产计划服务的。如果计划内生产不能满足大集体运转的需求或国营单位没有分派任

---

① 这些文件包括中共中央《关于转发全国劳动就业会议文件的通知》（1980年8月17日），中共中央、国务院《关于广开门路，搞活经济，解决城镇就业问题的若干决定》（1981年10月17日）等。

② 中共中央《关于转发全国劳动就业会议文件的通知》（1980年8月17日）的附件《进一步做好城镇劳动就业工作》，载劳动人事部政策研究室编《劳动人事法规规章文件汇编（1949—1983）》，劳动人事出版社1987年版（内部发行），第323页。

③ 国务院知青领导小组《关于转发〈国务院知青办关于当前知识青年上山下乡工作的几点意见〉的通知》（1980年9月6日），载劳动人事部政策研究室编《劳动人事法规规章文件汇编（1949—1983）》，劳动人事出版社1987年版（内部发行），第384页。

务给集体单位,集体单位还需要自己"想办法",揽活干。据 T 厂的一位退休干部讲:

> 大集体也是定额生产。每年的生产计划提前都会出来,就是整个这一年的生产计划。你(大集体)要是觉得这个生产计划达不到你(维持大集体运行)的要求,那有的就得自己出去揽活干。他们有的(大集体)还组织出去捡废铁哪![1]

Y 厂和 T 厂的厂办大集体也是在这一时期成立的。1979 年,为安排知识青年就业,Y 厂按照国家的政策成立厂办大集体,主要形式为各分厂单独成立附属厂(知青厂),吸纳本厂职工子女进行生产。1982 年,Y 厂成立集体企业管理处,对各分厂下属的厂办大集体进行统一管理,对外称 Y 厂劳动服务公司,其主要任务是:"开展多种经营活动,广开就业门路,组织和安置 Y 厂待业青年就业。"[2]

T 厂劳动服务公司[3]组建于 1979 年,就整体来说是集体所有制联合企业,是 T 厂的一部分,同时又是 T 厂的一个职能部门,即集体企业的管理机构。其基本职责是"为了发挥服务公司和二级厂的两个积极性,解决职工子女就业问题,决定劳动服务公司为上层管理职能部门而二级厂分别主办本单位的集体企业,主要解决本单位的子女就业"[4]。其中,"二级厂"指的是 T 厂下属的基层生产厂,如炼铁厂、炼钢厂等,其对应的厂办大集体即为炼铁知青厂、炼钢

---

[1] 2014 年 8 月 T 市 T 厂退休干部 201408T 访谈。

[2] Y 厂集团公司史志编纂室编:《Y 厂集团公司年鉴(1993)》,吉林科学技术出版社 1993 年版,第 185 页。

[3] 根据中共中央、国务院《关于广开门路,搞活经济,解决城镇就业问题的若干决定》(1981 年 10 月 17 日),"有条件的厂矿企业和机关、团体等事业单位,也可以根据需要举办劳动服务公司,发展独立核算、自负盈亏的集体经济和个人经济,指导和组织职工的待业子女就业"。因此,劳动服务公司和厂办大集体可视为性质相同。

[4] 《T 厂志》编纂委员会编:《T 厂志(1958—1985)》,T 厂 1989 年(内部发行),第 316 页。

知青厂,在这里知青厂的概念与厂办大集体一致。

从文件的规定和两个案例厂举办厂办大集体的实践可以看出,不同于以往意义上集体经济在改造生产关系方面的功能,厂办大集体的作用主要在于解决待业青年就业问题;不同于国营企业在促进社会经济发展的生产性功能,厂办大集体的生产主要围绕国营企业展开并提供服务性支持。总体来看,其维持社会稳定的社会性功能远大于创造经济效益的功能。

第二节 厂办大集体对单位共同体的重塑

厂办大集体的建立,在组织形态上对原有单位组织的单一结构造成了冲击,单位组织内部在纵向上呈现出"国营+集体"的二元化状态,同时组织规模在横向上向外扩张。虽然厂办大集体与国营母厂之间有着产权所有制的区分和"独立运转,自负盈亏"的规定,但由于其"厂办"的特殊属性,因此在实际运行过程中,厂办大集体也要"受到主办厂在不同方面和领域中的庇护和制约"[1],呈现出"非完全独立性"的特点。一方面,单位组织结构性的改变不可避免地对单位组织的原本的运行方式造成影响,国营厂和大集体之间在生产和管理等诸多方面的"父子关联",使得厂办大集体也在事实上参与着对国营单位的塑造。另一方面,厂办大集体作为保障单位职工子女就业的一项措施,通过安排就业的方式将单位人子女正式纳入单位体系,这实际上意味着单位共同体覆盖范围的延伸,即形成了共同体精神内核的扩散,其最直接的表现为单位人归属感、认同感的代际传承,由此也强化了单位人及其家属对单位共同体的依赖。

---

[1] 田毅鹏、吕方:《"单位共同体"的变迁与城市社区重建》,中央编译出版社2014年版,第87页。

一 "潜在单位人"依附意识的塑造与强化

从单位制建立与发展的过程可以看出，单位始终是作为"共同体"的存在，资源占有及社会关系的展开都是以单位组织内的单位职工为中心，并向其家属辐射，形成了对单位人及其家庭的集合。在厂办大集体举办前，因单位组织的吸纳能力有限，单位职工家属并不具有获得正式单位身份的正规制度化渠道①，即便以"家属工"的身份进入单位组织，也是范围较窄的，并带有附属的色彩。其所享有的各项福利待遇都是围绕着身处单位中的单位职工开展的。然而厂办大集体的出现使这种情况发生了根本性的转变，单位人身份在制度上有了代际传承的根据，单位人子女从此不再是单位人的附属，而是"潜在单位人"。这种变化使这些作为"潜在单位人"的单位人子女在心理上对单位共同体有了明确的依赖感，这种依赖感随着他们获得正式单位身份的行动而不断强化。在"国营+集体"的二元化基础上，单位组织内部开始呈现出"家族化"的趋势，单位共同体的色彩进一步加强。这种依赖感在单位人子女的就业选择以及进入厂办大集体后的管理实践上体现得最为明显。

（一）就业选择中的依附意识

单位体制的闭合性框定了单位人连带其家庭成员的活动场域，在限定了单位成员资源获取的有效途径的同时，又通过工资福利等一系列制度安排为单位成员提供了保障，降低了单位人离开单位的

---

① 这里所强调的"正规制度化"，主要是指"家属革命化"时期进入单位组织的家属工，其身份属性和待遇安排没有国家法律、法规或文件的明文规定。在厂办大集体举办后，大量"五七厂"转为"知青厂"或"大集体"，在其中工作的家属工才得以获得了厂办大集体的正式身份。此后也有许多单位职工家属（非子女）以家属工的身份进入单位组织，这些家属工则是依照厂办大集体的招用工规定直接进入厂办大集体参加工作，并获得厂办大集体的正式身份。许多在单位制初期进入单位组织的家属工，由于进入单位组织时手续不全或转入厂办大集体的相关材料不完备，因此在厂办大集体改制时其集体身份并不被承认，也不能享受厂办大集体改制的相关政策，例如，本书中涉及的（J市）S厂创业队的家属工们就属于这种情况。

动力，从而塑造了单位人及其家属对单位的依赖。与此同时，单位组织通过内部同质性极强的关系网的塑造，强化了其单位共同体的属性，这种"熟人社会"的模式也在精神上形成了单位人及其家属对单位共同体的依附。这种依附意识与依赖关系在厂办大集体建立前就是长期存在的，只是表现尚不明显。随着厂办大集体的举办，单位职工子女可以进入单位组织就业被列入制度规定中，单位人子女具有了成为正式单位成员的合法性，"潜在单位人"身份的赋予更加强化了单位人的依附意识。这种依附意识尤其体现在就业选择上，即单位人的子女都更想进入本单位组织就业，而很少考虑其他就业途径。与此同时，保障单位人子女就业成为一种"兜底"式的政策安排，"至少都有班上"的想法给予了单位人子女极大的安全感，更加深了这种依附意识。

一方面，单位人子女在面临就业选择时，对单位有着明显的依赖，希望能够进入传统的单位组织内工作。在20世纪70至80年代，虽然完全开放的市场化就业环境尚未形成，但可以供劳动者选择的就业市场已经存在了，而单位人子女在就业选择时依然会优先选择进入单位组织。很多单位人子女都是毕业后"顺其自然"地进厂，对他们而言谈不上就业"选择"，因为除了进厂外的其他就业渠道并不存在于他们的观念中。即便"集体不如国营"是当时得到普遍认同的观念，但单位人子女宁愿进入厂办大集体也不愿选择其他就业方式。很多70年代末80年代初进入单位组织的"潜在单位人"都有着类似的想法：

> 那时候进国营一个是（通过）接班，再一个是当兵（转业）。转业兵百分之百进国营，（进国营）不是转业兵就是接班，要不然就得是大学毕业。再一个就是中专毕业，都行。国营和知青厂（厂办大集体）那肯定不一样啊！待遇不一样，（要求的）条件也不一样啊。但是那时候谁都说，能上Y厂的都羡慕得不得了！因为市内单位根本都不行啊，那小企业今天

黄了的、明天开不出来资的，根本都不行。①

不具有"潜在单位人"身份的体制外群体对进入单位组织的向往，也巩固了厂办大集体"背靠大树好乘凉"的特殊地位，正如前文中的受访者 L 所说：

（我去大集体）那时候有人还羡慕呢！我还有同学问我，那意思就（是）说（我）家里人还有没有说认识（有关系）的，给她也调去（Y 厂厂办大集体）。②

也有一些单位人子女选择厂办大集体就业并非他们的个人意愿，而是出于父母对他们的就业期望，这实际上也是单位人对单位共同体依附意识向其子女的传递，Y 厂大集体职工 L 就是如此。她父母都是 Y 厂国营厂的工人，父母的工作环境使她对进入工厂工作有着心理上的排斥，也因此她在升学时没有就读 Y 厂附属高中或技术学校，而是选择去 C 市的旅游学校。但 L 毕业后还是回到了 Y 厂工作：

（读旅游学校）就自己想去，就不想在工厂里待着。家长，就我父母是 Y 厂上班的，然后（毕业找工作）他们不太同意我去什么服务行业，觉得不好。（他们是）旧传统的观点，觉得正经的"铁饭碗"好。（我）就自然地就上这儿（大集体）来了。我当时就是不想来，后来过了一段时间才过了这个劲儿。③

L 的父母对单位的依附意识是在长期参与单位生产、生活中形成的，而 L 回到 Y 厂的就业选择，则更倾向于"情境压力下对偏离

---

① 2015 年 1 月 C 市 Y 厂厂办大集体下岗工人 201501W 访谈。
② 2014 年 11 月 C 市 Y 厂厂办大集体下岗工人 201411L 访谈。
③ 2014 年 11 月 C 市 Y 厂厂办大集体下岗工人 201411L 访谈。

的恐惧"。"当个人被分配到控制严密的情境中,那里的安排就使人难以不依赖,即使他有理由反抗,时间一长,这种开始时的紧张感和冲突便会消失"①,这也在一定程度上体现了单位依附意识形成的心理动机。单位在这里扮演了情景压力的塑造者的角色,为单位依附意识创造了衍生的场域。

一位受访者在访谈中就提到这样的观点:"现在有那个传统观念,那你家要是行(有能耐),那肯定下一代也行。"② 而"行"或者"有能耐",往往都是指子女能在单位内有稳定的工作。在单位环境下,"每个人都力图与多数人在思想和行动方面保持一致。一个与群体意识不一致的人,为了使群体喜欢他、优待他、接受他,便会产生遵从意识,形成依附单位的意识形式"③。单位人长期在单位场域内活动形成了对单位的依附意识,随着单位人子女就业被纳入单位制度体系,"潜在单位人"身份的赋予使这种依附意识从单位人延伸到了他们的子女身上。随着单位人子女正式进入单位组织,单位依附意识实现了代际再生产。

(二)招工环节的照顾性与宽松性

厂办大集体出于为安置单位人子女就业的功能要求,在招工时也表现为明显的照顾性与宽松性。在受访者 C 身上,这种照顾性就体现得十分明显:

> 我爸是 1980 年"平反"的,完了我爸就被安排到 Y 厂供应处。(他)回来(到 Y 厂)都 1981 年了,那时候(我)还上啥学啊,没办法啊,穷啊,上学也上不起。我们家孩子还多啊,我是老六,我们家一共 9 个孩子。1981 年不刚有政策吗,就是说(Y 厂职工)有子女的让子女(进单位)上班,就是进单位

---

① 于显洋:《单位意识的社会学分析》,《社会学研究》1991 年第 5 期。
② 2017 年 9 月 T 市 T 厂退休干部 201709C 访谈。
③ 于显洋:《单位意识的社会学分析》,《社会学研究》1991 年第 5 期。

的附属厂，那时候我们就去了。我和我姐，我俩一起进的这个厂子。①

也有一些单位人子女受到本人身体状况的限制，如身体有残疾等，很难靠自身能力获得工作机会，本就强调保障子女就业合法性的单位组织显然对这种情况的规定非常宽松，受访者 Z 的情况就是如此：

> 我父亲在 Y 厂（下属）那个工具厂上班，就照顾子女，（我）就进厂了。我这个残疾当时报名（厂办大集体时）没看出来，入厂以后体检的时候才看出来。就我这个手和这条腿残疾，我要不说你是不也看不出来？（入厂以后）他们体检就检查出来了，完了以后因为（身体有残疾）就给我们这几个（残疾）人，就成立个小印刷车间，就把我们几个——当时还有一个刘姐，还一个王姐，还一个菊姐——还有几个身体比较好的，我们几个就成立个印刷车间。就是照顾我们几个呗。进到工厂以后（的话），工厂不都是什么（机）床子什么的，就怕我们几个（干活）不方便嘛，进印刷厂不是比较那什么（方便）点儿嘛，就成立个印刷车间。②

如果说这种为就业困难的单位人子女提供就业渠道体现了单位共同体内依附意识温情的一面的话，这种依附意识也有很多弊端，最明显的就是很多单位人子女因为有接班、内招的条件而不注重自身能力素质和文化水平的提高：

> "在校闹了几年，下乡混了几年，回城逛了几年"，极端自

---

① 2015 年 1 月 C 市 Y 厂厂办大集体退休职工 201501C 访谈。
② 2014 年 11 月 C 市 Y 厂厂办大集体下岗职工 201411Z 访谈。

由散漫，被称为"一无理想，二无文化，三无技术，四无礼貌"的青年……他们基本上不读书，不看报，不关心政治，一问三不知。①

这是1982年进行的我国工人阶级状况调查②报告中对1976年接班顶替入厂的部分青年职工的评价。

与这些单位人子女消极思想相对应的，就是厂办大集体宽松的准入机制。招工的对象都是原单位职工的子女，招考也缺乏相应的考核，与其说对这些招工对象本身有什么要求，不如说是对其父母的单位人身份的认可。很多受访者在回忆入厂的程序时都十分模糊：

> 当时我们那批，就招进（大集体）工厂那批，当时能有20个（人）。当时好像是报（完）名就上班了。因为当时我爸问我嘛，说："你是上班啊还是上学啊？"我说"上班吧"。我爸说，"那上班就跟我上单位去体检吧"，然后（我）就上班了。那时候反正我没听过（选拔考试），反正可能年头也多了吧，没有什么特别的记忆了。③

---

① 第一机械工业部、全国总工会联合调查组：《关于第一汽车制造厂职工队伍状况的调查报告》，载中共中央书记处研究室理论组、中华全国总工会办公厅编《当前我国工人阶级状况调查资料汇编》（1），中共中央党校出版社1983年版（内部发行），第40页。

② 中共中央书记处研究室会同全国总工会于1982年3月初至4月中旬对我国工人阶级状况的调查。参加调查的有原冶金部、第一机械工业部、第四机械工业部、第六机械工业部、纺织工业部、煤炭部、石油部、铁道部、交通部、商业部、建筑工程总局。由上述11个部、局牵头组成了11个调查组，选择了鞍山钢铁公司、长春第一汽车制造厂、南京无线电厂、大连造船厂、上海第十七棉纺织厂、大同煤矿、大庆石油管理局、郑州铁路分局、广州远洋运输公司、北京第三建筑工程公司和上海第一百货商店11个企业作为重点调查单位，按照统一的调查提纲，对这些单位的职工队伍状况进行了调查。

③ 2014年11月C市Y厂厂办大集体下岗职工201411Z访谈。

另一位受访者的入厂经历也很相似：

> 我是高中毕业来的（Y厂厂办大集体），人家有的是初中毕业的就上班来了。那时候没有考试，非常简单！我记着好像是礼拜六告诉我的，让我礼拜一去报到，然后报到完就上班去了。发个工作服，套上之后跟人家就干活去了。①

为了解决缺乏考核的状况，1978 年中共中央副主席邓小平在全国教育工作会议上讲话中指出："今后不仅大中学校招生要德智体全面考核，择优录取，而且各部门招工用人也要逐步实行德智体全面考核办法，择优尽先录用。"② 即使在有招工考试的情况下，考试也往往只是将这些待业青年分流去国营或集体的手段，而不是能否获得单位身份的门槛。"国营考不上就进集体"，厂办大集体理所应当地就承担了接纳这些"学习不好"的单位人子女的责任：

> （当时）国营好啊，当然都愿意去国营了！但是集体好考，当时我姑娘的同学跟她一起考的，学习也不好，就考的集体。③

（三）管理制度的宽松设定与宽容执行

"潜在单位人"在进入单位组织后，便具有了正式的单位人身份，并且由于单位"能进不能出"的组织特性，单位人身份一旦获得就很难被剥夺。在这样的情形下，原单位人子女对单位的依附意识就转化成了单位身份意识，身份意识的形成又对依附意识形成了强化。一方面，入厂的青年职工被剥夺单位身份的危机感薄弱，因

---

① 2015 年 1 月 C 市 Y 厂厂办大集体下岗工人 201501S 访谈。
② 刘小萌：《中国知青史——大潮（1966—1980 年）》，当代中国出版社 2009 年版，第 510 页。
③ 2014 年 8 月 T 市 T 厂退休职工 201408H 访谈。

此在进入单位组织后容易滋生工作态度消极、作风散漫的现象，而往往单位又无法采取有力的惩罚措施，客观上造成了一种宽容性，纪律松弛又反过来助长了依附意识。另一方面，厂办大集体解决就业的安置功能本就大于生产功能，在强调合法性大于效率性的要求下，对劳动纪律的要求标准自然也就相应较低。如此循环也为单位共同体的衰落埋下了伏笔。

在管理上，严格按标准执行是当时国营单位的工作纪律。退休前曾是国营Y厂中层干部的C，曾经亲自参与制定Y厂国营厂奖惩制度的相关标准，据他所说：

> 制度就是我们制定的，这个奖惩制度就是我们制定的。因为有制度了就得有人检查，也是我们去检查，到下边儿，（到）各个车间科室（检查）。按照那时的项目，一项一项地问他们车间主任，到下面问分厂，再到下面去问工人。就是考核那些东西，因为量化指标都有，按照量化指标，（考核）你达到没有。完了根据那个（指标），给这个车间和科室打分。这个打分，它可不是一般的分，就是决定给你多少奖金的问题，按百分之多少给你奖金的问题，决定这个。这都是有依据的，不像现在说，你捅咕捅咕，给你多点儿少点儿，那时候和现在都不一样，挺认真的就是。那时候弄虚作假的事情很少。[1]

厂办大集体与国营的对比十分明显，呈现出一种"大锅饭"状态，生产纪律和奖惩机制都十分宽松：

> 我们那时候也没人管，也没有计件啥的，都是"大锅饭"。有活大家就一起干，没活就唠嗑呗。评先进的时候，就假如我们一个附属厂，多少个班组、多少个车间，就看你们班组人

---

[1] 2013年10月C市Y厂退休干部201310Z-2访谈。

（有）多少，给你分配名额，班组里边评。有的投票，有的就选。有的好比说，"今年先进就给班长吧"，大家就（说）"行行行，就给班长吧，都同意"。就完事儿了。①

在其他的厂办大集体中也存在着这样的情况：

（评先进）这个在我们科室就是领导一句话。假如说今天领导说，"咱们要评先进了，我打算把这个先进给老魏，因为老魏在这一年工作当中付出得挺多"（先进就给老魏）。没人争这个。那个时候都二十二三岁，都不想那么多。反正当时那个地方管的也不是特别严，也不是特（别）让人有压力，就感觉挺轻松的。②

除了荣誉奖励的评比外，升职的条件也比较宽松：

升职不需要通过什么考试。就是说你生产能力达到了、厂长认可了，然后就通过领导班子开会呗，（问大家）批不批准，完了大家说"认可了"，那就行了。因为我们知青厂这边，除了这几个什么厂长助理啦，或者是厂长——因为他们的（人事）关系是属于原来在总厂嘛——像他们有什么事情需要跟总厂吱一声，像我们跟总厂都没有啥关系，不需要通过总厂批准。③

不仅管理制度宽松、不规范，而且在实际执行中也存在被迫的宽容。宽松的管理制度之后，是对制度规范的宽容执行。1976年以后入厂的青年中，很多人是"上班点个卯，中间到处跑。师傅说不

---

① 2015年1月C市Y厂厂办大集体下岗工人201501S访谈。
② 2015年1月C市Y厂厂办大集体下岗工人201501D访谈。
③ 2014年11月C市Y厂厂办大集体下岗职工201411Z-2访谈。

听,领导管不了"①。曾担任 Y 厂变速箱厂知青厂厂长的 Z 对这种依附意识和宽容管理深有体会:

> 那厂子我当时在那的时候是 270 多人,小厂子。那些子弟②都不好管,都是考不上大学、考不上中专、升不了高中的,啥样都有。说难听点,都是渣滓倒你这来了,你就得管理他们。有的那真是,说话都听不懂,啥样的都有。而且里面掺杂了很多在社会上混的无赖,(但是)你没办法啊!你说他是无赖,他爹不是无赖啊。他爹来了说,"你看我孩子,在家就完了!你就给收了吧",越收越完。啥样的都有,非常难管。这基本上都是没下过乡的,是后来(内招)的,他们都是考学考不上的。③

有时候这种宽容的管理也是因为"不敢管"或者"管不了",如曾任 T 厂知青厂党支部书记的 C 所说:

> "穷山恶水出刁民"嘛,就那帮人吧,那说骂你一顿就骂你一顿,说翻脸就翻脸。那你说好的(素质高的)人是不都考学了?要不就当兵了,就剩下这些,他不好管。(有的人就觉得)我家穷我啥也没有,我也不学习,我也不要求上进,有活我就干,没活就拉倒。④

---

① 第一机械工业部、全国总工会联合调查组:《关于第一汽车制造厂职工队伍状况的调查报告》,载中共中央书记处研究室理论组、中华全国总工会办公厅编《当前我国工人阶级状况调查资料汇编》(1),中共中央党校出版社 1983 年版(内部发行),第 40 页。
② 指通过内招等途径进厂的单位人子女。
③ 2013 年 5 月 C 市 Y 厂退养干部 201305Z-2 访谈。
④ 2017 年 9 月 T 市 T 厂退休干部 201709C 访谈。

新入厂的青年工人消极怠工，缺乏纪律意识，不仅给单位的生产管理带来困难，在少数情况下甚至还会走上违法犯罪的道路，"有些人打架斗殴，不计后果，'生死不怕，软硬不吃'，家长管不了，别人不敢管"①。根据第一汽车制造厂1982年的统计，其一下属分厂在1981年犯罪人数有23人，其中20人是青年工人；全厂1981年犯罪人数有257人，其中195人是青年工人，占75.9%。②

单位人及"潜在单位人"对单位的依附意识催生了其在就业选择上的倾向性，随着"潜在单位人"向正式单位人身份转换的完成，单位人的身份更加深了单位依附意识，并形成了更加广泛的对单位共同体的依附。

二 厂办大集体与国营单位的双向联结

兴办厂办大集体的直接目的主要是安置待业青年的需求，而非客观的生产需要，但厂办大集体的成立却在事实上分担了原本国营单位的生产任务，并为国营单位的生产提供了服务性支持。这时的厂办大集体不仅起到组织生产活动的作用，更多的是为国营生产和职工生活提供服务，因此其职能也是多元化的。

这一阶段的集体企业主要有两种形式：第一种形式即参与生产的各分厂（基层生产厂、各处室）的知青厂（附属厂），第二种形式则主要为生产及生活提供服务的第三产业。以T厂为例，根据这两种集体企业不同的功能，第一类主要由各基层生产厂主管，受主办的二级分厂和劳动服务公司双重领导；第二类由劳动服务公司直属。总体上看，T厂集体企业的主要产品有"400#水泥、500#水泥、铸铁件、暖气片、砌块、空芯砖、涂料、脊瓦、汽水、冰果、雪糕、印刷品、钢

---

① 第一机械工业部、全国总工会联合调查组：《关于第一汽车制造厂职工队伍状况的调查报告》，载中共中央书记处研究室理论组、中华全国总工会办公厅编《当前我国工人阶级状况调查资料汇编》（1），中共中央党校出版社1983年版（内部发行），第41页。

② 同上。

材、锻件、沥青、圆钉等。还承担土木建筑、房屋维修。在厂区和居民区设立的服务项目，主要有日杂商店、饭店、缝纫、理发、托儿所、幼儿园等。1985年年末统计3至7周岁儿童入园的有740人。在生产现场设哺乳室8个，3周岁以内幼儿入托250人。这些服务项目既方便了职工生活，又解决了职工的后顾之忧"[1]。从这一点上看，厂办大集体的出现也确实重塑了单位结构。

（一）承担生产任务的知青厂[2]

T厂从事生产的知青厂，主要由基层生产厂主办，这些知青厂基本成立于1979年至1985年间，包括炼铁知青厂、炼钢知青厂、一轧知青轧钢厂、二轧知青轧钢厂、二轧知青锻轧厂、三轧知青轧钢厂、焦化知青厂、机械知青五金厂、动力知青厂、电修知青厂、运输处知青厂、汽运处知青厂、供销处知青厂、行政处知青厂、机动处知青厂、耐火知青厂等19个厂队。[3] Y厂的情况也与之相似，自1979年开始相继成立了17支劳动队和36个知青厂。许多厂办大集体职工都是在知青厂参加工作的：

> （我）在供应处附属厂，1981年开始建厂那时候（进厂）的。这个是什么情况呢，那时候正好"上山下乡"知青返城回来，就是各处室都成立附属厂，叫"附属（厂）"的就是（安排职工）子女（就业的地方）。那时候家里都很困难，没有

---

[1] 《T厂志》编纂委员会编：《T厂志（1958—1985）》，T厂1989年（内部发行），第317页。

[2] 这些"知青厂"主要由国营母厂或国营基层生产厂举办，承担工业生产任务，属于国营母厂或国营基层生产厂的"附属"，因此也称作"附属厂"。受访者的表述中常将"知青厂"和"附属厂"混用，本书中对这两个概念视为同一。在使用"知青厂"的概念时，更注重强调其与服务性的厂办集体企业在功能上的区别。

[3] T厂承担生产任务的知青厂还包括第一水泥厂和第二水泥厂。这两所知青厂为劳动服务公司直属，并不是由基层生产厂主办的，与基层厂的生产任务也并不直接挂钩。但他们承接了T厂原本交给其他企业的生产任务，并且产品也直接提供给T厂国营厂生产使用。

（地方）就业的子女可以安排单位。（国营）在职的那没有那些岗位，所以就是说本单位的员工的子女就给安排在底下（本单位下属）的一个企业，那时候就属于知青厂。比如供应处附属厂，那就实际等于知青厂，就是一个这个概念。①

从总体上看，这些承担国营分派的生产任务的知青厂，是厂办大集体的主要形式。这些知青厂虽然独立进行生产，但其生产的产品往往是其上级分厂（处室）分配的生产任务，其中不乏为了照顾知青厂的生存而分配的，并非出于效益考虑。一位曾经在散热器厂附属厂工作过的职工表示：

（那时候）总厂也生产，只不过呢，总厂是把批量的（生产任务中的）一部分给我们。比如说它这一系列任务，那任务量比较大的就肯定是（总厂）自己留着，就把边边角角这些、甚至说有一些不太好干的，给我们（附属厂）。其实没有我们总厂也能干得完。但因为这毕竟是，咋说呢，那时候属于叫"散热器附属厂"，附属厂嘛，所以说肯定也得靠散热器（厂）的庇护。我们（附属厂）要是自己去开发产品的话吧，毕竟是挺不容易的。所以说有的时候呢，总厂就会把有一些任务交给我们干。像你说的，这二三百人也得维持生计。所以说我们一般是人家（总厂）给（任务），人家给的你就得要呗。②

其他附属厂的情况也与之相类似。曾经在基建处附属厂工作过的 D 也有同样的看法：

基建处吧，主要就是往各个地方发包活。但是我们是它下

---

① 2015 年 1 月 C 市 Y 厂厂办大集体退休职工 201501C 访谈。
② 2014 年 11 月 C 市 Y 厂厂办大集体下岗工人 201411Z-3 访谈。

属的一个知青厂，这样的话它把有一些活就给我们干。我们这不是基建处自己的知青（厂）嘛，就像（给我们活）让我们自己独立（存活）似的。这个咋说呢，也得有关啥的才能给你活干，所以有的外边的活也给自己的知青（厂），就是为了照顾自己的知青（厂）。①

曾担任 Y 厂变速箱厂附属厂厂长的 Z 对这一问题的看法更加深刻：

> 厂办大集体干的基本都是整车的活，就是（生产）整车过程中的零部件。你像这个变速箱厂，这一个变速箱你看不怎么太大是不是？它有好多零件组成。这个厂办大集体，它就是厂里面为了维持这帮（职工家）孩子的生存，它拿出来一些个精度不太高、比较容易加工的一些零件拿到你这（知青厂）来，给你劳务费，不就把这帮孩子给养活了嘛。这个你总厂装（配）多少车，它就得要多少变速箱，你要多少变速箱，它这个零件就得要那个辆份（数）的，流水的。你说（要）生产十万辆汽车，那我干这个零件也是十万辆份的，所以说这样，厂办大集体就火起来了。总厂的产量越高，我这（知青厂）产量也高，我这产量高，我这劳务费也就高，去（掉）了给职工开支的，去（掉）了其他费用，我还能够留点余地吧，就是这么的。它（知青厂）要是火，就是在总厂和分厂的扶持下，没有总厂和分厂的扶持，它根本就生产不了。②

这类从事与原国营单位相配套的生产型大集体，虽然从举办的动机上看是以安置就业为主要目的，但在实际运行过程中也确实为

---

① 2014 年 11 月 C 市 Y 厂厂办大集体退休工人 201411D 访谈。
② 2013 年 5 月 C 市 Y 厂退养干部 201305Z-2 访谈。

国营单位分担了生产任务，取得了经济效益。根据 Y 厂年鉴，1986 年年底，Y 厂下属知青厂中，一个获评为 C 市"最佳集体企业"，三个获评为"富翁集体企业"。[1] 1992 年年底，Y 厂集体企业管理处直属企业销售收入 9320 万元，实现利润 532 万元，全厂集体企业系统实现综合产值 5.4 亿元，利税 8100 万元。[2]

但这些知青厂对生产环节的参与，也促成了单一结构国企单位内生产二元化局面的出现。随着这些知青厂的不断发展，它们中的一部分能够保持产量并实现盈利，因此造成了日益强势的知青厂与国营母厂逐渐分离的变动过程。而一些生产功能薄弱，不具备盈利能力甚至亏损的知青厂，反而对国营上级厂的依附意识越来越强，甚至逐渐演变成要蚕食国营母厂才能存续。这两种截然相反的发展路径也逐渐结成了单位内的自反性力量，知青厂在丰富单位共同体功能的同时也为单位共同体的消解埋下了伏笔。

（二）服务单位生活的第三产业

由于厂办大集体承担着安置待业青年的任务，因此也需要开辟新的服务项目，发展第三产业。在 Y 厂，"本着老宿舍区配套成龙，新宿舍区合理布局的原则，新办了招待所、饭店、百货、电器修理等服务网点 30 多个……试办了残疾人福利厂，使 35 名残疾青年就业"[3]。在 T 厂，劳动服务公司直属集体企业包括职工食堂知青商店、清凉饮料厂、印刷厂、饭店等，为服务企业生产、方便职工生活提供了支持。

受访者 W 最开始进入 Y 厂就是在劳动服务公司管理的饭店当服务员，十年后才有机会转入劳动服务公司机关办公室：

---

[1] Y 厂史志编纂室编：《Y 厂年鉴（1987）》，Y 厂 1987 年（内部出版），第 180 页。

[2] Y 厂集团公司史志编纂室编：《Y 厂集团公司年鉴（1993）》，吉林科学技术出版社 1993 年版，第 185 页。

[3] Y 厂史志编纂室编：《Y 厂年鉴（1987）》，Y 厂 1987 年（内部出版），第 179 页。

第四章　厂办大集体的产生：单位共同体的全面扩张　　183

你像我那年是啥呢，劳动服务公司成立大饭店，饭店正好就要招20多人，然后我们这一批就进去了。当然你可以不去，不去就等（下一次招工）呗。当时（就想）反正有工作，快上班吧，就去了。这个饭店呢，对内也对外，但是大多数都是对内。为啥说对内呢，就像供应处呀、厂办啦、销售啦，就是总厂的这些个科室（都在我们这儿吃饭），还有就是大型公司的接待。然后呢（他们吃完饭）就是记账，（我们）到一个月上人家（科室）那儿算一次账去。在那种单位，不是说你靠年限就可以升到什么副管啊、经理啊，不是的。也不看你能力。就是（比如）我是这儿的经理，然后呢我就一直在这儿管。你没有上升空间，没有。除非说呢，你被哪个领导（看中）说，"她做这项工作还挺适合的"，正好这个岗还缺人，那就把你调去了。就是因为机关当时缺个事务员，就把我调到机关当事务员去了。要不然就还在这儿当服务员，和我一起去的有的就一直干到饭店黄。①

再如T厂的服装厂，它生产主要就是为T厂提供工装，为T厂的子弟校提供校服等：

服装厂有150个人吧，生产的就是T厂工人的那个工装、学校的校服，T厂（附属）一中、二中，一小、二小的校服，都是由我们来做的。不往外卖，都卖T厂内部。包括矿山的工装，都是由我们来做。那时候的那个企业公司②，（生产和服务的对象）互相都是T厂的。③

---

① 2016年8月C市Y厂厂办大集体下岗职工201608W访谈。
② 指T厂劳动服务公司。1988年T厂劳动服务公司改为企业公司，但产权与基本领导及管理方式未发生根本性变化。1992年多种经营管理处成立后与企业公司"两块牌子、一套人马"，此时企业公司才具有独立的法人身份。本章中的"企业公司"均为1992年以前的企业公司，即与劳动服务公司内涵基本相同。
③ 2017年9月T市T厂退休干部201709C访谈。

与国营不同的是，这些非生产性职能的厂办大集体中，有些也可以采取个人承包的经营方式，即单位职工可以承包如商店、招待所等，在承包期间每年支付给厂办集体企业一定金额的承包费。被承包后的厂办大集体中，其职工仍是集体所有制身份，福利待遇与其他厂办大集体相同，唯一的区别是其工资由承包人支付。例如前文中提到的在基建处下属知青厂工作过的 D，在调到知青厂前，她一直在基建处附属的水果商店工作：

> 我们那时候是可以承包——那时候都这样——但是承包的个人呢，他也是我们基建处的职工。他承包这个商店了，然后带多少个知青（过去），然后他一年往附属厂交多少钱。假如说一年一万，那你要承包两年就把两年的租金两万块钱都给（附属厂）了。而且你带的这些人所有的福利、待遇、开资都归你（管），就都归承包人。福利啥的吧，工厂分啥我们都有，因为我们还是属于工厂的人。只不过工资是他（承包人）开，不过（工资水平）基本都是一样的。①

这些服务性厂办集体企业与国营单位的组织目标有很大差距，其主要功能集中体现为围绕单位人的生活提供服务，因此在单位体系中的角色位置较为边缘化。与承担生产任务的知青厂相比，承担服务性功能的厂办大集体与国营单位之间的关系相对疏远，相较于国营厂与其附属厂之间两套相似又独立的管理体制，其管理更具有自主性和随意性，允许个人承包就是明显的例证。虽然这一类企业的规模不大，但仍然生发了对原本结构单一的国营单位形塑作用。

---

① 2014 年 11 月 C 市 Y 厂厂办大集体退休工人 201411D 访谈。

（三）划拨劳务费与"吃空饷"

虽然厂办大集体在产权上与国营单位分离，在运营上"独立运转、自负盈亏"，但这些大集体"厂办"的特征依然十分明显。承担生产性职能的厂办大集体，其生产任务基本是国营厂分派下来的，所生产的产品类型、产量也是事先计划并要与国营厂的产品相匹配的，完全的"独立"几乎无法实现。为单位生活提供服务的厂办大集体，其所从事的也多是国营单位需要的边缘业务，虽然其组织功能并不与国营厂的生产目标直接相关，但服务的对象始终是国营单位。例如服装厂，就是为本单位职工生产工作服、为子弟校学生生产校服，而几乎不向外销售。再比如集体所有制的饭店，其为单位业务往来、领导宴请提供服务的次数也要远多于服务单独的个人。除了被个人承包的小型服务性厂办集体企业外，厂办大集体的收入主要来源于国营单位，这其中包括两种形式：第一，厂办大集体将产品提供或销售给国营厂，国营厂根据产品数量支付费用；第二，厂办大集体职工按劳动计价，国营单位按参与劳动职工人数支付费用。无论是哪种形式，其结果都是相同的，即国营厂通过划拨劳务费，客观上维持了厂办大集体的运转。

曾担任 T 厂炼钢厂（国营）财务处会计的 M 当时的主要工作任务是负责现金库、对外业务、对税务局的报表，以及所有的工资传票装订，其中就包括向其下属的炼钢知青厂划拨劳务费：

> 劳务费是啥呢，劳务费就是下面的车间，有一个专门的票子，简称就是结算单。每个月它（企业公司[①]）就拿着这个结算单，写上人数、写上（完成任务量的）吨数，上我们炼钢厂来结

[①] 即劳动服务公司，T 厂从事生产工作的知青厂受基层生产厂和劳动服务公司双重管理。其中劳动服务公司负责集体职工人员的招工调配、档案管理、工资津贴的制定、审批和考核，而财务预算、决算和审批的工作则由各主管单位，即基层生产厂负责。这里企业公司即劳动服务公司，国营基层生产厂即炼钢厂。

算劳务费。每年（企业公司和炼钢厂）都得签那个劳动合同，每年都得签。（比如）他（企业公司）承包了我们炼钢厂的火切（任务），这个火切这个活我们全民工不参与，给集体（工）干。比如说他这月切出来了多少吨，然后我们按照这个一吨呢，比如说给你25块钱，用这个吨数乘以这个钱数，完了得出这个（总）钱（数）就是劳务费。至于（集体工）他们的工资怎么定是企业公司的事儿。他们来炼钢厂帮我们干活，东西（设备）都是我们的，他们挣的是劳务费，他唯一出卖的是劳动力。①

在基层生产厂和劳动服务公司的双重管理模式下，举办知青厂的基层生产厂只负责工资的发放而不负责具体的考勤、监督和检查，这也为劳务费从划拨到发放之间留下了很大的可操作空间，无论是计件结算还是按劳动人数结算，实际都存在着类似的问题，这无疑为"吃空饷"提供了条件：

企业公司在我们（国营）那儿干活的，比如说有多少员工，他们（企业公司）自己报数。报完数，我们按数给他拨劳务费。这个月到月底了，我给开个劳务费，搁我手里比如出去，今天是18万、26万的，完了拨出去，给他们企业公司就转账了。他们拿这个钱就分给这些人（集体工）。实际上就像你说的，比如说26万里，可能有6万块钱水分。比如它报了40个人（领劳务费），可能（实际）就30个人。他们（企业公司）自己划考勤，（实际）有多少人谁知道啊？他们自己是集体，我们国营不可能去给他们划考勤。②

然而这种"吃空饷"与现在"假公济私"的现象仍有很大的区

---

① 2017年9月T市T厂内退职工201709M访谈。
② 2017年9月T市T厂内退职工201709M访谈。

别，这主要体现在这部分多余钱款的用途，并非为了满足某个个体的个人利益，而是为了厂办大集体的"小公"利益，例如在大集体内部搞福利等，有时甚至是出于为国营厂解决问题而考虑。比如T厂各分厂的食堂，虽然在产权所有上归国营所有，但其雇用的人员基本是临时工，不具有正式的单位人身份，并且这些人员的流动性很大。国营单位无法通过正规渠道向这些临时工发放工资，因此就需要经由大集体来结算：

> 我们养的这些食堂（的钱），都得从它们（集体）身上出。在没改制之前的那个食堂呢，都是各个单位自己的小食堂，雇人干的。但是我们（雇人）这钱从哪儿出呢？因为单位的食堂基本上挣不到钱，一人（吃饭）交两块钱、一块钱的，那就根本就不能盈利。那这个钱怎么出来呢？这钱也都从劳务费里出。我们养（的）食堂（算）是他们的员工啊，都是以劳务费的形式拨给你。因为我们也没法解决他们的工资。（我们是）国企（营），你是临时工我们没法给你工资。[1]

综上所述，厂办大集体的举办不仅起到了安置就业的作用，也确实在客观上对单位组织的功能提供了补充，并形成了厂办大集体与国营单位之间紧密的双向联结。在生产上，厂办大集体承担了部分原本由国营厂承担的生产任务，形成了单位组织生产结构的分化；在生活上，厂办大集体承担了原本非组织化的或由单位外群体承担的服务职能，继而将单位共同体的覆盖领域和范围向外延伸；在组织关系上，厂办大集体造成了国企单位内部二元化结构的出现，并且在运行过程中对这种二元化关系进行了重新定义；在精神层面，厂办大集体强化了单位人对单位的依附意识并促成了依附意识的代际延伸，单位共同体的凝聚力被强化。

---

[1] 2017年9月T市T厂内退职工201709M访谈。

第三节　全面覆盖的单位共同体

单位制建立初期就带有对单位人家属的福利保障性色彩，但这一阶段单位共同体的覆盖范围有限，功能也并不完全。厂办大集体的举办，将解决单位人待业子女就业从临时性、照顾性的特殊措施变成了结构性、政策性的制度安排。单位人子女被正式纳入单位组织中，作为单位成员具有享受单位资源的资格。厂办大集体的纷纷成立使单位组织的结构规模扩大，大量单位人子女获得作为单位成员的正式身份，使单位成员人数迅速增加，单位组织的人数规模膨胀，单位组织的结构性规模全面扩张。并且，将保障单位人子女就业纳入单位责任的一部分，意味着单位在承接了住房、医疗、升学等社会功能外，又将就业归入了自身的功能范畴，单位组织的社会性实现了全面覆盖。单位共同体走向扩张，并在这一过程中实现了覆盖范围和功能的深化和全面化。

一　单位共同体的结构性扩张

从集体经济的产生与发展过程可以看出，集体所有制企业的组织形式对于社会经济的发展具有重要的作用，也是对全民所有制的重要补充。而"厂办"大集体的产生则具有更明显的历史性和时代特征。除国家、社区街道外，由国营企业为主体兴办集体企业，不仅是在缺乏就业市场的现实情况下国家要求国有企业承担社会责任的被动性的体现，同时也是国有企业解决本企业职工人口再生产所引发的就业问题的重要步骤。厂办大集体的产生，正式将集体所有制引入了全民所有制的国有企业中，造成了原本单一结构的国企单位组织内部结构出现了根本性的、结构性的变革，单位人子女进入国企单位组织也逐渐从零散的个人行为转变为正规的组织性安排，从而带来了单位共同体变迁过程中第一次巨大的结构性改变。

（一）单位组织规模的结构性变动

厂办大集体出现的直接原因在于解决原国营职工子女的就业问题。在当时的特殊背景下，"文化大革命"时期长期积压的矛盾都迸发出来，迫切需要得到解决。随着知识青年上山下乡运动中一些问题的暴露，国家要求各单位对其"上山下乡"子女加强管理和生活安排，单位逐渐开始深度介入知识青年管理工作。因此国家关于子女顶替政策在政策限定和实际执行中都开始放宽，单位逐渐把职工子女纳入单位的"外围"。国有企业职工子女回城后的安置问题，往往是"谁的孩子谁抱走"，即由企业自行解决。这在开始阶段知青少量零星回城的情况下是行得通的。而到了后期知识青年大量回城则远远超过了国有企业的承载能力，因此不得不采取举办"大集体"的方式来消化。

与此同时，由于"文化大革命"结束后单位组织准入机制变动，单位共同体的扩张不得不从暂时性走向结构性。随着中华人民共和国成立以来单位体制内各项制度的逐渐完善，劳动力管理方面也开始采取编制定员的形式，并在国营单位组织内普遍推广起来。因为"固定工"的单位身份背后是终身制就业以及对单位福利的全面占有，因此通过设置门槛限制单位人身份的获取，对于在资源有效性条件下集中力量进行社会生产是十分必要的。然而这种渐进式的改革在"文化大革命"的冲击下陷入了混乱和倒退，单位准入机制的松动使大量体制外人员迅速突破体制边界并获得正式身份，将单位组织规模推向了难以承受的边缘。为了迅速解决这一问题，只能通过直接的硬性制度规定的形式，强行将单位劳动力规模进行压缩，由此就造成了原本可以逐渐进入单位体制的劳动力被"一刀切"，大量劳动人口挤在了单位体制边界的周围，并对刚刚修补起来的单位体制边界造成威胁。而与此同时，缺乏就业市场的社会环境并无法吸纳这些劳动力，劳动力自身对于单位身份的追求又使其他就业形式缺乏有效拉动。因此将集体所有制引入国营,将单位组织结构进行重塑实则也是为了回应现实问题而采取的应对措施。

这种结构性扩张,不仅是指单位组织形态本身,实则是整个单位共同体的结构性扩张。如果说20世纪70年代大量待业人口是厂办大集体产生的时代背景的话,其更深层次的背景则在于单位人口再生产的历史影响。典型单位制下的国有企业大多成立于20世纪50年代,在建厂初期入厂的职工其完成人口代际再生产,其下一代子女接受教育并成为适龄劳动人口的时间刚好是20世纪70年代。再加上三年自然灾害后人口的迅速增长(见图5-1),这一客观因素也是在现实层面造成单位共同体内人口膨胀的因素,促使待业青年数量在这一时期迅速增加,并催化了单位共同体的结构性扩张。

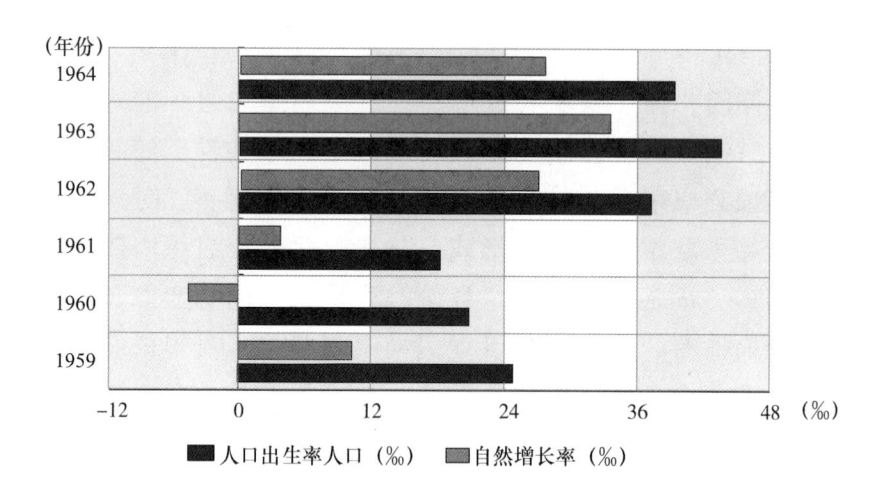

图5-1 1959—1963人口出生率与自然增长率①

在适龄劳动人口大量增加,而就业市场缺乏的情况下,国有企业不得不承担解决本企业职工待业子女的就业的问题。当国营企业

---

① 数据来自国家统计局网站 http://data.stats.gov.cn。

内部无法全面安置，采取在国营单位下举办集体企业的方式也就成了势在必行的解决办法。通过明确制度安排和组织设置将单位职工子女的就业问题明确纳入单位制度体系中，这不仅是单位组织结构变动的表现，更是单位共同体结构性扩张表现。

(二) 单位共同体的全面覆盖

厂办大集体的出现是单位共同体逐渐膨胀扩大的必然结果，同时也意味着单位共同体规模达到顶峰。这种规模的膨胀同时促进了单位组织社会性功能的完善，单位共同体的覆盖范围及深度也实现了全面化。在厂办大集体举办之前，单位人子女并非完全没有进入单位组织的途径，只不过这种进入单位组织并获得正式身份的案例往往都是零星的、小规模的。其主要包括两种途径：第一，由于单位人自身面临着丧失单位身份的风险、并且其家庭即将失去继续存续的依靠（如原本单位人因公死亡等），出于一种照顾性的目的，因此允许其子女以"接班"或"顶替"的方式获得单位身份。第二，单位人子女在就读单位举办的技术学校毕业后，被分配进单位工作。但这一途径实际上是单位招工的正式渠道之一，"毕业分配"并非单位对社会性功能的承担，虽然其招生对象都是面向单位人子女，但这种途径并不具有福利性色彩。

而从当时的文件可以看出，子女顶替接班也并不是一项正式制度，只是一种照顾性或福利性的措施，是单位组织为了体现社会性、合法性而采取的办法。这种照顾性与厂办大集体最大的不同之处就在于，通过顶替接班获得的单位身份实质上是一种继承，即单位人子女单位身份的获得的必要前提是原本的单位人单位身份的丧失。除非单位人子女通过招考、升学、当兵转业等国企单位正式招用工途径进入单位组织，否则凭借父母的单位人身份作为进入单位组织的通行证是不可能的。这种情况随着厂办大集体的举办被打破了。出于安置目的而成立的厂办大集体，其目的就在于保障本单位职工待业子女的就业，因此作为"单位人"的子女，这种身份本身就意味着具备了进入单位组织的条件，这同时也意味着一种排他性。单位人子女因此成为"潜在单位人",并且在不需要原本单位人退出单位组织的前提下就可以获得正式的单位身份。从保障单位人家庭的正常运转,到保障单位人子女能够获得稳定就业,从而使家庭的长期维持能够得到保证,这无疑是单位共同体福利性的代际延伸,并且在深度和广度上都实现了几乎全面覆盖。

这种福利性的表现也体现在两个不同的层次上。正如前文所述,有些单位人子女由于身体残疾等,不具备自己谋生的必要条件,因此福利性、照顾性的厂办大集体就承担起了这个责任。根据全国总工会对第一汽车制造厂的调查统计,1979 年以后进厂的 185 人中多数身体状况不佳,约有 50 人患有癫痫病、心脏病、高度近视等慢性疾病[①],招收这些单位人子女进厂也是单位共同体照顾性关怀的一种举措。而大多数情况下,招收单位人子女进厂都是对其未来生活提供的一种保障。以矿山井下工作为例,因为矿山井下系统属于艰苦行业并具有更强的封闭性,因此对于矿山井下职工子女来说,这种排他性和保障性体现得就更为明显。曾在 T 厂矿山处工作的受访者 Q 对此就深有感触:

> 矿山更(都)是大集体、小集体,(内招)更是多。矿山都没有出去挣钱的道,只能围着矿山吃矿山。你看人家铁路(系统)的招工都招人家铁路(职工)的子弟,农民呢,人家农民有地,你说你(矿山)招工你往哪儿招?以前招工不考,就没有考试那一说,就是招子弟,就是说(单位职工子女才)允许你报名。比如铁路招工就只招铁路(子弟),矿山招工就只招矿山的,别人你想报名也报不了名。只不过就是有个年龄限制,比如今年就(招)1978 年(以后出生的),因为毕竟是事

[①] 第一机械工业部、全国总工会联合调查组:《关于第一汽车制造厂职工队伍状况的调查报告》,载中共中央书记处研究室理论组、中华全国总工会办公厅编《当前我国工人阶级状况调查资料汇编》(1),中共中央党校出版社 1983 年版(内部发行),第 54 页。

儿你得排个号啊。就这么一点儿一点儿往下卡，过了卡，上来之后就到矿上去了。①

除了在单位共同体内部所体现出的福利性外，厂办大集体的举办也有着重要的社会意义，也正因如此，厂办大集体也可以被视为国家在"家国同构"思想下组织中国社会实践的重要一步。Y厂集体企业管理处一直认真贯彻中央"'搞活经济、广开门路、安置青年就业'的精神，围绕汽车生产服务、为产品换型服务、为职工生活服务的方针，先后安置待业青年 17063 人"②。T厂厂办大集体在安置待业青年就业方面也起到了重要作用：

> T厂从 1979 年开始，大批地安置下乡知识青年及待业青年。当时全厂有下乡知青 1605 人，留城、免、缓下的 689 人，当年应届毕业生 1055 人，总计 3349 人，其中矿山 1416 人，冶金区 1933 人。同年 4 月，厂成立综合服务公司（冶金区），把冶金区 "五·七" 家属开办多年、已经成为固定产品的水泥厂、砖瓦厂、化工厂、铸件厂以及服务性的理发、农副业等单位，合并到综合服务公司，转为集体所有制。改变体制后，把家属工中年老体弱及不合要求的工人撤出，当年安置下乡知青 856 人。矿山相应地成立了基本建设服务队、知青农场、矿石回收队、装卸队，共安排知青 500 余人。……至 1985 年，冶金区共安排下乡知青、待业青年 3894 人。其中：1979 年 856 人，1980 年 127 人，1981 年 325 人，1982 年 756 人，1983 年 1033 人，1984 年 450 人，1985 年 350 人。③

---

① 2017 年 9 月 T 市 T 厂退休职工 201709Q 访谈。
② Y 厂史志编纂室编：《Y 厂年鉴（1987）》，Y 厂 1987 年（内部出版），第 179 页。
③ 《T 厂志》编纂委员会编：《T 厂志（1958—1985）》，T 厂 1989 年（内部发行），第 325—326 页。

这种在安置就业方面的贡献集中体现了厂办大集体的社会性功能。

二　单位资源共享边界的扩大

全面覆盖是厂办大集体举办后单位共同体外延扩展的最直观的表现，其背后实则意味着单位资源共享范围的扩大。正如厂办大集体成立时所秉承的"扶上马，送一程"原则，它不仅要解决单位人子女面临的待业问题，同时更是通过扶植厂办大集体持续运营以实现对单位人子女生计问题的长期解决。为了实现这一目标，先决条件就是国营单位要能够提供资源供厂办大集体使用，这些资源不仅包括土地、资金，也包括技术、生产任务等。

因此国营与厂办大集体之间虽然说是"独立运转，自负盈亏"，但除了不可避免的亲缘关系外，在产权、生产和管理等方面都存在着复杂的组织联结，国家在文件中就曾明确指出过这种现象：

> 不少的国营企业，利用自己的条件，采取"全民办集体"的形式，解决职工子女的就业问题，应当加以肯定。……有一部分地区和单位实际上搞得是"包干就业"，或者徒有"集体"之名，人、财、物、供、产、销都没有分开，这既不利于企业管理的加强，也不利于集体经济的发展。[①]

国营母厂和厂办大集体之间的这种联结，可以理解为一种"父子关系"：

[①] 中共中央《关于转发全国劳动就业会议文件的通知》（1980年8月17日）的附件《进一步做好城镇劳动就业工作》，载劳动人事部政策研究室编《劳动人事法规规章文件汇编（1949—1983）》，劳动人事出版社1987年版（内部发行），第323页。

以前是不允许你像现在似的出来自由找工作的。假设，就你要是有个小孩没工作，小孩没工作怎么找对象？你就得宁可自己少挣点儿，也得让他挣点儿钱，国营和集体关系就是这样，那（集体）就是他家孩子啊。你家小孩要没有工作就没法找对象，就现在也一样，现在这小孩有工作，和（有）钱是两码事。你给他100万块钱和他有个工作，那是不一样的事儿。你看我给他花10万块钱给他找了一个好工作，哪怕他一个月就挣两千，我也乐意。这个投资是国营企业投的，锅碗瓢盆啥都不用你们（大集体）投资，一开始全是国企给你投的。投完之后呢，就是说一开始属于国企的，换两任领导之后这块就给你们了。①

在这种关系的基础上，国营单位将自己的地域空间资源与厂办大集体共享，为厂办大集体提供运行空间，许多厂办大集体与上级主办厂可能共享一个大院，或者在有自己独立的厂房之前都在借用上级主办厂的厂房。曾经在 Y 厂基建处附属厂工作过的一位职工所在的大集体就和上级厂在一个大院里：

我们单位（和基建处一样）也在 Y 厂大院里。我们附属厂就是在大院那边（另外一侧）有个小二楼，就在那儿挂牌子，叫 Y 厂基建处附属厂。我们呢，就是有啥大的会议的话就上基建处里开。②

另一位受访者的情况也类似：

我是1980年入厂的。那时候没有厂房，我们没有产品哪来的厂房啊。我们开始上班（的时候）就在国营（厂）跟着人家

---

① 2017 年 9 月 T 市 T 厂退休职工 201709Z 访谈。
② 2014 年 11 月 C 市 Y 厂厂办大集体退休工人 201411D 访谈。

干，我们那时候没有固定产品，就挣服务劳务的费用，国营那边给知青厂钱，我们挣的就是这份钱。后来我们有产品了，用我们自己挣的钱买的厂房。（有厂房之前）那时候有自己的活了，化铜、化铝，但是也是用国营的厂房，不过生产的就是自己的东西了。但那时候反正使人家（国营）的厂房也不要钱。就是用人家国营的厂房，干我们自己的活。①

在厂办大集体具备了生产条件后，生产资源的共享也是一项重要内容：

你像T厂来（了一）火车皮（矿料），天天需要卸车的（人），那你（集体工）就去卸车吧，这就有了卸车队。这就是找点儿活给他们干。实在不行咱就整个饭店，咱们单位的人不能上外面吃饭去，只能在咱们自己家人饭店吃。这样不就形成了这个服务了。没有（国营）编制②，还能挣到钱，那你就卸车去呗。（卸车的活）我国营工人能卸我也不干，要不我（国营）要是买个铲车，这帮卸车的人不就没活干了吗，我（国营）就不买铲车，就给他们留点活。有的（活）也是确实需要（人），你看那个食堂，确实是需要的。但是国营自己人成立食堂也可以，你要外雇，就把这个食堂（外包出去也可以）……但是这有这么多小孩（单位人子女）没活干，那你们都上食堂（干活），我们都上你那儿吃饭就完事儿了呗。③

虽然很多厂办大集体职工都抱怨国营分派的任务累、不好干，但是他们也都同时有着"背靠大树好乘凉"的想法，即没有国营的

---

① 2015年1月C市Y厂厂办大集体下岗工人201501W访谈。
② 指单位人子女受到编制的限制无法被招进国营单位获得国营身份。
③ 2017年9月T市T厂退休职工201709Q访谈。

资源厂办大集体也无法生存。毕竟在大多数情况下,厂办大集体盈利与否都要与国营效益挂钩,其中也不乏依赖国营拨款才能存活的情况。

> 说是"独立运转、自负盈亏",但是怎么是独立?我们(供应处附属厂)是自己开工资,但是供应处有时候给福利待遇也有我们(的份)。我们的工资都是(附属厂)单独(结算)的,但是我们要是有时候亏损了,那处里得给拨钱啊。我不是会计,但是我了解知道的是这样。像我们附属厂,打比方说这个月,账赤字了,就亏了嘛,处里可以补,我们工资还照发。这个是什么概念我不知道,但反正是这样。处里每个月都给我们拨(钱),但具体是怎么拨啊,这个得问会计了。①

种种照顾性措施与补贴办法,也意味着厂办大集体被全面纳入单位资源共享的范围内,毕竟"赔钱的附属厂也不能黄,人家都是总厂的孩子"②。

三 单位组织的"家族化"

(一) 子女顶替接班的负面影响

在厂办大集体出现以前,单位职工家属进入单位组织的情况虽然规模不大,但也对单位组织造成了一些负面影响,这些负面影响在子女顶替接班上体现得尤其明显。

> 一是有些职工,包括一些生产技术骨干,为急于安排自己的子女就业,不够退休退职条件也搞假证明,提前办理退休退职手续。二是不少地方自行规定干部退休退职和离休也实行子

---

① 2015年1月C市Y厂厂办大集体退休职工201501C访谈。
② 2015年1月C市Y厂厂办大集体下岗工人201501W访谈。

女顶替。三是许多单位招收退休退职职工的子女，考核流于形式，不坚持招工条件，有的将在校学生和病残青年都招进了企业，大大降低了招工质量。四是有些在校学生，只等父母退休"接班"，不好好学习。①

"退掉一大批财富，接进来一大批包袱"是很多人对子女顶替接班的看法。根据全国总工会对第一汽车制造厂的调查统计，截至1982年，一汽有退休职工3603人，其中提前退休的有1920人，其中子女顶替的有1788人，并且退休职工中有不少是高级技工。②

这些问题在访谈中也得到了印证，一位Y厂技术工人就是为了方便子女接班而提前退休的：

> 1979年国家有一个政策嘛，就是职工退休可以让子女顶替。那时候我儿子在农场，不是想回来没条件嘛。我那年54岁，就是提前病退了。本来我应该还能干上六年，提前退休就把这个位子让给儿子了。③

由于子女接班顶替政策所带来的诸多问题，国家开始逐渐对这一政策进行检查和调整。1987年11月，国务院发布了《关于严格执行工人退休、退职暂行办法的通知》，其中规定"招收退休、退职

---

① 《当代中国》丛书编辑部编：《当代中国的劳动力管理》，中国社会科学出版社1990年版，第153页。

② 第一机械工业部、全国总工会联合调查组：《关于第一汽车制造厂职工队伍状况的调查报告》，载中共中央书记处研究室理论组、中华全国总工会办公厅编《当前我国工人阶级状况调查资料汇编》(1)，中共中央党校出版社1983年版（内部发行），第54页。

③ 2013年5月C市Y厂退休职工201305Y访谈。

工人子女，必须严格按照《暂行办法》① 规定的范围执行，不得违反和扩大。退休、退职工人子女是在职职工和在校学生的，不得招收。招收的子女必须符合招工条件，必须经过德、智、体全面考核，择优录用，不符合条件的，不准招收。招工考核和工作分配，由当地劳动部门和主管部门统筹安排"②。1982 年，国务院在通知中对此又做了进一步强调：

> 招收退休、退职工人的子女，必须严格按照国发〔1978〕104 号③和〔1981〕164 号④文件的精神执行，不得扩大招收范围，不得降低招工条件，特别是从农村招收退休、退职工人的子女，必须严格审查，防止弄虚作假，冒名顶替。各单位要严格用人制度。人员的招收、调动，必须从生产、工作需要出发，一切要通过组织，由有关的主管人员集体讨论决定。政府各级领导干部，首先是劳动、人事部门的领导干部，不准个人批条子，不能个人说了算。集体所有制单位职工，一般不得转到全民所有制单位，个别需要到全民所有制单位工作的，应当有增人指标，并要事前报经地、市以上劳动、人事部门批准，不得再将审批权下放。为了更好地防止和克服招收、调配职工中的不正之风，各地区和各部门可以根据中央、国务院有关规定的精神，制定必要的制度，不断完善招收、调配职工的办法。⑤

---

① 指国务院《关于工人退休、退职的暂行办法》（1978 年 6 月 2 日），1978 年 5 月 24 日第五届全国人民代表大会常务委员会第二次会议原则批准。

② 国务院《关于严格执行工人退休、退职暂行办法的通知》（1981 年 11 月 7 日），载劳动人事部政策研究室编《劳动人事法规规章文件汇编（1949—1983）》，劳动人事出版社 1987 年版（内部发行），第 1719—1720 页。

③ 指国务院《关于工人退休、退职的暂行办法》（1978 年 6 月 2 日）。

④ 指国务院《关于严格执行工人退休、退职暂行办法的通知》（1981 年 11 月 7 日）。

⑤ 国务院《关于严禁在招收、调配职工工作中搞不正之风的通知》（1982 年 4 月 9 日），载劳动人事部政策研究室编《劳动人事法规规章文件汇编（1949—1983）》，劳动人事出版社 1987 年版（内部发行），第 447 页。

1983年9月，国务院发布《关于认真整顿招收退休、退职职工子女工作的通知》并提出"对前几年招收进来的退休、退职职工子女，要认真进行一次检查和考核。凡是呆、傻、精神病患者，以及明显不符合招工条件的，应当进行清退；本人基本符合招工条件、但不能适应现任工作需要的，要给以培训，经过培训仍不能适应工作需要的，特别是文教、卫生部门的人员，由当地劳动人事部门会同主管部门给予调整，另行安排工作。对不服从调动的，应予辞退"①。

随着劳动制度改革的深入发展，1986年7月，国务院颁布《关于发布改革劳动制度四个规定的通知》②，明确提出废止"子女顶替"制度：

> 子女顶替制度实行多年，弊病甚多，必须废止。考虑到部分家居农村的老工人的实际情况，在贯彻执行中允许适当灵活一些，即对1957年底以前参加工作、家居农村的老工人，在他们办理退休手续后，允许其1名农村的适龄未婚子女到父母原工作单位的城镇，参加全民所有制单位或集体所有制单位招工考试或考核，在同等条件下优先录用。……"内招"职工子女的办法也必须废止。矿山井下、野外勘探、森林采伐、盐业生产四个行业是否继续"内招"职工子女，由国务院有关主管部门与省、自治区、直辖市人民政府商定。③

---

① 国务院《关于认真整顿招收退休、退职职工子女工作的通知》（1983年9月3日），载劳动部保险福利司编《我国职工保险福利史料》，中国食品出版社1989年版，第690页。

② 该通知包括《国营企业实行劳动合同制暂行规定》《国营企业招用工人暂行规定》《国营企业辞退违纪职工暂行规定》和《国营企业职工待业保险暂行规定》四个具体部分。

③ 国务院《关于发布改革劳动制度四个规定的通知》（1986年7月12日），载劳动部保险福利司编《我国职工保险福利史料》，中国食品出版社1989年版，第739页。

以此为标志，子女顶替制度基本被废止。然而，虽然单位人子女通过顶替接班的方式进入单位组织的渠道被封锁了，厂办大集体的举办却已经实现了对绝大部分单位人子女就业的吸纳。虽然这两种方式的不同存在着集体身份和国营身份的差异，但 T 办大集体的举办对单位共同体结构性扩张所造成的实际效果，远比子女顶替接班更加深远。由子女顶替接班制度所带来的单位组织内部亲缘关系的复杂化，也被厂办大集体承接，并推向了高潮。

（二）单位组织中的家族化关系网络

子女顶替接班所带来的提前退休问题虽然得到了解决，但国有企业内部职工素质低下的问题，由于厂办大集体的举办则更加严重了。并且，由于家属工的存在以及单位组织内姻缘关系的结成，国企单位内部的血缘、亲缘关系就在一定程度上对企业管理造成了影响，大量单位人子女进入单位组织，更是加重了单位组织内部"家族化"现象，并强化了家族化关系网络的塑造。

同一位职工的多个子女同在一个厂办大集体工作的情况的存在是相对普遍的：

> 当时的政策就是你父母在哪个单位，完了你就可以上哪个单位（的附属厂）上班。我在那个分厂是 1980 年成立的，我是 1982 年上班的。当时高中毕业之后，就是这边招工了，父母给报名了，完了就让我上班了。进厂就上班，上班就干活。像我们没上大学的基本都在这一个地方了，都在一个单位上班。我家我和我哥都在这儿。①

另一位厂办大集体工人也和她的姊妹同在一个单位：

---

① 2015 年 1 月 C 市 Y 厂厂办大集体下岗工人 201501S 访谈。

像我们那过去不都一家好几个孩子吗，像我们那哥们姐妹都在一个地方上班，都在（同）一个单位。但在（不在）一个车间就不一定了。我家我，还有我姐、我妹妹，都在（同）一个单位。①

一位曾经的 Y 厂领导就明确告诉自己的子女，"你可以到任何一个单位去，我绝不允许你到 Y 厂来"②。他的这条"规矩"正是为了避免单位内亲缘关系而考虑的。

就算是实在没有路子的人，他们也希望（子女能在 Y 厂工作），好歹这 Y 厂是个效益不错的单位。（所以）就形成了这么一个问题。那么，我觉得啊，就是有一个术语叫什么"近亲繁殖"，不是说生理上的啊，它是社会行为。它是一个不太好的一个行为。你没有一个外界的、其他因素的话，总是在一个小圈子里转转转的，它将来肯定是要生出一个次品的，要出问题的。你看，比如说，你这一茬头儿（领导）的孩子，你的孩子（来到 Y 厂），又全是头儿（领导）了，一代代的话，这企业，它世袭制，它就变成世袭制了！这是不利于进步的，它这个可不好。所以，我就不让我儿子回 Y 厂的原因就在这儿。③

在"家族化"的关系网络下，单位许多管理规定也就难以真正实现：

都是一个家庭的，有的时候这个事儿就不好办了。像刚才说了，假如（亲属）都在一个车间，要考核就不好办了。这说

---

① 2015 年 1 月 C 市 Y 厂厂办大集体下岗工人 201501W 访谈。
② 2013 年 10 月 C 市 Y 厂退休干部 201310Z－2 访谈。
③ 同上。

道就多了，人情的东西就掺和进去了。"近亲繁殖"不是一个特别好的现象，就像人类也一样，近亲繁殖也有问题啊，事儿就多呗，毛病也多。家族化不好。有这些关系，好多事情就不能按正常的进行。有的一家的，像哥哥在这儿，姐姐也在这儿，然后父亲再是科长。这有点儿啥事儿，选票，大家一看这是科长的儿子，选他吧。本来他不够（条件）也选他了。①

原本单位人及其家属只是共同生活在单位的空间范围中，随着单位人家属进入单位组织内部，单位共同体逐渐扩张并强化，并逐渐将包括单位人的代际再生产之内的所有活动都嵌入了单位的场域之中。不论身处其中的单位人动机如何，单位组织内部以家庭成员或家族成员为中轴而构建的非正式关系网络已经成为实体性的存在了。

小 结

对于国家和社会来说，单位组织的结构性扩张实际上是社会资源重新分配的实践，也是"家国同构"思想的进一步尝试。单位在成立之初就以共同体的形式存在，其功能设定也暗含了国家重组中国社会的思想。中华人民共和国成立之初，受到客观资源有限性的局限，单位在生产性和社会性的平衡中只能有所取舍，因此建立之初的单位体制其覆盖范围是有限的，虽然那时就存在与单位人身份相对应的分房制度、覆盖到单位人家属的福利制度、子弟校制度，但这些制度安排都是围绕身处单位组织内的正式单位人而展开的，一旦原本单位人脱离单位组织，其家庭所享有的一切保障都将不复存在。随着生产力的发展和社会进步，单位组织开始有了更多可分

---

① 2013年4月C市Y厂退休职工201304C访谈。

配资源，在共同体内涵的强化和家国同构的传统思想影响下，也势必要承担更多的社会性职能。其最明显的表现即单位人子女开始具备了制度规定的获得正式单位人身份的途径，单位共同体在福利性和社会性上开始走向全面化。同时厂办大集体与国营单位在生产上的密切联结，实际上可以视为国营单位将资源向下分享。这种单位体制深度和广度的延伸，也可以视作为家国同构的进一步实践。

在厂办大集体成立前，社会资源的分配主要分为单位体制内和单位体制外两个部分，即单位资源与狭义的社会资源。虽然厂办大集体是作为原国营单位的附属而产生的，其主要依托的资源也来源于国营单位，但这并非国有企业的自身行为，而是国家资源调配的统一安排。厂办大集体的产权所有制性质及其所承担的社会功能使其成为单位体制内外的交叉点，它存在于单位组织内部，却并非单位组织的内部行为，而是单位资源共享边界向社会延伸的体现。单位组织在成立之初就是生产性、社会性和政治性的复合体，是国家重组社会的重要途径。在资源有限的条件下，单位组织只能以自身为边界承担有限的社会责任；在可分配资源丰富后，国家希望单位组织能够在国家建构中发挥更多作用也是必然之举（见图 5-2）。

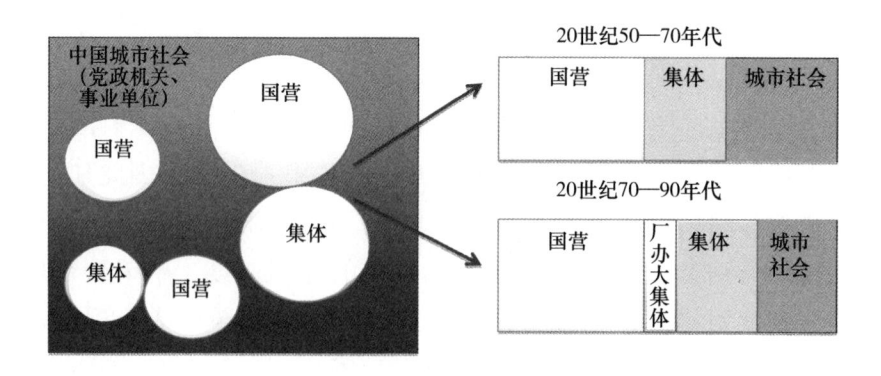

图 5-2 中国城市社会国营企业、集体企业与厂办大集体关系变化

第 五 章

单位组织内边界的结成与强化

通过厘清集体所有制企业的发展脉络并考察厂办大集体在单位共同体中的地位功能后可以发现，厂办大集体的产生确实使单位共同体的覆盖范围在广度和深度上都得以扩张，甚至可以说厂办大集体的产生使单位共同体的功能接近完善、规模达到顶峰。但与此同时，集体所有制进入国营单位组织也打破了原本单一全民所有制的国有企业结构，从而在客观上塑造了单位组织内二元化的组织架构，造成了单位组织内边界的产生。

第一节 单位组织内自反性力量的结成

厂办大集体的产生给原本结构单一的国营单位组织内引入了集体所有制，在二元化产权所有制的基础上又造成了国营单位与厂办大集体之间管理、运营、工资、福利等多种方面的二元化，单位组织内以产权为基础的内边界结成。

一 所有制身份混合后的得益者与失意者

单位人所在的单位的产权所有制性质，决定着单位人的身份属性，即所有制身份。正如前文所述，集体身份引入国营后，国企单位内集体身份和国营身份同时存在成了常态。虽然这些厂办大集体和国营单位是相互独立的个体，但在实际的生产过程中却不可避免地会产生所有制身份的混合，也就是通常意义上我们所说的"混岗"。狭义上来说，这种"混岗"通常表现为厂办大集体的职工利用国营的厂房、设备进行生产，即集体身份混入国营单位中与国营身份的职工从事相同的劳动。但是在访谈中，很多受访者都认为厂办大集体利用自己的厂房、设备生产国营安排的生产任务也是"混岗"的一种。这种"集体"混入"国营"主要存在于生产线上，机关管理岗位一般不存在这种混岗。与此同时，也有"国营"混入"集体"的混岗，即国营身份的职工在厂办大集体担任干部、领导职务等。由此可以看出，第一种混岗，其对象基本是生产线工人，由于所有制身份的不同，集体身份混入国营会被区别对待，这部分混岗的集体身份工人也就相应地成为相对弱势的群体。与之相反，以国营身份进入集体的干部、领导者，他们本身就有比集体普通职工更多、更大的职权，国营身份的属性又使他们在集体所有制企业中更具优势。他们既保留着国营身份，同时又享有作为集体管理者的权力，这部分被派入厂办大集体的国营干部反而成为混岗的受益者。

（一）"混岗中最吃亏的是大集体"

在生产线上的混岗，即集体身份的职工承担国营工作任务的这一类混岗中，"有的是开'小灶'，通过工厂对外订货，让知青加工；有的是把设备维修等辅助工作交给知青来做，有的则是让知青直接上岗，与生产工人同机床、同工位操作"[①]。不论哪一种情况，在大部分集体身份职工的心中"混岗"都是"吃亏"的："集体的（职工）混岗在国营里头，集体的（职工）最吃亏了！完了吧，还

---

① 第一机械工业部、全国总工会联合调查组：《关于第一汽车制造厂职工队伍状况的调查报告》，载中共中央书记处研究室理论组、中华全国总工会办公厅编《当前我国工人阶级状况调查资料汇编》（1），中共中央党校出版社1983年版（内部发行），第54—55页。

受苦，因为你是集体的（身份）啊！"①

探究这种"吃亏"，主要是源于厂办大集体承担的是国营的生产任务，同时厂办大集体出于安置性目的而成立，往往其职工素质、生产技术水平都与国营存在很大差距，因此国营分派给厂办大集体的生产任务只能是技术含量较低的或非核心任务，即主要利用厂办大集体的劳动力资源即可完成。这在现实中往往就会表现为国营将一些自己"不愿意干"的活分派下去给厂办大集体来完成。例如T厂炼钢厂，就将原本自己应承担的火切工作交给了厂办大集体负责，以劳务费的形式按月结算：

> 这个活本来是应该由我们炼钢（厂）工人干，但这个活又脏又累，我们不愿意干，也干不过来。另一个呢，（集体）这帮工人也得生存。T厂为了能让他们生存硬在我们各个分厂拨出来一些活给他们干。火切这个活我们炼钢（厂）工人是不参加的，所以说只要跟火切有关的都是他们（集体工）干。这样好管理啊，也好结算。②

上述类型的混岗，实际并不存在同一生产线上集体身份和国营身份职工的混合，而是以生产为基础的混岗。因此厂办大集体职工的"吃亏"主要表现在承担了一些相对较为辛苦或者工作条件较差的生产任务上。而集体身份职工进入国营厂"出劳务"的情况则有所不同：

> 我们（知青厂）刚成立那时候没有产品嘛，你就只能上（国营）那儿帮人家干活去。好比说你今天干这个活，明天人家那边缺岗了就给你整那头去了，那都不固定。附属嘛，就干零

---

① 2017年9月T市T厂厂办大集体退休职工201709L-2访谈。
② 2017年9月T市T厂内退职工201709M访谈。

活，掺着干吗。就是说混在人家（国营）那里头了。我们那时候就挣服劳务的费用，像给人家干活似的，国营那边给知青厂钱，我们挣的就是这份钱。①

这种混岗下，集体身份的工人被分派到国营的哪个分厂、车间，就归那个分厂（车间）管理，并且其工资还是由厂办大集体来结算。这在一定程度上就造成了管理的混乱，并且也由于劳动付出和工资待遇的差距，造成了集体身份和国营身份之间认知二元化的逐渐形成。

以 T 厂为例，考虑到具体生产任务及劳务费的计算，T 厂中集体工人和国营工人混岗进行统一岗位工作的任务并不多，其中就包括天车操作和开火车头两种。

> 在那个金属资源公司，（开）天车就是大集体（工）和国营（工）混在一起干。俩人倒一个班，（集体工）就跟全民（国营工）干活是一模一样的。但工资待遇他（集体工）得上企业公司（劳动服务公司）开资。T 厂的天车工不好雇，贼累，谁也不愿干，所以说干一干（国营工）都不爱干了。这样呢，就把企业公司的天车工就这样整来，混在一起干。结算工资的时候按多少人就行了，干的活是一样的。大集体（工）在全民工里头就是最低等的。②

相比之下，开火车头的工作更辛苦：

> 我们 T 厂有个运输处，运输处就（是）开火车头的单位，把钢材来回运输的。那个工作不允许你调工种。你来（进厂）

---

① 2015 年 1 月 C 市 Y 厂厂办大集体下岗工人 201501W 访谈。
② 2017 年 9 月 T 市 T 厂退休职工 201709Z 访谈。

了你是这个开火车头的,你就永远干这个活。老多辞职的了,因为不让他改工种。你家有多少钱、找谁也不好使。因为那个活儿谁都不愿意干,还贼埋汰,挣得还不算太多。①

这项工作也自然成了很多集体工人迫不得已的选择,并且在本就艰苦的工作岗位上还要承受着与从事同样工作的国营身份工人的差别待遇。在这样的混岗下,厂办大集体中集体身份的职工无论是在厂办大集体从事生产劳动,还是以"出劳务"的形式混入国营厂与国营身份工人进行同工、同位生产,其所从事的生产任务都是国营厂的低端或"不好干"的边缘环节,因此天然就存在着集体较国营"低一档"的界限。并且,无论这些集体身份的职工是否混入国营,无论从事相同工作的国营身份职工的工资标准如何,这些厂办大集体职工的集体身份就决定了他们始终要根据上级劳动服务公司或厂办大集体的标准获得报酬和待遇,而往往厂办大集体的收入标准是低于国营的。这就形成了"同工不同酬"的状况,在主观上加深了集体职工"吃亏"的心理体验,在客观上则凸显了国营身份和集体身份之间的界限。此外,在有些集体工人混入国营生产线进行生产的过程中,有些车间存在着偏袒国营身份工人、把国营工"不爱干"的工作分派给集体工人的情况。在多种原因的共同作用下,国营身份与集体身份之间的区隔不断加深,厂办大集体里集体身份的职工也就成了所有制身份混合后的失意者。

(二)"让我回国营我都不回去"

相比之下,国营身份的职工被派到厂办大集体则是完全不同的经历和体验。首先,国营身份职工虽然在厂办大集体工作,但其国营身份依然予以保留。其次,国营身份进入厂办大集体工作的职工主要是领导干部、业务骨干以及一小部分技术工人(派去带徒弟的师傅),是国营厂加强对集体企业领导的措施,其在集体企业中的地

---

① 2017年9月T市T厂内退职工201709S访谈。

位依然是突出的。最后，去厂办大集体工作对一些国营身份的职工来说也是一种机遇，可以获得更多在国营单位时无法享受到的利益，如晋升机会甚至经济利益等。这也就造成了国营身份职工对混岗截然相反的态度："让我回国营我都不回去。"

例如，前文中提到的T厂服装厂的党支部书记C就是国营身份在厂办大集体工作的例子。根据她自己的讲述，她是1979年通过接班的形式进入T厂化验室工作，并获得了国营工人的身份。几年后因为个人原因，通过"找关系"调到炼铁厂当保管员，没过多久就被调去了打字室做打字员。炼钢厂成立厂办大集体后，她又被调到炼钢厂下属厂办大集体的劳资科，并在劳资科"提干"，即从国营工人的身份变成了国营干部。随着T厂劳动服务公司（企业公司）的成立，各基层生产厂下属的厂办大集体划由劳动服务公司统一管理。

> 之后领导就找我谈了，（问我）说的"你是回去（国营）是留（在企业公司）？你要是回国营呢，我接着你；你要是不回来呢，你就去（听企业公司分配）"。这个我当时也看不出来前后眼，我也不知道（留在）企业公司是好是不好。后来我一寻思，那我都已经在这儿（企业公司）了，这还干得挺顺手的，那我就跟着（企业公司）走呗。但是我是全民身份。[①]

就这样C选择留在了厂办大集体。在此期间她经历过多次在不同集体单位之间的工作调动，逐渐从劳资科的科员变成了厂办大集体的工会主席，直到最后成为党支部书记。被问到为什么能获得提拔，根据C自己所说主要是"看平时表现""平时干得挺好的"。凑巧的是，另一位T厂职工F在谈及混岗问题时就提到了C，并且表达了对C晋升原因的不同看法：

[①] 2017年9月T市T厂退休干部201709C访谈。

> 我认识一个同事 C，她现在正（式）退（休）了。她原先就是 T 厂的一个分厂的一个打字员。然后她老公公特别厉害，她老公公是原先 T 厂的一个副厂长。（要不）你（打字员）在 T 厂你就永远也提不起来。当时就是（T 厂）成立企业公司，就是大集体，隶属于 T 厂。她一个打字员就上企业公司了，干啥了呢，上一个分厂了，直接当党委书记了，副科级了。因为人家有背景，人家到了（大集体）以后，一个打字员，一个女的打字员，摇身一变（成了）一个党委书记。她在 T 厂（国营）可能挣一两千块钱，到那儿（大集体）挣好几千。她到 T 厂就是最后入股，就是 T 厂改制入股的时候，她当时一下入了十来万。（入股）根据她的工龄、根据她每个月的开资（按比例分配），不用我们职工掏钱。我当时我干那么多年我才入了三万来块钱，她当时就 10 万多，人家退休就拿回来 10 万多，叫入股钱。①

这些细节则是 C 自己从未提及的。

从国营去大集体也是很多在国营缺乏晋升机会的职工一种迂回的选择，毕竟"去大集体都得提半级，要不谁去啊"！② 一位受访者的同学其晋升经历就非常典型：

> 在全民的岗位里你想当官太难了。但是我全民的工作（身份），我到集体里我就可以当科长，当经理。最代表的就是我有个同学姓曹，它是 T 市商校毕业，一个中专毕业的。（其他）同学有大学毕业的，他要上 T 厂（国营）他只能当个科员，可能混到死最终能混个科长。但是呢，我们 T 厂当时是集体和国营都是在一起的，他当时就选择了去企业公司，企业公司就是个

---

① 2017 年 9 月 T 市 T 厂退休职工 201709F 访谈。
② 2014 年 8 月 T 市 T 厂退休职工 201408H 访谈。

大集体。他到大集体，直接就到那个财务科，一年就当上科长，两年以后就变成工会主席，三年就变成了那个企业公司书记。速度贼快，因为在集体里有学历的特别少。他提（拔）完之后，等到集体和国营必须剥离的时候、分开的时候，全民（职工）必须全撤回（国营）来。当时他在企业公司就已经提到工会主席、副处级待遇了，T厂只能按副处级安排人家，那直接就变成了T厂纪委书记。所以他比其他那些（上过大学的）同学都是贼优越的，一个中专生，跳的（升职）最快的。他是在集体跳得快，因为在集体里没有大学生。所以全民（身份）在（集体）那里头提得嗷嗷快。[①]

除了担任领导之外，在厂办大集体里其他岗位工作的国营身份职工往往也是受益者，例如T厂企业公司的司机：

> 我们的企业公司，就所谓的大集体，给各个什么印刷厂、什么知青厂、橡胶厂、服装厂的，开车的司机那牛的，给（他）我们T厂（国营）的一个科长人家都不换。除了厂长待遇（比他高），他相当于副厂长。他就（只用）伺候厂长啊！厂长有的东西他全有，出去一切花销都回到厂里报销。大集体你还不知道嘛，大集体当时那企业公司各个小厂的那个司机，都老牛了。当时有的都在外边自己再开一个汽车修配厂，恨不得再养个车子（挖沟机等）扔到哪个单位干活。这一天（在大集体）除了伺候老大（厂长），老二（副厂长）都不好使，老二看着他都得求他。因为当时那个年代没有私家车，不像现在全是私家车，就单位那两台车。谁用的都得低三下四地求他，还得看他高不高兴。然后并且他的一切花销，包括吃喝玩乐，所有的买东西的全部（厂里）报销。那企业公司下面那小厂子更经典，

[①] 2017年9月T市T厂内退职工201709S访谈。

就兴送（礼）啊，互相地送啊！那企业公司老牛了，我们企业公司那大集体老牛了，那牛得我跟你说，只要有点级别的，让回T厂都不回，给国营（岗位）都不换。①

混岗所带来的不光是失意者，依然也有受益者，只不过失意者和受益者基本与他们的集体身份和国营身份相重合，即职工在混岗中处于何种地位还是由其所有制身份所决定的。因此，在厂办大集体举办后，不仅在产权上形成了国营和集体的二元化结构，在职工所有制身份上也形成了国营身份和集体身份的混合。所有制身份的混合带来了两种利益群体的分割，这种分割又反过来加深了国营和集体两种所有制身份之间的区隔，成为促使国企单位组织内边界定型的一个重要因素。

二 单位组织内边界的塑造

虽然厂办大集体带来了单位组织结构性功能的完善和单位共同体的全面扩张，但其同时塑造了单位组织内部二元化结构形态的影响仍是不容忽视的。厂办大集体的出现将集体所有制产权引入国营，从而造成了单位组织内部两种产权所有制的分化，在集体和国营之间构建了结构化边界，继而塑造了单位组织内单位人国营身份和集体身份的差异。或许一开始这种身份差异并不明显，但随着单位组织的持续发展，单位组织内身份差异所连带的工资、福利等方面的差别日益明显，继而发展成了单位人对自己身份认同的区隔。逐渐固化的待遇差别和逐渐形成并深化的主观认知差异反过来强化了单位人对身份二元化的认知，从而巩固了单位组织二元化的结构性固化。这种组织内边界的定型也为原本结构单一、内部稳定的单位组织注入了不稳定的因素。

---

① 2017年9月T市T厂退休职工201709Z访谈。

(一) 结构化边界下待遇二元化的固化

厂办大集体成立之初总体来说还是发展较好的，这主要体现在厂办大集体职工的工资和福利水平上，集体单位与国营单位差距并不是十分明显。这一点在工资上体现得比较直观：

> 我们那时候咋地呢，知青厂和国营，就像我们三十七知青厂（散热器厂附属厂）和散热器（厂），在工资待遇上没有什么区别，甚至有的时候说知青厂的待遇比国营的待遇还要好。①

有相同感受的受访者不在少数，"我们那时候感觉跟国营都差不多，涨工资都是四块、六块的，反正那时候也没有说问（别人）'你挣多少''他挣多少'的，但是感觉都差不多"②。更有受访者表示"附属厂比国营有钱，铸模都得靠我们（知青厂）养活"③。

虽然根据规定，集体企业的工资标准应低于国营，但实际上厂办大集体经常会用收益的结余给职工发奖金或搞福利，因此也就有了这种"集体比国营好"或者"差不多"的情况存在。但随着国有企业的发展，这种工资的差距却在不断拉开，国营职工的工资会随着国家统一工资标准的调整而上涨，同时因技术等级或工作年限的提高工资也有上涨的空间。但在厂办大集体中工资却相对固定，国营职工工资"水涨船高"，集体职工的工资水平却还在"原地踏步"。这种工资收入的差距在厂办大集体发展的后期明显拉大，并形成了很难弥补或逆转的局面。更有些厂办大集体在发展后期甚至陷入了生存困境，职工工资的正常发放都很难保证。因此国营与集体在工资上的二元化差距最终形成并固化。

在福利方面也是如此，厂办大集体和国营福利的二元化差距从

---

① 2014年11月C市Y厂厂办大集体下岗工人201411Z-3访谈。
② 2015年1月C市Y厂厂办大集体下岗工人201501D访谈。
③ 2015年1月C市Y厂厂办大集体下岗工人201501S访谈。

初现端倪到最终固化并非一蹴而就，呈现出"福利比国营还好"到"越来越少"的变化过程。在厂办大集体成立之初，比如前文中提到的集体企业"吃空饷"的现象，结余下来的款项甚少被领导挪为己用，而是职工福利的主要资金来源。根据 T 厂服装厂曾任党支部书记 C 举例：

> 假如说我这个月我盈利了 60 万，我（扣）去了产值，就是乱七八糟的成本什么的，我可能剩 20 万（纯利润）。那 20 万我就拿出来 10 万，我会给（工人）做奖金发下去。剩下这 10 万块钱，厂子就开始留了，假如说下月咱们要搞福利了，或者过年（搞福利），这个钱可能就从这儿出。①

厂办大集体的福利也曾盛极一时，Y 厂的很多附属厂情况都是如此：

> 你像我们这边总分东西（福利品），知青厂总分东西，总厂就不分东西。我们这儿经常的（分东西），都是厂长说了算。因为我们人少么，就三百来人。厂长只要是觉得今年效益差不多（就给我们分福利）。你看我们那时候分过大米、白糖，有的时候还有枣，完了有的时候还有鱼。那国营的一看就很眼气呗。所以说那个时候吧，知青厂和国营几乎没感觉啥（区别）。所以说吧，头几年的时候还算是可以。等到后来就不行了。②

有的效益好的集体单位发福利品还会带出国营的份："我们单位可有钱了，他们（国营）发福利都是我们的。那都是我们买东西给

---

① 2017 年 9 月 T 市 T 厂退休干部 201709C 访谈。
② 2014 年 11 月 C 市 Y 厂厂办大集体下岗工人 201411Z‑3 访谈。

他们，我们知青厂可有钱了……后来不行了。"① 此外，还有许多福利是国营职工特有而集体职工很难享受到的，比如国营的班车、食堂补贴等往往是厂办大集体所没有的。

> 我们那个时候，因为我们是知青厂嘛，我们要吃饭的话可以上总厂的食堂，可以买那个（饭）卡，然后属于刷卡那种。总厂有班车，我们（知青厂）这边人也可以坐，班车都一样的，就是（我们）正常按月交费，总厂的（职工）不交费。总厂是怎么的呢，像吃饭的钱、班车费，他们是属于福利待遇，就是总厂就给他们。你像我们那个时候，就不如总厂了。所以说这些费用都是由你自己出。②

由于没有自己的班车，许多在市里居住的职工上班都需要倒车："哎呀妈呀，还班车呢，啥也没有。有的在市里住的上班倒好几遍车呢。"③ 这种福利差异也给职工带来了不同的感受："因为都得上人家（国营）那儿去嘛，虽然说食堂、浴池啥的也有，但总感觉是国营的吧，就总像上别人家去的那种感觉似的。后来也就不去了。"④

另外一个比较重要的福利就是分房。在厂办大集体成立初期，集体也有分房待遇，但与国营相比，集体单位房源少是造成差异的最主要原因。最早入厂的集体单位职工是这样讲述分房的：

> 像我们知青（厂）吧，就像我弟弟他也是我们单位的，他是男孩，他就是可以分房。我们单位附属厂分房子，就是按人头排号，那时候不要钱。但我们那时候分的房子就是唯一那一栋660（栋）。分房子排号，按工龄一年一年往上排。而且那时

---

① 2015年1月C市Y厂厂办大集体下岗工人201501W访谈。
② 2014年11月C市Y厂厂办大集体下岗工人201411Z-3访谈。
③ 2015年1月C市Y厂厂办大集体下岗工人201501S访谈。
④ 2014年11月C市Y厂厂办大集体下岗职工201411X访谈。

候分房好多都是两家一个中门的,就本来是一户的,两室的房子分两家住,厨房、厕所都是公用的。而我当时就没分到房子。①

另一位分到房子的职工是这样描述这个过程的:

我是 1980 年上班的,1990 年分到的房。那时候就是按工龄,两口子都得是一个单位(附属厂)的,谁的工龄长算谁的。就看工龄,没别的。按工龄排队,谁的工龄长谁先得。分(配)房子(给各个附属厂)是集体企业管理处管,不知道他是按啥分的,反正每年就是给各个单位分几套房子,跟下面分厂啥的都没关系。当时我们那批就 10 套(房)。有的排队好几年你都不一定能排上。(分的房子)都是得人家之前的人腾出来的——那时候没有买的房子,全是单位分的福利房——他分(到)别的房子,(搬)走了,那我就可以分到他的房了。一进门两户,公用厨房、厕所,十多(平方)米的房子。那时候能捞着房子就不错了。②

不管集体职工是否享受到单位的福利分房待遇,存在分房福利的厂办大集体已经是福利达到顶峰的状态,多数集体单位职工甚至都没有赶上"福利分房"这一波。

集体职工与国营职工在工资、福利水平上二元化差异的逐渐形成并固化,并且在分房、班车、食堂等其他方面待遇的不平等更强化了这种二元化,由此也造成了集体职工与国营职工主观二元化体验的客观基础。

---

① 2015 年 1 月 C 市 Y 厂厂办大集体下岗工人 201501D 访谈。
② 2015 年 1 月 C 市 Y 厂厂办大集体下岗工人 201501W 访谈。

（二）身份认同的矛盾性与相对剥夺感的产生

在所有制身份上，"集体"与"国营"之间的差异是其自产生时就划定的界限，这在集体所有制引入国营单位组织之前就普遍存在。虽然随着社会经济的发展，一些小集体企业的规模逐渐扩大，其效益情况甚至能与一些中小型国营企业相当，但这种"出身"的差异始终是无法消弭的，这也造成了集体职工与国营职工在身份认同上的分野。以 C 市 S 厂为例，20 世纪 70 年代的 S 厂是国家二轻局直接管理的，同时也是 C 市规模最大的集体所有制企业。因为效益良好、技术较为领先，S 厂一度成为集体经济发展的"样板"。即便如此，在 S 厂的技术骨干 G 在谈及自己的集体经历仍然是"悲伤大于优越感"，作为集体职工始终觉得自己是低国营职工一等的"二等公民"，进入集体也是不得已的"过渡"，即期待有一天集体企业能够转变为全民所有制，使自己实现从"集体职工"到"全民职工"的身份转变。

> 说白了，谁都不愿意在集体干，你就是"二等公民"，所有的集体职工我们（自己）都知道我们是"二等公民"，跟人家（国营）比差一个档。1976 年（集体企业）转了一批（成了国营企业），就我刚才说的冶炼厂，就已经（转型）过来了，就变成国营了。完了我们呢是模范，集体（企业）能干成（我们）这样多好啊！当时（1976 年入厂时）都说我们（S 厂）马上要转成国营了。后来又说，我们（如果）变成国营了就没有集体（企业）样板了。1978 年以后（集体企业可以转型为国营企业的政策）也干脆就没有了，就取缔了。我们单位（一直是集体企业）现在都卖（私有化）了。①

厂办大集体产生后，厂办大集体职工与国营母厂职工之间的二

---

① 2017 年 9 月 C 市 S 厂退休技术工人 201709G 访谈。

元分化也与这种集体与国营之间根深蒂固的差异密不可分，实际上是将单位体制间分化向体制内移植。早期进入厂办大集体的职工其实并未明显感觉到工资福利方面与国营的二元化差异，并且在当时厂办大集体正处于蓬勃发展的阶段，尚未形成"二等公民"的不平等性，但依然能感觉到集体职工对自己身份的矛盾感。例如受访者S，因为厂办大集体的工资福利并不比国营差，她甚至放弃了在父母退休时接班进国营的机会。

> 那时候吧，国营和咱知青厂上下没有那么大差别，要不咱早都接班了。所以说我们那时候不太分什么国营、知青（厂）的。有时候我们（知青厂）比他们（国营）待遇还好呢。所以那时候像我妈他们退休让我接班，我都没接。那时候意识就是啥呢，（国营、知青厂）都一样，根本就不用接班，因为都一样。完了你是所有的福利啥的都一样，根本就分不出来什么国营、知青（厂）的。①

这样看来，国营与集体的身份二元化是很不明显的，但在随后的访谈中她又表现出另一种相反的态度：

> 那个阶段谁上知青厂啊？就像我们，都是女的，没啥能耐，也干不了别的，高中毕业你能干啥去啊？就随父母上知青厂上班就完事儿了呗。人家有出息的都出去当兵，回来就变国营了，那多稳定啊。②

这种对集体身份的认知更多地体现为一种烙印感，即如另一位受访者所说：

---

① 2015年1月C市Y厂厂办大集体下岗工人201501S访谈。

② 同上。

> 我们都没有什么专业、职业的（知识技能），我们的水平都是一样的，说心里话，都是不高考的、学习不怎么地的。就是不想学习，不想高考的上这儿（厂办大集体）来了。①

这种对集体身份认同的矛盾性一直贯穿于集体职工单位生活的始终。他们一方面认为自己是单位的一分子，在工资和福利上和国营没什么不同；而另一方面预设的身份自卑感也表现为对集体身份的不认同或排斥，并逐渐强化了集体职工对单位组织内不同所有制身份的二元化体验。

> （在知青厂）感觉上不一样，就（感觉）说"哎妈呀，你看人家那是国营的"，就感觉人家是国营的、处里的，就挺羡慕人家的。所以那时候一说谁是国营的，那了不得了！纯牌"铁饭碗"！那知青厂就好像是后妈似的，低一等，有这种感觉。还是不一样。②
> 就是觉得不一样，工资什么的虽然差不多，但还是觉得就是说我们是"附属的"，是人家（国营）附属的，都是子女似的，就这种感觉。③

对自身集体身份和国营相比二元化的认知体验也反映在集体职工的择偶观念上，表现出更愿意找国营对象的趋势。在当时的征婚启事上甚至直接提出"国营工作、暖气楼房"的要求。这一点在访谈中也得到了印证。例如曾在铸模厂附属厂工作过的 L：

---

① 2015 年 1 月 C 市 Y 厂厂办大集体退休职工 201501C 访谈。
② 2015 年 1 月 C 市 Y 厂厂办大集体下岗工人 201501D 访谈。
③ 2014 年 11 月 C 市 Y 厂厂办大集体下岗工人 201411L 访谈。

（找对象）得找个"铁饭碗"，找个国营的啊！找国营的（工资）能早涝保收嘛。也没有其他要求。只要是父母高兴就行，而且也（得）没啥缺陷。再说了，国营上班那也是人家的一个资本啊。①

再如曾在散热器附属厂的Z：

那时候（找对象）不能找就是说知青厂的。因为知青厂呢，虽然说待遇和效益上和国营差不多少，但是还是说希望找一个国营方面的。因为在知青厂你要是女孩子可以，如果你要是男孩子，你说你要是好几个月开不了资的话，你说你咋养家啊，是不是？所以说那个时候就是希望说国营的好。你想在国营（上班）的女孩子，如果是一个月工资比较高，那知青厂的男孩子如果是挣得比较少的话，你想想怎么也不愿意找，是吧？②

与之相对，知青厂的男职工则是大家普遍不愿选择的。

我们那时候不像你们现在似的，那时候人家男的有点儿能耐的人家都当兵走了。那时候像我们那个年代，都想找个稳定的工作，找对象都想找个工作稳定的。所以男的一般都当兵，当兵回来才有稳定的工作。要不人家Y厂的女的谁跟你啊？那时候男的基本都当兵，人家回来就变国营了，那时候都包分配。男的谁不当兵啊？谁上你这知青厂来干啥来啊？③

这种身份的二元化体验逐渐形成了一种对集体身份甚至所处境

---

① 2014年11月C市Y厂厂办大集体下岗工人201411L访谈。
② 2014年11月C市Y厂厂办大集体下岗工人201411Z-3访谈。
③ 2015年1月C市Y厂厂办大集体下岗工人201501S访谈。

遇的不满意,继而形成了一种"相对剥夺感"(discrepancy between exception and actuality),即一种对期望与现实之间感知落差的体验。这种感受在与参照群体即国营身份职工的不断比较过程中得到强化,最终形成了一种负面的主观情绪。根据 1987 年的一次统计调查[①],其结果显示集体企业单位的成员的相对剥夺感明显高于国有企业的职工,并且这一结果在 1993 年和 2001 年的同类调查中依然如此。这种身份认知二元化与身份认同矛盾性,加之相对剥夺感的主观体验,成了单位组织内结构性边界固化的重要因素,并成了单位组织内自反性力量的主要意识来源。

第二节 国营与集体的逐渐分离:单位组织内边界强化

随着单位组织的持续发展,单位组织内边界并没有固定或消除,厂办大集体与国营单位之间差异化日益严重,从组织形式到职工身份体验逐渐走向分离。这种分离使得国营单位与厂办大集体之间差异不断拉大,原本存在模糊空间的、线性的体制内边界逐渐强势并似有形成壁垒的趋势,单位组织内边界的明显强化。来自国营单位和厂办大集体之间相互分离的力量不断冲击着单位共同体的结构边界,单位组织内边界的强化也成了可能引发组织结构松动的自反性力量。

一 组织重组的制度性分离

20 世纪 90 年代以前的厂办大集体,虽然有统一的劳动服务公司

---

① 李汉林、渠敬东等实施于 1987 年夏季的问卷调查。问卷的抽样根据多阶段分层整群随机抽样的方法进行。根据区域特征及城市规模在全国范围内抽取了 30 个城市,并对每个城市发放了 100 份问卷,共发放问卷 3000 份,有效问卷 2348 份,回收率 78.2%。参见李汉林、渠敬东《中国单位组织变迁过程中的失范效应》,上海人民出版社 2005 年版。

进行管理，但劳动服务公司实际上仍然是国营单位的分支或处室，并且有许多厂办大集体是从事生产的附属厂或知青厂，它们实际上是处于所依附的二级厂或基层生产厂的管理之下。因此这一阶段的厂办大集体，即使是有独立的生产空间或产品，其与国营单位间存在着的结构性界限仍是相对较弱的，加上混岗等现象的普遍存在，可以说厂办大集体在举办初期与国营单位的界限是可跨越的。随着国家对国有企业发展目标的重新定位，国企开始实行"精干主体"的改革，厂办大集体也成为宏观结构调整的一环。这次调整最明显的变化即成立独立的企业公司，对所有厂办集体企业进行统一管理。这种从劳动服务公司到企业公司的变化，除了名称的变化之外，更意味着结构上厂办大集体与国营单位之间边界的明确化，随之带来的则是边界的强化，即从可跨越边界到难以逾越的壁垒的形成。

(一) 从劳动服务公司到企业公司

1993年中国共产党十四届三中全会通过的中共中央《关于建立社会主义市场经济体制若干问题的决定》中，除了明确提出要建立市场经济体制，也对国有企业提出了"产权清晰、权责明确"[1]的要求。短时间内要使国有企业完成市场化改革目标显然是不可能的，因此从当时国有企业的普遍做法上看，对厂办大集体进行明晰产权的改革是对政策的首要回应。这种"产权明晰"对厂办大集体与国营单位之间区分的重描，也是单位组织内部边界强化的最主要表现。两个主要案例厂T厂和Y厂也是在这一时期开始逐渐对组织内部的厂办大集体和国营单位进行重组，并重新明确二者间的结构性关系。

Y厂劳动服务公司即集体企业管理处，成立于1982年，是Y厂的职能部门之一，其主要职能在于对Y厂1979年以来成立的厂办大集体进行统一管理。至1992年，Y厂劳动服务公司（集体企业管理

---

[1] 中共中央《关于建立社会主义市场经济体制若干问题的决定》（中国共产党第十四届中央委员会第三次全体会议1993年11月14日通过）。

处）共有职工 3670 人，其中包括全民所有制（国营）职工 643 人，集体所有制职工 3027 人。劳动服务公司直接下设 29 个科室，所管理的全厂集体企业系统厂（公司）共 95 个。① 1994 年 4 月，Y 厂集团公司决定在原劳动服务公司（集体企业管理处）的基础上成立 Y 厂企业总公司（集体企业管理部），为 Y 厂集团公司直接领导的子公司，同时也是 Y 厂集团公司对所属集体企业行使统一管理的职能部门。"公司以集体企业为主，兼有全民等多种经济成分，是独立核算、自主经营、自负盈亏、自我发展、自我约束的经济实体。拥有固定资产 30180 万元，净值 27407.7 万元，工业生产设备 4955 台。有职工 34851 人，其中干部 2017 人"②，下设组织机构如图 6-1 所示。1998 年，Y 厂集团公司实施"精干主体、剥离辅助"的改革措施，又相继把各专业厂、处室兴办的数百个附属厂和商业网点及几万名员工划拨给 Y 厂企业总公司。③ 至此，Y 厂的厂办大集体与国营单位之间确立了自成立以来最清晰的结构边界，并且边界两侧的活动也开始各行其是，逐渐分离。

T 厂的情况与 Y 厂相似。T 厂劳动服务公司组建于 1979 年，就整体来说是集体所有制联合企业，它是 T 厂的一部分，同时又是 T 厂的一个职能部门，即集体企业的管理机构。1988 年 3 月，为了方便对集体企业的统一领导与管理，T 厂决定将劳动服务公司更名为企业公司，并成立集体经济管理处，对原总公司下属二级厂矿（公司）所办的集体厂（队、店）实行统一管理。这时的企业公司仍是 T 厂的职能部门而非独立的法人实体，其成立只是更加明确了对 T 厂集体所有制企业的统一管理。1992 年，集体企业管理处改为多种

---

① Y 厂集团公司史志编纂室编：《Y 厂集团公司年鉴（1993）》，吉林科学技术出版社 1993 年版，第 185 页。

② Y 厂集团公司史志编纂室编：《Y 厂集团公司年鉴（1995）》，吉林科学技术出版社 1995 年版，第 237—238 页。

③ Y 厂史志编纂室编：《Y 厂创业五十年（1953—2003）》，Y 厂集团公司 2003 年（内部发行），第 523 页。

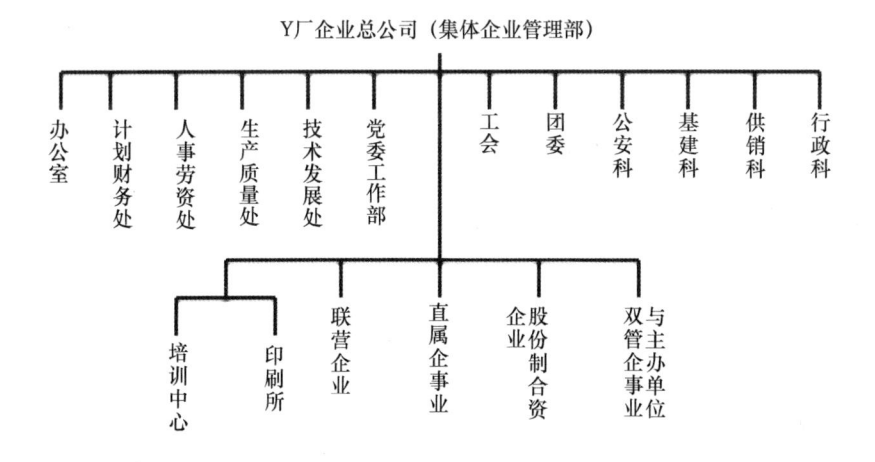

图6-1　Y厂企业总公司（集体企业管理部）组织结构图[1]

经营管理处，与企业公司两块牌子、一套人马。直至1993年，企业公司全面推行资产经营一体化，企业公司内取消二级厂的法人资格，企业公司成为一个经济独立的实体，保留公司一个法人执照。至此，T厂的厂办大集体成为T厂的行政隶属单位，从制度上形成了与国营单位的正式分离。2005年按照中共中央、国务院和省委、省政府的要求，T厂集团公司对主辅分离、辅业改制工作做了进一步推进，力图使辅业单位真正实现"四自一独"[2]，在这期间也进一步明确处理了企业公司和国营单位之间的产权和人事劳动关系，厂办大集体与国营单位的结构性与制度性分离最终完成。

（二）可跨越界限到结构壁垒

从劳动服务公司到企业公司的变化不仅是名称的变更，更是厂办大集体在单位组织中所处结构位置的变化。在成立企业公司前，

---

[1] Y厂集团公司史志编纂室编：《Y厂集团公司年鉴（1995）》，吉林科学技术出版社1995年版，第239页。

[2] "四自"即自主经营、自负盈亏、自我约束、自我发展，"一独"即具有独立的法人资格。

厂办大集体的构成包括国营单位的处室或生产厂所设立的附属厂或知青厂，以及饭店、商店等服务性第三产业，这些厂办大集体或在国营处室、生产厂的直接管辖之下，或由作为国营处室的劳动服务公司（集体企业管理处）管理。这就使得厂办大集体虽然产权独立，却始终与国营单位存在着密切的联系。随着企业公司的成立，单位组织内产权明晰的国营单位和集体单位正式区分开来。从附属厂到企业总公司，曾在Y厂供应处附属厂工作的职工这样描述这个过程：

> 实际来讲我们就是这么（供应处下属的）一个部门。后来成立企业总公司了，给我们这些附属厂，就是说各个单位的附属厂——供应处有附属厂、总装有附属厂、轿车有附属厂、发动机有附属厂，Y厂各个单位都有像我们这样的附属厂——整合了，成立个企业总公司。①

在企业公司成立之前，地域空间、生产环节的非独立性都使厂办大集体与国营单位之间的界限相对模糊且弱化，厂办大集体职工可以在国营厂的生产线同工、同位混岗，或利用国营资源加工自己的产品，这都是单位体制内边界可跨越性的直接体现。因此在制度规定的结构性分离外，厂办大集体与国营单位的界限明确化，首先，表现在空间联结的破除，即随着厂办大集体搬出国营单位的厂区，二者之间空间地域联系被切断。

其次，在生产环节上，集体职工以缺乏组织的形式零散进入国营单位进行生产的情形不复存在，厂办大集体以厂为单位承接国营单位的生产任务为这一阶段厂办大集体的主要生产形式。同时，与之前相比，"总厂基本不管、自负盈亏"成为这一时期厂办大集体的主要特征。

---

① 2015年1月C市Y厂厂办大集体退休职工201501C访谈。

总厂基本不管,就是自负盈亏,现在这厂子也有(这种情况),垮得差不多了。现在总厂不怎么扶持它了,所以说现在有好多都"买断"了,都归个人了。原来我们那个厂也归企业公司,企业公司是一个总公司,我们那都是总公司下面的一些个小厂,下面大大小小的厂子挺多的,有的是盈利的,有的是亏损的,不一样。你像我待那个地方算中等,中等偏上,它有盈利,每年能盈利个几十万的,这就算不错了;还有的地方持平的;有的地方还亏损的,都有。后来总厂不想背这块包袱,你自己(分厂)去经营你自己去,让你自己去谋生存去,不再扶持你了。那地方工资不多,奖金那块老少了。①

最后,由于混岗的情况基本得到了解决,单位组织内身份所有制混合的现象得到了改善,这也意味着集体职工与国营职工之间的交往渠道逐渐封闭。在 T 厂 2005 年进行的改制重组中,特别对混岗作业员工的劳动身份处理提出了具体办法,对于混岗中的集体身份员工中符合条件的可参与全民所有制改制,其余均按照集体企业要求管理。对于混岗中国营身份的职工,"对选择留在集体企业工作的员工,由原主体企业与其依法解除劳动合同并一次性支付经济补偿金;对选择回原主体企业工作的员工,原主体企业能够提供岗位的,可参与改制,原主体企业无法提供岗位的,由原主体企业与其依法解除劳动合同并一次性支付经济补偿金"②。混岗职工改制身份的明确化固化了企业公司与国营单位的人员身份构成,企业公司与国营单位之间也更加泾渭分明,组织结构壁垒逐渐形成。

---

① 2014 年 11 月 C 市 Y 厂厂办大集体改制职工 201411Z - 2 访谈。
② 《T 厂集团公司整体改制重组员工安置办法》,载《T 厂年鉴》编辑委员会编《T 厂年鉴(2006)》,T 厂 2006 年(内部发行),第 126 页。

二 单位组织内边界两侧的人情权力关系

企业公司成立前，厂办大集体与国营单位在管理上就存在着明显差异。首先，国营单位在长期的发展变化过程中已经逐渐形成了正规化、制度化的管理体系，有着明确的考核指标、奖惩制度等，相比之下，负责管理厂办大集体的劳动服务公司则缺乏完备的制度体系，尚未形成明确细化的管理规则。其次，国营的管理制度通常都能够在下级分厂或基层单位得到有效的贯彻执行，而厂办大集体的管理则处于相对宽松的状态，并且由于"混岗"现象的存在，有些厂办大集体的管理甚至颇为混乱。最后，由基层分厂举办的生产型厂办大集体，由于要受劳动服务公司和主办厂的双重管理，因此与国营单位相比就可能存在更多管理漏洞和缺陷。企业公司成立以后，厂办大集体划归企业公司统一管理，虽然企业公司与国营的管理方式和标准上存在着差异，但这一时期针对厂办大集体的管理体系已经开始正式建立起来，体制内边界两侧在制度管理上的差异也得到了改善。

企业公司的成立，实则也可以视作在单位组织内部建立起的、嵌套似的微型单位制。企业公司除了在产权所有制上与国营单位有根本差异外，其组织结构框架及制度设置基本是与国营单位相类似。就是在这样类似的制度下，企业公司与国营单位之间的权力关系运作方式却逐渐走向截然相反的两面。

（一）国营：正规制度下的变通与人情味

在国营单位中，权力的运作都是依据长期建立起来的制度设定，并且在制度设定范围内运行的。因此在国营单位中，对正式制度的非正式回应的方式往往是"钻空子"似的变通或者软化。这些行为的出发点有时带有照顾性的色彩，其手段基本表现为对制度的变通而非无视或者对抗，结果也通常能够满足实现个人利益的要求，但同时并不针对或不损害其他个体的根本利益，多少有些"无伤大雅"的意味。

首先,这种对制度规定的不遵守,其出发点多数时候是基于一种照顾性的人情味,可以视为对制度的灵活执行。例如,在Y厂的国营单位,就有不符合招工条件而通过"靠关系"进厂的案例,其主要表现为单位对确有实际困难的职工及其家庭的照顾,即在不突破制度底线的前提下特殊化的变通,这实则体现了单位对职工的关怀。

> 要我说吧,我得感谢Y厂。我是从(C)市里面的单位调过来的,原来我们那个单位(C厂)也是属于大集体,反正原来的单位还算可以吧。我爱人原来是Y厂变速箱厂的,但是他就一直没咋上班,年轻的时候就有病了,精神不太好。完了我那时候俩孩子,上那儿(C厂)上班远啊,完了Y厂就答应给我调过来。我调过来是(到)变速箱(厂)的知青厂。我姑娘那时候刚毕业时间不长,也是照顾我姑娘,给(她)安排了工作,也是在这儿,也在大集体。那时候招家属工(政策)早都结束多少年了。这就是单位照顾我,完了给我(调过来的)。那根本不是说像现在似的靠关系,我也没这个关系,也不认识谁。我就一直都在(C厂)那边,完了单位一看我家挺困难,我家那个(丈夫)还有病,就因为这个单位给我调过来。①

在这个案例中,虽然受访者M是被调转进集体所有制的知青厂,但是其运作过程都是由国营单位来完成的,而对于受益者而言,也将这种关照视为来自单位甚至党和国家的关怀,这与谋私利、"走后门"而达到目的的情况是不同的。

其次,在国营单位中,职工无论是主动遵守还是被动服从,都鲜见对规则的违抗。即便是为了实现个人利益,其手段也是在找漏洞、"钻空子"的变通,而不敢大张旗鼓地突破制度规定的限

---

① 2015年1月C市Y厂退养家属工201501M访谈。

制。以 T 厂招工考试为例，受访者 H 的丈夫是 T 厂国营单位的领导，但是她的女儿却没有因此受到优待，同样要参加统一的招工考试。并且，H 的丈夫在整个招考的过程中并没有为自己的女儿提供任何形式的帮助。

> （当时）国营好啊，当然都愿意去国营了！当时（考试前）我好几天都睡不着觉啊，我就寻思着想啥办法让她（女儿）能考上国营。那时候考试考的可难了！我姑娘这也不行啊。我们楼（邻居）当时有个小姑娘叫小赵，学习好，我就找她让她去替考。当时我也去找认识人了，都没用！人家都跟我说了，"这监考都可严了，你可别整那些没用的"。小赵答应得倒是挺痛快的。那时候就怕（替考）被撵出来啊！后来我心一横，寻思左右试这一把，就让她（小赵）进去了。当时他们里面考试，我就在那考场门口等啊。小赵第一个出来的，我当时看她这么早出来，心"忽悠"一下子，我寻思这下完了，肯定让人给撵出来了。结果小赵说都答完了，提前交卷出来的。后来（成绩）出来一看，真考上了。那（我姑娘）他爸还是个领导呢！这（替考）他都不知道，当时他不在家。这要是他知道说啥都不能让，当时我让他找找人他都跟我急眼呢。[1]

最后，从结果上来看，这些不符合正式制度安排的操作办法虽然都满足了个人利益，但与此同时却并不损害其他特定个体的利益。例如在人事调动上，对制度的变通并非是公平竞争的条件下对某一方的偏袒，而只是提供一种获得机会的可能。例如，受访者 C 的工作调动，程序和手续上均符合制度和规定的安排，但却是"不找人不行"的。

---

[1] 2014 年 8 月 T 市 T 厂退休职工 201408H 访谈。

(1986年)我就从化验室转炼铁(厂)去了,在炼铁(厂)当保管员。我为什么要走?那(照顾)孩子不行啊,(在化验室)上夜班(的工作)我不行。(调工作)得找人,所有事儿都得找人,但那暂①很少有送礼的。(找人)就是认识的呗,都挺好的,就帮忙呗。你像我当时找的(炼铁厂)车间主任,那前儿(调工作)找车间主任都好使。那他就可以说"我这儿缺人"啊,他就跟领导说一声:"你看我这缺人,她这个人也不错,那就让她过来吧。"那暂我(一个月工资)才开28.8元,我怎么能送礼?我还得养孩子。②

在这个案例中,C的诉求通过非正规渠道、以正式的方式得到了实现,也并没有造成对其他人利益的伤害。

(二)集体:领导权力的运作场域

与国营单位明显不同的是,虽然企业公司成立以后制度建设也逐渐正规起来,但实际上却并没有形成规则意识,企业公司的领导权力甚至可以凌驾于规定之上。这一点在人事管理方面体现得尤为明显。

在招用工方面,厂办大集体主要是为了安置单位职工的待业子女,同时兼有其他少量的照顾性安置工作。企业公司成立以后,厂办大集体的招工范围则更加宽泛了起来,名额也比以往宽松。

(后来招进来的)那都是通过关系来的。90%的都是子弟,跟Y厂都得挂点儿关系,什么姨家孩子、舅家孩子了啥的。(厂办大集体)缺(人)了就能来,有的不缺也能来,就认识人就行。就比如这个活吧,10个人干也能干,15个人干也能干。那就多5个人能咋地?我们那时候大家都一起干,没有说一个人

---

① 方言,那时候。
② 2017年9月T市T厂退休干部201709C访谈。

盯一个岗，再来人就没活干这种（情况）。反正工资啥的都一样，大家一起干呗。①

到了后期，缺乏统一标准的"领导说了算"式招工就成了主要特征。

企业公司一直就属于像私（有）制似的，跟Y厂没有关系的。Y厂是Y厂的，企业公司是企业公司的，就是自己过自己的日子。我这边企业公司招人，跟总厂是没有关系的。它不像总厂招人得有名额，好比我得下点儿名额，有这个名额你才能进来、只有缺人才能进来。我们这儿（企业公司）不用，随时（想）来随时就来。领导把自己亲戚安排进来？有啊。特别正常！本身这个企业公司就不是正规的，像这个太正常了！②

在厂办大集体中，存在着参与生产的工人与"坐办公室"干文职两种职位上的区别。在被问及这种岗位分配的情况时，受访者给出这样的答案：

就是好比说，他进厂的时候这儿（办公室）需要人了，或者人家爹妈在处里当个科长啥的，有点儿能耐的，就给人家孩子安排坐办公室去了。假如说我妈或者我爸在这个单位（国营分厂）当个小科长了或者啥的，完了跟知青厂厂长那肯定都认识嘛，那互相都是有关系的嘛。那要是（父母）说，"我姑娘在知青厂上班，你给安排个地方"，人家（知青厂厂长）就说，"行吧，给你姑娘安排个好地方吧"，那就给安排个好地方呗，

---

① 2015年1月C市Y厂厂办大集体下岗工人201501S访谈。
② 2014年11月C市Y厂厂办大集体改制职工201411Z-2访谈。

那就完了呗。那不就这么回事儿嘛。①

在人事管理方面，集体职工普遍对领导权力缺乏限制的现象感慨颇多：

> 我们就和人家总厂完全没有关系。我们就是，就像我跟你说，两套管理体制。所以说它和Y厂完全是两个性质的。企业公司就是它自己说了算。人家总厂那边的，人家是有上边领导，他们有什么事儿都开会，（企业公司）这个完全是不需要的。我不太知道总厂是什么标准，我们属于个人企业似的，就个人领导说了算。他说让谁来就让谁来，他说让谁走就让谁走。他就有这么大的权力。②

T厂国营单位的职工F就是在集体场域领导权力运作下的利益受损者。F作为集体所有制企业中国营干部身份职工，经领导间的协调，被调入轧钢厂厂办大集体。在进入轧钢厂厂办大集体后，因为厂长将原本承诺给F的岗位安排给了自己的亲属，F有编制没岗位、每个月只能领到最低的标准工资，一直到几个月后有岗位空缺她的情况才得到解决。

> 当时我到轧钢厂（厂办大集体）有个什么条件呢，当时是轧钢（厂）的厂长的媳妇到了退休的年龄，她不（想）退休，完了轧钢厂就没法减员。正常人家每年都要求减员，减员怎么减呢，从岁数大的开始减，你是内退啊、病退啊，这种。然后他媳妇就死活不退（休），完全就没法整了。完了轧钢（厂）的厂长就找到了我们处处长，说"能不能对调一下？你们劳资

---

① 2015年1月C市Y厂厂办大集体下岗工人201501S访谈。
② 2014年11月C市Y厂厂办大集体改制职工201411Z-2访谈。

处来个人干我媳妇的活，我媳妇上你劳资处干他的活。就上你那儿养老，养到退休，别让她下岗"。这不谈妥了嘛，谈妥了我就（被对调）来了（轧钢厂厂办大集体）。那个轧钢（厂）的厂长，就土皇帝嘛，在轧钢（厂）就干了老多年，说了算。他把他家亲戚、朋友、媳妇都安排在轧钢（厂），都是重要职位。当时（把我调来）说好了是我干他媳妇（原来干）的活，他媳妇到劳资处干我的活。他媳妇到劳资处真干我的活了，我到轧钢（厂）他给我（算）编外（人员）了，他把他媳妇（原来干）的活给他儿媳妇干了。就这么不公平，那没办法，人家土皇帝呀！有本事你就告。完了我一看这也不行啊，太欺负人了。然后我就自己找地方（岗位）呗，我自己找地方我就要走。完了等着我呢都找好地方了，我也要走了，然后这里出了个什么事儿呢，我所在的轧钢（厂）有个会计提（拔）走了，他提（拔）走了不就倒出来一个会计编（制）嘛，完了把他这个编制就给我了。这我就摇身一变，这不就有岗了吗，就给我聘了。轧钢（厂）它也对不起我啊，他（厂长）也知道他对不起我，就这么回事儿。①

这还仅仅是企业公司下属的厂办大集体的情况："原先分厂的厂长就是土皇帝。这还不够厉害的，企业公司的厂长，那纯是皇帝。"②

从这种人事安排上可以明显看出集体与国营对于正式规则明显不同的回应方式。从劳动服务公司到企业公司，厂办大集体作为整体与国营单位的全面分割明确了两种产权所有制的运行空间，同时也分割了人情权力关系的运作环境。国营单位遵守规则并适当变通，企业公司则缺乏规则约束，领导权力有很大的自由空间。组织内边

---

① 2017年9月T市T厂退休职工201709F访谈。

② 同上。

界两侧人情权力关系的运作的差异化逐渐产生,并形成了截然不同的管理模式,这也使得厂办大集体与国营单位之间的差别日益明显,体制内边界逐渐强化。

第三节 厂办大集体改制:单位共同体衰落的先声

虽然一直以来厂办大集体都强调"独立运转、自负盈亏",然而从前文所述可以看出,厂办大集体与国营单位之间的联系是持续存在的。在这其中,有些厂办大集体依托国营单位提供的良好条件积极发展,取得了较好的成绩,却受到"厂办"大集体身份的限制而难以进一步发展。有些厂办大集体由于产品、人员素质等种种因素的影响,不仅没有实现发展,甚至维持运行都十分困难。从最开始的"扶上马,送一程"到实际的"扶上马,送全程",厂办大集体的发展始终没有摆脱"背靠大树好乘凉"的心态,厂办大集体的衰落也因此成了一种必然。厂办大集体的产生使单位共同体的功能近乎完备,将单位共同体的规模推向了顶峰,而从厂办大集体的衰落开始,也意味着国企改制逐渐迈出了第一步,单位共同体走向衰落的步伐也随着厂办大集体从单位组织中的率先脱离而拉开序幕。

一 辅业改制前的厂办大集体

伴随着单位体制内边界的强化,厂办大集体与国营单位之间的分化日益明显。1993年市场经济体制改革逐步推开,单位组织开始逐渐向现代企业转型,但这时的厂办大集体(企业公司)仍处于单位共同体的框架下,这种状态一直持续到2000年以后"主辅分离、辅业改制"(或称为"精干主体、剥离辅业"),厂办大集体才彻底脱离单位组织结构,并成为单位共同体瓦解过程中最先被推出的一环。

辅业改制的发生并非完全是国家政策导向的结果，而是与厂办大集体在这段时期的发展状态有着密切关系。在单位体制内边界逐渐强化、单位体制外边界尚未瓦解的过程中，厂办大集体内招用工制度和管理制度及其实践执行环节的诸多弊端逐渐暴露，成为厂办大集体趋于消解的重要内因。与此同时，生产空间和产权独立状况的明晰化与单位组织的二元化同时存在，这就造成了一些脱离国营单位庇护的厂办大集体难以持续运转、陷入生存困境，而另一些厂办大集体自身发展良好却囿于"厂办"的限制而走入发展困境。

（一）单位组织"家族化"的泛化与隐匿化

1981年10月，中共中央、国务院《关于广开门路，搞活经济，解决城镇就业问题的若干决定》中，对党的十一届三中全会后城乡就业问题进行了深入的阐述，文件中指出："目前存在的各种形式的集体企业，总的来说，对于发展经济、方便生活、扩大就业是起了积极作用的，这一点应当充分肯定。但是由于长期受'左'的影响，其中很大一部分在不同程度上存在着'大锅饭''铁饭碗'，或者向'大锅饭''铁饭碗'看齐的倾向……不少集体企业在不同程度上存在着国营企业的那些缺点，而真正集体所有制企业的长处它们却发挥得很少。"[①] 这种"大锅饭"的弊端与厂办大集体出现时所带来的国企单位组织的"功能泛化"密不可分。

厂办大集体成立的本意就是为了安置国企职工家中的待业子女，因此亲缘关系是无法避免的。再加上当时人员流动渠道不畅通，以及有限的人际交往范围也就促成了同一单位内姻缘关系的结成，单位组织家族化也就成了不争的事实。纵观当时东北地区的国营企业，根据1982年的统计数据显示，第一汽车制造厂"有亲属、姻亲关系的职工所占较大比例。有亲属和亲戚同在一汽工作的人数，已占职

[①] 中共中央、国务院《关于广开门路，搞活经济，解决城镇就业问题的若干决定》（1981年10月17日），载劳动人事部政策研究室编《劳动人事法规规章文件汇编（1949—1983）》，劳动人事出版社1987年版（内部发行），第334页。

工总数的61.5%，其中父（母）子（女）同在一汽的占26%，夫妻同在一汽的占34.6%，亲戚同在一汽的占22.8%（后三项相加大于前项，因亲属、亲戚关系有重复）。① 不仅一汽如此，同在东北地区的鞍山钢铁公司也存在类似问题：

> 父子（母女）、兄弟姐妹数人在一个厂的为数不少。加上青年工人恋爱、结婚，这种姻亲关系越来越多。电修厂修理车间小型班一中年女工的11名亲属都在电修厂工作，爱人、女儿、侄女和她在一个班，她的爱人还是班长。有时班内其他职工与她的任何一个亲属发生矛盾，她和其他亲属常常一起"帮腔"，职工议论纷纷，确实不利于团结。②

随着"领导说了算"式的招工的普及，厂办大集体的领导将自己的亲属、朋友安排到自己管理的单位工作的情况时有发生，"家族化"从以血缘、姻缘为基础的家庭成员，泛化成了人情关系的关系网。相比于厂办大集体与国营制度化分离以前的情况，这种"非正规渠道"也更加隐匿化了，并且有时也以权力交换的形式运作。例如厂办大集体的领导可以将其他厂办大集体领导的亲属安排进自己的单位就业，继而实现人情交换或换取承诺。

> 一家（人都）在一个单位的（少），他也避嫌。你照顾我的亲属、我照顾你的亲属，它是那样，不在一个单位（内照

---

① 第一机械工业部、全国总工会联合调查组：《关于第一汽车制造厂职工队伍状况的调查报告》，载中共中央书记处研究室理论组、中华全国总工会办公厅编《当前我国工人阶级状况调查资料汇编》（1），中共中央党校出版社1983年版（内部发行），第25—26页。

② 冶金工业部、全国总工会、辽宁省总工会、鞍山钢铁公司联合调查组：《关于鞍钢部分职工状况的调查报告》，载中共中央书记处研究室理论组、中华全国总工会办公厅编《当前我国工人阶级状况调查资料汇编》（1），中共中央党校出版社1983年版（内部发行），第17页。

顾)。(比如和其他厂办大集体的领导商量)"我让我姑娘上你那儿去（上班）""我让我儿子上你那儿去"，都是这样，不是（自己的子女）在自己那底下管。因为他不是私企，不是家族企业，不可能让你（一家人都）在一起。当领导，就那咱的领导脑瓜也是够用的，不可能说让我儿子在（我管理的厂办大集体）这儿管财务，（或者）我儿子在这儿当副厂长，没有。都是（跟其他厂办大集体的领导说）"我儿子由你来照顾，你看上你那儿干点儿啥"，人家就说了"啊，那来吧来吧，我给他安排"。完了等到时候我有啥事求着你了，你也帮我办一下。①

在这样的交换之下，虽然避免了同一单位内亲缘关系的结成，但实际上则是将亲缘关系的影响范围扩大化了，在整个厂办大集体的体系内形成了隐晦却深刻的家族关系网络。

此外，这种"家族化"并不仅表现为外化的实体性家族关系，同时也包括家族化精神。国营单位中的家族化问题，由于安置范围、规模有限，因此并未对单位组织结构造成根本性的影响。厂办大集体出现之后，国营单位就像栽培自己的孩子一样扶植其成长，作为"附属品"的厂办大集体就将家族的观念带入了单位组织之中。这些单位人子女在进厂时就被这样激励着：

"Y厂将来全是你们的，全是你们这帮年轻人的。"我们厂长开大会就是那么讲的，（说）"你们就是Y厂的接班人"。②

因此，厂办大集体的举办给单位组织打上了深深的家族化烙印，并将原本组织结构清明的国营单位组织也卷入了"任人唯亲""世袭制"的批判与诟病之中。

---

① 2017年9月T市T厂退休干部201709C访谈。
② 2015年1月C市Y厂厂办大集体下岗工人201501S访谈。

(二) 局限发展或艰难生存

到了企业公司时期，服务性第三产业的厂办大集体如饭店、超市等，已经被推到了整个组织结构的最边缘，几乎失去了作为单位共同体成分的特征。它们中有些仍在企业公司的直接管理下，而大多数都被以个人承包的方式承包了出去，因此在这里也不再对其进行过多考察。在生产型的厂办大集体中，在直接由国营生产厂指挥调度时，往往这些厂办大集体的收益都是与主办厂"一荣俱荣，一损俱损"的。企业公司的成立打破了厂办大集体与国营母厂在生产上的密切联结，虽然这些厂办大集体有些仍然承担原主办厂分派的生产任务，但"自负盈亏"成了这一时期厂办大集体的主要特征。正是从这一时期开始，厂办大集体之间出现了分化，一些发展较好的厂办大集体或成了国营单位侵蚀的对象，或受到国营政策的限制而难以进一步发展，一些发展较差的厂办大集体不具备自力更生的能力，国营单位继而成了他们蚕食的对象。

具体考察这两种厂办大集体的发展状态，与国营单位明显分化后发展较好的厂办大集体在东北典型单位制范畴下几乎很少，相比之下，似乎存在于南方城市的厂办大集体在逐渐脱离国营单位的过程中能够更加迅速地适应市场化的环境从而实现发展。在对 Y 厂和 T 厂的考察和访谈过程中，目前只了解到 Y 厂铸模厂附属厂这一家厂办大集体在与国营单位明显分离后有过短暂的辉煌。

> 我们当时是自己去收铜、铝啥的。就是他们剩的铁屑铝屑啥的我们就去回收，然后回来自己提炼，然后化成成品，再往外卖。所以为啥说我们知青厂有钱呢（就是因为这个）。另外你回收这个东西都是你自己推车去回收的，收多少后来制成多少，那你这个也不属于产品啊。这都跟国营没关系。我们自己独立的。[①]

[①] 2015 年 1 月 C 市 Y 厂厂办大集体下岗工人 201501W 访谈。

然而随着辅业改制，要求企业公司整体必须从单位组织中撤出，铸模厂附属厂因此没有了可以进行生产的厂房，最终也走向了解体。实际这也可以视为厂办大集体对国营单位的依赖。

根据一位T厂职工对T厂厂办大集体的看法，T厂的厂办大集体是失败的。在这里也直接引用了他的表述：

> T厂厂办大集体最高峰的时候，在册职工达到上万人。那时候的T厂包括矿山在内的职工都算上的话才四五万人。按常规来讲，就是按正常的市场运作来讲，这个厂办大集体，就相当于原来的国有企业帮你组建起来一个厂、选好项目，然后再给你"扶上马"，给你提供资源、给你提供市场，帮着你提供原材料，又帮你提供技术，甚至又帮你提供资金，给你扶上马了。完了（应该是）"送一程"，（结果送了一程）又一程。按道理它（厂办大集体）应该有独立生存的能力了，完全面向社会了，它应该是这样式儿的。南方有很多，包括辽宁有很多企业做得不错的。但是我们T厂没有做到的。
>
> T厂下面的厂办大集体，现在可以回顾去看，甚至很多（是）寄生虫。我不说做得能有多好，连生存能力都没有。那么来讲，就是它寄生于原来这个国有企业（国营母厂）。你比如说我T厂这个企业，生产的是这种产品，那我可能需要某种零部件，或者需要某种原材料，然后厂办大集体来干了，那我就买你（厂办大集体）的，那我就（优）先用你的。按道理给你提供这么一个很好的市场，应该能发展得很好。那么逐渐随着市场经济（体制改革），它（厂办大集体）变成一个独立的法人了，一个独立的市场主体，对吧？那它生产这个东西，在质量啊什么的都同等的条件下，他卖给T厂比如说100块钱一个，人家外面的市场现在也有这个东西，人家可能80块钱就能卖给你。那它（厂办大集体）在市场竞争中就竞争不过

人家，竞争不过人家逐渐地不就萎缩了嘛。我们 T 厂这个案例来讲，这个大集体是彻底失败了。所以现在导致 T 厂原有的上万名的这个大集体职工，现在几乎全民失业。①

在典型单位制下，依靠国营单位维持生存的厂办大集体是一种常态，这也直接导致了厂办大集体改制的案例中许多是失败的，至少对于大多数厂办大集体的职工来说是一段苦涩的回忆。

二 厂办大集体的改制路径与职工的身份转换

厂办大集体的改制与国有企业改制相比，存在着时间上的匹配性和方式上的相似性。但由于在国企辅业改制之前，厂办大集体已经形成了以企业公司为主要形式的集体企业联合体，因此厂办大集体与国营单位的分离相对明显，其改制发生的过程也相对独立。并且，厂办大集体与单位组织的正式分离标志着单位共同体走向瓦解，其对于单位组织结构和单位共同体变迁的影响都是十分重大的。因此在这里单独进行考察。

回顾厂办大集体的改制过程可以看出，在政策因素、主办国营单位对政策执行的程度以及自身条件因素的影响下，厂办大集体的改制出现了成功或失败的不同改制结果。但与这种结果并不匹配的是，无论改制后企业的发展情况如何，"买断"下岗或放假回家是厂办大集体中集体所有制身份职工普遍的遭遇。

（一）厂办大集体改制的两种路径

回顾 20 世纪末逐渐开始的厂办大集体改制，可以明显看出两种典型的不同路径：一种是能够迅速适应新的政策与环境，通过破产或改制的方式实现了向现代企业转型；另一种则是企业停产、职工放假，至今仍未完全实现企业改制，许多问题悬而未决。Y 厂和 T 厂厂办大集体改制的情况分别是这两种典型改制路径的

---

① 2017 年 9 月 T 市 T 厂辞职职工 201709L 访谈。

典型。

相对于 T 厂而言，Y 厂的企业级别更高、规模更大，受到的政策影响也更直接，因此厂办大集体改制开始时间也较早。1995 年开始 Y 厂就不断进行公司化体制改革，并且着重处理母公司与子公司之间的关系。因此 Y 厂厂办大集体——S 企业总公司——在 1994 年成立后，就一直处于改革其隶属关系的不断变动、调整之中，这使得 Y 厂企业总公司能够很快适应政策环境和市场环境。根据 Y 厂年鉴（2000）数据，Y 厂 S 企业总公司（集体企业管理部）拥有"全资、控参股企业 120 个，其中中外合资企业 7 家、上市公司 1 家，资产总值 28.3 亿元，占地面积 80 万平方米，建筑面积 34 万平方米，设备 6000 台套，员工 35000 余人"[1]，1998 年"实现销售收入 221573 万元，利润总额 14983 万元；1999 年实现销售收入 303327 万元，利润总额首次突破 2 亿元大关"[2]。

至 2001 年，根据 Y 厂集团公司文件《关于将 Y 厂企业总公司改制为 C 市 Y 厂 S 集团有限公司的决定》，"随着 Y 厂集团公司改革的深化，各子公司和直属专业厂所主办的集体企业已逐步剥离并划归 S 企业总公司。为了便于 S 企业总公司的经营与发展，根据 Y 厂集团公司总经理办公会决议，决定将 Y 厂 S 企业总公司改制为 C 市 Y 厂 S 集团有限公司"[3]。文件中规定，改制后的 S 集团有限公司是"实行独立核算、自主经营、自负盈亏、自我约束、自我发展的经营机制，依法在工商行政管理部门办理法人营业执照，独立承担民事责任的有限责任公司"[4]，成立了 S 集团公司董事会、监事会，选聘任命了经理、副经理，完成了公司制的领导体制改革。在资产关系

---

[1] Y 厂集团公司史志编纂室编：《Y 厂集团公司年鉴（2000）》，Y 厂 2000 年（内部出版），第 28 页。

[2] 同上。

[3] Y 厂集团公司《关于将 Y 厂企业总公司改制为 C 市 Y 厂 S 集团有限公司的决定（〔2001〕Y 厂集团企管字 257 号）》（2001 年 6 月 27 日）。

[4] 同上。

上，依据劳部发〔1997〕181号文件①规定，Y厂集团公司作为主办单位扶持集体企业发展而投入的原始资产，划归改制后的S集团有限公司；S集团有限公司享有所属集体企业资产的所有权，有权对Y厂集团公司剥离到S集团有限公司的集体企业资产进行重组。S集团有限公司成立后，S集团有限公司及其所辖企业与Y厂集团公司之间相互提供的产品与服务等一律按市场价格进行交易和结算。② 至此，Y厂的厂办大集体改制基本完成。2002年，S集团有限公司经过整合、重组，形成了3家分公司、15家全资子公司、17家控股子公司、18家参股子公司，实现了以资产关系为纽带的公司化体制的转变。基本形成了以工业为主导，商业餐饮服务业、建筑安装业为一体的大型综合性企业。③

T厂的改制进程在2005年开始逐渐开展，其中厂办大集体改制属于辅业改制的范畴。根据《T厂集团公司改革调整工作方案》，纳入辅业改制范围的单位应按照"整体改制到位，债权债务处理到位，职工劳动关系转换到位，国有资本退出到位，改制后基本建立起现代企业制度"④的目标进行，并且特别提出，"纳入辅业改制范围的单位，如因各种主客观条件制约，不能实施改制，近期又不能扭转亏损局面的，要组织编制破产预案，申报纳入国家计划，实施政策性破产"⑤。然而在实际执行的过程中，T厂的厂办大集体却没能够按照方案在2006年如期改制，以至于至今T厂许多厂办大集体仍然处于几乎停产状态，企业改制和职工安置

---

① 指劳动部《关于颁布〈劳动就业服务企业产权界定规定〉的通知》（1997年5月29日）。

② 参见Y厂集团公司《关于将Y厂企业总公司改制为C市Y厂S集团有限公司的决定（〔2001〕Y厂集团企管字257号）》（2001年6月27日）。

③ 《中国Y厂志》编辑部：《中国Y厂志（1987—2011）》（上卷），Y厂集团公司2013年版，第151页。

④ 《T厂年鉴》编辑委员会编：《T厂年鉴（2006）》，T厂2006年（内部发行），第116—120页。

⑤ 同上书，第118页。

的遗留问题仍然悬而未决。

> 实际早在应该是十年前左右，国家出台了一系列政策，要解决厂办大集体积累的一些矛盾的问题。就相当于说，中央财政拿出一部分钱，省财政出点儿钱，地方财政再出点儿钱，企业（国营单位）或者原来主办的企业（基层生产厂）再出点儿钱，这个法人主体自己（厂办大集体）再努努力，就把这个东西解决了。国家出台了一系列的文件，各省针对不同的情况制定了一系列细则，有很多大集体——我没做过调研，我个人判断——全国到目前为止所有的厂办大集体，所谓的遗留的这样那样的问题，现在随着时间的推移，通过国家出台政策，应该是该给解决的都解决掉了。那个年代已经到点（岁数）退休的（厂办大集体职工），你们厂办大集体不给欠缴劳动保险，人家领退休工资正常退休不就完事儿了嘛，没有任何矛盾啊。但是T厂这种情况特殊，哪一年的政策T厂也没有坐上那班车。这里面原因很复杂了，就是说由于这样那样的原因，政策都没有赶上。国家的政策也没享受到，政府的政策也没享受到，自己也不努力。所以到目前为止，厂办大集体这些职工都退不了休啊，（因为）欠（缴劳动保险）费。①

此外，人员冗余的问题在厂办大集体发展到后期体现得十分突出。这种庞大的职工队伍也是造成改制时大量工人下岗的原因之一。

> 你像我们那时候是怎么说呢，我们知青厂（一共）二三百人，你知道一个车间多少人吗？车间就三四十人，然后剩下的都是办公室的人。每个科室都七八个人，包括库房——好几个库房——然后什么检查科了、劳资科了，还有什么采购（科）

---

① 2017年9月T市T厂辞职职工201709L访谈。

啦啥的。完了你像厂长那个时候还有厂长助理，还得有书记，还得有秘书。那个时候就是说我们利润还是比较可观的，三四十人干活，然后能养活三四百人。①

需要补充的是，改制中也有许多厂办大集体被私人承包或者实现了产权的私有化。但通过这种途径实现改制的厂办大集体相对来说规模较小，且在典型单位制变迁中并不具有特殊的典型性，因此在此并没有将其视为厂办大集体改制的主要路径进行详细考察。而在所比较的两种厂办大集体改制路径中，T厂的案例是相对特殊的，Y厂的改制实践则是普遍模式。

(二) 厂办大集体职工的身份转换

厂办大集体改制的一项重要工作就是完成职工的身份转换，即解除与原厂办大集体的劳动关系，符合条件的职工可以选择内退、退休，其他职工可以选择"买断工龄"下岗或与新企业重新订立劳动合同。虽然与新企业重新订立劳动合同是保障就业、避免下岗的有效途径，但往往并不是所有原厂办大集体职工的选择，这其中明显表现出对企业转型和单位身份转换的不适应与排斥。一位女职工选择"买断"下岗，主要是出于对新单位搬离原厂区的顾虑，以及对改制后企业的不确定性的担忧。

那个时候是怎么的呢，你要是不"买断"的话，你也可以跟着这个企业走。我们同事有一部分就跟着走了。我是因为什么没跟它走呢，一方面就是因为它新厂房的位置特别的远，虽然说就是有班车，但是也是很远的。那个时候（新厂房那边）是什么都没有，所以我就不想跟着往那边走。再有吧，就是也不知道跟着那个企业到那边之后还能不能干（我现在干的）这个工种。所以说到签合同的时候我就没继续跟他（新企业）签，

---

① 2014年11月C市Y厂厂办大集体下岗工人201411Z-3访谈。

我就直接就"买断"了。①

从"单位"向现代企业组织的转变,不仅意味着职工身份的转换,同时也是从单位制度向现代企业制度重新适应的过程,因此很多原厂办大集体职工也将这种身份转换的"双向选择"理解为"被迫"下岗。这种企业制度转换和职工身份转换带来的巨大差异也成为双向选择路径失效的重要原因之一。

> 人家逼着你让你回家啊!你干不了啊!能干了吗!没法干下去了。所以人就都走了。人家逼着你走,那你就得走。钱一次性付清了,跟你解除劳动合同。就是这样式儿的。②

在正式"买断"下岗之前,多数职工都有过先放假回家的经历。这种"放假"根据不同厂办大集体的实际情况的不同大约分为两种情形,一种是厂办大集体仍然在正常生产,但由于人员冗余,因此让一部分职工回家待岗:

> 当时单位就是合同制,那(时候)都已经签合同了。假如说这条生产线不做了,这个零件不生产、不加工了,这一条生产线上的人可能说就都没有活干了,完了就可能被分配到别的班。那你也不可能立刻给人家撵回家啊,那工人不就造反了吗。只能说应该你干这个活,那我就给你安排个搭档,你俩(一起)干活。所以说有有岗的(职工),有没岗的(职工),就这么回事儿。就是说有可能你这条生产线不干了,那就给你分到别的(岗),就像后勤啥的,就让你扫个地啥的,就等着吧。因为万一有啥(岗位空缺)那你现招人还是不赶趟。再说你这些人手

---

① 2014年11月C市Y厂厂办大集体下岗工人201411Z-3访谈。
② 2014年11月C市Y厂厂办大集体改制职工201411Z-2访谈。

里还是有技能的，直接拉上来就能干活的，不像说面向社会招的那种，也不能干活，还得培训，不是还得再费一遍事吗。后来就涉及"买断"了。"买断"就是有的正在单位干着的人可能都没有岗了呢，何况你在家休产假、生孩子的了，更没有岗了。你回去也不可能有岗了，回去人家也是说"现在没有岗了，回家等信儿吧。啥时候有需要你们再来"。①

另一种情况则是因为厂办大集体经营不善停产，不得不让职工先回家。

我是干到2001年吧，我们知青厂那时候可能因为盖楼，反正效益什么的不是特别好，然后就亏损了。完了我们当中的一部分人——像我们当时工地上这一部分人——就暂时放假。当时也没想那么多，就是说暂时放假，按放假算的。结果这一放假以后吧，一直再就没上班。完了一直这么多年不上班，你就自己在外头随便干，反正工资单位是不管你了，但是医保、养老保险这（单位）都没给你落。这个是单位必须得往上缴的。放假这段时间一分钱（工资）没有。②

同样，根据不同厂办大集体自身情况的差异，放假回家与"买断"下岗之间的时间差也或长或短。除了放假几年后再改制的情况，还有些单位从放假到"买断"的过程十分迅速，甚至让很多职工觉得措手不及。

我们单位开会，就是说这个"企业要改制，你们先回家放一段假"。放假完，然后就是让我们自己考虑好，是改制还是留

---

① 2014年11月C市Y厂厂办大集体下岗工人201411L访谈。
② 2015年1月C市Y厂厂办大集体下岗工人201501D访谈。

到哪个厂去我就都忘了……反正就是说要改制，这个单位不行了。放假回来接到通知，完了就解体，"买断"了。那没放几天，就放不到半个月吧。就是这个改制特别快，等你没反应过来呢这个改制就已经完事儿了。①

在对员工身份转换的实践中，Y厂改制除了依据国家文件外，也制定了企业自己的改制员工安置办法。推进辅业改制和厂办大集体集体改革是Y厂集团公司人力资源工作的重要一项，人力资源部门也结合实际修订了《集团公司主辅分离、辅业改制员工安置政策指导手册》② 推进改革的进行。然而与年鉴中描述的"深入改制单位耐心听取职工意见，做出正确解答，使员工理解改制、支持改制"③ 相矛盾的是，许多职工都弄不明白自己到底是按什么文件、规定被"买断"的。"买断"下岗需要职工本人签字，然而根据受访者W的描述：

（"买断"下岗签字）那时候文件不让你看，就让你签完字就得了。整整一沓子（文件），就告诉你"在这儿签字""在那儿签字"，让你签你就得签，完了你都不知道咋回事儿！签完现在后悔了，那有啥用啊，找谁谁管你啊！④

一般来说，通过开职工大会讲解政策，再由职工同意签字是"买断"工龄下岗的标准流程，但这一过程也存在非正式的混乱性。

去签合同的时候，不（应该）都是自己同意"买断"嘛，

---

① 2014年11月C市Y厂厂办大集体下岗职工201411Z访谈。
② Y厂集团公司档案馆编：《Y厂年鉴（2009）》，吉林科学技术出版社2009年版，第59页。
③ 同上。
④ 2015年1月C市Y厂厂办大集体下岗工人201501W访谈。

不应该是签一份证明嘛。然后我就说，我签这个东西，我想要慢慢的，我看一下子，我得了解我签字是因为啥吧？（负责签字的人）不让！不让啊你知道吗！还都是自己单位的同事呢，不让（看合同）。完了后来说："那你要看的话可以，你单独上那边去看去。你可看好了！"那你说我要签什么东西，包括这（"买断"的工龄）是从哪年到哪年的，你说我是不得了解一下？你说就这么胡乱的我就签上了，你说是不是不行？我寻思记一下，因为以后这种东西，不知道还有什么（影响），有文字说明的还是好一点儿吧？然后那时候人家就不让！特别不合理，贼没有人性。然后我们那时候是有多少个人来着……就是他是有规定时间的，比如说到十一点半（没签字）人家就不办了。我是最后一个办的。本来呢，我们都是排号的，10点多我就应该办完的，但是他说我排那个号不行，到底给我压到最后一个（才给我办）！就因为我问了他一嘴（想仔细看看合同）。特不合理！要不然我说知青厂实在是没啥意思。多坑人哪。①

更有些厂办大集体没经过开会就直接让职工签字"买断"。

没有（开会），单位就给打个电话，就说"单位要实行改制了，你考虑一下子，要是'买断'你就签个字"。然后我就去了，然后就直接就签了。反正我也就是没想在那儿干了嘛。②

甚至还有些集体企业职工都没有亲自签字就"被买断"了。

人家有的（"买断"）都没签字，都是他们领导给签的字，完了（"买断"）钱也都没给人家。这样的你说都不管！你说

---

① 2014年11月C市Y厂厂办大集体下岗工人201411Z-3访谈。
② 2014年11月C市Y厂厂办大集体下岗工人201411L访谈。

说，那字都不是自己签的，钱都没领着，也算人家"买断"了。①

尽管在员工身份转换的过程中存在许多不正规的现象，但Y厂确实完成了对原厂办大集体职工劳动关系的重新处理，"厂办大集体"也彻底成了过去式。而另一个案例T厂的厂办大集体，则一直停留在停产放假的阶段，虽然2005年T厂集团公司就提出要"对T厂集团公司已确定的辅业改制单位，依据省政府提出的'四到位一基本'改革目标，按照非国有控股企业性质进行剥离，员工身份全部转换到位，依法解除劳动合同并支付经济补偿金"②，但直至今日T厂厂办大集体仍未完成改制，员工身份也没有完成转换。

---

① 2015年1月C市Y厂厂办大集体下岗工人201501S访谈。
② 《T厂集团公司整体改制重组员工安置办法》，载《T厂年鉴》编辑委员会编《T厂年鉴（2006）》，T厂2006年（内部发行），第125页。

第六章

单位组织外边界的弱化与单位共同体的衰落

随着国家经济政策和社会政策的变化,一直以来闭合的单位组织开始与其他组织及市场与社会有更多的交流,这种尝试逐渐消除单位体制边界与社会、市场的区隔和分离,单位体制边界明显弱化。在这样的情形下,单位共同体开始出现松动,强化的组织内边界成为瓦解单位共同体的主要力量,而弱化的组织外边界则促使了单位共同体衰落的发生。随着市场化改革的不断深入,在单位组织内外边界强弱的变化中,厂办大集体被推向了前台,并直接导致了单位组织自产生以来结构形态的第二次根本性变革。厂办大集体的改制成为单位组织改革的第一步,同时也是单位共同体衰落的先声,随后国有企业改制迅速发生,并直接造成了单位组织结构的瓦解。

与此同时,单位组织并非完全被动地执行国家的政策,而是会根据单位自身情况作出调整,甚至在某些情况下,会采用变通的手段削减甚至消解国家政策的实践效果。这种情况体现在单位的领导者对于国家制度、政策及安排的回应上。此外,单位共同体并非是单位组织的简单复合,相较于客观存在的组织实体,单位共同体更加强调共有的生存状态,因此置于单位共同体中的行动者其行动逻辑是影响单位共同体变迁的重要因素。单位成员的单位身份和参与感随着单位共同体的变迁发生变化,从"单位人"到企业合同工的身份变化带来了单位成员对自身身份认同的转变,从而造成了单位成员对单位事务民主参与意识的减弱,这也从根本上瓦解了单位共同体内涵。

第一节　国企改制：单位组织外边界的式微

"国企改制"经常被用来指称20世纪90年代发生的国有企业改革。但如果将"改革"的内涵拓展为国有企业制度改革的话,可以发现国有企业改制的发生是阶段性渐进式的,其从整体上大致可以划分为三个阶段。第一阶段始于1978年,随着党的十一届三中全会改革开放政策的提出,以及要求国营企业举办厂办大集体相关政策文件的颁布,国企单位组织内部开始发生变革。第二阶段始于1992年,随着市场经济体制改革目标的提出,国家对国有企业也提出了新的要求。根据党的十四届三中全会对建立社会主义市场经济体制的若干问题的规定,国企开始逐步推进产权明晰的体制改革和组织结构调整,向现代企业转型。第三阶段始于2003年,党的十六届三中全会《关于完善社会主义市场经济体制若干问题的决定》要求国有企业深化改革,完善现代企业制度,也正是在这一阶段厂办大集体和国企单位组织的社会性功能被完全剥离,传统单位组织消解,单位共同体走向衰落。国企改制三个阶段发生的确切时间,根据各企业自身情况和对政策执行效率的不同存在着一定的滞后性,但改制的依据与目标却是相同的,并且最终结果都促成了传统单位组织结构的瓦解。[①]

[①] 虽然厂办大集体改制实际上是国企改制的结果,其发生时间晚于国有企业内部改革,但厂办大集体却是国有企业制度根本性变革的第一步,因此在前文中单独描述。

一　效益追求与市场面向

从国企改制三个阶段的特征上看，首先，第一阶段和第二阶段有着明显的共性，即没有打破国有企业作为"单位组织"的存在形态，直到第三阶段改制的发生，单位组织才走向消解。其次，第一阶段的"改制"主要体现在集体所有制产权引入国营所有制，以及国企单位组织内部的生产、管理的制度改革，这种改革实际上没有突破单位组织整体，而第二、三阶段的改制，着力强调推进国企单位组织向现代企业转型，从而实现国家整体经济建设的市场经济体制改革，这与通常意义上所言的"国企改制"更加契合。最后，第二、三阶段改制还有明显的共性即对厂办大集体和单位社会性功能的推出，这点也与第一阶段的改制存在明显不同。因此根据国企改制不同阶段特征的呈现，本节对国企改制的考察将第二、三阶段合在了一起，继而从"经济责任制的建立与企业自主化改革"和"国家资本的退出与企业市场化改革"两个部分描述国企改制的过程。这一部分主要强调的是单位作为经济组织的特性，因此在提到单位组织时主要用"国企"或"企业"这两个概念进行表述。

（一）经济责任制的建立与企业自主化改革

单位组织作为生产性的国有企业，其经济组织的属性使企业管理制度成为国企单位组织制度建设中最重要的一环。虽然对单位组织复合性功能的强调往往会疏于对企业管理制度的考察，但不可否认的是，管理制度建设始终贯穿于国企单位组织发展过程的始终，并且对国企单位组织的整体制度建设有着根本性的影响。1961年9月，中共中央在全面总结中国工业发展经验的基础上，第一次明确制定了关于国营工业企业相关管理办法《国营工业企业工作条例（草案）》（"工业七十条"）。这一条例最重要的就是对计划性的强调，在统一领导、分级管理的原则下，"每个企业，都必须有计划组织生产，精确进行计算，不断发掘和合理利用企业内部的潜在力量，以最少的劳动消耗，取得最大的经济效果"①，生产的目标即在于完成国家的计划任务。在此基础上，计划管理、技术管理、劳动管理、工资、奖励与生活福利、财务管理、企业协作及各行政部门管理制度都相继制定，并且明确企业在行政上实行党委领导下的厂长负责制，其责任在于"贯彻执行党的鼓足干劲、力争上游、多快好省地建设社会主义的总路线，贯彻党的方针、政策……保证胜利地全面地完成超额地完成国家计划"②。"工业七十条"关于国营工业企业各项管理的规定基本奠定了国营工业企业管理的基础，责任制和计划导向模式成了一段时期内国营工业企业的管理标准，从中可以明显看出，规定中为企业自主性留下的空间很小，主要是对国家命令和计划的服从与执行。

然而"文化大革命"期间的秩序混乱却对国营企业内刚刚建设起来的各项制度造成了严重破坏，各项管理制度基本都被取消或中止。因此，1978年7月，中共中央颁发了《关于加快工业发展若干问题的决定（草案）》（"工业三十条"），以期对工业企业的发展重新规范，要求所有工业企业都要学习大庆的管理经验，并强调实行党委领导下的厂长分工负责制和总工程师、总会计师等的责任制及党委领导下的职工代表大会制等几项基本制度，其主要目的仍在于对计划管理和责任制的强调。③ 但与此同时，国家也意识到计划管理模式下权力集中程度过高的问题，开始不断选择试点对扩大企业自主权进行尝试。1978年12月，十一届三中全会明确指出：

---

① 中共中央《国营工业企业工作条例（草案）》（1961年9月16日），载张培田主编《新中国法制研究史料通鉴》（第6卷），中国政法大学出版社2003年版，第6642页。

② 同上书，第6643页。

③ 参见中共中央《关于加快工业发展若干问题的决定（草案）》（1978年4月20日），参见国家经济委员会经济法规局、北京政法学院经济法、民法教研室编《中华人民共和国工业企业法规选编》，法律出版社1981年版（内部发行）。

现在我国经济管理体制的一个严重缺点是权力过于集中，应该有领导地大胆下放，让地方和工农业企业在国家统一计划的指导下有更多的经营管理自主权；应该着手大力精简各级经济行政机构，把它们的大部分职权转交给企业性的专业公司或联合公司；应该坚决实行按经济规律办事，重视价值规律的作用，注意把思想政治工作和经济手段结合起来，充分调动干部和劳动者的生产积极性；应该在党的一元化领导之下，认真解决党政企不分、以党代政、以政代企的现象，实行分级分工分人负责，加强管理机构和管理人员的权限和责任，减少会议公文，提高工作效率，认真实行考核、奖惩、升降等制度。[①]

为了改善经营管理，提高经济效果，1979年国务院颁布《关于扩大国营工业企业经营管理自主权的若干规定》，与以往明显不同的是，其中的第二条提出了实行企业利润留成的办法，主要内容为"改变目前按工资总额提取企业基金的办法，把企业经营的好坏同企业生产的发展和职工的物质利益直接挂起钩来"[②]，并且在产品生产和销售环节、对劳动力的管理环节都扩大了企业的自主性。此后管理改革从少数企业试点逐渐铺开，全国各地也根据自身情况开展扩大企业自主权的尝试。

在各地试点经验的基础上，1981年10月国务院批转国家经委、国务院体制改革办公室《关于实行工业生产经济责任制若干问题的意见》，将经济责任制的实行推到了新的高度。这种经济责任制实际上是对计划经济的条件下国家与企业关系的重新调整，企业不仅要完成国家下达的生产任务计划，同时要追求"改善企业经营管理，

[①] 《中国共产党第十一届中央委员会第三次全体会议公报》（1978年12月22日）。
[②] 国务院《关于扩大国营工业企业经营管理自主权的若干规定》（1979年7月13日），载《当代中国财政》编辑部编《中国社会主义财政史参考资料（1949—1985）》，中国财政经济出版社1990年版，第562页。

提高经济效益"①，企业完成对国家计划生产的责任，国家则赋予企业一定的自主权和利益空间，从而激发企业发展的积极性。与此同时，调整国家与企业间关系的经济责任制改革也使企业内部的责任制模式发生变化，在企业内部生产管理的指标体系及工资管理中的浮动工资、计件工资变化，都是为了实现经济责任制、促进企业经济效益提高相匹配的制度改革。

在具体实践上，T厂在学习其他同类企业经验的基础上、根据企业自身情况，开始全面推行经济责任制。1981年11月，T厂二届二次职工代表大会通过了T厂第一个经济责任制方案，1982年便着手进行企业整顿。1982年7月，T厂实行以考核产量、利润、定员为主要内容的经济责任制，通过对责、权、利三者相结合，取得了良好的经济效果（见表7-1）。

表7-1　　　　　　T厂1981—1985实现利润（万元）[2]

年度	1981	1982	1983	1984	1985
利润	20.2	61	1780	2679	3617

但经济责任制改革过程中也存在一些问题，这在前期主要表现为"模式单一，考核办法简单，指标落后，职工吃企业大锅饭的现象还相当普遍"[3]，然而经过一段时间的调整后经济责任制的内容却开始走向膨胀，繁杂的体系指标又给管理带来了新的困难。因此1985年开始着重进行调整，"按照生产有关指标抓重点，管

---

① 国务院批转《国家经委、国务院体制改革办公室〈关于实行工业生产经济责任制若干问题的意见〉》（1981年10月29日），载中共中央党校理论研究室编《历史的丰碑：中华人民共和国国史全鉴5》（经济卷），中央文献出版社2005年版，第1072页。

② 数据来源于《T厂志》编纂委员会编《T厂志（1958—1985）》，T厂1989年（内部发行），第185页。

③ 同上书，第183页。

理抓职能的原则，抓住大的、放开小的，将与生产经营没有直接关系的指标，改由管理制度制约"①，通过这种方式简化指标体系，在企业内部实现管理自主权向基层下放。与企业层面的经济责任制相匹配，T厂内部也重新对国家、企业和职工三者间关系进行调整，于1988年在企业内管理层面上正式施行工资总额包干和内部工资调节税制度，推动经济责任制在制度和管理实践上的推行与完善，将企业的经营管理中心集中到经济效益上来。

Y厂的经济责任制实践与之类似，并且根据厂内各部门情况在1983年对厂内经济责任制进行了完善、细化，细分了其中形式："一、利润包干，增利分成；二、产量（产值）包干，增产（增值）分成；三、工资总额包干，减人不减工资总额；四、亏损包干，减亏增盈分成；五、产品换型投资包干；六、单项任务包干；七、劳务收入分成。"② 这些包干办法的实施，都扩大了企业的自主权，并且在企业内部实现了向基层放权，对企业经济效益的提高起到了重要作用。这也是这一阶段国企经济责任制改革的主要途径和目标。

（二）市场化改革与国家资本的退出

随着市场化改革的逐步推进，国有企业开始从计划下的生产单位逐渐向面向市场的现代企业转变。这一过程大致始于1992年，它塑造了单位制自成立以来最根本的一次变革，客观上也造成了单位共同体的瓦解。改制的第一阶段是在建立社会主义市场经济体制的背景下发生的，因此对企业提出的要求也集中在企业内部管理制度的公司化改革和经济效益的提高，主要强调的是产权明晰和在此基础上的企业自身体制改革和结构调整。随着社会主义市场经济体制

---

① 《T厂志》编纂委员会编：《T厂志（1958—1985）》，T厂1989年（内部发行），第184页。
② Y厂集团公司编：《Y厂50年大事记（1993—2003）》，Y厂2003年（内部出版），第119页。

改革的深入以及相关改革政策的相继出台，国企改制在后期则主要表现为国有资本的逐渐退出，即国家在与国企关系中扮演"父亲"的角色里逐渐撤出。

从国有企业改革的路径尝试可以看出，转换经营机制、扩大企业自主权、提高员工的生产积极性并提高经济效益，一直是国有企业深化内部改革所追求的目标。以 Y 厂为例，1992 年 Y 厂发布《关于增强企业内部活力若干问题的规定》，"在总结前几年厂内经济责任制运行情况的基础上，加大改革分量，突出以效益为中心，从过去的与产量挂钩为主转移到与全面经济效益挂钩的轨道上来"①，并具体提出了全厂实行经济效益目标管理、销售部门实行综合经济效益承包、供应配套系统实行目标采购成本经济承包等增强企业经济效益的管理办法。这些举措都为国企单位组织向现代企业的转型做了铺垫。在从计划经济向市场经济过渡的时间段内，实际上国有企业通过经济责任制和扩大自主权的尝试已经实现了对计划经济体制限制的突破，并具备了面对市场的基本能力。并且，至 1992 年 Y 厂从企业变成企业集团已经过了十年的发展，"集团化"的产权改革也为 Y 厂的市场化改革埋下了伏笔。

1993 年，党的十四届三中全会通过《关于建立社会主义市场经济体制若干问题的决定》，强调要使市场在国家宏观调控下对资源配置起基础性作用，并要求转换国有企业经营机制，建立现代企业制度。事实上，在过去十几年里，国有企业通过扩大企业经营自主权、改革经营方式等措施，已经为走出单位体制边界、进入市场环境奠定了基础。因此"决定"进一步明确提出了要建设怎样的现代企业制度，要求所有企业都要向这个方向努力。其基本特征是：

---

① 《关于增强企业内部活力若干问题的规定》（〔1992〕Y 厂计字 288 号，1992 年 7 月 7 日），载 Y 厂集团公司史志编纂室编《Y 厂集团公司年鉴（1993）》，吉林科学技术出版社 1993 年版，第 428 页。

一是产权关系明晰，企业中的国有资产所有权属于国家，企业拥有包括国家在内的出资者投资形成的全部法人财产权，成为享有民事权利、承担民事责任的法人实体。二是企业以其全部法人财产，依法自主经营，自负盈亏，照章纳税，对出资者承担资产保值增值的责任。三是出资者按投入企业的资本额享有所有者的权益，即资产受益、重大决策和选择管理者等权利。……四是企业按照市场需求组织生产经营，以提高劳动生产率和经济效益为目的，政府不直接干预企业的生产经营活动。企业在市场竞争中优胜劣汰，长期亏损、资不抵债的应依法破产。五是建立科学的企业领导体制和组织管理制度，调节所有者、经营者和职工之间的关系，形成激励和约束相结合的经营机制。①

同年12月，第八届全国人民代表大会常务委员会第五次会议通过了《中华人民共和国公司法》，正式以立法的形式规范了公司的组织和行为，明确了公司的权利和责任。随着国家法律法规、政策文件相继出台，国有企业改制在实践中不断发展。

相较于上一阶段的改革，在这一时期除了企业内部改革之外，国企改革更明显地表现为制度结构性的改革，即"改制"。以Y厂为例，作为国家部委直属的超大型国有企业，Y厂的改制始终紧跟国家政策的步伐。首先，在企业内部，自1992年始，先后进行了公司三项制度改革，即精简机构、压缩定员编制，实行全员合同化管理和实行岗位工资制度。② 这三项制度改革从企业管理中最重要的管理制度、人事制度和工资制度三个方面入手，彻底改变了原有的传

---

① 中共中央《关于建立社会主义市场经济体制若干问题的决定》（中国共产党第十四届中央委员会第三次全体会议1993年11月14日通过）。

② 参见《公司三项制度改革取得阶段性成果——L厂务副总经理在公司党委九届七次扩大会议上的讲话摘要》，载Y厂集团公司史志编纂室编《Y厂集团公司年鉴（1995）》，吉林科学技术出版社1995年版，第130—134页。

统管理体制，并在上一时期经济责任制改革的基础上进一步促进了企业内部经营机制的转换，基本实现了制度改革的目标，并为随后国有企业整体体制改革做了铺垫。

其次，Y 厂从 1993 年开始对整体结构进行了明晰产权的根本性调整。1993 年 5 月，Y 厂下发〔1993〕Y 厂企字 277 号文件成立了贸易公司（营销管理部）；1993 年 10 月，依据 Y 厂《关于调整集团公司党委机关部分行政处室和单位职能组建人事部等有关问题的决定》成立了人事部，并将 Y 厂党校、汽车工业学校与职工大学（汽车高等专科学校）合并[①]；1994 年 4 月，Y 厂下发〔1994〕Y 厂企字 225 号文件，决定成立 Y 厂实业总公司（社会事业管理部）；1994 年 4 月，Y 厂下发〔1994〕Y 厂企字 219 号文件，决定对经济计划处、财务会计处的职能进行重组、归并，组建集团公司计划财务部；1994 年 5 月，Y 厂下发〔1994〕Y 厂企字 250 号文件，决定成立 Y 厂 S 企业总公司（集体企业管理部）；1994 年 7 月，Y 厂对公司办公室进行重新组建，根据〔1994〕Y 厂企字 478 号文件，决定将原接待处归并到公司办公室（含原挂靠在办公室的档案处、保密委员会办公室、史志编纂室、咨询委员会办公室），在重新划定职责、调整原有组织机构的基础上，重新组建集团公司办公室。至此，Y 厂基本实现了产权明晰，即通过成立独立部门或子公司的形式，将集体产权所有制单位和承担社会职能的基层单位进行了剥离。同时，通过各职能部门重组的形式促进了企业内部管理制度向现代企业的公司化管理靠拢。从这时开始，Y 厂已基本建立了现代企业的组织形式，并朝公司化方向发展。其他国有企业也在此后一段时间内纷纷实行企业改制和公司化改革，国企改制在全国范围内全面展开。

[①] 参见《关于调整集团公司党委机关部分行政处室和单位职能组建人事部等有关问题的决定》（〔1993〕Y 厂企字 573 号、Y 厂党发〔1993〕54 号，1993 年 10 月 12 日），载 Y 厂集团公司史志编纂室编《Y 厂集团公司年鉴（1995）》，吉林科学技术出版社 1995 年版，第 390—392 页。

2003年10月，党的十六届三中全会通过《关于完善社会主义市场经济体制若干问题的决定》，该决定对完善社会主义市场经济体制的目标和任务重新明确，并提出要"更大程度地发挥市场在资源配置中的基础性作用，增强企业活力和竞争力"[1]。这除了对企业深化改革提出进一步的要求外，更表现为对混合所有制的提倡，即"大力发展国有资本、集体资本和非公有资本等参股的混合所有制经济，实现投资主体多元化，使股份制成为公有制的主要实现形式。需要由国有资本控股的企业，应区别不同情况实行绝对控股或相对控股"[2]。与此同时，要"坚持政府公共管理职能和国有资产出资人职能分开"[3]，企业内部公司法人治理结构仍要继续完善，按照现代企业制度的要求规范公司内部管理制度。随着国家权力在国企中的淡化，国有企业不再是国家庇护下的单位组织，而真正成了市场竞争中的现代企业，国企改制基本完成。

二 单位社会性功能的剥离

从国有企业改制的历程可以看出，国企改制除了内部管理体制的改革外，很重要的一点就在于通过产权明晰的方式，将辅业和社会性功能部门与国营企业主体进行剥离。通过法人身份独立、明确隶属关系的方式对国企中的国营和集体产权的分离，标志着单位组织体制内边界的强化达到顶点，传统的单位组织结构松动并走向瓦解。与此同时发生的单位组织社会性功能的剥离则不仅改变了单位组织结构，更是拆解单位共同体内涵的过程。单位作为生产性、政治性和社会性的复合体，自产生以来就通过"单位办社会"的方式承担了本应由社会承担的包括住房、医疗、教育和治安在内的各项功能。这种"大包大揽"式的功能覆盖使单位

---

[1] 中共中央《关于完善社会主义市场经济体制改革若干问题的决定》（中国共产党第十六届中央委员会第三次全体会议2003年10月14日通过）。
[2] 同上。
[3] 同上。

组织成员在单位社会内就可以实现几乎全部社会关系，因此中国社会并没有因为工业化进程而造成社会的原子化，反而通过单位形成了地缘、业缘，甚至包括亲缘关系的多重复合，单位成员和单位组织相互依赖，并且形成了共同的精神内核，构建了单位共同体。然而单位社会性功能的剥离，使单位成员与单位组织之间除生产外的其他联系几乎全部被切断，单位办社会的模式走向终结，单位共同体也由此开始衰落。

国企单位组织社会性功能的剥离最主要体现在住房、医疗、教育和治安四个方面，即传统单位分房逐渐变为市场化购买，通过卫生处或职工医院承担的单位成员免费医疗逐渐变为医保看病，国企举办的子弟学校、职业技术学校从企业的职能部门变为独立主体，国企单位设立的公安局等治安管理部门的功能由社会承担。此外，在有些企业中，医院、学校等也表现为直接退出国企组织，交由企业所在的省、市、区等管理，并且在这些医院、学校中工作的单位成员其身份也与原国企组织脱离。在本节中，主要以 Y 厂和 T 厂为例，对国企单位组织社会性功能剥离过程中住房和医疗方面的表现具体说明。原本的企业子弟学校剥离经历与医院属同一类型，而公安局等治安管理部门的剥离过程较为简单，因此这两种社会性功能剥离的过程在这里不加赘述。

在单位组织社会性功能剥离的模式选择上，Y 厂于 1994 年成立实业总公司（社会事业管理部）作为 Y 厂集团的全资子公司，同时又是公司对社会服务系统行使管理的职能部门（见图 7-1），其剥离方式是将全部社会性功能作为整体向外推出。而 T 厂的不同社会性功能则始终由不同部门分别承担，在改制的过程中表现为对这些社会性部门的单独推出。Y 厂和 T 厂的这两种方式也基本上概括了这一时期单位社会性功能剥离的主要模式。

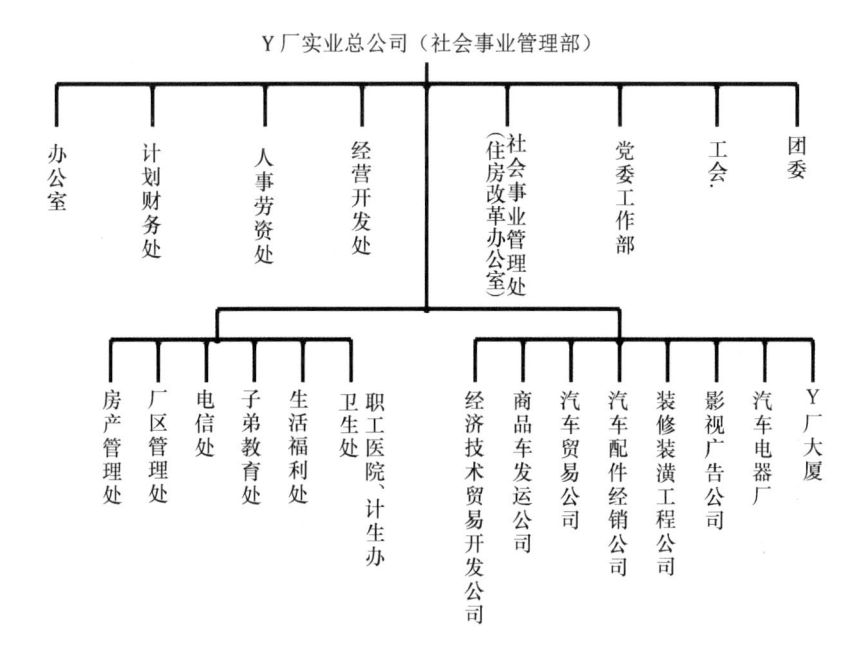

```
                    Y厂实业总公司（社会事业管理部）
┌──────┬──────┬──────┬──────┬──────┬──────┬──────┬──────┐
办公室  计划  人事  经营  社会   党委   工会  团委
       财务  劳资  开发  事业   工作
       处    处    处   管理处  部
                      （住房
                      改革
                      办公室）
```

图 7-1　Y 厂实业总公司（社会事业管理部）组织结构图①

（一）住房改革：从福利分房到住房商品化

与厂办大集体改制不同，单位住房改革不仅是以单位组织为中心开展的，更是嵌入全国城镇住房制度改革中的一部分。从企业的角度看，这是单位组织对社会性功能的剥离；而从社会的角度看，实际意味着社会开始有能力承担，并逐渐接手原本由单位代为承担的社会责任。在宏观的层面上看，这实际上标志着国家在单位和社会之间对资源的重新调配。

1949 年以来，城镇居民的住房一直是由国家"包下来"，实行无偿分配或者低租金的制度。而在单位组织中，则表现为国家将住房资源直接或以补贴资金等形式交由单位代为分配。因此，单位的分房制度一直以来都是单位制度的重要组成部分，这种由共同居住

---

① Y 厂集团公司史志编纂室编：《Y 厂集团公司年鉴（1995）》，吉林科学技术出版社 1995 年版，第 237 页。

所结成的地缘关系，也正是单位办社会形成的基础之一。在单位制初期，城市住房资源严重缺乏的情况下，单位通过分房形式稳定职工就业不仅是单位维持稳定的重要措施，也是单位福利性的集中体现。然而随着社会和单位组织的不断发展，单位成员人数的增加使单位所拥有的住房资源变得紧缺，单位分房中的各种问题不断出现并引发了一些矛盾，这也因此成为单位组织进行住房改革的重要原因。

> 单位人依据其自身条件及单位共同体的情况，展开了以获取住房为目的的一系列住房策略及行动。单位人惯常使用的"户口策略""借房策略""关系策略""强占策略""无赖策略"住房策略行动，对单位共同体内部关系产生了巨大影响。在典型的计划经济时期，福利房分配过程中的特殊主义运作空间较小，基于单位人之间的互惠行动和平均主义的分配原则，在很大程度上消弭了资源分配中的争端，起到了凝聚作用。但随着单位制度走向消解，单位的分房规则开始被频繁破坏，越来越多的单位人开始寻找在规则外行动的机会，导致特殊主义的流行，从而严重地破坏了分房制度中的公平性。[①]

与此同时，随着经济社会的整体发展，1987年开始国家也已经在充分论证的理论基础上试行住房制度改革。1988年2月，国务院发布《关于印发〈在全国城镇分期分批推行住房制度改革实施方案〉的通知》，明确指出了要实行住房制度改革的原因：

> 我国现行的住房制度存在着严重弊端。国家为城镇居民建房花了大量投资，但由于不能从经济机制上制约不合理的需求，

---

① 田毅鹏、陈卓：《单位人"住房策略"及其对单位共同体的影响——以Y厂为例》，《学习与探索》2014年第6期。

城镇住房问题并没有得到缓和。住房分配上的不公正，已经成为一个严重的社会问题。城镇住房制度改革，是经济体制改革的重要组成部分。搞好这项改革，不仅可以正确引导和调节消费，促进消费结构趋向合理，在经济上有很大意义，而且在住房领域的不正之风会大大减少，在政治上也有很大意义。①

1991年6月，国务院发布《关于继续积极稳妥地进行城镇住房制度改革的通知》，提出进一步对住房制度进行改革，逐步实现住房商品化。通知中对出售公房和实行新房制度作出规定：

> 今后，凡按市场价购买的公房，购房后拥有全部产权。职工购买公有住房，在国家规定住房面积以内，实行标准价，购房后拥有部分产权，可以继承和出售；超过国家规定住房标准的部分，按市场价计价。……为了使新建住房不再进入旧的住房体制，有利于今后住房制度改革的顺利进行，对新竣工的公有住房，实行新房新租、先卖后租、优先出售或出租给无房户和住房困难户等办法。凡住房迁出腾空的旧公有住房（不包括互换房），应视同新建公有住房，实行新制度。②

根据这一文件要求，国有企业开始进行住房制度改革。T厂职工住宅与环境建设及其管理等原由T厂行政处负责，1991年12月根据国家房改要求和专业化管理要求，T厂决定将房产科、厂容科从

---

① 国务院《关于印发〈在全国城镇分期分批推行住房制度改革实施方案〉的通知》(1988年2月25日）的附件《国务院住房制度改革领导小组〈关于在全国城镇分期分批推行住房制度改革的实施方案〉》，载国务院住房制度改革领导小组办公室编《住房制度改革政策法规汇编》，改革出版社1991年版（内部发行），第33页。

② 国务院《关于继续积极稳妥地进行城镇住房制度改革的通知》(1991年6月7日），载国务院住房制度改革领导小组办公室编《住房制度改革政策法规汇编》，改革出版社1991年版（内部发行），第58页。

行政处划出，重新组合成立房产管理处，下设办公室、工程管理科、材料科、房产管理科、劳安科、厂容科、房产工程队、水暖供热站等机构。在机构改革的基础上，1992 年 7 月 T 厂根据国家、省、市的房屋改革精神，正式施行住房制度改革，其主要内容包括：第一，分步提租，适当补贴；第二，建立住房基金，实行住房公积金制度；第三，出售公有住房，买房给优惠；第四，集资建房及住房交保证金。① 1992 年 12 月，T 厂"为加强职工住宅的集中管理，加快住宅建设的步伐以缓解职工住房紧张的局面，并逐步向房屋商品化过渡，决定成立房屋开发公司，与房产处合署办公，一套人马两块牌子"②，并通过这种方式实现住房管理与 T 厂主体相分离。

与 T 厂住房制度改革不同的是，Y 厂并非将住房管理作为单独的部分与企业主体进行剥离，而是通过成立实业总公司的方式将社会性功能整体分割。Y 厂自 1994 年成立实业总公司（社会事业管理部）后，对于住房的管理就成了实业总公司下属的房产管理处的主要职责。成立之初，房产管理处有职工 1471 人，下设科级单位 46 个，主要职能部门包括房屋管理部、公用动力部、综合服务部等，其成立旨在形成房产管理机构体制的新格局，并为 Y 厂的住房改革做准备。1995 年，Y 厂发布《Y 厂集团公司住房制度改革方案》指出，住房制度改革是"转换经营机制、建立现代企业制度的重要组成部分。其根本目的是：加快住房建设，改善职工居住条件，满足职工不断增长的住房需求；建立与社会主义市场经济体制相适应的新的城镇住房制度，实现住房商品化、社会化"③，并且对提租补贴、住房公积金、出售公房、住房基金等事

---

① 《T 厂志》编委会编：《T 厂志（1986—1995）》，T 厂 2000 年（内部发行），第 272 页。

② 同上书，第 268 页。

③ 《Y 厂集团公司住房制度改革方案》（〔1995〕Y 厂集团房字 430 号，1995 年 9 月 1 日），载 Y 厂集团公司史志编纂室编《Y 厂集团公司年鉴（1998）》，Y 厂 1998 年（内部出版），第 325 页。

项都做了具体规定。

在国家、地方、企业文件的基础上,承担住房分配管理职能的机构在单位组织结构上被剥离,由单位根据工龄、职级身份等进行统一分配的公房逐渐商品化,单位成员也逐渐失去原本的单位分房福利,而只能在购房时享有单位补贴。这样从组织结构、企业实践和职工体验三个层次上,作为单位社会性功能的重要一项——"分房"被从单位体制中剥离。

(二) 医疗改革:从单位福利到社会保障

国企改制过程中,从单位中剥离出来的另一项重要的社会性功能就表现在对医院的改制方面。在典型单位制下,设卫生处或职工医院来承担包括单位成员家属在内的医疗工作,"看病不花钱"或者"先看病,后从工资扣钱"是一种常态。医疗改革与住房改革的相似之处在于,从组织关系上看,单位组织中的医疗部门不再是国营单位的下属职能部门而是被单独划分出来,单位职工看病也从单位福利变成了社会保障的一部分。

从时间顺序上看,国家要求国企剥离企业办社会职能的制度改革发生在前,深化卫生医疗体制改革及城镇职工医疗保险制度建立在后,因此"企业办医疗"的改革在20世纪90年后期开始明显深化。T厂职工医院成立于1958年,随着T厂建设的完成,大批职工进入厂区,为了解决职工在医疗方面的需要,T厂正式设立了卫生所,1959年卫生所扩大为门诊部,1960年又进一步改为T厂职工医院。之后一段时间由于T厂停产、恢复整顿等变化,职工医院先后数次改换冠称。1973年,T厂又重新设立卫生处,并与厂职工医院合署办公,下设政工科、医疗科、工业卫生防疫科和行政科。随后的一段时期内,卫生处与职工医院又经过数次的分立与合并[①],直至1988年T厂实行领导体制改革,撤销了卫生处,其业务全部划分给

---

① 《T厂志》编纂委员会编:《T厂志(1958—1985)》,T厂1989年(内部发行),第283页。

职工医院。① 2005 年 12 月，T 厂医院改制为非营利性股份制医院——T 城医院，是集医疗、预防、保健、教学为一体的综合性医院和国家二级甲等医院。② 现如今 T 厂职工医院已经是事业单位，并更名为 T 市第二人民医院。

在 T 厂职工医院从企业下属职能部门到社会事业单位的变化过程中，有两个重要的特点：第一，通过考察职工医院的组织建设情况可以看出，T 厂职工医院内部也进行过细化的体制改革。1983 年职工医院与卫生处最后一次合并后至 1988 年以前，职工医院主要执行"党委领导下的院长负责制"和干部任命制，职工医院与卫生处合署办公，院长兼任处长；1988 年 2 月，随着 T 厂的领导体制改革，职工医院实行院长负责制、院长领导下的科（室）主任负责制及干部聘任制；1993 年，制定并实施医院、院长、党委、职代会"四大工作条例"，并逐渐开始实行专业化管理。③ 这一阶段内部体制改革的过程，也是 T 厂逐渐放松管理，将职工医院与国营企业主体相分离的重要过程，并为日后的改制埋下了伏笔。第二，成立之初的职工医院主要负担 T 厂冶金区职工及家属的医疗及预防任务，并向所在行政区的企事业单位及居民开放，承担当地居民的医疗工作。可以看出在这一时期，T 厂职工医院的覆盖范围仍是十分有限的，虽然从单位组织边界向外辐射到了所在行政区划内的居民，但在当时的环境下，T 厂所在的行政区范围内的居民多数也都是 T 厂职工家属与 T 厂存在密切关系的其他单位成员。20 世纪 80 年代中后期开始，T 厂职工医院对外实行开放，并最终改制成为社会性的事业单位，与 T 厂完全脱离。这种阶段性、完全化的剥离方式在典型单位制下单位社会性功能剥离的案例中

---

① 《T 厂志》编委会编：《T 厂志（1986—1995）》，T 厂 2000 年（内部发行），第 277 页。

② 《T 厂年鉴》编辑委员会编：《T 厂年鉴（2006）》，T 厂 2006 年（内部发行），第 203 页。

③ 同上。

是十分典型的。

Y厂的医院改革与住房改革的过程较为相似。1994年Y厂成立实业总公司（社会事业管理部），卫生处也作为社会事业部门被划归实业总公司管理。而与T厂职工医院转变为独立事业单位不同的是，Y厂的职工医院目前仍然是隶属于Y厂集团公司的一所集医疗、教学、科研、预防、保健、康复于一体的大型现代化综合性三级甲等医院。虽然Y厂职工医院已经从企业下属的职工医院发展成为面向社会的专业化医院，但在产权所有制上与Y厂的关系仍未完全切断。

事实上，T厂和Y厂对职工医院改革的两种路径体现了单位社会性功能剥离时企业与厂办医疗机构分离可以采取的两种办法：第一种办法，从原企业中彻底分离出来，纳入政府医疗部门的管理之下，以独立的法人身份面向社会提供医疗服务，如T厂。另一种选择则是作为原企业的一个经营实体，对企业职工和社会，提供有偿的医疗服务，如Y厂。然而无论哪一种路径，首先，这种改革都意味着与原企业的剥离，只不过剥离的程度略有差异。其次，改革都体现着要从面向企业内部到面向社会的开放性转向，都是企业社会性功能的淡化、社会性功能回归社会的表现。最后，这种从对内到对外的变化过程，与国家整体医疗制度改革也是相匹配的，也是医疗资源重新配置的体现。

在国有企业剥离企业办社会职能改革的基础上，国家卫生医疗体制的改革也在不断深化，"建设靠国家，吃饭靠自己"以及完善医疗建设中的市场补偿机制成为医疗体制改革的主要精神和方向。[①]1997年1月，中共中央、国务院发布《关于卫生改革与发展的决定》，其中明确提出"改革城镇职工医疗保障制度。建立社会统筹与个人账户相结合的医疗保险制度，逐步扩大覆盖面，为城镇全体劳

---

① 参见国务院《关于深化卫生医疗体制改革的几点意见》（1992年9月23日）；卫生部《关于深化卫生改革的几点意见》（1992年9月23日）。

动者提供基本医疗保障。保障水平要与社会生产力发展水平以及各方面的承受能力相适应。保险费用由国家、用人单位和职工个人三方合理负担。职工社会医疗保险实行属地管理"[①]。据此，城镇职工医疗保险制度正式建立，由此开始，国有企业职工看病正式成为医疗保险的覆盖范围即社会福利的范畴，从而与传统单位福利彻底分割。企业办社会社会性职能中的重要部分——医疗，从单位功能中剥离出去，成为国企改革的重要一环。

三 国企改制与单位共同体的衰落

通常来看，国有企业改制与单位共同体的衰落似乎是同一的，即国有企业改制意味着单位共同体的衰落，单位共同体衰落的表现即为国企改制。但事实上，这种观点是不全面的。国企改制依据国家出台的具体法律法规、政策文件，以某一确定实施的时间点开始进行体制结构改革，这是相对明确的、直观的变化过程，呈现出阶段性、渐进式的特点。而单位共同体的消解却是逐渐持续变化的过程，它由于单位体制内自反性力量的结成而发酵，随着体制外环境变化而强化，在内外合力的作用下逐渐松动并逐渐消解。其变化过程存在着不确定性甚至反复性，并且单位共同体衰落的伏笔先于国企改制就已经埋下。在国企改制基本结束之后，单位共同体的内核并没有迅速地一并消解，有些惯习仍处于不断式微的过程之中。因此国企改制和单位共同体衰落应视为相互紧密联结但又存在区别的概念，或者说国企改制是单位共同体衰落的集中表现。

第一，单位共同体不仅是单位组织结构形态和制度的简单复合，而是在此基础上包含了单位制发展过程中不断结成的关系网络、文化惯习等"共有的"精神内涵的加总。这种"单位"和"共同体"

[①] 中共中央、国务院《关于卫生改革与发展的决定》（1997年1月15日），载邵蓉主编《药品监管相关政策法规》，中国医药科技出版社2011年版，第46页。

观念的结合，就赋予了国有企业作为生产性经济组织之外的政治性与社会性的全部意义。因此单位共同体从结成、变迁到衰落的过程，就无法如国有企业体制改革一样在短时期内迅速完成，而是需要长时间的酝酿、发生，并且其引发的结果也在一段时期内依然持续并产生影响。

第二，国企改制以剧烈的结构变革的方式改变了单位组织的形态，但却没有完整反映出单位组织结构瓦解的全过程，这也正是利用国企改制描述单位共同体衰落过程中缺失的环节。事实上，自厂办大集体产生以后，单位组织内部就出现了产权基础上的二元化边界，即区分厂办大集体和国营单位的单位体制内边界。这种边界的产生，对于作为经济组织的国有企业来说，是效率追求和效益转向的障碍，对于作为共同体的单位来说，则是内部一致性瓦解的隐患。并且这种单位体制内边界在产生后并不是固定不变或逐渐消解、使国营单位与厂办大集体能够趋于融合，恰恰相反，制度的实施和边界两侧的不同的实践逻辑将国营单位与厂办大集体拉向了两端，单位组织内边界因此强化，并形成了难以跨越的结构性壁垒。这种国营单位与厂办大集体的逐渐分离以及单位体制内边界强化的过程，虽然没有成为国企改制正式的组成部分，但却奠定了国企改制的基调，并且成为单位共同体走向衰落的伏笔。

第三，国企改制主要目的是"主辅分离、辅业改制"，主要表现为对厂办大集体及企业办社会功能的剥离。虽然对于进行制度改革的国有企业来说这两项改革是同时开展的，但对于单位共同体衰落来说则是不同层次的。正如前文所述，厂办大集体的出现意味着单位共同体规模和功能达到顶峰，因此厂办大集体可以视为在原本单位共同体基础上的外延。这种同心圆似的扩张并没有改变单位共同体的内核，因此厂办大集体的改制也只是对从外围边缘对单位共同体进行切割，并不会直接造成单位共同体的消解，只是将规模和功能达到顶峰的单位共同体削弱到了从前的程度。虽然如此，从规模、功能的完善到弱化，厂办大集体的分离却真实地成为单位共同体走向衰落的第一步。

相比之下，单位社会性功能的剥离则从根本上促成了单位共同体的衰落。理论上来讲，将厂办大集体推出单位组织结构之外，单位组织仍可以回复到厂办大集体产生之前的模式——以有限的覆盖性和功能性存在并持续。然而，要求单位从生产性、政治性、社会性的复合体变为专注于经济导向的现代企业组织，则从内部瓦解了单位共同体"共有"的内核和内在凝聚力。客观上，以住房、医疗等制度为代表的改革将除生产关系外的一切关系都隔绝在了企业组织之外。主观上，单位成员失去了作为"单位人"的福利性待遇而变成了单纯意义上的"职工"或"雇员"，身份的变化也造成了共同体归属感的丧失。由此，单位共同体开始走向衰落。

第四，国企改制更多表现为对国家行政命令的回应以及对市场经济体制改革被动的适应，而单位共同体的衰落则是在与国家、市场的互动中塑造的过程。单位组织内边界的形成造成了资源共享范围在除单位体制边界之外的又一重区分，单位组织内外边界同时存在不仅给原本内部同一的单位共同体带来了不确定性，这种不确定性也使国家开始重新考虑闭合单位体制的模式意义。与此同时，市场经济体制改革并不是独立于单位体制外的，市场经济的出现冲击了单位体制外边界，国有企业内部发生的制度改革也试图突破单位体制边界。单位体制边界的式微和松动最终导致了单位共同体衰落的真实发生，并以国企改制的形式具体表现了出来。

第五，单位共同体虽然走向了衰落，但其内涵中很多部分仍然对国有企业发展有着很深的影响，这也是国家继续深化国有企业改革的重要原因之一。从国家层面的政策文件也可以看出，2000年以后对厂办大集体和国企办社会职能的剥离仍是国企改制的一项重要内容。2011年，国务院办公厅发布《关于在全国范围内开展厂办大集体改革工作指导意见》，在东北试点经验的基础上对部分企业中仍然存在的产权不清、机制不活、人员富余、市场竞争力弱以及存在的企业停产、职工失业等问题予以解决。[1] 2015年8月，中共中央、国务院印发《关于深化国有企业改革的指导意见》明确指出，国有企业中，企业办社会职能和历史遗留问题还未完全解决[2]；2016年，国务院发布《关于印发〈加快剥离国有企业办社会职能和解决历史遗留问题工作方案〉的通知》，要求"对国有企业办医疗、教育、市政、消防、社区管理等机构实行分类处理，采取移交、撤并、改制或专业化管理、政府购买服务等方式进行剥离"[3]，并明确规定"2016年出台剥离国有企业办医疗、教育等公共服务机构的政策措施，2017年年底前完成企业管理的市政设施、职工家属区的社区管理职能移交地方，以及对企业办消防机构的分类处理工作，2018年年底前完成企业办医疗、教育机构的移交改制或集中管理工作"[4]。这一系列深化国企改革文件的出台也都是单位共同体衰落持续性的集中反映。

最终，随着单位组织内边界强化与体制边界的弱化，单位体制内自反性力量生成。在单位体制外市场化经济体制改革与单位体制内自反性力量的双重作用下，厂办大集体的改制成为单位共同体衰落的先声，而随后国有企业改制迅速发生，并直接造成了单位组织结构瓦解及单位共同体的衰落。至此，单位共同体也几乎完成了从产生到衰落的全部变迁过程。

---

[1] 参见国务院办公厅《关于在全国范围内开展厂办大集体改革工作指导意见》（2011年4月18日），载《企事业单位改制相关法律法规文件汇编》编写组编《企事业单位改制相关法律法规文件汇编》，中国工人出版社2016年版，第90页。

[2] 参见中共中央、国务院印发《关于深化国有企业改革的指导意见》（2015年8月24日）。

[3] 国务院《关于印发〈加快剥离国有企业办社会职能和解决历史遗留问题工作方案〉的通知》（国发〔2016〕19号）。

[4] 同上。

第二节　单位领导的身份转变与权威重塑

从计划时期的单位组织到现代国有企业的转变，不仅意味着宏观组织结构的变迁，同时也表现为单位各项制度的变化过程。单位组织结构和制度体系的变迁重塑了单位的组织形态和精神内涵，同时也在微观上深刻影响了单位场域内的每一个参与者。而这些单位成员中，领导干部相较于一般单位人而言，对于制度变动的回应又存在着明显的差异。这主要体现在，普通单位人在这一互动过程中，主要是对国家政策、上级主管部门政策及企业政策的服从，虽然存在利益表达的空间，但影响始终有限。而单位组织中的领导者则不仅是国家或上级主管部门政策的执行者，同时也是单位政策的制定者，甚至可以说，单位中的核心领导对于国家或上级主管部门相关政策的理解直接决定着该单位组织的发展走向。因此对这些政策执行者进行考察，对理解单位组织形态，甚至单位共同体变迁有着重要的意义。

一　身份转变：从"内部人"到"外来者"

作为单位政策的执行者，即单位组织中的领导干部，他们的身份由于受到单位组织结构变迁的影响也发生了深刻的转变。这种身份的转变并非身份属性的变化，而主要体现为从"内部人"到"外来者"的变化过程。这一身份的变化在客观上表现为，领导干部来源从单位组织"内"到"外"的变化；主观上则表现为，对单位共同体的认同感和归属感从"内"到"外"的疏离。在身份变化的基础上，领导干部在管理实践中的立场自然也就发生了变化，认同感与归属感的逐渐丧失，使单位组织不再是工作与生活的"共同体"，而只是业缘关系结成的工作场所，单位中的人情权力交换也逐渐淡化。

(一) 归属感的衰落与共同体的逐渐疏离

长期以来,干部任命制一直是国企单位组织领导干部任用的主要方式。事实上,苏联在进行社会主义实践时也曾试图采用民主选举制并进行了短暂的尝试,但由于战争时期客观条件的限制和主观认识的缺乏,集中制比民主制更加行之有效而被广为接受。战争结束后,苏联高度集中的政治经济体制并没有为民主制的推行创造空间,反而更加需要集中的组织制度和干部制度予以保障,干部任命制也就成了与之相匹配的制度形式得以延续。① 因此,中华人民共和国成立后,干部任命制也成为高度集中的政治经济体制下干部任命和调动的主要形式,并且在政府机关和国营企业当中被广泛采用。这种干部任命制使得国家行政力量在国有的干部安排上有着绝对的权力。

在单位制初期,为了集中力量发展国营工业企业生产,以及受到劳动力流动客观限制性的影响,因此国营企业的领导干部一旦被任命,其个人的生命历程也几乎和该企业融为一体。有些领导干部从建厂开始就在这一企业工作,其职业生涯几乎完全嵌入该企业的发展中,并且几乎很少在企业之间流动。以 T 厂为例,根据考察 T 厂历任行政领导干部名单②,从 1958—1985 年期间,T 厂历任领导干部的名字几乎都是重复出现,不管是"革委会"时期的主任、副主任还是恢复制度建设后的厂长、副厂长,几乎都是由在建厂早期就在 T 厂担任重要职务的人来担任,而鲜有"新人"。在 1958 年 T 厂筹备建厂时,Q 就是时任 T 厂筹备处的主任,此后他先后担任了 T 厂副经理(1959—1962)、T 厂负责人(1962—1963)、T 厂副厂长(1963—1967);"革委会"时期担任 T 厂革命委员会副主任;1978 年改任 T 厂副书记。而另一位在 T 厂筹备建厂时期担任副书记的 G,

---

① 周尚文等:《苏共执政模式研究》,上海人民出版社 2010 年版。
② 《T 厂志》编纂委员会编:《T 厂志(1958—1985)》,T 厂 1989 年(内部发行),第 432—433 页。

也曾先后担任 T 厂负责人、T 厂革命委员会副主任等职务，1979—1981 年担任 T 厂的厂长，直到 1982 年他的名字还出现在 T 厂顾问的名单里。

在这种情形下，这些国有企业的领导干部，对企业都有着深厚的归属感，他们不仅是经济组织中的职工，更是单位的成员、是单位共同体的一分子，其对自己作为成员的身份有着高度的认同。例如前文中曾提到的 Y 厂离休干部 T 就是如此，自 1953 年参与 Y 厂建厂后，他一直在 Y 厂工作了 37 年，直到 1990 年离休。即便是离休后他也坚持每个星期三参加 Y 厂组织离休干部进行的集体活动，每天翻看 Y 厂的厂报新闻，关注 Y 厂的发展情况。

这种归属感不仅体现在国营单位中，在成立初期的厂办大集体中也表现得十分明显。国营单位本就对自己下属的集体单位照顾有加，再加上成立之初的厂办大集体往往是以"附属厂"的形式存在，厂里的职工都是国营主办厂职工的子女，因此国营单位派往集体单位的领导者对大集体的发展也倾注了更多的心血。这种将自身视为"内部人"的归属感也是单位共同体中领导干部们所共有的特征。

> 我们第一任厂长在的时候真的特别好，真是清廉，清官。就像父母攒家底似的，我们盖的厂房就像父母给孩子攒的嫁妆似的，就是这个概念。攒下了家底，他也不嫖，也不赌，就像咱们的父母，很本分。这么比喻很贴切吧？很本分，守着（厂办大集体）这个小家，经营这个小家，给孩子攒着家底，给孩子攒着这个钱。这么说我感觉是很贴切的。就这样他才能把这个家治理好。因为啥呢，很严啊，他这个人很严格的。后来的厂长，都是很黑的，把我们辛辛苦苦攒下的家底都给败光了。[①]

随着招用工制度的变化和单位组织结构变化，领导干部的身份

---

① 2015 年 1 月 Y 厂厂办大集体下岗工人 201501S 访谈。

也开始了逐渐向"外来化"的转变。首先，从单位组织整体上看，单位组织的发展已经经历了二十年左右的发展周期，组织内的领导干部需要进行更替，仅在单位组织内进行更替或存在后备不足。其次，随着单位组织规模扩大和发展需要，原有的干部在数量上难以满足，需要进行补充，在现有的干部队伍内进行调配也难以满足，因此也需要扩大干部来源，比如从社会上公开招用。最后，20世纪七八十年代，招用工制度的改革使招用工来源逐渐放宽，并且对劳动力的素质也提出了新的要求。1982年劳动人事部《吸收录用干部问题的若干规定》中就提出，"为了适应社会主义现代化建设的需要，有计划地更替、补充干部，确保干部质量，建设一支革命化、年轻化、知识化、专业化的干部队伍，必须逐步改革用人制度，采取多种方法，充分挖掘人才，合理使用人才"①，对干部素质要求的提出，使受过高等教育的毕业生及有能力的外来人员也拥有了成为单位领导干部的渠道。

从20世纪80年代中后期开始，单位组织中的领导干部中有很多"外来者"，他们或是原本并不属于该单位的外来者，或是从未参与过单位生活的"外来者"。这种"外来"的身份，削弱了这些领导干部对于所工作的单位组织的归属感，并催化了单位"共同体"的消解。在单位组织内亦存在着这种"外来"的现象，即对于厂办大集体而言，企业公司成立后的这些集体企业的领导不再来源于原本主办厂，而是由总厂统一委派或企业公司的统一调配，由此也造成了领导者对集体企业归属感的丧失及身份认同感的割裂。

与此同时，随着单位组织向现代企业转型，单位共同体所暗含的情感附加属性反而成了现代科层制组织建设的障碍。为了打破企业内复杂的非正式人际关系网络并且避免新的裙带关系的结成，领

---

① 劳动人事部《关于制定〈吸收录用干部问题的若干规定〉的通知》（1982年9月19日），载劳动人事部政策研究室编《劳动人事法规规章文件汇编（1949—1983）》，劳动人事出版社1987年版（内部发行），第29页。

导干部在企业间的调转成为常态。并且，宏观上与集中制相匹配的干部任命制开始逐渐向选举基础上的民主制转变。企业内对于民主的提倡给了企业职工意见表达的空间，但往往享有领导任免权的职代会代表们对他们的选举对象所知甚少。这种双向的疏离化带来了领导干部对于单位归属感的进一步丧失。

（二）"人情、关系"权力交换的淡化

中国社会一直以来带有情理社会、关系社会的传统，基于"人情"和"关系"的权力交换是中国社会本土化的权力运作模式。作为共同体的单位组织，虽然构建了正式的组织制度和规范，但仍然将乡土性的、"熟人社会"中的人际关系模式延续了下来。基于单位共同体业缘、地缘及广泛的亲缘关系网络，单位中的领导干部与普通成员之间不仅是上下级关系，更是邻居、熟人、朋友。单位成员之间即便并不相熟，但总有共同认识的单位人作为交往的媒介，因此单位共同体依然是人情和关系运作的场域。

这种"人情"或"关系"通常蕴含着单位情怀或人情味儿，并表现为领导对于单位成员的关心。例如，Y厂厂办大集体职工W的母亲，希望能从集体临时工转正，如果走正规途径将是十分困难的事情，但通过找领导"串串门""唠一唠"的方式最终得到了解决：

> 你得自己去努力去嘛，就是你得去找人家（领导）嘛，要不找的话……反正咱也别说不行，正常应该是按正规途径走。但是反正就一定要找找工会啦，找找劳资（科）啦。那个时候肯定不会说像现在，（比如）找个工作需要花多少钱（送礼）什么的。（那时候）反正就是上人家（领导）那儿串串门、跟人家唠一唠，就是说把我的困难讲给你听。然后那个时候的厂领导，就是任何一个领导，他能为你职工着想，真是那样。不是因为私人关系，就确实是觉得，你看你这么多情况，然后又干了这么多年临时工，家里（确实很困难）……因为（临时工和正式工）工资待遇肯定要差点儿钱的。然后我爸找了几次之

后呢,(领导)就是同意帮我妈转正,所以我妈现在才有的退休金。①

在很多找领导帮忙安排或调转工作这样的大事上,采取的途径也大多是事先"请领导来家里吃饭"或事后"给领导拿了两桶油",非利益交换的特征十分明显。这些帮忙"办事"的领导,其出发点也并非为了换取物质回报,而往往是出于情理社会中人情关系的考虑。这一切实现的前提则是领导作为单位共同体"内部人"的身份。

在领导和领导之间,其权力交换也往往是基于人情和"关系"。例如,T厂时任宣传部部长T找下级分厂厂长帮自己女儿调工种的经历就反映了领导之间的人情交换。

> 我姑娘就是(通过)招工被(国营)录取了,分到了动力分厂。到那儿之后分工种,她就自己报了去化验(室)。等大家都报完了,总厂已经批了,就开始公布了,通知正式到岗上班。人家厂子已经批准她上化验室了,第二天要正式上班了,她说要变工种,要学电工。那人家那都公布了,她就变(主意)了,第二天非得让我领她去(找领导),我说行。我领她去还不行,还得(让我)要车去,坐小轿车。1988年,那你能坐小车,那你不得有级别嘛。第二天我就给她要个车,拉着她去了。
>
> 到动力厂,进院了,完了人家一看怎么来个车呢,刘厂长就(从楼里)出来了,说"看看谁来了"。下车看是我(就问我):"你来干啥了?"那时候我们都熟,只要在大公司机关,对底下分厂单位的都熟。完了(我)进屋了,碰着党委书记姓王(问我):"你来干啥?"我说:"我姑娘今天正式上班,我来送行。"完了我(又)说:"无事不登三宝殿。我姑娘原来报一

---

① 2016年8月C市Y厂厂办大集体下岗职工201608W访谈。

个化验（室），你们公布了，她又不想上化验了，要上电工。"刘厂长冲着我姑娘说："厂子是给你开的啊？你想干啥就干啥。"她也不吱声。我说："那她要学电工，看看给变一变吧，也不存在着难度。"完了刘厂长寻思寻思，又问（她）："变电工，完了你还变不变了？"我姑娘说："不变了。"刘厂长又问："说准没有？"我姑娘说："说准了。"刘厂长就说："行了，那你就上电工。"

变工种就厂长说了算了，就是底下厂子自己的事儿了。各工种也有名额限制（能给她改成电工名额具体怎么办），我不知道啊，一个是可能电工没够，一个可能是就是再增加了一个名额。这个是厂子自己的权力。这个是（总厂）劳资处给他（分厂）编，（比如）电工徒工80人，那他（厂里）都留后手，就给总厂处长以上的走后门的。①

受访者T在T厂中的行政级别虽然比分厂厂长更高，但二者并不存在直接的隶属关系。虽然T的女儿能够顺利实现工作的调转是在T的领导身份基础上才得以实现的，但分厂厂长之所以帮忙，更多是出于人情交换而非对权力的服从，正如T所言："那我们都熟。再说今天我有事儿求他，哪天他也有事儿求我办，这都是相互的。"② 在单位共同体人情、关系的场域中，领导干部和单位成员在身份属性基础上结成的情理关系，以及其对于单位共同体的归属感都在不断强化。

然而领导干部"外来者"的身份则打破了基于熟人圈子的人情和关系运作，对单位共同体归属感的减弱使领导干部的心态更多地表现为"多一事不如少一事"，不愿意插手制度规定与实践之间的软性空间。领导干部的管理表现得更为"谨小慎微"，其最明

---

① 2018年2月T市T厂退休干部201802Z访谈。

② 同上。

显的表现就在于领导干部在实际管理中职能的"收缩"。一方面，单位中基于人情和关系的权力交换逐渐减少，"人情味"式的照顾随着单位组织向现代企业转型鲜有出现，领导之间的人情关系交换发生转变。另一方面，现代企业管理制度规定的明确化、清晰化，使以往单位组织中实行的厂长负责制开始逐渐被民主管理制度渗透，允许领导使用权力的灵活空间被进一步压缩，以往权力交换得以实现的共同体环境淡化。这也进一步促进了单位共同体走向消解。

二 公共意识的模糊与角色政治性的淡化

单位共同体不仅是单位组织内部关系的凝聚，也塑造了被单位组织成员所共享的公共意识。随着国有企业扩大自主权等制度改革，国家赋予了企业更多的自由空间，然而却并没有增强企业中的公共意识，反而是在多方力量的作用下压缩了"公"的空间，造成了公共意识的模糊和"私"的出现。这在单位组织向现代企业转型的过渡时期表现得尤为明显，并对加速了单位共同体的衰落。

传统的单位组织可以视为政治性、经济性和社会性等多种功能的复合体，除了生产性功能外，还具有作为国家行政力量延伸的政治性作用，并且出于合法性要求而必须要承担的组织社会方面的功能颇多。因此这一时期，单位组织中的领导干部身份也是复杂的，他们既是企业领导，同时也是国家干部。在实践中除了要完成国家下达的计划指标，还需要做好群众工作，维持单位组织的运行，确保单位组织多种功能的有效平衡。随着国企改制中对经济性的强调和社会性功能的分散，要求企业领导者承担的政治性功能被削弱，使得领导角色的政治性淡化，继而影响了企业管理逻辑的转变。

（一）"小公"空间的扩大与公共意识的模糊

吕晓波在对单位组织的论述中，提到一个关键的概念即"公"的内涵。他认为单位组织本身即共产党创新出的、介于传统意义上的公共和私人领域之间的中层空间——"小公"①。因此，夹在国家与个人之间的单位组织就扮演了多重角色，一方面，国企单位组织是国家政策的执行者，应严格在国家政策限定的范围内行动；另一方面，由于其"小公"的特殊身份，单位组织又希望为单位职工最大限度地争取就业机会和资源。

回顾考察国家对于国有企业的各项政策，可以看出一种从闭合到开放的政策导向，其中很明显的表现是对企业自主权力的扩大。事实上，无论是厂长负责制的实施，还是扩大企业自主权的实践，其实都是对单位组织的松绑，即通过给予单位更多限制性较少的、相对自由的空间，使其可以采取更具针对性的激励手段等，继而实现组织目标、促进组织发展。这实际上是允许与国家相对的"小公"空间的存在，并在客观上试图产生对"小公"强化的效果。企业利益提高虽然带来了"小公"利益，但相应的对领导个人的利益激励机制却仍不完善，尤其在单位组织转型、现代企业制度未正式确立的这段时期内，处于不完全自主下的企业领导缺乏情感上的内在激励，又缺乏经济上的外在动力。因此合法"小公"空间的扩大带来的并非小公共性意识的增强，反而是集体公共意识的衰落，并且在一定程度上促使与"公"相对的"私"的发酵。

虽然传统单位组织是多种功能的复合，但有效组织经济生产始终是国营工业企业的一项重要目标。在20世纪80年代末以前，如何在计划管理下处理好国家与企业之间的关系是对于国家工业生产至关重要的问题。根据"工业七十条"的规定，国家对企业实行"五定"②、企业对国家实行"五保"③，并且，企业在"五定"的范

---

① [美] 吕晓波：《小公经济：单位的革命起源》，载田毅鹏等《重回单位研究——中外单位研究回视与展望》，社会科学文献出版社2015年版，第3—22页。

② "五定"，即定产品方案和生产规模，定人员和机构，定主要的原料、材料、燃料、动力、工具的消耗定额和供应来源，定固定资产和流动资金，定协作关系。

③ "五保"，即保证产品的品种、质量、数量，保证不超过工资总额，保证完成成本计划并且力求降低成本，保证完成上缴利润，保证主要设备的使用期限。

围内超额完成"五保"任务的,能够"根据多超多得的原则,按照规定的比例,在上缴利润中提取奖励基金"①,并且在保证"五保"任务完成的条件下,对于精简定员以内的人员可以"用工资总额的结余部分,按照国家的规定增加职工的奖金,改善职工的生活福利"②。到了1978年,根据"工业三十条"的规定"企业必须保证全面完成国家规定的八项经济技术指标,全面完成供贷合同。全面完成和超额完成国家计划的企业,可以按比例在利润中提取企业基金,主要用于举办企业的集体福利事业"③。同时根据国家规定,在企业内部,企业对分厂、车间,车间、工段对小组、个人也都可以参照采取类似的办法。这样的政策安排赋予了企业很多小公共性的空间。例如,1983年、1984年,T厂经济责任制改革就采用了"分成"的办法,"在年初,把利润、产量、定员、工资总额、基础奖金、加班加点费用、零星采购费用等指标,采取签订经济承包议定书或军令状的形式,一次包给各单位,由各单位按月统筹安排,进行考核。对超利润和节约费用部分,按比例分成"④。

对国营单位整体而言,国营单位的领导虽然是国家委派,但管理的立场仍是站在单位的角度,希望能在国家政策的基础上寻求空间,为单位及其成员谋利。对于国营单位内的各处室、分厂而言,这一级的领导干部又都会站在自己所管理的小单元的角度,希望在企业政策的基础上寻求空间,为自己管理的小单元及其成员谋利。在厂办大集体建立后,厂办大集体的领导也会站在厂办大集体的角

---

① 中共中央《国营工业企业工作条例(草案)》(1961年9月16日),载张培田主编《新中国法制研究史料通鉴》(第6卷),中国政法大学出版社2003年版,第6644页。

② 同上。

③ 中共中央《关于加快工业发展若干问题的决定》(1978年4月20日),载中华人民共和国国家经济贸易委员会编《中国工业五十年——新中国工业通鉴(第6部)1976.11—1984》(上),中国经济出版社2000年版,第598页。

④《T厂志》编纂委员会编:《T厂志(1958—1985)》,T厂1989年(内部发行),第184页。

度，希望尽可能利用国营的政策和优势，为厂办大集体及其成员谋利。因此，"化大公为小公"就成为资源运作的一种典型方式，即尽可能在合理的范围内将国家资源转化为单位资源，将国营单位资源转化为集体小单元的资源。例如 Y 厂变速箱厂附属厂厂长 Z，他在解决集体单位福利问题时所采取的策略就是谋"小公"的典型。

你要说搞福利，福利费还得受限制，就是哪些可以走成本，哪些不可以走成本。可以走成本的东西就走去呗，国家上税少上了，你自己职工实实惠惠得着了。你不整（福利），这钱都得上税，都交给国家了。这玩意儿是得考虑国家，但是更多还得考虑自己。你像我在知青厂大集体干的，我给职工过年过节分点东西啊，发点鱼啦、面啦、苹果啦，到时候也得给大伙发点。福利费不多，都是受每年收入总额的限制，（根据）总额多少，它占多大比例。那时候我们想什么办法？（比如）我买苹果去，到果园，我就问他："你这个苹果你能给我开啥发票？"他说："开苹果（的发票）呗。"我说："那我不要了。有的是卖苹果的，我非要你的啊？"他说："你想开啥（发票）？"我说："给我开柴油（的发票）。"（他说）"行啊。"那时候发票不像现在这样，（那时候发票）给你自己愿意填啥填啥，那我就自个儿随便填呗。我手里头有六七台汽车呢，我烧柴油啊，你知道我烧多少柴油啊？我开上柴油（发票）我（可以）走成本，走成本呢利润就降低了，我给国家所得税不就少了吗？等于偷税，哈哈，都得这么整。①

这种"钻空子"的行为实际上是不符合政策规定的，但是也不乏有很多领导干部为了给自己所在的单位"小单元"谋利而采取需要自己承担风险的策略。

---

① 2013 年 5 月 C 市 Y 厂退养干部 201305Z-2 访谈。

在早期的国有企业中，熟人圈子的存在以及"均等化"的收入水平，使领导无论是出于个人形象还是真实获利的考虑，做好本职工作都比以权谋私更能实现利益的最大化，此时"小公"意识还是占据主导。在现代国有企业制度完善后，相应的绩效评判标准使领导只要做好本职工作、促进企业发展就可以获得相应的利益奖励，除了个别情况外，领导也都不愿冒风险"以权谋私"。对这种"公"与"私"的变化，T厂服装厂的党委书记C表达了这样的看法：

> 开始那暂（领导）捞（钱）还好捞呢。民不举、官不究的，职工就知道干活。不像现在，我还想告谁告谁。那暂（贪污的领导）好像没有，少。那就比如哪个领导真的拿了钱，除了财务能知道，工人能知道啥啊？就是财务知道了他也不明白咋回事儿。（假如）我出来（采购）买锅花80块钱，我开120（的发票），那财务也不知道。但是那时候像我们单位这种现象基本没有。不管买啥，我们票子都在这儿，非常公正。而且我们买东西很少一个人（去），就让你一个人去你都不能去。你看像我，让我一个人买东西去我都不去，我得拽着厂长（跟我一起去）。一个人为私，两个人为公。所以那暂根本就没想（捞）啥，就想自己可千万别有点儿啥事儿，犯不上。①

然而在从单位制度到现代企业制度过渡的过程中，单位组织外边界的逐渐模糊使得"小公"存在的空间逐渐丧失，领导"外来者"的身份使其作为"小公"参与者的身份被抽离，"小公"意识被不断削弱。与此同时，虽然国家赋予企业更多自主权力使企业权力运作的空间扩大了，但领导的个人权力却被置于明晰的制度规范和制度性的民主监督之下，其活动的真实合法性空间实际被压缩了。再加上这一时期，国家在企业领导干部管理制度安排上利益驱动的

---

① 2017年9月T市T厂退休干部201709C访谈。

不足和竞争机制的缺失，使这些国企领导既不具备继续寻求小公共性的客观条件，也丧失了追求"小公"的内在动力。随着公共意识逐渐模糊，企业领导开始试图寻找其他途径弥补利益的缺失，相伴的则是"私"的观念的出现。一位经历厂办大集体改制的Y厂职工，对企业中领导"化公为私"的行为有着很大意见：

> 要我说，哎呀，那知青厂后来整得简直就是（领导）自己家的单位了。就是我（快）要退休还没退休那段，大集体就有点儿不像以前那样似的了，腐败现象啊（特别明显）。那整个单位库房、单位的东西，那都整成（领导）自己家的了，就跟"这整个库房都是我的了"似的。你说来不来气。你像以前（属于变速箱厂附属厂）那时候，一年一查账。那时候是不贪污的比较少？那真收拾①啊。而且像我们这个岁数的人啊，真是对单位就像家一样，恨不得自己家的东西都往单位拿。现在可倒好，简直就是单位的东西就是我（领导）个人的。②

（二）领导角色政治性的削弱

由于单位组织所承担的经济、政治和社会功能，因此"政企合一"的单位组织中领导角色也是复合的，他们不仅是经济组织单位中的领导，更是作为国家权力延伸的单位中的干部。角色身份的复合使得领导干部承担的职责也是复杂的，不仅要对单位组织进行有效的管理，同时也要起到组织动员、做好群众工作的政治性作用。

"典型的权威人物——'上司'——本身就是在服从一个非人格的秩序，他在发号施令时的行动就会以该秩序为取向"③，在当时

---

① 这里指惩罚、处罚。
② 2015年1月C市Y厂退养家属工201501M访谈。
③ ［德］马克斯·韦伯：《经济与社会》（第一卷），阎克文译，上海人民出版社2010年版，第324页。

的制度环境下,领导干部所能行使的权力都是党和国家赋予的,他们在组织中的行为也往往被等同于组织行为或国家行为。例如前文受访者提到领导在政策规定下"讲情怀"的通融或变通行为,都会被视为来自党和国家的关怀,获益的单位成员所感谢的对象并非某个领导个人,而是转化为对单位、对国家、对共产党的感激和认同。因此在这一时期领导干部的工作范围是广泛并分散的。例如 Y 厂离休干部 T,和工人一样住工棚、下工地是工作的常态,发挥的是"带头"作用。在 T 看来,他那时候的干部才是真正的"从群众中来,到群众中去"而不是像现在"想找领导都难,得送礼"。而他作为团干部,主要就是通过与工人同吃同住、唠家常等方式了解工人的问题和困难,从而实现管理。

> 那阵儿我们住在孟家屯那一片。都是工棚子,就是木板一钉,盖上,屋里就都是双层铺。不管你是党委书记还是政治处主任,除了家在本地的以外,剩下外来的都住那儿。工棚子贼苦,贼冷,都是土办法盖的,漏风漏雨。然后临时钉的木板铺,铺上榻榻米就不错了。生活不方便,大食堂、大厕所。就这样子,全是公用。干部成天和工人在一起。干部那时候都带头,除了开会你得带头之外,平时也得和工人在一起,不是说你光指手画脚。有时候你不干活了,跟人家说说,谈谈心,谈谈话,做群众工作,就靠这个时间。[①]

再如 T 厂服装厂的党委书记 C,党委书记的身份并没有让她觉得与其他单位成员有什么不同,参与工人的日常生活也是她工作的一部分。

> (那时候我主要负责)政工啊。思想政治工作啦、协助厂长

---

① 2013 年 5 月 C 市 Y 厂离休干部 201305T 访谈。

啦，什么进货呀、产品质量啦。进货那有时候材料员人手不够，我就得跟着去呗。那暂我们都跟着装车、卸车，都干过！不是说因为你是书记就成天在屋里坐着，不得！都和群众打成一片，一起干。要不为什么那暂有的单位的领导特别亲民，搞活动啥的都特别好呢。现在就不行了。以前那没事儿了（就从办公室）下来了，（工人）都在那儿干活呢，跟这个唠唠嗑，跟那个唠唠嗑的，问问最近工作生活都怎么样啊啥的，很少搁办公室坐着。那我们厂长都跟着卸车卸货，要不你就得雇人。就为了节省这笔开支，我们都跟着卸车、卸货。①

这种对公款的节省不仅表现在亲力亲为减少劳动支出，在出差时的开支也是能省就省。

你看我们出差，很少住高级宾馆，宁可住大炕，就为了节省这个出差费用，节能降耗啥的。那暂都觉得要节能降耗啊，（我们）省点儿工人能多开点儿（工资）。你看我们出门我总说愿意住大炕，我们出门这些人，除了司机是男的，剩下的我们就住一铺炕，那还是我们厂长带队的。②

所以，在这一时期无论是普通单位成员对领导的角色定位、还是领导对自身的身份认识，都带有很强的政治性，因此是否遵循"公有制企业应当体现工人当家做主的民主原则"这一政治原则③成了企业中对领导干部评价的一项重要标准。

在国企改制的过程中，企业不断完善的各项制度相继建立，同时伴随着领导干部的"外来化"和公意识的模糊，"领导"和"干

---

① 2017年9月T市T厂退休干部201709C访谈。
② 同上。
③ 蔡禾：《企业职工的权威意识及其对管理行为的影响——不同所有制之间的比较》，《中国社会科学》2001年第1期。

部"双重角色之间开始分离。从宏观上看，国家对单位制的调整明显呈现出从闭合到开放的变化，并表达了对单位组织合法性的重塑。对合法性诉求的变化，使国有企业从需要获得合法性权威及认同的、带有明显政治性的功能复合体，开始转向为着重追求效率目标的经济组织。这种转变，无疑淡化了国企的政治性功能，因此企业中领导身份的政治性也在国家制度安排和政策设定下逐渐被削弱。从领导自身上看，以往的单位组织，尤其是超大型工业企业，其往往承载着国家对于新中国工业发展的寄托，甚至可以说，这些单位与国家命运相联结。因此这些单位组织中的领导，他们的个人命运不仅与单位组织的命运紧紧相连，同时也深刻地嵌入在国家的命运之中。随着国企改制的发生，虽然许多限制介入性大型国有企业[①]对于国家的发展仍然至关重要，但政府机关、事业单位和企业之间的明显分割，使国有企业的政治性角色明显弱化了。在这种变化的基础上，国有企业中的领导对于自己作为国家干部的政治身份认同也必然下降，或者说，至少"国家干部"和"企业领导"二者相较，其自身的角色定位和要求更倾向于后者。

因此，与一般职工打成一片的领导形象越来越被削弱，"楼上"或者办公室是领导活动的空间，而"楼下"或者车间则是普通职工工作的场域。领导干部的管理不再以明显的形式融入，而是层级化地向下渗透，在打破单位共同体模式的基础上，科层制下的现代企业制度逐渐建立。

三 角色转变与管理权威的重塑

在前文所述的一系列变化的基础上，传统的领导角色以及对领

[①] "限制介入性国有企业"可以分为两大类：一类是占有自然资源——如稀缺或不可再生的石油、天然气等矿类资源——的企业；另一类是占有"制度"性资源的企业，如铁路、民航、电信、电力、邮政、军工等部门。参见刘平、王汉生、张笑会《变动的单位制与体制内的分化——以限制介入性大型国有企业为例》，《社会学研究》2008年第3期。

导的普遍评价体系也发生了转变,这种双向的变化继而就引发了国有企业内部管理权威的重塑。单位组织自成立以来,其背后依靠的就是党和国家,"国有"属性也构成了其与其他组织的根本区别,因此,国有企业中权威的类型实际上是理性基础上的合法权威。[1]"就合法权威的情况而言,服从的对象就是法定的非人格秩序。这种服从的对象会扩大到行使职务权威的人们那里,因为他们的命令是凭借职务权威,而且只是在其职务权威的范围内才具有了形式上的合法性"[2],因此在单位组织中,无论服从的是规范制度还是领导指令,其得以成立的基础始终是国家赋予的支配权力。在单位体制内,合法权威是"经协商或强制而确立的、至少是要求组织成员服从的任何既定的合法规范"[3],并且其前提是工具理性和价值理性的混合,就是说既强调了明确的制度规范,也包括约定俗成的管理逻辑,同时也依赖领导基于合法权力的个人权威。在单位制的不同时期,工具理性与价值理性之间的混合程度则存在明显差异,这种差异随着单位组织边界的变迁而变化,并且在塑造单位管理权威的同时也塑造了单位共同体的形态。

继续深入考察单位组织内领导的管理权威时,不难发现,这种权

---

[1] 韦伯将正当支配下的权威分为三种纯粹类型:1. 理性基础上——基于对已制定的规则之合法性的信仰,以及对享有权威根据这些规则发号施令者之权利(合法权威)的信仰。2. 传统基础上——基于对悠久传统的神圣性以及根据这些传统行使权威者的正当性(传统权威)的牢固信仰。3. 超凡魅力的基础上——基于对某个个人的罕见神性、英雄品质或者典范特性以及对他所启示或创立的规范模式或秩序(超凡魅力型权威)的忠诚。在以往对于单位制中权威类型的研究中,有些将单位制早期的权威类型等同于超凡魅力型权威,事实上,单位中权威的来源始终是国家,领导只是作为国家的"代理",因此其权威成立的基础是理性的。并且,虽然往往倾向于将这种"理性"视为工具理性,但合法权威并不排斥价值理性,并经常表现为工具理性和价值理性的混合。因此本书将单位组织及改制后国有企业的权威类型均视为合法权威进行考察。

[2] [德]马克斯·韦伯:《经济与社会》(第一卷),阎克文译,上海人民出版社2010年版,第322页。

[3] 同上书,第323页。

威则主要表现为能否获得下级认同的权力,而这种影响力在企业中一般包括三个因素,即"管理者的资源支配能力、经营能力、人格力量"①。在这三种因素中,管理者支配资源的能力,既包括能够给予单位成员资源的能力,也包括能否剥夺单位成员资源的能力,因此对资源支配权力的依赖是典型的基于工具理性的合法权威。而与之相对,人格力量往往涉及道德与价值的评判体系,"如果彰显了社会的道德和价值,与下级期望中的人格特征相一致,就会在下级心目中产生人格力量,建立起信任,这种信任往往能独立于资源依赖在下级身上导致服从"②。这也就构成了基于价值理性的合法权威。单位组织中合法权威的变动,实际上呈现出了从依赖价值理性到强调工具理性的变化,具体投射到领导管理权威的塑造上时,则呈现出从强调领导个人的声望、声誉到依赖资源获取和支配能力的变化。

在研究早期的单位组织时,基于价值理性的合法权威就显得十分重要,这主要表现为非正式的权威关系。在探讨国有企业内部的权威结构变化时,除了意识形态基础上、权力资源占有控制下形成的正式的权威关系外,还存在着非正式的权威关系。路风将这种非正式权威关系描述为"以内部行为准则为内容的单位伦理关系,这种关系通过舆论和道德谴责迫使个人服从团体的行为规范"③。华尔德则将这种"非正式"的关系网络理解为"庇护主义",即关系网络结成的前提并非是被受性或被迫性的服从,而是自愿、习惯性的"同意"。但事实上,这两种对于非正式权威的理解都着重于强调了外在力量的约束或自上而下的力量制约,忽视了认同在权威构建中的重要作用。

葛兰西曾提出"霸权主义"(hegemonies)④的概念,用以描述

---

① 蔡禾:《企业职工的权威意识及其对管理行为的影响——不同所有制之间的比较》,《中国社会科学》2001年第1期。

② 同上。

③ 路风:《单位:一种特殊的社会组织形式》,《中国社会科学》1989年第1期。

④ Antonio Gramsci, *Selections from the Prison Notebooks*, New York: International Publishers Co., 1971, p. 333.

一种"不是强制性的控制,也不是'自觉'的拥护,而是'自发的'同意,即在自己的工作、生活中不对现存制度和统治反抗,而是自觉不自觉地认同"①的状态。把这一概念引入对经济组织的理解,实际上就形成了布若威所描述的"制造同意"②。但由于单位组织有别于一般经济组织的特殊性,单位组织中非正式权威的塑造,不仅是要求单位组织成员自愿服从的过程,更是国家和单位领导者寻求同盟的过程。这也就是说,在组织动员为主要激励方式的计划时期,国家、领导干部这些权威主体与被管理的对象并不是对立的关系,相较于希望单位成员遵守、服从规则(无论是被迫还是自愿),管理权威得以成立更多需要的是认同和支持。因此在典型单位制时期,虽然国家赋予单位领导干部的合法权力是领导权威成立的前提,但领导者对于权力资源支配能力的有限性使其获得声望和声誉,才是这一时期管理权威建立的核心基础。

在集体制时期的农村生产队管理中,存在这样一种现象:"队长的声望,不仅取决于他对生产队的有效管理,还要看他平时如何跟社员相处。碍于私人情面,他不可能对社员们过于苛刻;为个人地位计,又不能过于松懈和疏忽。他时常需要在这两种动机之间做出妥协,既要把生产搞好,又要跟社员之间处好关系。"③实际上,这种管理模式在单位组织中也是同样适用的,甚至在有些情况下,基于非正式权威的管理比基于规则的管理更加有效,并且更能够进一步强化领导的权威。例如前文中提到的Y厂分厂领导Z在管理中,就经常需要采取非常规的手段实现管理目标。

---

① 王晓升等:《西方马克思主义意识形态理论》,社会科学文献出版社2009年版,第51页。
② [美]迈克尔·布若威:《制造同意——垄断资本主义劳动过程的变迁》,李荣荣译,商务印书馆2008年版,第89—90页。
③ 李怀印、张向东、刘家峰:《制度、环境与劳动积极性:重新认识集体制时期的中国农民》,《开放时代》2016年第6期。

我（在铸造车间的时候）当那个以工代干的指导员嘛，相当于一个带班的。晚上我们班的这帮工人呢，尤其是夏天上夜班的时候，不迟到，（工人）把衣服换完了，就到外边一坐，夏天热啊，都不愿意干活。你等上去干活的时候呢，（本来）是8点钟休息到9点钟吃饭，到7点半这帮人都吃饭去了；吃完饭（本来）9点上班，但是上班都9点半了，纪律非常涣散，整不了。后来我们是两班倒生产，我负责跟着一个班。当时人员急缺到什么情况呢：我们缸体线是8个组，100多人呢，最艰难的一天，我把前面4个组的人集合到一起，不够1个组的人。人都休息，还把假条开来了，（有的说）"我低烧"，（有的说）"我高血压"，我没有人（干活）。你说总厂你干预，你干预啥啊？我都没有人，我搁什么干活啊？

那就是靠面子，那时候全靠面子。这帮人来了，赶上高兴的时候，（我说）"我跟你俩关系不错，我是班长，我告诉你啊，这两道工序你自个儿干"。那你得给我干啊！我得凭面子啊！你干我也不能多给你钱，我也给不了你钱，你不干我能说你啥啊？那时候生产不正常，管理也没有。总厂要干预，跟我说"你要抓管理"。抓啥？都没有人你管理谁啊？我都干过这事：（有人）揣着假条来（上班），来了一看人缺，（就说）"我也不干了"，把假条掏出来了，人说"我也休息"。那时候假条好开。拿个假条我一瞅，咔咔就给撕了（我说）："休息什么休息？休息，你看我热闹是不是？"他让我给骂一通，骂一通他觉得挺亲切，觉得跟我俩挺好。这生产都得这么靠人。[①]

在传统单位制的环境中，单位身份一旦获得，就很难被剥夺，领导在实际管理中，几乎不具有开除或惩罚职工的权力。正式规则在面对许多现实问题时，就显得无能为力，而非正式的权威却极为

[①] 2013年5月C市Y厂退养干部201305Z-2访谈。

有效。这种领导权威的确立必须在获职工认同和支持的基础上才得以成立，因此如何与被管理对象"搞好关系"，在单位组织的管理中就显得十分重要，领导的声望也因此成为权威塑造的最重要因素。

除了"靠面子"之外，"抓典型"也是一种有效的管理方法。

> 生产车间最大的一个无赖跟我在一个班组，那是 C 市有名的无赖，原来就是二马路那儿的头儿，外号叫三爷，跟我俩在一个班组。他比我大 2 岁。那时候大家都 20 多岁，谁听谁的啊？他跟我俩关系好，我把他给收拾①住了。在工厂里头，像你们这属于学校啊、机关啊，完全两码事。你用（同）一种办法，工厂里的事你们办不了。所以说你要在那个环境里头生存，你要管理好这帮人，就得什么（方法）都往上上。你们要是（跟工厂里的人）讲道理，说这是书上写的，有用吗？啥用也没有。那你就得动用那叫什么，就是异类方法了。他（三爷）听我的，为啥听我的？我叨叨他几回事，说我要收拾他，但是我不收拾他，（这样）他感觉到我挺好，所以他愿意给我干。但是有些时候（也）做了一些交易吧。你比方说有一次，他三天没来上班，没请假，来了以后他说他胃溃疡犯了，在家待了三天。我说"说那没用，你溃疡犯了，你要死了我也不管。假条子给我拿来，拿不来假条子就是事假，事假扣工资"。他说假条子有，明天给我带来。我说"行，不用明天，月末报考勤之前给我拿来都好使，假条子没有不行"。（从）第二天开始我天天盯着他要（假条），最后他告诉我他找不着了。他不说他没有，他说他找不着了。我说："你根本就没假条子，你以为我不懂啊？"但是前提在哪儿呢，就是他上班这两天，他拼命给我干活。他不但干活，他手里头拎一个棒子，谁（工人）那旮要是稍微慢一点，都不用我指挥。因为他是个大无赖啊，就把我之前（积）压活

---

① 方言，治。

都给我撵（赶）回来了。所以说我说："你以为我傻是不是？还有假条子你丢了。你根本就没有（假条）。我就看你这两天活干得不错就拉倒了，以后再有这事，下不为例。"（他说）"行行行"，他就给我干活。搁那以后跟我俩处得关系特别好，我咋说他咋是，在别人面前他装，在我面前他不装。

刚才我不说晚上来上班工人都在那坐着不干活嘛，他（三爷）在那叼个烟，像一个老豹子似的，周围围了一帮（工人），他不动弹谁也不动弹。我要是想把这帮人撵到屋里干活去，要是不撵他，那不是净挑软柿子捏吗？你撵他，他得动弹算哪！你咋撵他啊，到那你说好听的他听吗？你给他讲思想工作，他勒你吗？我上去照他屁股叮当踹两脚，骂他两句，"干活去"。别人我不吱声，我就冲他来。他这一看，走吧，他一起来（工人）都起来了。工厂里头没有管理的情况下就得这么管，但是管用，我活干出来了。你给他讲大道理，你讲吧，讲完他说"我看病去了啊"，你有招吗？你跟他去啊？等他回来的时候假条拿来了，你就哭去吧。这你在书上你写不了，任何书上你也写不了这一段，但是在实践当中好使。我就是用这种办法，在最困难的情况下我度过来了。就这样，这帮人觉得我不坏，我不是为了要扣他们钱，（不是）要整他们、逼着他们去整（假条）去，不是这样，所以他们能够跟我俩一条心，所以在困难的时候他们能帮我度过去。①

此外，领导出于维护自己权威形象的考虑，对个人声誉会更为关注，极少会出现滥用权力的现象，在管理中也自然形成了一种监督机制。在这一时期，领导合法权威的树立不仅是实现有效管理的手段，同时也进一步塑造了领导对单位身份认同感和对单位组织的归属感。可以说，非正式管理策略的实践及非正式权威的存在，使

---

① 2013年5月C市Y厂退养干部201305Z-2访谈。

得领导和单位成员之间的关系得以强化，这种相互依赖的人际关系网络的结成客观上促进了单位组织凝聚力的加强，并一定程度上强化了单位共同体的内核。

国企改制的发生，首先就强调了规范化的组织制度，即通过完备的制度设置和正式的管理手段实现企业管理。一方面，现代企业制度的建立，通过完善的制度安排赋予了领导者对于任免和奖惩的有效权力，管理权威在"管理者的资源支配能力"要素上得到显著提高，并逐渐成了管理权威塑造的最主要因素。伴随着领导对于资源支配能力的增强，以往需要通过非正式的领导权威才能够解决的管理问题已经被纳入正式规则的运作范畴，领导需要被认同的诉求发生了转变。另一方面，国企改制中对绩效的强调，甚至"绩效主义"[①]的出现，更强调领导者的经营能力，并且重新塑造了国企的激励机制。对领导者而言，管理目标逐渐单一化，即追求最大化的经济利益；对职工而言，其工作动力基本来源集中在物质利益驱动和竞争机制的驱使这两个要素上，职工出于自身利益的考量而遵守规则的自驱力已经形成。因此领导者的管理也基本完成了从需要单位成员对管理权威的认同到对管理制度的服从的转变，即从价值理性合法权威到工具理性合法权威的重塑。

通过对单位组织中领导干部的考察可以发现，在单位共同体变迁的过程中，这些领导者的身份和角色也发生了重大转换。在身份上，存在着从"内部人"到"外来者"的变化，即从与单位共同成长的"内部人"变为国家从单位组织外委派或调任来的"外来者"，并与单位共同体逐渐分离。这种"外来"并不局限于对单位组织外边界的考察，以厂办大集体举办后产生的单位组织内边界作为对象亦是如此。在身份变化的基础上，领导者自身对所在单位组织认同

---

① 指在国企改制进程中，部分国企以经济绩效作为主要目标和考核标准，实施压力型管理，弱化了自身的社会责任和职工权益，是一种变异形态的"经营型经济绩效"。参见田毅鹏、汤道化《单位制度变迁背景下国企绩效问题的再认识》，《学习与探索》2015年第6期。

感及对单位身份认同感的逐渐下降。随着领导与单位之间关系的变化，单位内部基于"熟人社会"的人情权力交换得以发生的逻辑环境也随之瓦解。

并且，在从"单位"向现代企业的转型过程中，单位组织角色功能的转变，促使领导者的角色的倾向性从"单位管理者"向"企业经营者"转变。组织目标的转变，从根本上改变了领导者的岗位职责并深刻地影响了他们所遵循的管理逻辑。单位共同体逐渐瓦解，使领导者在管理上基于归属感和认同感的内在动力逐渐消失；又由于国企改制过程中相关配套制度的不完善，使得领导者缺乏来自外在的激励，"私"的观念因此在转型的过程中逐渐产生。同时，部门分工明确的科层制安排使领导不需要再弥补正式规范欠缺所带来的管理空白，领导管理权威的构成也相应转变。单位共同体在实践层面上发生了根本性的变动。

第三节　从"单位人"到企业员工

在单位共同体变迁的过程中，除了国家宏观层面的政策安排、单位领导干部在中观层面的政策执行外，对其形塑产生重要影响的第三个方面就是这些政策的参与者，即作为政策对象的"单位人"的行动。伴随着单位制的出现，单位体制边界赋予了单位组织中的个体以"单位人"的身份，这些单位人与体制边界外的个体的差异化不断强化单位人归属感和认同感的内在同一性。20世纪七八十年代招用工制度的变化和单位组织内边界的出现使单位职工的内部出现了差异，即产生了集体身份和全民身份、临时工和正式工的区别。这种差异逐渐使单位职工对单位的认同感和满意度下降，相对剥夺感的体验由此产生。国企改制的发生带来了单位组织的边界的模糊和瓦解，同时也造成了单位职工身份的根本性转换。从全面依附于单位的"单位人"到契约关系基础上的企业"合同工"，职工身份的转换弱化了他们的单位意识，也从根本上改变了他们对于单位组织的依附关系。在微观层面，单位共同体也最终走向衰落。

在以往对单位制背景下的职工研究中，对于产业工人的研究占了大多数。实际上，广义的"单位人"概念应当包括具有单位身份的全部个体。因前文中已对单位领导干部做了单独的论述，因此在这一部分中，"单位人"的涵盖范围指除领导干部之外的其他职工，包括一般干部，各处室的职员、工程师、工人（技术工人、车间普通工人）等，其内部不再做细化区分。

一 职工间身份的差异化体验与相对剥夺感的产生

单位体制边界的设立实际上构建了单位内部的同一性，即单位组织中获得正式身份的单位人无论是在横向上与其他单位组织中的单位人比较，还是在纵向上与处于不同位置的单位人比较，其所享有的福利待遇都是几乎相同的。虽然单位人家属通过"家属革命化"的方式进入单位组织中，造成单位组织内职工身份上的差异，但这些家属实际上并不具有正式的"单位人"身份，其对自己的身份认同也表现为，他们清楚知道自己并不等同于正式单位人，而是单位人的附属。也正因如此，这种身份差异并没有造成职工身份的差异化体验。待到单位用工制度的改革将"临时工"身份引入了单位组织，尽管这一阶段临时工制度时断时续，并且其规模到国企改制后才逐渐放开，但临时工与正式工并存的情况却事实上造成了单位组织内职工身份的差异化体验。与此同时，厂办大集体的出现将集体身份引入国营，虽然同为单位组织内正式的单位人，但其身份属性和福利待遇水平上的差异化也造成了体验的差异化，这种相对剥夺感的产生，成了促使单位共同体瓦解的内部力量。

（一）临时工与正式工的身份差异

单位体制边界区分了单位内外，并通过赋予单位内成员以"单位人"的身份，使其能够排他性地占有单位资源、享有福利及待遇。虽然城市单位中存在着全民所有制企业和集体所有制企业的区别，但其各自遵循着相应的资源分配方式。因此，即便全民所有制企业普遍来说占有的资源要多于集体所有制企业，并且相应地组织中成员的待遇也伴随着这种资源占有的情况产生了差异，但在各自空间场域内独立运作的两种身份关系并未产生混合，同一单位组织内部的身份关系始终是同一的。在这种情况下，虽然集体所有制企业中的职工与全民所有制企业中的职工存在着差异化，但这种差异化却并未明显地被这些单位人所"体验"。

从这个意义上看，单位组织内职工身份差异化体验的最初来源，应当是临时工与固定工之间的差异。事实上，在中华人民共和国成立初期，许多企业单位仍然采用"能进能出"的用工制度，允许多种经济形式和多种用工制度同时存在，人员进出比较灵活。在这一时期，临时工在企业中也占相当大的比重。后来为了解决失业问题，用人单位除了对个别违法乱纪的职工必须开除外，一般不允许辞退，固定工制度才逐渐确定下来。而对于临时工，1953年国家劳动部曾作出规定，将部分临时工逐渐转变为固定工进行管理："经常性工作不应雇用临时工担任，已经担任经常性工作的临时工，可根据需要逐步改为正式工，即固定工。"[1] 1956年3月，国务院《关于处理厂矿企业长期性临时职工的通知》进一步指出："企业长期性临时工在编制定员范围内经主管部门批准，当地劳动部门同意，可按正式工人录用。"[2] 从这时起，除了"文化大革命"时期曾短暂出现将临时工大批转为正式工的局面外，临时工与固定工之间存在着根本上的身份差异。

在国企改制前，这种差异主要表现在两个方面：第一，固定工属于国家编制范围内，而临时工虽然在单位组织内工作，但其工作的性质并不是"铁饭碗"，受国家政策、企业需求等多种因素的影

---

[1] 李亚伯：《中国劳动力市场发育论纲》，湖南人民出版社2007年版，第47页。
[2] 国务院《关于处理厂矿企业长期性临时职工的通知》（1956年3月23日），载《当代中国》丛书编辑部编《当代中国的劳动力管理》，中国社会科学出版社1990年版，第407页。

响，临时工的企业职工身份具有很大的不确定性。第二，固定工的工资由国家统一标准、统一下发，同时享有单位各项福利待遇，而临时工的工资水平往往低于固定工，其可以获得的津贴以及能够享受到的单位福利均不如固定工，并且差异较大。在同一单位组织内临时工与固定工两种身份的同时存在，就造成了职工对身份差异化的体验。Y厂厂办大集体职工W的母亲曾经是一位临时工，对这种身份的差异化体会得十分深刻：

> （临时工和固定工）一个是工资上（不一样），再一个就是说……（比如）我有正式工作，我是正式职工，你是临时工，感受肯定是不一样的。就好像有一种被歧视感。然后不好一点儿的活，那都给临时工去干。脏的（活）啊、累的（活）啊，就正式职工不愿意干的（都给临时工去干）。那个时候我听我妈经常说我，"等我家孩子长大了，说啥也不能干临时工"。①

在这一时期，临时工与固定工的身份差异体验主要以"不满意度"的形式表现出来。"严格的意义上，不满意度是一个社会心理学的概念，它测量的主要是人们社会心理上的一种感受。当人们在工作与行为上的付出与劳动（effort）不能够得到他认为应该得到的回报、补偿和奖励（reward）的时候，人们就会自然而然地在心理上产生一种相对不公平和不满足的感觉。"② 这种"不满意"背后不公平和不满足的感觉，"并不在意于回报的高低，更多则是在乎这种回报与奖赏是否公平或者与自己的付出是否等值"③。在

---

① 2016年8月C市Y厂厂办大集体下岗职工201608W访谈。
② J. Siegrist, "Adverse Health Effects of High-Effort/Low-Reward Conditions", Journal of Occupational Health Psychology, Vol. 1, 1996, pp. 27–41, 载李汉林、渠敬东《中国单位组织变迁过程中的失范效应》，上海人民出版社2005年版，第63页。
③ 李汉林、渠敬东：《中国单位组织变迁过程中的失范效应》，上海人民出版社2005年版，第65页。

这一理解的基础上，临时工对待自己与固定工之间的身份差别只是停留在"不满意"的体验，他们希望有朝一日能够获得正式的身份进入单位组织中。一方面，临时工本身不具有正式"单位人"的属性，因此他们的不满意体验并没有造成单位组织内同一性的松动，反而强化了作为正式工的"单位人"对单位身份的认同和集体意识。另一方面，在闭合的单位环境下，对于这种不满意的解决办法并不是离开单位另谋出路，而是希望能够转换身份成为正式的"单位人"，因此对目前身份状况不满意的体验反而也成为临时工趋向单位组织的向心力和动力。从这个意义上看，临时工与固定工之间的身份差异体验，不仅没有造成单位共同体的衰落，反而成了对其强化的因素。

（二）集体所有制与全民所有制的身份差异

集体所有制与全民所有制身份的差异，在单位制产生时就是真实存在的。但由于两种所有制性质企业的相对独立性，这种身份的差异虽然是直观可见的，但却并没有被这些组织中的成员真实地"体验"，因此也就没有对单位体制内身份同一性造成影响。然而厂办大集体的出现，将集体所有制身份引入了国营单位组织，原本同一性的单位组织内部开始出现了不同所有制身份的混合。并且，由于混岗等现象的存在，这种身份混合所带来的各种差异都被单位人真实地感受到了。与临时工、固定工的身份差异不同的是，临时工毕竟是单位组织中的边缘群体，其本身也不具有正式的"单位人"身份。但国营单位中集体所有制身份的职工，他们是将自己视为单位正式成员，并且对自己的单位身份有着高度的认同。这就造成了集体所有制身份职工相对剥夺感体验的产生。

与不满意度相似，相对剥夺感也是人们在行为过程中产生的主观感受，但相对剥夺感对负面情绪的体验更深。它"主要是指人们从期望得到的和实际得到的差距中（discrepancy between expectation and actuality）所产生出来的或所感受到的，特别是与相应的参照群体的比较过程中所产生出来的一种负面的主观感受，一种不满和愤慨的情绪"①。集体身份的职工与临时工相似的是，他们都承担了单位组织中环境条件相对较差的工作，因此都有心理上不满意的体验。但与临时工不同的是，首先，集体所有制职工在身份属性和自我认同上，都将自己视为正式的单位成员，但却并没有完整地享受正式单位成员应有的待遇。因此就产生了期望与实际的差异，这种建立在"付出—回报"差距上的差异体验，进一步放大了集体职工不满意的感受。这种不满意的体验虽然短时间内没有爆发出来，但却在逐渐积聚。

其次，集体职工的相对剥夺感是在其与全民所有制职工相比较的过程中不断增强的。"相对剥夺感同时也是人们在其行为的过程中，不断地与其相应的参照群体（reference group）相比较的结果。参照群体主要是指被特定的社会集团和个人自觉或不自觉地把这些群体的价值观念和行为规范作为自己的行为取向的那些社会群体。"② 在单位组织中，集体职工的参照群体主要就是国营职工。在集体职工看来，同样作为"单位人"，自己与国营职工相比，所有制身份属性不同；工资水平不同；享受的福利待遇不同；付出—回报体验不同；观念认知上的重要程度也不同。集体职工相对剥夺感的产生，使得原本内部同一的单位职工之间出现了分化，这些不同的差异体验随着单位组织的变迁在不断加深，其不断积累的结果便成了促成单位共同体衰落的内在力量。

最后，集体职工的相对剥夺感体验，在国企改制及面临身份转换时达到了顶峰，并成为单位共同体瓦解的催化剂。在国企改制时，国家对于国营身份职工如何转换成合同工、何种条件下可以办理内退或"买断"等都有相应的明确规定，其无论与原本单位解除劳动关系或与新企业重新订立劳动关系，都不存在无法解决的遗留问题。

---

① 李汉林、渠敬东：《中国单位组织变迁过程中的失范效应》，上海人民出版社2005年版，第69页。

② 同上书，第70页。

而对于集体职工而言,"由国有企业直接招用,并依法签订劳动合同和直接支付劳动报酬的;原在国有企业自办集体企业工作,后被国有企业收回并依法签订劳动合同和直接支付劳动报酬的;原在集体企业工作,后因该企业被合并、兼并、合资及属于政策性安置或成建制调动原因到国有企业工作,并依法签订劳动合同和支付劳动报酬的"[1],符合以上三种情形之一的就可与国有企业全民身份员工共同参与改制。除此之外,身份转换对于大多数集体职工而言都是"被剥夺感"的体验过程。完成身份转换的职工,往往其所在企业的性质也发生了改变,"买断"下岗的职工更是与单位完全脱离的关系。这两种路径对集体职工而言,都意味着与"单位人"以及原本单位组织背后的国家背景彻底分离。

因此,对于这些集体职工而言,他们所感受到的不公正、不平等的体验,相比于非国营举办的集体企业、国营企业以及其他所有制企业的职工都更加深刻。这种内部的自反性力量成为单位共同体走向衰落的重要原因。

二 职工工资、福利议题的缺失

单位成员作为的"单位人"身份认同,不仅来源于身份所赋予他们的外在属性,同时也包括他们对职住合一的单位生活的参与。这种参与既包括工作生活、日常生活,同时也包括民主生活。单位人作为单位中的主体,虽然其工资、福利等各项待遇是国家给予的,但他们依然对这些资源的分配享有利益表达的空间,并且这些参与和表达将直接影响到其自身的利益。因此单位组织中的单位人不仅身处单位环境之中,而且愿意主动地参与到单位生活中去。国企改制的发生,通过制度设置以及对单位社会性功能的剥离,打破了职工能够共同参与的集体讨论空间,以及能够集体讨论的议题。以往

---

[1] 《T厂集团公司整体改制重组员工安置办法》,载《T厂年鉴》编辑委员会编《T厂年鉴(2006)》,T厂2006年(内部发行),第126页。

职工能够、并希望参与其中的工资设置、福利安排等议题,要么变成了制度下的规范,要么变成了个人关注的话题。职工能够集体参与的议题的缺失,在客观上影响了单位人对单位组织的参与度和向心力,继而降低了他们对单位身份的归属感和认同感,并逐渐消解了单位共同体的精神内核。

(一) 从工资等级制到岗薪制

单位工资制度作为单位制度中的重要一项,对单位组织形态和单位共同体的变迁也有着重要的形塑作用。工资制度作为单位组织资源再分配的一项制度安排,其对于单位组织中的关系调整有着重要的作用,而且其制度变化的过程也影响到单位组织内"公平和效率"这对最重要的关系的调整。国企改制使传统的单位工资制度发生了根本性的改变,从以前强调均等性到拉开差距、注重效率激励,工资制度的变迁深刻地影响了单位人的行动逻辑和目标。

从单位工资制度的演进上来看,抗日战争时期的客观条件决定了工资分配的根本形式是供给制为主,不仅能够有效利用有限资源,同时也充分体现了共产主义均等性的色彩。因此这种供给制在单位制早期也是主要的工资形式,其制度背后暗含了国家对于资源再分配的绝对权力,从而塑造了单位人对单位以及国家的依赖。同时这种分配逻辑虽然近似于共产主义,但却蕴含着按劳分配的原则,即体现为"均等性"而非"平均主义"。这也构建了单位制早期资源分配的合法性,并为今后单位制的发展所继承。而此后单位工资制度的设定也一直试图寻求均等性与差异性之间的平衡。1955年7月,国务院发布《关于企业、事业单位工作人员自今年七月份起全部实行工资待遇的通知》,标志着供给制向工资制的全面转变。[1]

---

[1] 国务院《关于企业、事业单位工作人员自今年七月份起全部实行工资待遇的通知》(1955年7月11日),载劳动部劳动科学研究所、全国总工会劳动工资社会保障部编《中国劳动、工资、保险福利政策法规汇编》,海洋出版社1990年版,第476—477页。

1956年6月16日，国务院全体会议第32次会议上通过《国务院〈关于工资改革的决定〉》，其中规定：

1. 取消工资分制度和物价津贴制度，实行直接用货币规定工资标准的制度，以消除工资分和物价津贴给工资制度带来的不合理现象，并且简化工资计算手续，便于企业推行经济核算制度。根据各地区发展生产的需要、物价生活水平和现实工资状况，规定不同的货币工资标准。对于物价高的地区，为了避免出现过高的工资标准，可以采取在工资标准以外另加生活费补贴的办法。生活费补贴应该随着物价的调整而调整。

2. 改进工人的工资等级制度，使熟练劳动和不熟练劳动，繁重劳动和轻易劳动，在工资标准上有比较明显的差别。……同时，为了使工人的工资等级制度更加合理，各产业部门必须根据实际情况制定和修订工人的技术等级标准，严格地按照技术等级标准进行考工升级，使升级成为一种正常的制度。

3. 改进企业职员和技术人员的工资制度。……

4. 推广和改进计件工资制。……

5. 改进企业奖励工资制度。各主管部门应该根据生产的需要制定统一的奖励办法，积极建立和改进新产品试制、节约原材料、节约燃料或者电力、提高产品质量以及超额完成任务等奖励制度。

6. 改进津贴制度。审查现有的各种津贴办法，克服目前津贴方面存在的混乱现象，建立和健全生产上必需的津贴制度。①

根据这些文件，单位工资制度被基本确定下来。在这一阶段，

---

① 国务院《关于工资改革的决定》（1956年6月16日国务院全体会议第三十二次会议通过，1956年7月4日发布），载国务院法制办公室编《中华人民共和国法规汇编（1956—1957）》（第3卷），中国法制出版社2005年版，第354页。

国家试图克服平均化将会带来的组织效率低下等负面影响，但工资的差距又必须控制在一定限度之下，否则就会带来社会解组的风险。因此虽然工资和奖励存在着等级差距，但这种差距始终是在大体"均等化"的前提之下实行的。

经历了"大跃进"和"文化大革命"时期工资制度的调整与变革后，一方面，强调"均等"的资源再分配逻辑无法继续适应经济发展的要求；另一方面，单位组织的变迁也呈现出从"管理型"向"利益型"转化的特点，需要工资制度继续改革并与之相匹配。因此"按劳分配"的原则不断被强化，并对企业自行决定奖励办法的自主权逐渐放开。① 在1984年中共中央《关于经济体制改革的决定》的基础上②，1985年1月，国务院发布《关于国营企业工资改革问题的通知》，规定从1985年开始，企业工资总额同经济效益挂钩，并且：

> 企业职工工资的增长应依靠本企业经济效益的提高，国家不再统一安排企业职工的工资改革和工资调整。企业之间因经济效益不同，工资水平也可以不同。允许具有相同学历、资历的人，随所在企业经济效益的不同，和本人贡献大小，工资收

---

① 参见中共中央、国务院批转《国家经委党组〈关于全国工业交通增产节约增收节支工作会议的报告〉的通知》（1980年5月17日）一文中国家经委党组《关于正确实行奖励制度、制止滥发奖金的几条原则意见》，载湖北省劳动局编《劳动工资文件选编》（下），湖北省劳动局1981年（内部印刷），第1098—1110页。

② 中共中央《关于经济体制改革的决定》（中国共产党第十二届中央委员会第三次全体会议1984年10月20日通过）。其中提出"按照政企职责分开、简政放权的原则进行改革，是搞活企业和整个国民经济的迫切需要。……随着利改税的普遍推行和企业多种形式经济责任制的普遍建立，按劳分配的社会主义原则将得到进一步的贯彻落实。这方面已经采取的一个重大步骤，就是企业职工资金由企业根据经营状况自行决定，国家只对企业适当征收超限额奖金税。今后还将采取必要的措施，使企业职工的工资和奖金同企业经济效益的提高更好地挂起钩来。在企业内部，要扩大工资差距，拉开档次，以充分体现奖勤罚懒、奖优罚劣，充分体现多劳多得，少劳少得，充分体现脑力劳动和体力劳动、复杂劳动和简单劳动、熟练劳动和非熟练劳动、繁重劳动和非繁重劳动之间的差别"。

入出现差距。

企业的工资改革,要贯彻执行按劳分配的原则,以体现奖勤罚懒、奖优罚劣,体现多劳多得、少劳少得,体现脑力劳动和体力劳动、复杂劳动和简单劳动、熟练劳动和非熟练劳动、繁重劳动和非繁重劳动之间的合理差别。至于具体工资分配形式,是实行计件工资还是计时工资,工资制度是实行等级制,还是实行岗位(职务)工资制、结构工资制,是否建立津贴、补贴制度,以及浮动工资、浮动升级等,均由企业根据实际情况,自行研究确定。企业主管部门和劳动人事部门,要帮助企业及时总结经验,择优推广。企业可以把工资总额随同经济效益提高增加的工资,连同现行奖金的大部分用来改革工资制度,留下的少量奖金,主要用于奖励少数在生产、工作中的技术革新、发明创造和突出贡献的职工。[1]

进入20世纪90年代,工资制度改革进一步深化,1992年1月,劳动部《关于进行岗位技能工资制试点工作的通知》提出,在企业"逐步实行以岗位技能工资制为主要形式的内部分配制度……企业可以根据生产经营特点对岗位技能工资制辅以灵活多样的具体分配形式,如计件工资、定额工资、浮动工资、提成工资、奖金、津贴等,把基本工资制度与具体分配形式有机地结合起来,根据对职工劳动质量和数量的考核,浮动计发职工的实际工资,使工资分配既要反映职工潜在的技能差别和静态的岗位差别,更要反映职工实际劳动贡献和劳动成果的差别"[2]。Y厂就是在这一时期开展劳动人事、工

---

[1] 国务院《关于国营企业工资改革问题的通知》(1985年1月5日),载中华人民共和国国家经济贸易委员会编《中国工业五十年——新中国工业通鉴(第7部)1949—1999》,中国经济出版社2000年版,第1216页。

[2] 劳动部《关于进行岗位技能工资制试点工作的通知》(1992年1月7日)的附件《岗位技能工资制试行方案》,载刘文华主编《最新劳动人事政策法律法规汇编》(1),中国人事出版社2001年版,第568—574页。

资分配和社会保险制度的改革的。根据Y厂集团公司《劳动人事工资分配社会保险制度综合配套改革方案》，三项制度改革的目标旨在"1. 实行全员劳动合同制，建立起具有竞争机制的劳动人事制度。2. 实行岗位技能工资制，建立起具有激励机制的工资分配制度。3. 实行国家、企业、个人三方合理负担的办法，建立起具有保障机制的社会保险制度"①。

2000年，为贯彻落实党的十五届四中全会《中共中央〈关于国有企业改革和发展若干重大问题的决定〉》和十五届五中全会《中共中央〈关于制定国民经济和社会发展第十个五年计划的建议〉》的精神，建立与现代企业制度相适应的工资收入分配制度，劳动和社会保障部发布《进一步深化企业内部分配制度改革的指导意见》，提出建立以岗位工资为主的基本工资制度。提倡推行如岗位绩效工资制、岗位薪点工资制、岗位等级工资制等各种形式的岗位工资制，并应与职工的岗位职责、工作业绩和实际贡献挂钩，真正形成重实绩、重贡献的分配激励机制，实行董事会、经理层成员按职责和贡献取得报酬的办法。② 随后国家又相继出台了对于国有企业高管的激励办法，单位成员间的工资收入水平被进一步拉大。

从工资制度的变化过程可以看出，以往虽然注重"按劳分配"的原则，但不同行业之间、同一单位组织内的纵向等级之间，其工资的差距始终是在有限的范围之内，体现着"均等性"。并且对于职工的奖惩也都控制在有限的范围内，对于降薪、辞退员工等都需要通过工会、职代会的调解和审核，确保能够最大限度地保障职工的权益。随着国有企业的改革和工资制度的变革，单位职工内部不再

---

① Y厂集团公司《劳动人事工资分配社会保险制度综合配套改革方案》（〔1993〕Y厂人字617号，1993年11月10日），载Y厂集团公司史志编纂室编《Y厂集团公司年鉴（1995）》，吉林科学技术出版社1995年版，第124页。

② 劳动和社会保障部《进一步深化企业内部分配制度改革的指导意见》（2000年11月16日），载中国经济体制改革年鉴编辑部编《中国经济体制改革年鉴（2000—2001）》，中国经济体制改革年鉴编辑部2001年版，第39—40页。

是"铁板一块",而是根据个人能力、岗位等因素的不同差别对待,并且干群收入的差距也不断拉大。这就造成了国企"大锅饭"的时代走向了终结,单位成员间的内在同一性被打破了,单位职工从关注集体转向了关注个人。这也直接导致了单位共同体的逐渐瓦解。

(二)职代会议题的缺失

在单位人参与单位生活的诸多渠道中,通过工会和职代会进行民主参与和利益表达是其中十分重要的一项。然而随着单位组织向现代企业的转型,工会的功能从为职工争取权益逐渐变成了发放福利和"吹拉弹唱、打球照相",职代会的作用及其发挥作用的空间也逐渐收缩。

单位职代会可追溯到1945年中共中央《关于成立中国解放区职工联合会的指示》,在当时的情况下,职工联合会主要承担的责任是在党的领导下将单位组织中的职工组织起来,"为独立与民主而战"[1]。1957年,中共中央《关于研究有关工人阶级的几个重要问题的通知》中规定:"实行党的第八次大会所决定的党委集体领导下的厂长负责制和群众路线的领导方法,就必须扩大企业管理工作中的民主,扩大职工群众参加企业管理的权利,发挥职工群众对于企业行政的监督作用"[2],并且初步拟定了职代会的权力,其中包括"听取和审查厂长的工作报告,审查和讨论企业的生产计划、财务计划、技术计划和劳动工资计划及实现这些计划的重要措施……讨论和审查企业奖励基金、福利费、医药费、劳动保护拨款、工会经费以及

---

[1] 参见中共中央《关于成立中国解放区职工联合会的指示》(1945年2月1日);《〈解放日报〉社论:为独立与民主而战——准备成立中国解放区职工联合会》(1945年2月7日),载唐玉良、张继兰、曹延平编《中国近代工人阶级和工人运动(第十一册)——抗日战争时期抗日民主根据地的工人阶级和工人运动》,中共中央党校出版社2002年版,第852—853页。

[2] 中共中央《关于研究有关工人阶级的几个重要问题的通知》(1957年4月7日),载中共中央文献研究室编《建国以来重要文献选编》(第十册),中央文献出版社2011年版,第149页。

其他有关职工生活福利的经费开支"①。文件中明确规定了职代会参与职工工资、福利、奖惩等直接相关利益议题的讨论空间和话语权，并且这些职代会权力也一直延续了下来。

以 T 厂的历次职代会讨论的议题为例，1981 年 12 月 8 日，T 厂二届二次职工代表大会讨论通过《T 厂内部劳动规则》《T 厂工人劳动守则》和《关于给××等 26 人除名处理的意见》；1983 年 1 月 26 日，T 厂二届四次职工代表大会讨论通过《关于职工奖惩条例实施细则的说明报告》；1983 年 11 月 30 日，T 厂三届二次职工代表大会讨论通过《T 厂 1983 年职工调资工作实施细则》《T 厂职工升级考核办法》；1984 年 9 月 24 日，T 厂三届四次职工代表大会讨论通过《自费改革工资制度实施方案》；1986 年 1 月 9—10 日，T 厂四届一次职工代表大会审议通过《职工住宅分配试行方案》；1986 年 12 月 22—24 日，T 厂四届二次职工代表大会审议通过《职工奖惩条例实施细则》《劳动争议协调工作暂行规定实施细则》《辞退违纪职工暂行规定实施细则》；1987 年 7 月 29—30 日，T 厂四届三次职工代表大会审议通过《关于职工福利基金计划使用的方案》。一直到 1992 年以前，工资、福利和奖惩都是职代会讨论的核心议题。

随着国有企业改制的逐步推进，现代企业制度逐步确立起来。1993 年《公司法》出台使"新三会"② 逐渐取代了"老三会"③ 的行政领导作用，职代会在民主管理上的权力也缩小为"公司研究决定改制以及经营方面的重大问题、制定重要的规章制度时，应当听取公司工会的意见，并通过职工代表大会或者其他形式听取职工的

---

① 中共中央《关于研究有关工人阶级的几个重要问题的通知》(1957 年 4 月 7 日)，载中共中央文献研究室编《建国以来重要文献选编》(第十册)，中央文献出版社 2011 年版，第 149 页。
② 即股东会、董事会、监事会。
③ 即党委会、职工代表大会和工会。

意见和建议"①。在制度变化的背后，实际上是工资、福利、奖惩等职代会传统议题在单位人话语体系中的缺失。

首先，劳动合同制的推行，将劳动报酬、工作时间、福利、保险等都确立为职工与公司依法订立的合同内容，工资、福利、奖惩等以往职代会讨论的重要议题除非重大调整，否则也不再有讨论的空间。其次，国企工资制度改革使工资、奖励、津贴等各项规定明晰化，利益激励机制的完善使得对于工资的讨论不再必要，工资这一议题也淡出职代会的讨论范畴。再次，单位社会性功能的剥离，将住房、医疗等与职工利益密切相关的福利都推向了企业之外，同时福利制度的明确化也几乎消除了企业谋"小公"的隐性空间，福利这一项也不再是职代会重点讨论的话题。最后，国企"铁饭碗"的破除以及企业自主权力的增强使国企成为"能进能出"的组织，对于职工的奖惩在照章办事外，不需要额外通过职代会获得合法性的支持，因此关于职工奖惩这一议题也淡出了职代会的讨论。在此基础上，与职工利益直接密切相关的议题都不再是职代会讨论的主体，职工有关利益竞争的冲突不需要职代会调解，关于利益再分配原则缺乏讨论的空间，因此职工也逐渐丧失了参与职代会讨论的动力，其对企业民主生活参与的意愿逐渐下降。

三 职工与单位组织间关系的转变：从制度依附到利益依赖

"单位人"作为单位共同体中的参与者，是单位共同体得以存在的基础。离开了单位人，单位共同体的概念也就不成立。因此，随着"单位人"向企业员工的身份转换，单位共同体也逐渐走向衰落。事实上，前文中也提到了单位人内部的身份差异化体验，以及由此产生了不满意感和相对剥夺感。不满意感和相对剥夺感的积聚，构成了单位人身份认同感下降的内在原因，单位组织转型和国企改

---

① 《中华人民共和国公司法》（中华人民共和国第十届全国人民代表大会常务委员会第十八次会议 2005 年 10 月 27 日修订通过）。

制及职工完成契约身份的转换,则成为传统单位人身份丧失的外在原因。

在传统的单位组织中,临时工与固定工的差异是持续存在的,但始终是小规模的,并且由于临时工非正式单位人的身份属性,使这种差异在当时并没有对单位共同体造成冲击。相比之下,国营单位组织中集体所有制职工与全民所有制职工之间的差异却是十分明显的。这一阶段,国营单位组织中广义"单位人"实际上包括三类群体,即国营固定工、集体固定工和临时工(见图7-2),三者之间在工作条件、福利待遇及身份体验呈现出鲜明的层级化。20世纪80年代,国营单位组织中劳动合同制的推行,也带来了"单位人"身份差异(见图7-2)。虽然在50年代单位招用工就进行过"合同制"改革的尝试,但受到客观条件的限制并没有持续实施,直到1983年劳动合同制才开始全面推行。① 为了劳动合同制能够顺利推广,"新人新制度,老人老制度"成为这一时期的改革政策,"即新招收的工人实行劳动合同制,原来的固定工仍实行固定工制"②。这

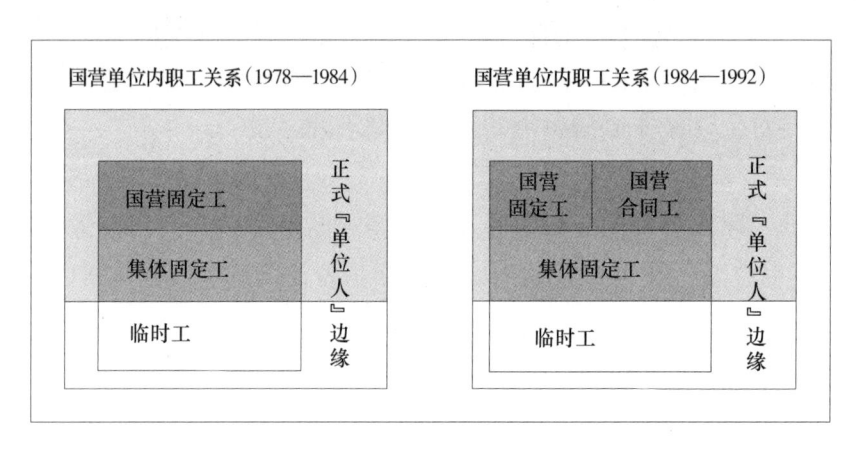

图7-2 国营单位内职工身份关系(1978—1984)(1984—1992)

---

① 参见劳动人事部《关于积极试行劳动合同制的通知》(1983年2月22日)。
② 尹青山、时元弟等主编:《中国改革开放政策大典》,中国建材工业出版社1993年版,第1032页。

一措施主要是为了减少合同制推行的阻力，逐步改革原本的固定工制度。因此，1984年后进入单位组织的职工，都按照固定工的相应标准与企业签订了劳动合同，成为国营合同工。实际上，这一时期的合同工和1984年以前进入单位组织的固定工在工资、福利等待遇上都差别不大，直到国企改制时，差异才逐渐显现。

国有企业改制对于单位职工来说，主要意味着身份的转换。这种转换对原本的固定工而言，意味着从非契约制到契约制的转变，对于合同工和临时工来说，则意味着劳动合同的重新订立。而其中同时也存在着转换为合同工、退休（内退）、下岗、放假等多种不同的情况。对这些不同身份类型的单位职工进行逐一考察，首先是原本的国营固定工，他们的身份转换一般有三种路径：①与改制后企业签订劳动合同，从原单位固定工转变为新企业的合同工；②符合退休条件的办理退休或内退，享受相应的待遇；③下岗，按照国家规定领取补贴，并在重新上岗时享受优惠。

对于原本的国营合同工来说，相较于通过前两种路径被剥离的国营固定工依然可以享受来自单位的保障的结果，合同工的下岗方式则是"买断工龄"，这意味着与单位合同关系的终结和身份关系的完全脱离。对于集体所有制的职工来说，其身份转换路径与国营合同工是相似的，即多数为重新订立劳动合同，或退休（内退），或"买断"工龄下岗。而不同的是，由于集体企业发展到后期存在的经营效益差等种种问题，使得许多集体企业中存在拖欠职工工资、欠缴劳动保险的情况。这对于集体职工来说，就出现了在改制之前已经退休的可以享受正式的退休待遇，于改制时退休、又欠缴保险费的，则无法享受到正式退休待遇，需要自己补交保险，或加入维权的集体行动中去。而国营单位组织中的临时工，他们原本就作为单位组织的边缘群体而存在，因此对他们来说，国企改制所带来的身份转变的冲击可以说是最小的。

伴随着单位组织中职工的身份转换，单位成员都成为企业中的合同工，实现了从"单位人"到企业员工的转换。这种身份的变化不仅仅是从非契约关系到契约关系的转变，更意味着单位成员从单位组织的依附关系中的逐渐抽离。在第五章中，曾对单位组织中单位人对组织的依附关系进行过简要的探讨，在单位制的情形下，"国家控制着绝大部分的资源和机会，所以单位组织必须依附于国家；由于国家是通过单位组织将资源分配到个人，所以个人必须依附于单位，这样就形成了一个国家—单位—个人之间强制性的依附关系结构"[1]。这种强制依附关系结构的背后，实际上是单位人对于国家的制度性依附，这不仅表现为出于基本的工作、生活需求的依赖关系，更是全面的人身依附。但国有企业的改制，首先使国有企业从这种强制性的依附关系结构中脱离了出来，又因随之而来的"单位办社会"职能的剥离和现代企业制度的建立，全面瓦解了传统单位组织中单位人对单位组织的制度依附关系，并且将原本内部同一的单位人整体打碎成了零散的小集团。与此同时，招用工制度、工资制度、福利制度等一系列制度变革，越发强调物质激励对企业经济效益提高的重要作用，单位人对于单位组织的制度依赖也转变为企业员工对企业的利益依赖。传统的单位共同体随着共同体参与者"单位人"的退场逐渐衰落。

理论上，单位人身份的丧失并非必然会带来单位职工之间共有精神或共享意识形态的丧失，从传统单位到现代企业的身份转换过程中，企业职工依然有可能形成集体聚合，并结成新的精神内在同一性关系。但首先，单位体制边界的破除带来了自由流动的劳动市场，职工流动性的增强又逐渐淡化了闭合组织内可能结成的同一性关系。其次，从制度依赖到利益依赖的转变，工资制度调整带来的企业内部干群收入水平差距的扩大，以及福利保障的社会化，都使得职工更加专注于个人而非集体，同一性关系的结成缺乏内在动力。最后，虽然合同工制度普遍实施，但与企业直接订立劳动合同的正式合同工和与劳务公司订立合同的劳务派遣工之间，仍然存在着身

---

[1] 李路路：《"单位制"的变迁与研究》，《吉林大学社会科学学报》2013 年第 1 期。

份差异。混编与正式合同工同时工作的派遣工，会产生类似之前临时工对固定工身份差异的体验；承担外包任务的劳务工，会产生类似之前集体所有制职工对全民所有制职工身份差异的体验。职工间的身份差异无法弥合，也成为传统单位人内在同一性关系难以结成的重要原因。至此，单位共同体走向衰落。

第 七 章

单位共同体变迁的分析与思考

　　单位共同体的变迁是阶段式的渐进过程,并且在每个阶段的变迁都是有层次性的。从历时态的角度上看,单位共同体的变迁过程被厂办大集体的产生及衰落这两个重要的时间点拆解为了三个阶段,即单位制建立到厂办大集体举办前的单位共同体,厂办大集体产生后扩张延伸的单位共同体,伴随厂办大集体衰落而逐渐消解的单位共同体。与之相对应,单位制的建立,确定了单位体制与城市社会的分隔,构建了单位组织的外边界,厂办大集体的出现则导致了单位组织内部的结构性差异,构建了单位组织内边界。单位组织内边界的逐渐强化,在单位组织内部形成了自反性力量,而单位体制边界的逐渐松动,则催化了单位共同体走向消解。从横向截面的视角考察,单位共同体的变迁过程,又表现为单位组织结构变化和单位共同体内涵覆盖范围变化两个层次。引入单位组织内、外边界加以考察,可以发现单位组织结构的变化,实际上就是制度基础上建立起来的刚性边界,而单位共同体内涵覆盖范围的变化,实则就是由刚性边界所带来的软性区隔,在二者的叠加作用下,单位共同体完成了变迁的全过程。

　　单位共同体作为具有多样性功能的复合体,在理解其变迁时,不应仅将其作为功能单一的企业组织来看待,而更应视其为国家治理逻辑的实践过程。自单位制建立以来,国家试图通过"单位"实现社会治理、分配社会资源的思想一直蕴含其中，并随着社会经济环境的变化，呈现出从闭合到开放的趋势，这不仅是国家"家国同构"社会治理思想的探索，也是对社会现实的回应。

第一节 单位资源的社会重置

在国家的层面上看，单位制的建立实则是重组中国城市社会的治理实践。单位作为具备生产性、社会性和政治性功能的复合体，也是国家治理城市社会的基本单元。在中华人民共和国成立初期资源有限的条件下，国家通过建立单位体制边界的方式，划定了资源共享的边界，将社会资源区分为单位资源供单位体制内所共享，狭义的社会资源在社会范围内共享。这种有意设定的资源共享边界，确保了资源能够得到集中有效的利用，并起到迅速实现经济发展和社会稳定的作用。随着社会生产力的发展，更大范围内的资源共享成为可能，因此在"家国同构"的传统思想下，厂办大集体开始兴起。国家通过政策安排扩大了单位体制的外边界，从而带来了单位共同体外延的扩张。虽然厂办大集体的举办造成了单位组织二元化结构的出现，但单位体制边界始终没有打破，因此单位组织始终处于国家塑造的体制边界的保护之下，这种保护也可以理解为社会闭合下的"父爱主义"。

厂办大集体的出现，带来了单位组织外边界的扩张，使单位共同体的规模和功能几近顶峰。此时的单位共同体，应视为一种组织模式的完善，无论从组织规模、组织结构的完整性，还是组织功能的覆盖性上看，单位共同体所承载的生产性、社会性和政治性功能，已经达到了平衡下的最好状态。单位体制边界的设定，本是为了充分保障边界内资源的有效利用和各项功能的充分发挥，在逐渐发展的过程中却反而成为限制资源利用的障碍。随着党的十四大提出市场经济改革的开展和深化，国家开始尝试引入市场的力量，打破单位体制边界从而实现广义的社会范围内的资源重置。国家对闭合单位模型的改变，使单位组织转变为专注效率性生产的企业组织，原本所承担的社会性功能则剥离给其他社会部门。这种做法也将单位从"父爱主义"庇护下，推向了自由市场的竞争中，体现为从闭合体制向开放市场的转向。

一　有意设定的边界：资源的体制内共享

李培林等指出，单位的出现是对社会总体性危机的回应，"中国1949年后建立的是一个所谓在'再分配'体制下形成的总体性社会（total society）。国家通过没收官僚买办资本、对民族工商业的社会主义改造和土地改革、合作化、人民公社化等步骤，掌握了社会中的绝大部分资源。这种资源不仅包括生产资料和物质财富，也包括人们生存和发展的各种机会及信息资源等。因此再分配的原则并不仅仅限于经济分配，而且也被广泛运用在政治和社会运作中。国家正是以对资源的全面垄断为基础，建立起对社会进行深入动员和全面控制的总体性社会"[1]。在此基础上，单位和人民公社成为构成这种"总体性社会"的最基本单元，并从根本上改变了中国社会原本国家、中间层与底层社会的三层结构，并由国家与社会的二层结构取而代之。[2]

实际上，单位产生后的中国社会结构并未直接形成国家与社会的直接分割，单位组织反而成了弥合国家与社会关系的中间层并且承担了国家重组中国社会的功能。但单位组织的产生确实通过树立体制边界的方式设定了资源的共享范围，并形成了"国家—单位—单位人"的资源分配逻辑。这些资源不仅包括生产的物质资料、计划下的产品生产与市场，同时也包括单位人身份的排他性获得，以

---

[1]　李培林、李强、马戎主编：《社会学与中国社会》，社会科学文献出版社2008年版，第71—72页。

[2]　同上书，第72页。

及单位人身份所连带的终身就业的保障和覆盖至其家属的福利保障。

(一) 计划下的生产和分配

20世纪70年代末开始,随着改革开放政策的实施,国家开始有意识地从计划经济向市场经济转型。然而政策的实践往往存在滞后性,尤其是对典型单位制来说更是如此。因此可以说,一直到80年代末90年代初,市场经济体制全面改革之前,单位组织始终是处于国家计划之下。这种"计划"既体现为对资源的使用方式、途径的严格控制性,同时也表现为在竞争环境中对国有企业的保护。

首先,计划经济的内涵就是指令性地规划并计划经济发展,从而尽可能避免自由市场可能造成的盲目性、不确定性甚至失序的局面。这种对生产资料和产品的总体性分配,确保了资源能够集中在需要的领域并得到有效的利用,同时这种资源的占有方式是垄断性的,分配的方式也是排他性的。1955年全国人大一届二次会议审议并通过《关于发展国民经济的第一个五年计划的报告》,计划经济开始在我国正式确立并实施。社会主义工业化作为国家经济建设的重中之重,自然得到了政策和资源配置的倾斜,大型工业企业单位组织也在这一时期相继建设完成。根据"一五"计划的概要,进行国家建设的资金在统一调配下,五年基本建设的投资是427.4亿元,其中分配到工业部门为248.5亿元,占58.2%;运输和邮电部门为82.1亿元,占19.2%,对于其他行业投资的分配也有明确金额和比例的安排。[①] 这些生产资源不管投入的行业为何,资源接受的一方实则都是一个一个的单位组织,这在前提上就框定了资源共享的范围,即整体性的单位体制内。在单位体制内,根据行业的不同,不同单位组织所能享受到的资源又以自身组织边界为

[①] 李富春:《关于发展国民经济的第一个五年计划的报告——在1955年7月5日至6日的第一届全国人民代表大会第二次会议上》,载全国人大财政经济委员会办公室、国家发展和改革委员会发展规划司编《建国以来国民经济和社会发展五年计划重要文件汇编》,中国民主法制出版社2008年版,第621页。

限实现排他性的占有。国家通过有意设定的边界实现资源体制内共享的目的基本达成。

其次，计划经济不仅要解决"生产什么"的问题，还要明确"怎样生产、为谁生产"，因此不仅对生产资料的再分配是计划性的，还要通过明确的生产计划来确保资源能够得到准确的利用，这在对工业企业生产能力的规划中表现得尤为明显，例如要求"铁，全部建成后增加的年产能力将为575万吨，五年内增加的年产能力为280万吨。钢，全部建成后增加的年产能力将为610万吨，五年内增加的年产能力为253万吨。……汽车，全部建成后的年产能力将为9万辆，五年内达到的年产能力为3万辆"[1]等，都是在通过指标或明确标准的方式确保上述对资源的分配能够实现预期效果。20世纪80年代中后期，随着计划经济向市场经济的整体转型，这种总体性计划开始向"计划单列"逐渐转变，但直到党的十四大明确提出建立市场经济体制之前，这种计划性都没有打破。例如1986年，国家对汽车行业中重型工业企业联营公司实行计划单列，其中规定"解放、东风、重汽公司计划单列的内容，包括主要的经济计划指标和有关的社会发展计划指标。1987年，可先单列生产、物资、固定资产投资和技术引进、产品销售、进出口贸易、财务和劳动工资等主要计划指标，其他计划指标的管理，仍按照现行体制执行"[2]。从计划到市场体现为逐步放开的过程，并且国家对资源共享的边界设定依然持续存在。

最后，与高度集中的生产计划相匹配的是高度集中的分配制度，

---

[1] 李富春：《关于发展国民经济的第一个五年计划的报告——在1955年7月5日至6日的第一届全国人民代表大会第二次会议上》，载全国人大财政经济委员会办公室、国家发展和改革委员会发展规划司编《建国以来国民经济和社会发展五年计划重要文件汇编》，中国民主法制出版社2008年版，第622页。

[2] 国家计划委员会《关于解放、东风、重型汽车工业企业联营公司实行计划单列的通知》（1986年10月6日）的附件《关于解放、东风、重型汽车工业企业联营公司计划单列问题的暂行办法》，载国家计划委员会经济条法办公室编《中华人民共和国计划法规汇编（1986—1987年）》，中国财政经济出版社1989年版，第143页。

生活资料的流通亦是置于垄断之下。消费被控制在最低限度，分配制度下生活资料主要在于满足基本的生存需求而非作为消费品的需求。这就导致，一方面，囿于生产的限制性，消费表现为分配制度下对资源的有限获取；另一方面，单位组织生产旨在完成国家计划指标而不需通过自由流通的商品市场进行销售，不存在竞争的环境也使单位组织在国家的政策下实现了对分配资源的独占。国家通过有意设定边界的方式确定了资源共享的场域，在此基础上又用统一调配的方式对资源进行了再分配，自此开始，资源体制内共享的格局正式形成。

在宏观上对整个20世纪90年代以前的国家资源分配逻辑进行考察后，再来聚焦单位组织内部的资源共享逻辑。20世纪70年代末，改革开放政策的提出与厂办大集体的举办几乎同时发生，伴随着计划经济向市场经济转型的步伐，国家开始尝试对资源的共享范围进行重置。与随后发生的市场经济体制改革以及随之而来的国企改制不同的是，这种资源的重置仍然是单位体制内的资源调配，资源体制内共享的边界仍然深刻地存在。这主要表现在，首先，厂办大集体的举办是在国营单位的支持下开展的，厂办大集体并没有资本原始积累的过程，其全部生产资料都是由国营提供的，甚至职工的来源都是国营单位人人口再生产的结果，这一过程与国家组建大型国营工业企业的过程是相似的。其次，正如国家制订生产计划向国营单位下派一样，厂办大集体也需要完成国营单位制订的生产计划，并将产品提供给国营。虽然到1980年代后期开始，有些厂办大集体开始逐渐接受国营单位以外的生产任务，但面向国营单位的生产仍然是厂办大集体的主要的组织目标。最后，厂办大集体进入国营单位后，单位体制内部出现了以产权为界的组织内边界，虽然同是在广义单位体制内部的资源运作，但厂办大集体和国营单位的活动却基本在自身的组织边界内展开。这种体制内边界的设定不仅是对资源共享范围的进一步明确细分，同时也是国家通过边界来调配资源的进一步实践。

(二) 单位人身份的限制性与资源再分配的排他性

在生产资料、生活资源之外，体制内共享的资源还包括人们生存和发展的各种机会及信息资源。也就是说，单位体制边界的确立，实际上也是通过控制单位中"人"的流动，继而实现韦伯意义上社会闭合的过程：通过将报酬和机会限制在有限的人员范围内，单位也可以获得自身利益的最大化。[①] 单位组织的成立到广义单位体制的建立，除了在全国范围内确立并实践了计划经济，也塑造了"单位人"与"社会人"的身份差异，这种差异源于限制性的单位人身份获得方式，连带着的是伴随这种身份的福利、机会资源的获得，体现为一种明显的排他性。

首先，单位人身份的获得有着明显的城乡差异，即城市工作机会对农村劳动力的排斥。在城市中，单位是实现社会整合的最主要途径，在农村，由于土地改革和农业合作化政策的推行，基本上避免了农民因贫困或失地而流入城市成为失业人口的可能。但客观存在的城、乡，工、农差别，使城市对于农村劳动力始终存在着较大的吸引力，并且许多农民也在试图进入城市寻求工作。然而在物质资源匮乏的条件下，国家只能有限度地赋予单位人身份。再加上城市中本就有大量失业人口尚未安置，农村人口向城市的盲目流动不仅为城市解决自身就业问题带来负担，同时也非常不利于国家对于劳动力的控制，容易造成城乡劳动力分布的不合理。因此国家开始多次出台政策、文件，提出劝阻农民盲目流入城市，并规定单位不得擅自到农村招收工人。通过严格限制城乡劳动力自由流动的办法，国家划定了农村中的大队、合作社与城市单位的界限。因此，在根本上农村户口与城市户口的区别就成了能否获得城市单位身份、享有城市单位资源的第一重限制。而这种状况直到20世纪80年代用工制度改革时才逐渐开始松动。

[①] ［德］马克斯·韦伯：《开放的和封闭的关系》，刘能译，载戴维·格伦斯基编《社会分层》（第2版），王俊等译，华夏出版社2005年版，第123—127页。

其次，单位人进入单位组织有着严格的准入机制。这种严格的准入机制主要表现在以下三个方面：第一，国家对于单位招用工的数量总额始终有着较为严格的明确规定，这在单位组织成立初期，主要通过国家统一调配劳动力的方式来实现，即限制单位在招工上的自主性。在随后的一段时期里，受到"大跃进"的影响，招工的审批权呈现出下放又重新集中的特点，"审批权"成为能否获得单位身份的决定因素。20世纪60年代开始，随着劳动计划的加强和编制定员工作的全面开展，能否获得国营编制成为是否具备单位人身份的指标，"编制"也成为合同制改革后"单位人"与"合同工"的根本区分。第二，除了对单位人来源的城乡限定外，还有其他的诸多要求，并且呈现出日益严格的趋势。根据1971年2月全国计划工作会议上提出的规定，"1971年计划招收固定工的来源是：1. 退伍军人；2. 根据'四个面向'，从家居城镇的应届初、高中毕业生中招收一部分；3. 经过劳动锻炼两年以上的上山下乡知识青年，由贫下中农推荐招收一部分；4. 矿山、森林工业、地质勘测单位符合条件的职工子女，本系统可招收；5. 从农村招工要严格控制，必须从农村招一部分工人时，要经省、市、自治区革委会批准"[①]。此后招工的来源也基本相对固定，即基本局限于退伍军人、大中专毕业生、"上山下乡"知识青年以及符合顶替、内招条件的单位人子女。第三，随着厂办大集体的产生，单位组织内出现了国营身份和集体身份的区别，因此在严格的单位组织准入机制下，又产生了更严格的国营准入机制和集体准入机制的差别。

最后，单位用工制度与雇佣制有着根本性的区别，这最主要体现在对单位人的庇护和保障上。单位人身份一旦获得，几乎不可能被剥夺，并且这种身份意味着覆盖至其家属的福利保障。在物质资源普遍匮乏的社会背景下，国家之所以有意划定单位体制边界并严

[①] 《当代中国》丛书编辑部编：《当代中国的劳动力管理》，中国社会科学出版社1990年版，第436页。

格限制单位人身份获得的途径，就是为了能够有效地实现资源在体制内、有限的人员范围内的共享。国家集中力量发展工业的政策方向使得单位组织得以始终保持着"低工资+全面福利"的模式。虽然这种福利只是较低的水平，但"一个人进入了单位，单位就有了对其生老病死负责的各种义务，由此形成了个人对国家的依赖"[①]。对于个体来说，进入单位组织、获得"单位人"身份，不仅意味着找到了一份得以谋生的工作，更重要的是可以获得享受连带性的福利和保障的权利，能够合理享受非单位人无法获得的资源。这种对资源的占有方式呈现出明显的对单位体制外非单位人的排斥。并且，随着厂办大集体举办后，集体身份职工进入单位组织，虽然集体身份职工作为单位组织成员其对资源的占有也存在对非单位人的排斥，但是他们享有资源的范围依然是以厂办大集体的组织边界为限，与国营身份职工之间在享有资源上的差距仍是难以逾越的。这种单位身份的排他性也构成了资源体制内共享的另一明显特征。

二 社会范围内的资源重置

1992年，党的十四大报告中正式提出"我国经济体制改革的目标是建立社会主义市场经济体制，以利于进一步解放和发展生产力"[②]，计划经济模式发生根本性的转变。经济模式的转变也意味着资源分配逻辑的调整，即市场被引入了原本国家垄断式的资源配置模式之中。通过逐渐引入市场力量，国家有意改变了闭合的单位体制模型，并将单位组织推向了市场化竞争的环境中，生产资料、物质财富不再集中于单位体制内部而是在社会范围内流动、广泛共享，单位体制边界逐渐瓦解，劳动力能够从单位组织中流入、流出，报酬和机会资源也不再以单位体制边界为限而实现了社会范围内的共

---

① 刘平、王汉生、张笑会：《变动的单位制与体制内的分化——以限制介入性大型国有企业为例》，《社会学研究》2008年第3期。

② 《加快改革开放和现代化建设步伐，夺取有中国特色社会主义事业的更大胜利——江泽民在中国共产党第十四次全国代表大会上的报告》（1992年10月12日）。

享。这种资源共享范围，从单位体制内共享到社会范围内的重新配置是渐进式的，并且在某种程度上，其变动的过程比结果更能反映出国家从闭合到开放的政策逻辑。

（一）城乡边界松动与劳动力流动

在单位体制边界消解之前，单位人身份的体制内差异和固化单位身份的松动，已经逐渐成为单位体制内的自反性力量。这种身份的变化，最先表现在准入机制的变化上，其次表现在身份内涵的变化上。随着国家经济的发展和城乡二元结构的松动，农村人口向城市流动为劳动力来源提供了更多的选择，逐步形成的劳动力市场也使企业自主选择劳动力及劳动力的择优录取成为可能。[①] 与此同时，原本体制内的单位人也有机会成为市场中的劳动力，有了除原本单位外更多的就业选择机会。劳动力在城乡和体制内外的流动也成为为社会范围内劳动力资源和机会资源等重新配置的条件。

首先，国家招用工制度的改革带来了就业选择上用人单位和劳动者双向选择的变化。1980年，国家提出"劳动部门介绍就业、自愿组织起来就业和自谋职业相结合的方针"[②]，并要求"在控制大中城市人口的前提下，逐步做到允许城镇劳动力在一定范围内流动。要积极创造条件，在国家统筹规划和指导下，实行劳动部门介绍就业、自愿组织起来就业和自谋职业相结合的方针；要逐步推行公开招工，择优录取的办法；要使企业有可能根据生产的需要增加或减少劳动力，劳动者也有可能把国家需要和个人的专长、志向结合起来，选择工作岗位"[③]。在提出"三结合"方针后，1986年用工制度

[①] 参见中共中央《关于建设社会主义市场经济体制若干问题的决定》（中国共产党第十四届中央委员会第三次全体会议1993年11月14日通过）。

[②] 《当代中国》丛书编辑部编：《当代中国的劳动力管理》，中国社会科学出版社1990年版，第447页。

[③] 中共中央转发《全国劳动就业会议文件的通知》（1980年8月17日）的附件《进一步做好城镇劳动就业工作》，载劳动人事部政策研究室编《劳动人事法规规章文件汇编（1949—1983）》，劳动人事出版社1987年版（内部发行），第321页。

方面劳动合同制的改革全面铺开，人员"能进能出"的劳动力管理逐渐形成。招用工模式的变化改变了单位体制一直以来严格的准入机制以及与之匹配的固定工用工制度，这种自由与流动性消解了单位人身份原本的限制性和排他性的一面，原本以单位人为中心的资源分配逻辑也得以向社会范围内的重置转换。

其次，劳动力的流动不仅表现为向单位体制内流动，也包括单位职工从单位中向外流出。这其中既表现为合同制推广后，单位用人自主性的增强，也表现为劳动力自愿离开单位组织的选择能力的提高。从单位的角度看，国家追求社会稳定的合法性安排和单位自身出于稳定性考量的政策设定，都在加强固定工的用工模式，单位很难解雇员工。与此同时，在国家的干预下，不同单位组织之间形成了明显的分割，作为单位人的劳动者在单位组织间流动的机会本就十分稀缺，单位组织外又缺乏就业市场，因此鲜有单位人主动选择向单位组织外流动。这无疑更加固化了劳动力的流动空间。就业方针和用工制度的改变，明显改变了单位用工自主性低和劳动者自由选择能力差的状况，进一步促成了打破单位边界的资源重置。

最后，劳动力流动性增强的后果，即带来了单位人身份内涵的逐渐式微。与单位固定工制度相匹配的是终身就业的保障和覆盖到包括单位人家属在内的住房、医疗等福利的全面化，以及作为单位共同体一分子对单位生活的参与。集体身份职工进入国营单位组织，实际上已经对传统的单位人身份的内涵造成了冲击，形成了单位人内部的差异化，合同工的引入更将这种差异扩大到无法弥合的程度。从客观的福利保障水平上，国营单位人、集体单位人和单位合同工之间呈现出了层级化的差距，在对单位生活的参与和身份认同上，这种差距更是在不断加深。原本由单位人共享的体制内资源由于职工身份的多样化而逐渐丧失，资源占有的边界也渐渐消除。

（二）开放市场与选择性

与资本主义的市场不同的是，中国从计划经济到市场经济转型的过程并非是自发的，而是在国家引导下完成的。因此这里的市场，更多强调的是"开放"而非"自由":市场的出现明确标志着闭合的单位体制边界开始逐渐瓦解,但资源共享范围从单位体制内扩大到广泛的社会范围的过程中,资源并非完全在市场的支配下充满不确定性的自由流动,而是整个资源重新配置的过程都是在国家的宏观调控之下。并且这种资源重置的过程是渐进式的、逐渐尝试的过程。

1993年11月,党的十四届三中全会通过《关于建立社会主义市场经济体制若干问题的决定》明确指出"建立社会主义市场经济体制,就是要使市场在国家宏观调控下对资源配置起基础性作用。为实现这个目标,必须坚持以公有制为主体、多种经济成分共同发展的方针,进一步转换国有企业经营机制,建立适应市场经济要求,产权清晰、权责明确、政企分开、管理科学的现代企业制度;建立全国统一开放的市场体系,实现城乡市场紧密结合,国内市场与国际市场相互衔接,促进资源的优化配置"[①]等要求,传统单位组织开始向现代企业转型。

首先,这种资源重置体现了生产资源在社会范围内的重新分配。传统单位组织在面临市场化改革时,所要解决的主要问题,就是从功能复合体向生产性功能集中。追求生产效率和经济效益的目标转向,促使单位组织首先要对组织结构进行改革,首当其冲的就是将厂办大集体与国营单位相分离。在计划经济向市场经济逐渐转型的过程中,计划下的生产资料分配,逐渐在单位体制外有了存在空间。伴随着小型私人企业的出现,国营单位生产资料的来源不再局限于体制内分配,而有了自由购买的选择空间。在这种情况下,厂办大集体的产品不再是国营单位生产资料的唯一来源,而是众多选择性之一;厂办大集体也不再是单纯面向国营单位的基层生产单元,而是独立面向社会的法人主体。厂办大集体从单位组织中的推出,标

---

① 中共中央《关于建立社会主义市场经济体制若干问题的决定》(中国共产党第十四届中央委员会第三次全体会议1993年11月14日通过)。

志着单位体制内边界的强化达到顶点，并突破了单位体制外边界，以往资源体制内共享的局面被彻底打破，宏观上实现了生产资源的社会重置。

其次，单位社会性功能的剥离，将医疗、教育等资源都进行了重置。在以往的单位体制之下，单位承担了分配住房、负责职工医疗、职工子女教育等诸多功能，而福利分房、免费医疗和单位人子女入学的机会和资源都具有明显的排他性，即只能为单位体制内成员所共享。社会性功能的剥离，带来了住房从福利分配到商品化购买的转变；医疗从单位医院免费医疗到医保就医、报销的转变；单位人子女教育机会从子弟校到公立学校的转变。一方面，单位体制边界的打破，使体制外的非单位人有了享受原本单位资源的条件；另一方面，单位人也有了除了体制内资源外更多资源选择的机会。单位体制边界的开放带来了选择性，更多选择的可能性也反过来催化了单位体制边界的进一步消解，社会范围内的资源重置进一步实现。

最后，主辅分离、社会性功能剥离后的国营单位本身，也在从计划到市场的转变中逐渐形成了向现代企业的转型。单位体制边界的打破，意味着单位不再是资源独占的场域，而是市场中被选择的对象。从闭合到开放的体制边界，造成了单位组织整体以及单位人个体优势的消失，边界下限制性与排他性结构的破除从根本上瓦解了资源体制内共享的局面，形成了社会范围内的资源重置。

此外，单位体制边界的消解，回应的不仅是经济体制改革带来的国内环境变化，更要面对全球化所带来的世界性资源流动与竞争。这种从闭合体制到开放市场的变化，也是对宏观局势的回应。

（三）闭合单位空间的破除

单位资源重置的过程，不仅包括生产资源和福利保障等再分配资源，还包括对闭合单位空间的打破以及对单位空间资源的重新调配。"单位办社会"的形态得以存在的重要基础就在于，单位"职住合一"的空间土地资源是由国家分配给单位无偿使用的，是单位体制边界内的排他性获得。但随着城镇土地管理和使用制度的改革，单位土地成为可供交易的流动资源，单位地理空间的闭合性被打开。住房制度改革和房地产市场的发展使得单位人具备了离开单位空间的客观条件，职、住逐渐分离，生活空间也从闭合的单位空间中不断抽离。单位作为"工作场所"的属性基本明确，原本单位空间所承载的居住、生活、文化娱乐等诸多其他功能，在社会范围内被重新归置。

闭合单位空间被打开的前提，在于国家对城市土地使用制度的变化。中华人民共和国成立以来，通过一系列土地政策的实施，城市土地实现了全面国有化。[1] 1982年开始，深圳地区首先开始通过征收土地使用费的方式施行城市土地有偿使用。1988年4月，《中华人民共和国宪法修正案》第十条第四款规定，"土地的使用权可以依照法律的规定转让"[2]，由此实现了对城市土地管理和使用上的重大改革。同年9月，《中华人民共和国城镇土地税暂行条例》颁布，决定以征收土地使用税的形式作为城市土地有偿使用的实现形式。[3] 1990年5月，《中华人民共和国城镇国有土地使用权出让和转让暂行条例》发布施行，地产市场由此开始逐渐开放。[4] 在此基础上，单位空间的使用主体的行为也发生了变化。

首先，城市土地有偿使用以及城市土地使用权出让、转让的相关规定，使单位有意识地对其所拥有的土地资源进行处理。一方面，市场化的环境迫使单位的组织目标集中于经济效益的提高，当对土

---

[1] 根据《中华人民共和国宪法》（1982年12月4日第五届全国人民代表大会第五次会议通过，1982年12月4日全国人民代表大会公告公布施行）第十条规定，"城市的土地属于国家所有"。

[2] 《中华人民共和国宪法修正案（1988年）》（1988年4月12日第七届全国人民代表大会第一次会议通过，1988年4月12日全国人民代表大会公告公布施行）。

[3] 《中华人民共和国城镇土地税暂行条例》（1988年7月12日国务院第十二次常务会议通过，1988年9月27日中华人民共和国国务院令第十七号发布）。

[4] 《中华人民共和国城镇国有土地使用权出让和转让暂行条例》（1990年5月19日中华人民共和国国务院令第55号发布）。

地空间的使用也计入成本后,将与促成经济效益达成无关的土地资源推出单位空间无疑是有利的。另一方面,除了降低成本的考虑外,单位也更加注重土地资源利益最大化的实现。"单位突然发现在计划经济体制下免费获得的大量土地资源是非常有价值的资源,单位介入房地产市场的热情被空前的调动起来"[1],许多单位也会主动将自己已有的土地资源流转起来,或将土地转让获得经济回报,或将土地再开发用于其他用途。这也在一定程度上造成了单位地理空间范围的收缩以及单位厂址向城郊的迁移。在 Y 厂改制时,新企业重新选址搬迁也是她们中的一部分人选择下岗的原因。

> 原来(S 企业总公司)都在(厂区)大院内,就是 Y 厂现在那个大牌子进去那不是厂区么,都在那里边。后来改制都搬走了,搬到外头挺远的地方去了。我那时候刚生完孩子,离不开家,后来就寻思"买断"吧,不上班了。[2]

其次,住房制度的改革和房地产市场的不断发展,使单位人的居住和生活空间与单位空间逐渐分离。从居住空间上看,一方面,单位不需要再承担为单位人解决住房的责任,单位社会性功能的剥离也使得单位不再具有为单位人提供更多住房的能力,单位人需要离开单位空间自行解决住房问题。另一方面,商品房的出现使单位人能够根据自身需求和经济能力选择居住环境,单位空间对单位人不再具有约束性。城市交通的发展也在不断拓宽单位人的活动范围,进一步拉大了居住空间与单位空间的距离。从生活空间上看,一方面,单位人的生活空间随着居住空间的迁移而转变;另一方面,经济社会的发展丰富了城市生活,单位人在业余时间可进行的活动种

---

[1] 张汉:《中国大陆的城市转型与单位制社区变迁——单位制研究的空间维度》,《香港社会科学学报》2010 年第 39 期。
[2] 2014 年 11 月 C 市 Y 厂厂办大集体下岗工人 201411L 访谈。

类和活动范围都扩大了，单位空间对单位人也不再有吸引力。由此，"职住分离"成为常态，单位人行动空间的扩大化和分散化使得单位空间的闭合性基本失效。

最后，破除单位闭合空间的力量不仅来自单位内部，也是外部力量推动的结果，这种外部力量不仅指国家和地方政府自上而下的指令性或规划性，也来自单位体制外群体的选择性。城市中居住生活空间的开放和拓展不仅促使单位人离开单位空间，也吸引了一部分非单位人进入单位空间。一方面，单位的地理位置往往在城市中具有一定的区位优势；另一方面，曾经闭合的单位空间内生活服务等设施完善，单位共同体所塑造出的单位环境也更具归属感和安全感。因此，许多非单位人也会选择购买原单位住房，单位空间中人员构成的异质性由此增强，单位制对外排斥的特点也不复存在。

闭合的单位空间之所以能够成立，在于单位"职住合一"的空间环境基础上所塑造的生产生活和家庭生活基本重合、业余生活集体化对私人生活的浸入以及单位体制对非单位人的排斥。随着城市土地管理和使用等一系列相关制度的改变，单位空间边界对单位人不再具有限制性，对非单位人不再具排斥性，闭合的单位空间被彻底打破。

第二节　从闭合到开放：单位合法性的重构

在单位共同体的变迁过程中，可以明显看出由闭合到开放的特征。聚焦单位组织本身，自单位制建立以来，单位组织与城市社会之间就存在着明显的体制边界，或称为单位组织外边界。随着厂办大集体的举办，单位组织内部出现了以产权为基础的组织结构分化，单位组织内边界由此产生。单位组织的双重边界在单位组织的变迁中呈现出内边界强化，外边界弱化的过程。不断强大的单位组织内边界不断冲击单位组织外边界，并最终形成了瓦解单位体制边界的自反性力量。但从更宏观的层面来看，单位共同体变迁的过程并不是囿于单位模型自身的形塑过程，而是在国家的设定下发生的有意识的模式探索。

一　闭合下的父爱主义

作为中华人民共和国成立后中国共产党发展经济、组织城市社会的主要形式，城市中"单位"的出现并非是简单的外国经验的移植，也并非是为了回应国家、社会危机而仓促构建的，而是"寄托了现代中国政治精英共产主义社会的理想"[①] 的尝试，是在中国本土化实践的基础上逐渐修正并完善的一种组织体制。中华人民共和国成立后，农村地区落后的小农手工业生产和城市中的工业建设中都缺乏能够持续维持社会稳定的合法性[②]设置。因此，单位制度的建立，不仅将游离在社会上的个体纳入作为生产组织的"单位"中使其成为生产者，同时又通过"人民当家做主"的国家体制，赋予他们以所有者和管理者的身份。这种通过"单位人身份"的构建过程，实际上就是将个体重新嵌入单位体制的过程，同时也形成了"动员的集体主义"[③]，成为发展生产的向心力。在社会主义意识形态的合法性支持下，基于对单位组织的归属感和认同感，这种"动员"在单位中也发挥了很好的效用，不仅在资源有限性的情况下，解决了人民的温饱问题，同时也塑造了人们对单位制，乃至对整个社会主义制度的合法性认同。

这种合法性在资源有限的情况下之所以能够实现，则是源于国

[①] 田毅鹏、吕方：《单位社会的终结及其社会风险》，《吉林大学社会科学学报》2009年第6期。

[②] "合法性"是指组织社会学新制度主义视角下的所提出的一种观念力量，即组织迫于制度环境压力而采取的能够被广为接受的组织形式或做法，虽然这些形式或做法可能会无益于组织内部效率的达成。

[③] 田毅鹏、汤道化：《转型期单位内部个人与组织关系的变迁及其影响》，《吉林大学社会科学学报》2012年第6期。

家有意识地设立了体制边界,并通过边界的分割塑造了闭合的资源共享范围。韦伯曾提出"对局外人'封闭'的社会关系"①,这种关系的特点在于其所塑造的垄断性的优势②,而"封闭"的动机则主要来源于保证质量,或垄断与消费需求相比的机会短缺,或获利机会的日益稀缺,或兼而有之。③ 而这时的单位组织无疑就构建了这样一种"封闭的社会关系",并形成了内部封闭的"社会闭合"。通过有意的制度性安排构建社会的结构化差异④,不仅是在资源有限的情况下为集中力量进行经济建设而进行的尝试,更是对可能产生的"平均主义"效应的修正。

单位形态本身即意味着对资源的垄断式占有。单位的生产资料来自国家分配,单位生产出的产品是为了实现国家计划目标,资源只是在"单位"和"国家"之间双向流动。单位既不用担心来自国家分配的资源被单位外的第三方获取,也不用为了获取更多的资源而与第三方竞争,在资源分配的"国家—单位"线条上,单位的独立性和闭合性被塑造了起来。在此基础上,单位通过严格的准入机制,构建出了"单位人"这样一种韦伯所言的"特权成员"的身份,进一步塑造了以单位成员身份为基础的资源再分配的闭合性,

---

① [德]马克斯·韦伯:《经济与社会》(第一卷),阎克文译,上海人民出版社2010年版,第135页。

② 韦伯指出,"一种封闭性社会关系可能会以各种方式保障其参与者获得它所垄断的优势:(a)免费获得;(b)按照总量和种类进行调整或分配;(c)由某些个人或者小集团在永久性基础上占用,并且在某种程度上不可让渡。最后这种情况不光是拒绝局外人,而且还是内部的封闭。被占用的优势应该叫作'权利'。……封闭性社会关系的一个参与者应该称之为'成员',因为他的参与是以这样的方式被调整的,即保证他享有所占用的优势,这使他成为一个有特权的成员(Rechtsgenosse)",参见[德]马克斯·韦伯《经济与社会》(第一卷),阎克文译,上海人民出版社2010年版,第136页。

③ [德]马克斯·韦伯:《经济与社会》(第一卷),阎克文译,上海人民出版社2010年版,第138—139页。

④ Nara Dillon, *Radical Inequalities: China's Revolutionary Welfare State in Comparative Perspective*, Cambridge, MA: Harvard University Press, 2015.

这也明显促成了闭合群体内凝聚力的增强以及对局外人的排斥。单位用工制度不仅塑造了单位成员身份，同时也强调了这种身份的排他性。获得单位人身份意味着同时获得了工作机会、福利保障及享有其他国家资源的合法性，这是未能进入单位组织的个体所无法得到的，这些福利和保障事实上塑造了资源在单位内流动的"回圈"过程。① 并且，单位体制边界不仅限制了"局外人"的进入，也限制了"单位人"的流出，这也强化了资源的再分配的操作框架，确保了在资源有限的情况下单位仍可以保障其功能的实现。这种再分配的闭合性在厂办大集体举办后也进一步发展，即以单位组织内部不同的利益团体为基础而展开，并且在一定程度上表现为"国营"对"集体"的排斥。

在此基础上，单位的闭合性包含了三个维度：第一，单位资源的获取方式是闭合性的，这表现为资源分配和再分配环节双重闭合。第二，单位空间呈现出闭合性，这既包括地理空间的闭合性②，也包括对单位人生活和行动空间的限制性。第三，单位资源和单位空间的闭合进一步塑造了单位关系的闭合性，这一方面表现为单位与国家间关系的直接性与依附性，另一方面则表现为单位内部关系的非

---

① 张汉曾从"单位集体消费"的角度论述了单位"资本回圈"的过程，在他看来，"国家依靠单位制把绝大多数社会剩余都纳入国家积累体系之中，并宣布国家体制之外的任何个人和组织的资本经营行为都属于非法行为。但国家又不断地将一部分剩余资本通过单位制返还。抽取和返还社会剩余资本都是以单位制为基本操作框架的"，并且"在意识形态方面，则通过'福利''补贴'等概念进行模糊的界定，弱化这种单位集体消费的本质，从而减少了国家抽取剩余资本的过程中来自单位和个人的抗性，又减少了单位集体消费过程中可能产生的来自单位和个人的高度监督"。在本书看来，他的这一观点也可以视作单位资源单位配环节中合法性塑造的过程。参见张汉《中国大陆的城市转型与单位制社区变迁——单位制研究的空间维度》，《香港社会科学学报》2010 年第 39 期。

② 地理空间的"闭合性"与"封闭性"相似，但之所以仍使用"闭合"的概念，主要是考虑到"职住合一"的单位并没有像现代小区一样通过建立围墙等形式将单位空间与城市空间强制隔离，单位地理空间的独立性并非是强制力量塑造的，而是伴随着单位人的活动而逐渐结成的。在这一过程中单位人并非完全没有选择性，因此更倾向于"闭合性"而非"封闭性"。

流动性。

在闭合的单位体制下，则是国家"父爱主义"[1] 的作用范围。与西方世界相比，"家"的概念与传承的思想是东方文明的核心，中国的社会建设也一直是围绕着"家国同构"的构想开展的。因此，国家所扮演的父亲的角色势必是大包大揽的，在广度和深度的范畴上都在扩展和渗透。这不仅与我国一直以来的文化传统相契合，也是与社会主义的建设目标相互匹配的，源于国家对于合法性建设的要求。虽然父爱主义饱受诟病，甚至被归结为社会主义"大锅饭"、缺乏市场的根源，但不得不承认的是，这种"家长制"[2] 的企业管理方式是计划时期最行之有效的。

单位这样一种组织形式，对中国传统话语体系中人际关系的差序格局进行了承接，对传统的家庭进行了重组与再编，单位人家属也被赋予单位正式成员的身份成为单位人再生产的一部分，促成了单位内血缘共同体的凝聚。与此同时，单位较强的闭合性要求其必须能"大包大揽"地承担一切功能，以弥补由于空间闭合而带来的缺乏社会流动的弊端。通过闭合空间塑造，单位几乎涵盖了单位人的全部生活空间和社会活动，"单位社会"也成为移植到城市的地缘共同体。"单位的封闭性自然带来'排他性'。从摇篮到坟墓的社会福利保障体制使得单位人充满了一种优越情结，人们也不愿意轻易

---

[1] 匈牙利经济学家亚诺什·科尔内曾将国家比作父母，而将微观组织（企业、非盈利结构、家庭）视作子女，考察父母与子女之间的经济关系，并提出"父爱主义"的理论命题："国家通过一系列指令性计划安排企业的经营活动，企业所需生产资料由国家无偿拨给，其产品由国家统购包销，由此产生了企业对国家的依赖。人们把国家袒护企业和企业依赖国家这种经济现象，叫作父爱主义。"在科尔内看来，"在国家与微观组织的关系中的父爱主义的程度，是一种体制重要的本质特征"。参见［匈牙利］亚诺什·科尔内《短缺经济学》（下卷），高鸿业校，经济科学出版社1986年版，第272—274页。

[2] ［美］华尔德：《共产党社会的新传统主义——中国工业中的工作环境和权力结构》，龚小夏译，牛津大学出版社1996年版，第249页。

离开单位空间。"① 这种"社会闭合"使单位人在排他性的获得资源的同时，也萌发了对于单位组织以及国家的制度依附，精神上的认同感和归属感成为为单位人所共享的内在凝聚力。

国家与单位组织之间的父爱主义表现如此，国营单位与厂办大集体之间的父爱主义更是对这种思想的浓缩。并且，"由于工人阶级不仅是中国共产党的阶级基础，还是社会主义国家的领导阶级，因此，一切以工人阶级及其家属子女为对象的福利保障政策与社会主义国家的性质是相一致的，自然会获得意识形态的合法性支持"②。又一轮的合法性建构更加深化了"父爱主义"的一面，因此可以说单位父爱主义的弊端，也是单位强调合法性建设的衍生品。

二 单位共同体衰落：非"意外后果"

虽然国家通过单位体制边界的建立塑造了闭合的单位模式，但出于理性的社会闭合也存在的某些前提："一种社会关系可以为当事各方提供能够满足内在或外在利益的机会，不管那是绝对的封闭还是仅仅作为手段的封闭，也不管是通过合作行动还是通过利益的妥协。如果参与者期待着自身的处境将会由于准许他人的参与而得到改善，即满足的程度、方式、安全感或价值都将得到改善，他们就会有兴趣使这种关系保持开放性。相反，如果他们期望通过垄断方式改善自己的地位，他们就会对封闭性关系感兴趣。"③

单位的组织目标中始终存在追求效率性或合法性之间的矛盾，无论是单位资源分配与再分配的方式，还是国家与单位的父爱主义关系，都对单位经济效率的达成和经济效益的实现造成了阻碍。随着单位制的不断变迁，单位体制边界所塑造出的闭合空间所带来的

---

① 田毅鹏、李珮瑶：《计划时期国企"父爱主义"的再认识——以单位子女就业政策为中心》，《江海学刊》2014年第3期。

② 同上。

③ [德]马克斯·韦伯：《经济与社会》（第一卷），阎克文译，上海人民出版社2010年版，第136页。

积极作用逐渐衰退。单位不断试图在生产性、社会性和政治性功能三者间实现平衡，与此同时，在全球化的影响下，国家也开始重新考虑如何能够在组织建设的效率性和合法性之间实现平衡，从闭合到开放的转变由此发生。

在理解单位制变迁时，陶宇指出，"首先，单位在国企改革进程中不断地将其过去承担的复合职能分化出去，既有的福利体系不断瓦解。子女接班、家属照顾等政策成为一种历史，职工福利从全面到近乎为零，从而导致单位共同体昔日的物质'黏合剂'基本失灵。其次，单位内部的分配也走向严重分化，导致企业内部干部与职工贫富差距逐渐加深。最后，单位文化从过去的被高度重视到逐步弱化。这最终导致了单位共同体的分裂，即单位性质从社会生活共同体转向单一的经济利益组织；工人的阶层意识由领导阶级到弱势群体；职工身份从主人翁到企业雇工。相应地，工人们曾经光荣的集体意识也快速消解，其行动选择的标准从价值追求逐渐演变为利益取向，与企业的互动也从积极建设到无声抗议到集体不满"[1]。任学丽认为，单位的强制依附性造成了其效率低下、"单位主权"兴盛消解了国家的权威、单位对资源的占有和分配逻辑使中国经济走向了分割化[2]，正是这些"意外后果"[3] 的出现使单位不得不对滋生的问题进行修正，单位共同体也因此变革。

如果从这个角度来理解单位制，即认为单位制所设定的组织模型出现了与最初意图相悖的"意外后果"，似乎意在说明单位共同体模式的失效。但事实上，单位共同体的变迁是阶段式的、渐进的过程，并且每个阶段的变迁都是有层次性的，其变迁的过程中呈现出的是国家希望在单位体制不断的变动中实现资源重新配置的尝试，

---

[1] 陶宇：《单位制变迁背景下的集体记忆与身份建构——基于H厂的口述历史研究》，博士学位论文，吉林大学，2011年，第150页。

[2] 任学丽：《单位制度的初始意图与意外后果》，《理论探索》2010年第5期。

[3] "意外后果"是由默顿提出的概念，是指已经发生的"既非意图且非意料"的现实性意外后果，不包括"事先意料到的非意图"或并未发生的可能后果。

是国家对单位合法性的重塑。一直以来国家试图实现的合法性认同实则包括两个方面，一方面是保障人民的基本生活（feed the people），而另一方面则是国家经济水平和整体实力的提高（growth of the state）。单位制早期，合法性诉求表现在维持社会稳定和保障人民的基本生活，而市场经济体制转型后合法性的诉求则转向了希望企业提高竞争力从而实现国家整体经济的增长。这种合法性诉求的变化，促使国家改变了原本的结构设定，将单位组织从闭合的单位体制中取出，代之以现代企业的模型置于开放市场之下，从而实现了资源共享从闭合单位体制内到社会范围的重新配置。

　　从历时态的角度上看，自单位制产生以来，单位组织的形态发生过两次重大的变动，即厂办大集体的产生所带来的单位组织规模膨胀，以及国企改制所带来的传统单位组织结构的瓦解。这两次变动也对单位共同体的变迁产生了重要的影响。厂办大集体的产生，客观上扩大了单位组织的规模，同时也在横向和纵向两个层次上使单位共同体走向了规模扩张和功能的全面化。在横向上，它扩大了单位共同体的外边界，从广度上将单位共同体资源的共享范围向外延伸到了涵盖单位人家属的全面覆盖，从深度上全面包括了单位人子女在内的单位身份代际再生产。虽然此时的单位共同体无论在规模还是功能上都几近顶峰，但这种扩张也为单位共同体的存续带来了风险。作为"共同体"的单位，可以视作血缘共同体、地缘共同体和精神共同体的凝聚，这只有在"闭合性"的前提下才能够实现。单位共同体的存在依赖于闭合的单位体制本身，这也就决定了单位共同体是不可能无限扩张的，因为这种扩张本身即是对单位闭合性的拆解。

　　单位制的建立确定了单位体制与城市社会的分隔，构建了单位组织的外边界，而厂办大集体的出现造成了单位组织内部结构二元化的状态，在单位体制内部塑造了新的边界，并造成了结构差异与认同差异。厂办大集体与国营单位之间的差异化日益严重，从组织形式到职工身份体验逐渐走向分离，由此就造成了单位组织内边界的明显强化，单位组织内部开始出现了可能引发组织结构松动的力量。与此同时，随着国家经济政策和社会政策的变化，一直以来闭合的单位组织开始与其他组织及市场与社会有更多的交流，这种尝试也在逐渐消除单位体制边界与社会、市场的区隔和分离，单位组织外边界明显弱化。在这样的情形下，单位共同体开始出现松动，强化的组织内边界成为瓦解单位共同体的主要力量，而弱化的组织外边界则是单位共同体衰落的催化剂。随着市场化改革的不断深入，在单位组织内外边界强弱的变化中，厂办大集体被推向了前台，并直接导致了单位组织自产生以来，结构形态上的第二次根本性变革。厂办大集体的改制成为单位组织改革的第一步，同时也是单位共同体衰落的先声。随后"单位办社会"功能的剥离和国企改制的全面铺开使单位共同体逐渐走向衰落。单位组织结构的变化实际上就是制度基础上建立起来的刚性边界，而单位共同体内涵覆盖范围的变化实则就是由刚性边界所带来的软性区隔，在二者的叠加作用下，单位共同体完成了变迁的全过程。

回视单位共同体变迁的整体过程，不难看出，"从闭合到开放"的逻辑本身就意味着对单位共同体的拆解和破除。这主要是因为，"共同体"本身就带有着闭合性，换言之，"单位共同体"与开放的逻辑之间是矛盾的。单位共同体的结成，依赖于闭合的资源分配方式、闭合的单位空间以及闭合的单位关系，单位共同体的不断扩张使闭合的单位体制几乎无法承载，单位体制边界的瓦解打破了单位共同体存在的形态基础，单位关系的开放性进一步打破了单位共同体的内在一致性，造成了单位共同体内部凝聚力的丧失和单位意识逐渐消除，单位共同体的衰落也成为必然。

第三节 单位共同体变迁的反思

在考察单位共同体变迁的基础上，如何理解单位共同体与中国社会变迁的关联,对于中国社会治理和社会发展具有重要的现实意义。将单位置于中国现代化的整体进程中加以考察,单位不仅承担了现代化的工业化和城市化面向,同时单位共同体变迁的过程也是现代化关系的形塑过程。因此,单位共同体变迁也是反思中国社会组织化与再组织化的一种视角。

一 单位共同体变迁与中国的现代化

(一) 单位共同体与现代化的关系面向

对于何为现代化,往往被定义为一种社会变化的过程,或者说"涉及社会各个层面的一种过程"[1],因此现代化的程度就需要通过具体化因素来加以确定,农业现代化、工业现代化以及经济的快速增长,往往都被视为现代化的重要指标。马克思虽然从未明确提出过现代化的概念,但在《资本论》第一版序言中,他对现代化做出了一种指引:"工业较发达的国家向工业较不发达的国家所显示的,只是后者未来的景象。"[2] 在《〈政治经济学批判〉序言》中,马克思又依据生产方式对社会形态的演进做出了历史维度的划分,其中工业化生产方式带来的生产力大幅提升无疑是引发社会变革的关键因素。因此,工业化生产方式的实现程度以及生产力水平对于判断现代化程度具有基础性的意义,或者可以说,工业化是现代化进程中最为重要的面向。[3]

中国的现代化进程正是基于这一工业化理论的有效实践。1945年,毛泽东在党的七大政治报告中就明确提出:"中国工人阶级的任务,不但是为着建立新民主主义的国家而斗争,而且是为着中国的

---

[1] [美] 吉尔伯特·罗兹曼主编:《中国的现代化》,国家社会科学基金"比较现代化"课题组译,江苏人民出版社2010年版,第3页。

[2] 《马克思恩格斯文集》(第5卷),人民出版社2009年版,第8页。

[3] [英] 安东尼·吉登斯、[英] 菲利普·萨顿:《社会学基本概念》(第二版),王修晓译,北京大学出版社2019年版,第73页。

工业化和农业近代化而斗争。"① 在党的七届二中全会上又提出"由落后的农业国变成先进的工业国"②，进一步明确了中国人民的奋斗目标。中华人民共和国成立以后，复杂的社会环境和国际环境对中国经济的快速发展以及国家工业体系的建设都提出了迫切地要求。1954 年，周恩来在第一届全国人民代表大会上，首次提出"四个现代化"③ 的目标。1955 年，国家"一五"计划报告中再一次强调，"我国建设社会主义的事业，是以社会主义工业化为主体的……大工业是建立社会主义社会的物质基础"④。以工业生产建设为目标的"单位"就成了中国社会主义工业化的载体。

在计划经济体制下，国家强力控制和动员机制具体通过单位发生作用，以确保资源能够被有效地集中⑤、分配并落实到现代化建设的具体实践中。工业企业单位的建立，使我国的工业生产能力和技术水平都实现了极大提升，中国轻、重工业的结构基础和区域布局也在这一阶段基本建立起来。到 1957 年，我国工业总产值比 1952 年增长 128.3%，"远远超过了旧中国的 100 年"⑥。

孙正聿对现代化和现代性进行了哲学反思，并将现代化的历史进程概括为三个方面的问题："从人与自然的关系说，现代化所构成的最为严峻和最为紧迫的时代性问题是可持续发展问题；从人与社

---

① 毛泽东：《论联合政府》（1945 年 4 月 24 日），载《毛泽东选集》（第 3 卷），人民出版社 1991 年版，第 108 页。
② 毛泽东：《在中国共产党第七届中央委员会第二次全体会议上的报告》（1949 年 3 月 54 日），载《毛泽东选集》（第 4 卷），人民出版社 1991 年版，第 1433 页。
③ 即工业现代化、农业现代化、国防现代化、科学技术现代化。
④ 李富春：《〈关于发展国民经济的第一个五年计划的报告〉——在 1955 年 7 月 5 日至 6 日的第一届全国人民代表大会第二次会议上》，载全国人大财政经济委员会办公室、国家发展和改革委员会发展规划司编《建国以来国民经济和社会发展五年计划重要文件汇编》，中国民主法制出版社 2008 年版，第 617 页。
⑤ 第一个五年计划基本建设的投资是 427.4 亿元，其中分配到工业部门为 248.5 亿元，占 58.2%，投资重点明显向工业倾斜。
⑥ 张静如、傅颐、李林：《开始全面建设社会主义：1956—1966》，北京人民出版社 2011 年版，第 36 页。

会的关系说,现代化所构成的最为严峻和最为紧迫的时代性问题是从资本的逻辑所构成的人对物的依赖关系的'异化'问题;从人与自我的关系说,现代性所构成的最为严峻和最为紧迫的时代性问题则是'耻言理想、躲避崇高'的虚无主义的文化危机问题。"[1] 将"关系"这一维度纳入对现代化的理解方式中来可以发现,现代化实则是在生产方式发生根本性变革的基础上,人与自然之间、人与社会之间、人与人之间关系的重新缔结与塑造的过程。作为兼具生产性、政治性和社会性功能的合一体,单位超越了一般工业企业或经济组织的概念,通过对政治性和社会性的纳入,继而在生产方式变革的基础上,对社会关系进行了重新塑造。其所构成的单位共同体实现了对中国社会的重组与再编,它不仅承载了现代化的工业化面向,更实现了对现代化关系的承接。

因此,单位既为中国现代化进程提供了物质基础,也是现代化关系塑造的空间场域。首先,单位是对"人"的组织化。单位作为生产性的工业企业,通过赋予"单位人"身份的方式在中国社会中确立了工业化的生产关系,实现了现代化生产方式基础上的生产关系变革。与此同时,单位通过福利保障等制度安排,将单位人的家庭纳入了单位体系中,从而避免了工业化生产关系对家庭关系的瓦解以及中国社会的个体化局面,中国的城市社会也通过单位被组织了起来。其次,单位是对"人的行动"的组织化。单位的体制边界以及单位人身份获取的限制性、单位资源分配和再分配的排他性,都对单位人的自由流动进行了限定。在生产关系外,单位共同体的成员之间也存在着基于"职住合一"基础上的人际关系。这些关系不仅由单位人自发的结成,同时单位组织也会通过组织文体活动、技能竞赛等方式加强单位人对单位生活的参与。闭合的单位空间以及在此基础上单位对业余时间、私人空间的浸入都在客观上形成了对单位人行动的组织化。最后,单位是对"人的思想"的组织化。

---

[1] 孙正聿:《马克思主义哲学智慧》,现代出版社2016年版,第104页。

从"家属革命化"到"动员的集体主义"①再到单位意识的塑造，都是增强单位共同体凝聚力的思想的组织化过程。在这三重组织化的基础上，单位实现了对中国社会现代化关系的承接。

（二）单位共同体变迁对现代化关系的塑造

工业化和现代化的关系面向可以作为理解现代化性质以及衡量现代化程度的显著标志，包含着国家与社会以及其全部关系在内的整体性进程的"社会的现代化"才更能全面呈现现代化的全部内涵。在这个意义上，"现代化"主要指"一种特殊的社会转型过程，即社会在日益分化的基础上，进入一个能够自我维持增长和自我创新，以满足整个社会日益增长的需要的全面发展过程"②，社会现代化实际上也是社会结构体系协调发展的过程。③ 这也就是说，现代化是一个变动的历史过程，必须要嵌入于时间维度中才能完整地理解与阐释。

罗兹曼通过考察国际环境、政治结构、经济结构和增长、社会一体化以及知识和教育五个领域的变革，对中国自18世纪以来一直到1978年党的十一届三中全会召开这段时期内的现代化进行了多维度的讨论，然而在罗兹曼的论述中，"现代化"并没有在某个具体的载体上实现反馈。因此，若将单位共同体的变迁过程纳入现代化话语体系中来，对于理解中国社会现代化的历史进程无疑更具意义。

单位共同体的概念看似抽象，但仍然是以单位"组织—体制"形态为依托而具体呈现的，其形态调整也是嵌入于中国现代化整体进程之中的。单位制建立之初，工业化建设是国家现代化发展的基础，集中资源于有限的单位之中是当时客观条件下的必由之路，单位对于现代化关系的塑造与调整的能力仅能够在单位体制边界内发挥效用，因

---

① 田毅鹏、汤道化：《转型期单位内部个人与组织关系的变迁及其影响》，《吉林大学社会科学学报》2012年第6期。

② 郑杭生主编：《社会学概论新修》（第三版），中国人民大学出版社2003年版，第328页。

③ 同上书，第332—333页。

此单位共同体不得不以"有限覆盖"的方式呈现。国家对于工业化、现代化建设的需求不断推动着工业生产规模和生产能力的加速及扩张，伴随着国营工业企业单位生产能力的提高以及国家现代化整体水平的不断提升，单位组织的生产规模以及其衍生覆盖的单位社会规模，其所吸纳的单位共同体成员的规模都在不断膨胀。

在张静看来，中国社会组织结构发生两次事件变革的节点分别是1949年和1979年，"1949年起始，中国出现了一次自上而下的社会重组，建立了一个较为集中的社会组织架构，而1979年以后则出现了组织的分化"[①]，组织分化的标志在于新的经济或社会组织的出现，即体制内和体制外差别的显现。然而从单位共同体变迁的历程来看，此时的单位体制并没有松动的迹象，单位组织不仅仍然是社会的主体，并且其结构规模和覆盖程度还随着厂办大集体的产生而逐渐强化。从现实层面来看，一方面，劳动就业问题的滋生和爆发的根源，与中国社会现代化进程密不可分，作为"中间组织"的单位，确实应当承担现代化的"后果"。并且，在单位共同体这一现代化关系发生的场域内，调适并解决现代化进程中衍生出的关系性问题，也是最为有效的。另一方面，厂办大集体的出现对于提升国营单位组织的生产能力、改变单位组织的生产结构亦具有重要作用突出作用。厂办大集体兼具为国营单位提供生产配套以及为单位职工提供生活服务的功能，这不仅是对单位组织规模的扩张，也是对单位共同体覆盖性的拓展。

从结构性扩张到功能性扩张的两个层次，也是对现代化生产方式、水平的阶段性反馈。当单位的生产能力具备助推现代化进程的充分动力后，单位共同体也随之具备了促进现代化关系结成和延展的条件。单位组织以其自身为核心，推动单位共同体的形态外延向外弥散，尽可能地把社会其他要素整合进单位的框架中来，从而实现以单位共同体拉动社会现代化，与社会主义现代化的目标相匹配，

[①] 张静：《个人与组织：中国社会结构的隐形变化》，《探索与争鸣》2019年第6期。

这对其所承载的现代化关系亦是新一轮整合与塑造。单位共同体从有限覆盖到全面扩张的变迁过程，既是对社会现代化的具体呈现，又是推动社会现代化进程的有效动力。这种扩张对于中国现代化进程具有极大的推进作用，单位共同体所承载的现代化要素和对社会现代化进程的反馈也在扩张的过程中日益加深。

然而，单位共同体是不可能无限扩张的，在社会现代化进程中，其形态的局限性无法为现代化关系的凝结提供足够的空间。并且，单位共同体在吸纳现代化要素的同时，由现代化所带来的自反性要素也在共同体内部凝结，并形成了消解单位共同体的内部力量。因此，单位共同体也必须要在拆解自身的基础上，才能够实现对社会现代化的匹配，并继续成为现代化的推力。

得益于单位共同体所塑造的现代化关系，中国建立起了有别于西方资本主义工业化的独特模式，并且避免了苏联式的"强制工业化"[1]，形成了社会主义现代化的独特路径。单位共同体所塑造的现代化关系所呈现出的，是随着生产力水平的提升以及单位"组织—体制"变迁而不断发生变动的具体过程，从这个意义上来理解，单位共同体的产生与变迁过程就成了1949年后中国现代化进程的缩影。

二 "后单位时代"社会的再组织化

单位以其"共同体"的独特方式，克服了现代化可能带来的诸多危机。单位共同体的模式及其实践，不仅是现代化的有效路径，更是一条优势路径。从单位制的产生来看，单位这样一种组织模式的出现，在追求工业化的同时，最大限度上实现了社会发展的延续性，不仅没有瓦解中国传统社会中"小共同体本位"的情理关系，反而通过单位共同体的结成强化了"共有"的内涵，使中国的城市

---

[1] ［英］迈克尔·曼：《社会权力的来源（第三卷）——全球诸帝国与革命（1890—1945）》，郭台辉、茅根红、余宜斌译，上海人民出版社2015年版，第477页。

社会中形成了以单位为核心的精神上的向心力。单位共同体所塑造的现代化关系，有效缓冲了个体与国家间可能会出现的对立关系，避免了中国社会个体化和碎片化的发生，避免了马克思所言的"物化"社会关系[1]以及"物的依赖性"[2]的结成。单位共同体通过自身的变迁对现代化关系进行不断地调整与重塑，是与中国现代化进程相匹配的，这种稳定关系的塑造也为现代化建设提供了保障。

现代化是历史的、发展的概念，它并没有固定的模式或唯一的道路。习近平总书记在党的十九大报告中明确指出，建设社会主义现代化强国是中国共产党确立的伟大目标。这不仅对现代化建设水平提出了要求，更重要的是对中国道路的道路特质、道路优势的强调。这在本质上是对西方资本主义现代化方式的超越，是中国特色社会主义现代化优势的集中体现。单位制是中国特色社会主义现代化进程的重要方式，单位共同体变迁过程更是对中国社会主义现代化进程的集中反映。虽然伴随着国有企业改制的全面展开，传统单位共同体走向了衰落，但这并不意味着现代化路径选择的失败，其实质应当被视作现代化关系的又一次调整。单位共同体所蕴含的共同体原则和逻辑在现代社会中仍持续发生着作用，不仅表现为对国有企业政治性和社会性的重提，也引发了对"后单位时代"社会再组织化的思考。

从国企政治性的角度考虑，国家力量从国企中的退出对国企的政治性造成了很大的削弱。首先，国企不再是国家行政力量的延伸而是市场经济的主体，国企只能在追求经济效益的前提下有限地进行政治性的组织与动员，这就造成了国家通过国企进行社会治理的能力减弱。其次，国企领导角色政治性削弱，从国家干部到企业领导的身份转变使其角色也呈现出从"单位管理者"到"企业经营

---

[1] ［英］安东尼·吉登斯：《资本主义与现代社会理论——对马克思、涂尔干和韦伯著作的分析》，郭忠华、潘华凌译，上海译文出版社2013年版，第8页。

[2] 《马克思恩格斯全集》（第3卷），人民出版社2002年版，第107页。

者"的倾向性转换。管理目标的单一化就造成了国企管理实践中对经济性的强调以及对政治性的削弱。最后,当"单位人"的身份转变为企业职工后,"单位身份"与"国家赋予"的直接关联断裂,单位身份与政治地位脱钩,单位人的主人翁地位失落,国企职工参与企业事务的合法性和意愿动力都急剧下降。在这一系列变化的基础上,国企不仅无法像从前一样成为有效化解利益冲突的场所,甚至在某些情况下还会将企业内部矛盾推向社会,引发社会冲突或矛盾。

从国企社会性的角度考虑,虽然市场经济体制改革对国企的许多社会性功能进行了剥离,但"在社会主义国家里,国有企业一方面是作为企业有盈利的硬诉求;另一方面,国有企业也帮助政府承担大量的,诸如基础设施投资、社会福利、就业、医疗,甚至是社会福利保障之类的社会责任。因此,国有企业和不同的政府部门有着非常紧密的联系"[1]。也正因如此,无论是出于何种合法性的诉求,国企与国家、社会之间的关系是不能、也不应被割裂的。例如,国有企业在组织本单位的退休人员这一点上,就有着其他组织无法替代的重要作用。一方面,国有企业中设立的离退休管理处维系了曾经的单位成员与单位组织之间的联结关系,使得这些单位成员免于承受单位共同体衰落所带来的关系脱嵌,延续了共有的单位情怀。另一方面,通过对单位共同体原则和逻辑的保留,以曾经的单位成员为主体所构成的城市社区也具有了精神内核。

并且,虽然改革开放后社区建设呈现出一种"非单位化"或"去单位化"的状态[2],但实际上更多的则是一种"去制度化"。正如李威利所指出的,"改革开放以来中国城市治理体系不再是单位制

---

[1] 朱宁:《刚性泡沫:中国经济为何进退两难》,中信出版社2016年版,第205页。
[2] 田毅鹏、漆思:《"单位社会"的终结——东北老工业基地"典型单位制"背景下的社区建设》,社会科学文献出版社2005年版;柴彦威、肖作鹏、刘天宝、塔娜等:《中国城市的单位透视》,东南大学出版社2016年版。

的，但仍然是'单位化'的"①，"国家在城市的空间治理中，仍然紧紧地依赖于'单位'（体制内的公有制组织）的作用，在城市社区治理中，治理资源不足主要通过公有制单位的支持进行补充"②。

鲍曼在对共同体进行论述时，曾提出工业时代人类追求确定与自由的双重逻辑下构建共同体的逻辑，其中他提出了"确定性"和"自由"这样一对关系。在他看来："确定性总是要求牺牲自由，而自由又只有以确定性为代价才能扩大。但没有自由的确定性与奴役无异；而没有确定性的自由也与被抛弃和被丢失无异。"③ 如果从这一角度来理解单位共同体的话，计划经济时期的单位共同体主要在于对确定性的强调，随着闭合单位体制的打开，现代国有企业确实在某种程度上呈现出"行政干涉下不完全自主"的状态，但更多的则表现为对"自由"的宣扬。在新时代的背景下，如何能够实现"确定性"与"自由"的平衡，使国有企业发挥其在实现社会"再组织化"中的作用，是应当继续思考的问题。

---

① 李威利：《空间单位化：城市基层治理中的政党动员和空间治理》，《马克思主义与现实》2018 年第 6 期。
② 同上。
③ [英]齐格蒙特·鲍曼：《共同体》，欧阳景根译，江苏人民出版社 2007 年版，第 19 页。

附录1　访谈提纲（国营）

一　基本情况

1. 您今年多大年纪？（哪一年退休的？）
2. 您（退休前）是在哪个厂工作？做什么工作？具体哪个部门，属于国营、集体？是正式工还是临时工？
3. 家庭结构（家里几口人，兄弟姐妹，自己在家庭中的位置，家庭状况困难/不困难）现在跟谁在一起生活？

二　国营单位的工作生活

1. 单位的相关情况：总厂或分厂名称？什么时候成立？工厂建立在什么地方？主要是生产什么产品？工厂规模、级别、职工数等。
2. 您是哪年进厂的？当初是怎么进厂的？（部队转业、接班或内招、大中专毕业等）当时您除了进厂还有其他出路吗？
3. 进厂之后是从什么工作做起？在成为国营单位职工后有什么感受？
4. 您在单位经历过几次工作调动、职位升迁？其间有哪些难忘的事？
5. 刚进厂的时候您的工资怎么样？是按照什么标准来分配的？同事之间工资待遇差别大吗？后来有过几次涨工资？都是根据什么标准？
6. 福利都包括哪些方面？有专门的幼儿园、学校、医院吗？
7. 享受过有分房政策吗？房子都是怎么分的？后来换过房吗？

8. 在医疗方面的福利待遇是什么样的？对于当时的医疗保障和现在的医疗保险您有什么看法？

9. 在管理方面，关于纪律、奖励、惩罚之类的相关规定您还有印象吗？这些奖惩标准等都是如何制定的您知道吗？

10. 当时单位有职代会吗？您是职代会成员吗？职代会一般多久开一次？都讨论些什么内容？

11. 根据您的经历，初创时期的国营单位是什么样的？企业建设和发展面临了哪些困难？如何克服的？职工们是如何看待这些困难的？经过发展，您认为工厂最辉煌的时期是在什么时候？具体有什么表现？如何实现的？

三 国营职工的心理体验

1. 职工除了日常工作之外，有什么业余活动吗？是由谁来组织的？职工们参与的积极性如何？职工及家属间是如何相处的？大家的邻里关系是怎么样的？

2. 您对自己"单位人"的身份有什么看法？有感觉到优越感吗？

3. 当时的领导都是什么样的人来当？谁在单位里最有权威？同事之间、职工和领导之间的关系好吗？有矛盾的时候一般都怎么解决？

4. 您是党员吗？什么时候入党？考验多长时间？什么样的人才能入党？入党对个人发展有什么影响？

5. 在择偶问题上，您对您的配偶的身份有什么要求吗？要求必须是企业职工或有房吗？

6. 您对在国营单位工作的这些年有什么看法或感想？有没有觉得有什么遗憾？

四 对国企改制的看法

1. 您对国企改制如何评价？您觉得改制对职工们的影响大吗？

您自身和家庭又发生了哪些变化？

2. 您在改制的过程中身份发生了怎样的变化？您的工作有没有发生变化或者调动？您觉得和之前相比是更好了还是有落差？

3. 您所在的企业发展到后期有没有遇到什么困难？认为最大的困难是什么？面对这些困难，工厂采取了什么措施来调整？在您看来这些问题的出现是由什么造成的？

4. 对于当时的国企转型潮，您所在的企业转型是否成功？您认为成功或失败的原因是什么？

5. 您当时作为国企职工，是如何看待私人企业或民营企业？您当时考虑过离开国企去民营企业吗？为什么？

6. 在改制的过程中，单位是根据什么政策和标准执行的？具体是如何操作的？您能具体说一说吗？

7. 在这个过程您觉得自己有吃亏或者受到不公正的待遇吗？您是对改制有什么看法、如何评价？

8. 您对整个单位体制有什么看法？

附录2 访谈提纲（厂办大集体）

一 进厂

1. 您今年多大年纪？是哪年进厂的？当初是怎么进厂的？
2. 您在进厂前有怎样的经历？（参军、高考、"上山下乡"）
3. 毕业后除了进厂您还有其他出路吗？为什么选择到大集体参加工作？
4. 您是多大的时候离家下乡的？当时去的地方是哪儿？是自愿下乡的吗？在乡下待了多少年？后来又是如何返城的呢？您如何看待"上山下乡"这样一段经历？

二 厂办大集体的工作生活

1. 您所在的大集体和总厂是什么关系？是自筹资金建厂还是总厂出资建的厂？建厂的过程您了解吗？
2. 您所在的分厂主要承担什么样的生产任务？也有配额指标吗？
3. 您所在的分厂生产出的产品主要是提供给总厂吗？分厂的生产和总厂的需要是完全配套的吗？会有生产量过大而积压或供不应求的情况吗？还是自己有渠道销售？主要销售的对象是谁？需要自负盈亏吗？
4. 您在单位经历过几次工作调动、职位升迁？其间有哪些难忘的事？
5. 您是几级工？像您所在的分厂对生产技术的要求高吗？和总厂相比您觉得在设备和职工的技术上差别大吗？

6. 刚进厂的时候您的工资怎么样？是按照什么标准来分配的？同事之间工资待遇差别大吗？与总厂的职工相比呢？

7. 您享受过医疗、住房方面的福利吗？除此之外还有其他的福利吗？分厂有专门的幼儿园、学校、医院吗？和总厂的福利待遇相比您觉得有什么主要区别？

8. 大集体在生产管理方面有具体的纪律、奖励、惩罚等管理规定吗？奖惩标准是分厂自己制定的还是需要根据总厂的标准执行？总厂和分厂间在管理上存在着什么样的关系？

9. 您认为自己和总厂的职工有什么身份上的区别吗？总厂的职工对分厂职工会有偏见或歧视吗？您周围的人对国营和集体的不同身份有什么看法吗？

10. 在择偶问题上，您对您的配偶是国营或集体身份有什么要求吗？您觉得在选择配偶时，国营或集体身份是必要考虑的因素吗？集体身份会受到歧视吗？

11. 您认为分厂职工在学历水平或技术水平等方面与总厂的职工存在着区别吗？

12. 进总厂和分厂招工形式有什么区别吗？是否进入分厂会比总厂更容易？

三　改制后的工作生活变动

1. 您是哪年下岗（"买断"）的？

2. 在改制的过程中，单位是根据什么政策和标准执行的？具体是如何操作的？您能具体说一说吗？

3. 在这个过程您觉得自己有吃亏或者受到不公正的待遇吗？

4. 您认为改制的原因是什么？您对改制有什么看法、如何评价？

5. 您对厂办大集体的看法是怎么样的？对于当时的单位体制，您有什么看法？

附录3　访谈提纲（三线厂）

一　基本情况

1. 您今年多大年纪？（哪一年退休的？）

2. 您（退休前）是在哪个厂工作？做什么工作？具体哪个部门，属于国营、集体？是正式工还是临时工？

3. 家庭结构（家里几口人，兄弟姐妹，自己在家庭中的位置，家庭状况困难/不困难）现在跟谁在一起生活？

二　三线时期经历

1. 单位的相关情况：工厂的名称？什么时候成立？工厂建立在什么地方？主要是生产什么产品？工厂规模、级别、职工数等。

2. 您是哪年进厂的？当初是怎么进厂的？（部队转业、其他单位招聘、作为家属工等）当时您除了进厂还有其他出路吗？

3. 进厂之后是从什么工作做起？在成为工厂职工后有什么感受？

4. 刚进厂的时候您的工资怎么样，是按照什么标准来分配的？同事之间待遇差别大吗？

5. 福利都包括哪些方面？有专门的幼儿园、学校、医院吗？

6. 住房问题是怎么解决的？有分房政策吗？

7. 初创时期的工厂是什么样的？工厂建设和发展面临了哪些困难？如何克服的？职工们是如何看待这些困难的？

8. 经过发展，您认为工厂最辉煌的时期是在什么时候？具体有什么表现？如何实现的？

三　三线厂职工的心理体验

1. 三线厂地理位置比较偏僻，远离城区，根据您的经历，相对于城市和周边屯子，您认为工厂的生活条件怎么样？职工们对这种生活条件是什么态度？

2. 职工们认可自己的劳动吗？生产热情如何？大家对外用什么（称号或代号）来指代自己的群体以区别其他工厂？大家对于工厂有着什么样的情感？

3. 职工除了日常工作之外，有什么业余活动吗？是由谁来组织的？职工们参与的积极性如何？

4. 职工及家属间是如何相处的？大家的邻里关系是怎么样的？

5. 当时单位的领导都是什么样的人来当？谁在单位里最有权威？同事之间、职工跟领导之间的关系好吗？有矛盾的时候一般都怎么解决？

6. 您是党员吗？什么时候入党？考验多长时间？什么样的人才能入党？入党对个人发展有什么影响？

7. 您对三线厂工作期间最深刻的记忆是什么？有没有觉得有什么遗憾？三线的工作经历对您今后的发展起到了哪些作用？

四　工厂迁移及对三线厂改制的看法

1. 工厂是在哪一年从山里迁出的？迁入了哪里？迁入的原因是什么？

2. 工厂迁移后，工厂的建设、生产和发展发生了什么变化？工厂的生存面临着哪些方面的困难？其中，您认为最大的困难是什么？面对这些困难，工厂采取了什么措施来调整？您是如何看待工厂所面临的困境？

3. 工厂迁移后，您的工作或身份有没有发生变化或者调动？福利保障、分房、子女接班政策方面都有哪些不同？这些变化对职工们的影响大吗？您觉得和之前比是更好了还是有落差？

4. 工厂迁移后，离开封闭偏远的山区，到繁华开放的城市，您有没有什么不适应的地方？

5. 在工厂迁移转型过程中，您是否担心以下情况？（自己的经济利益受损、下岗、工作压力增大、失去原有的福利待遇、分流、不适应新的管理体制、领导不适应工作等）

6. 相比于之前三线山区，工厂迁移后职工们的住宿条件怎么样？发生了哪些变化？您对这些变化持有什么看法？当时的职工家属区是由谁来管理？邻里的关系如何？

7. 您当时作为国企职工，是如何看待改革开放后的私人企业或民营企业？如果说工厂效益日渐下降，福利保障不断减少，您在当时会考虑离开国企去民营企业吗？为什么？

8. 您是如何看待三线厂的转制？对于当时的国企转型潮，您所在的企业转型是否成功？您认为成功或失败的原因是什么？

9. 在改制过程中，您所在的单位是否申请了破产？企业是如何安排的？有没有给予一定的补偿？职工们是什么样的心情？

10. 在改制过程中，您觉得自己有吃亏或者受到不公正的待遇吗？您对改制有什么看法、如何评价？

11. 您对整个单位制有什么看法？

附录 4　受访者基本信息表

序号	编号	性别	出生年份	改制前所有制身份	改制前职务	目前情况	访谈时间
1	201002Z	女	1946	（S市）B厂五七厂	家属工	退休	2010.2.24
2	201002H	男	1945	（S市）B厂五七厂	工会主席	退休	2010.2.25
3	201302C-3	男	1950	T厂国营	高级工程师	退休	2013.2.24
4	201304W	女	1938	Y厂国营	工具管理科科长	退休	2013.4.8
5	201304C	男	1936	Y厂国营	高级工程师	退休	2013.4.8
6	201304T	女	1950	Y厂厂办大集体	装配厂工人	退休	2013.4.25
7	201304Y-2	男	1927	Y厂国营	某科长	离休	2013.4.27
8	201305Z-2	男	1947	Y厂国营	S企业公司变速箱厂厂长	退养	2013.5.10
9	201305G	女	1927	Y厂厂办大集体	家属工	退休	2013.5.17
10	201305C-2	男	1938	Y厂国营	工艺处描图员	退休	2013.5.23
11	201305L	女	1937	Y厂国营	经管科科长	退休	2013.5.23
12	201305Z-3	男	1944	Y厂国营	车身厂工人	退休	2013.5.23
13	201305T	男	1931	Y厂国营	总厂干部	离休	2013.5.30
14	201305Y	男	1924	Y厂国营	计划处科员	退休	2013.5.30
15	201310J	男	1947	Y厂国营	铸造车间工会主席	退休	2013.10.21
16	201310S	男	1941	Y厂国营	公安科科长	退休	2013.10.22

续表

序号	编号	性别	出生年份	改制前所有制身份	改制前职务	目前情况	访谈时间
17	201310F	男	1936	Y厂国营	副厂长、党委书记	退休	2013.10.22
18	201310Z	男	1939	Y厂国营	工程师	退休	2013.10.24
19	201310Z-2	男	1942	Y厂国营	机械加工车间主任、党委书记	退休	2013.10.28
20	201310Z-3	男	1943	Y厂国营	技术工人	退休	2013.10.30
21	201311Z	男	1934	Y厂国营	宣传科科长	退休	2013.11.4
22	201311Z-2	女	1934	Y厂国营	工会文艺干事	退休	2013.11.4
23	201311Z-3	男	1934	Y厂国营	齿轮厂工程师	退休	2013.11.6
24	201311D	男	1943	Y厂国营	供应厂冲模车间钳工	退休	2013.11.6
25	2013Z-4	男	1933	Y厂国营	技术员	退休	2013.11.8
26	201311S	男	1950	Y厂国营	建筑装饰公司经理	退休	2013.11.8
27	201311L	男	1936	Y厂国营	企管科干事	退休	2013.11.13
28	201311Z-5	男	1941	Y厂国营	热处理厂工人	退休	2013.11.18
29	201311C	女	1948	Y厂国营	安全科核算员	退休	2013.11.18
30	201408T	男	1943	T厂国营	党干校校长	退休	2014.8.24
31	201408H	女	1943	T厂国营	计划生育管理科职工	退休	2014.8.24
32	201411Z	女	1970	Y厂厂办大集体	印刷厂职工	下岗	2014.11.7
33	201411Z-2	女	1971	Y厂厂办大集体	S企业公司总装配送厂职工	随企业改制	2014.11.7
34	201411Z-3	女	1974	Y厂厂办大集体	散热器厂附属厂工人	下岗再就业	2014.11.7
35	201411D	女	1965	Y厂厂办大集体	基建厂附属厂工人	退休	2014.11.7

续表

序号	编号	性别	出生年份	改制前所有制身份	改制前职务	目前情况	访谈时间
36	201411L	女	1979	Y厂厂办大集体	底盘厂附属厂工人	下岗再就业	2014.11.18
37	201411X	女	1971	Y厂厂办大集体	协作配套处招待所	下岗再就业	2014.11.18
38	201501C	女	1963	Y厂厂办大集体	供应处附属厂职工	退休	2015.1.22
39	201501M	女	1945	Y厂厂办大集体	变速箱厂附属厂家属工	退养	2015.1.22
40	201501W	女	1963	Y厂厂办大集体	铸模厂附属厂工人	下岗	2015.1.26
41	201501S	女	1962	Y厂厂办大集体	铸模厂附属厂工人	下岗	2015.1.26
42	201501D	女	1963	Y厂厂办大集体	基建厂附属厂工人	下岗再就业	2015.1.27
43	201512N	男	1943	（J市）S厂	工具科科长	退休	2015.12.27
44	201601W	女	1947	（J市）S厂五七厂	创业队家属工	下岗	2016.1.5
45	201601Z-2	女	1946	（J市）S厂五七厂	创业队副主任	下岗	2016.1.5
46	201601X	女	1941	（J市）S厂五七厂	创业队家属工	下岗	2016.1.5
47	201601Z-3	女	1938	（J市）S厂五七厂	创业队家属工	下岗	2016.1.5
48	201601Z	女	1948	（J市）S厂五七厂	创业队家属工	下岗	2016.1.6
49	201601D	女	1947	（J市）S厂五七厂	创业队家属工	下岗	2016.1.6
50	201601F	女	1946	（J市）S厂五七厂	创业队家属工	下岗	2016.1.6
51	201601W-2	女	1949	（J市）S厂五七厂	创业队家属工	下岗	2016.1.6
52	201601L	女	1944	（J市）S厂五七厂	创业队家属工	下岗	2016.1.6
53	201601L-2	男	1931	（J市）S厂	冲压工	退休	2016.1.22
54	201607X	男	1953	（K市）K厂国营	人事部部长	返聘	2016.7.14

续表

序号	编号	性别	出生年份	改制前所有制身份	改制前职务	目前情况	访谈时间
55	201608W	女	1976	Y厂厂办大集体	机关办公室职工	下岗再就业	2016.8.22
56	201709S	女	1970	T厂国营	财务处科员	内退	2017.9.9
57	201709Z	女	1965	T厂国营	劳资处科员	退休	2017.9.9
58	201709G	男	1957	（C市）S厂	研究室助理工程师	退休再就业	2017.9.13
59	201709L	男	1955	T厂国营	第一炼钢厂财务科科长	辞职再就业	2017.9.15
60	201709M	女	1970	T厂国营	金属资源公司劳资科职工	内退	2017.9.21
61	201709C	女	1961	T厂国营	服装厂（大集体）党支部书记	退休	2017.9.24
62	201709Q	男	1958	T厂国营	采矿处处长	退休	2017.9.24
63	201709L-2	男	1952	T厂厂办大集体	氧气厂职工	退休	2017.9.25
64	201709F	女	1969	T厂国营	耐火厂职工	退休	2017.9.26
65	201802Z	男	1942	T厂国营	宣传部部长	退休	2018.2.28
66	201910W	男	1938	Y厂国营	职工大学教师	退休	2019.10.15
67	201911G	女	1969	E厂国营职工子女	非E厂就业	—	2019.11.24
68	201911L	男	1968	T厂国营职工子女	非T厂就业	—	2019.11.24

参考文献

一 中文文献

《马克思恩格斯全集》（第1卷），人民出版社1995年版。
《马克思恩格斯全集》（第3卷），人民出版社2002年版。
《马克思恩格斯文集》（第5卷），人民出版社2009年版。
《马克思恩格斯选集》（第一卷），人民出版社2012年版。
《毛泽东选集》（第3卷），人民出版社1991年版。
《毛泽东选集》（第4卷），人民出版社1991年版。
［古希腊］亚里士多德：《政治学》，高书文译，江西教育出版社2014年版。
［德］汉娜·阿伦特：《极权主义的起源》（第二版），林骧华译，生活·读书·新知三联书店2014年版。
［英］齐格蒙特·鲍曼：《共同体》，欧阳景根译，江苏人民出版社2007年版。
［德］乌尔里希·贝克：《风险社会》，何博闻译，译林出版社2004年版。
［英］马克·贝维尔、［美］弗兰克·特伦特曼编：《历史语境中的市场——现代世界的思想与政治》，杨芳、卢少鹏译，人民出版社2014年版。
［加拿大］E. M. 比约克龙：《单位：中国城市工作地点的社会——空间特征》，载田毅鹏等《重回单位研究——中外单位研究回视与展望》，社会科学文献出版社2015年版。

边燕杰主编：《市场转型与社会分层——美国社会学者分析中国》，生活·读书·新知三联书店 2002 年版。

[美] 卞历南：《制度变迁的逻辑：中国现代国营企业制度之形成》，卞历南译，浙江大学出版社 2011 年版。

[英] 汤姆·博托莫尔主编：《马克思主义思想辞典》，陈叔平等译，河南人民出版社 1994 年版。

[美] 彼得·布劳：《社会生活中的交换与权力》，孙非、张黎勤译，华夏出版社 1988 年版。

[澳] 薄大伟：《单位的前世今生：中国城市的社会空间与治理》，柴彦威、张纯、何宏光、张艳译，东南大学出版社 2014 年版。

[美] 迈克尔·布若威：《制造同意——垄断资本主义劳动过程的变迁》，李荣荣译，商务印书馆 2008 年版。

蔡禾：《论国有企业的权威问题——兼对安基·G. 沃达的讨论》，《社会学研究》1996 年第 6 期。

蔡禾：《企业职工的权威意识及其对管理行为的影响——不同所有制之间的比较》，《中国社会科学》2001 年第 1 期。

蔡禾、李晚莲：《国有企业职工代表大会制度实践研究——一个案例厂的六十年变迁》，《开放时代》2014 年第 5 期。

曹锦清、陈中亚：《走出"理想城堡"——中国"单位"现象研究》，海天出版社 1997 年版。

曹小明：《国企家族化现象与公司法人治理结构》，《湖南经济管理干部学院学报》2005 年第 1 期。

柴彦威、陈零极、张纯：《单位制度变迁：透视中国城市转型的重要视角》，《世界地理研究》2007 年第 4 期。

柴彦威、肖作鹏、刘天宝、塔娜等：《中国城市的单位透视》，东南大学出版社 2016 年版。

陈刚：《法治社会与人情社会》，《社会科学》2002 年第 11 期。

陈伟：《阿伦特的极权主义研究》，《学海》2004 年第 2 期。

陈夕总主编、董志凯执行主编：《中国共产党与 156 项工程》，中共党史出版社 2015 年版。

陈向明:《质的研究方法与社会科学研究》,教育科学出版社 2000 年版。

陈毅:《现代国家构建过程中的国家自主性研究——以中国的现代国家建设为例》,中央编译出版社 2016 年版。

陈映芳:《国家与家庭、个人——城市中国的家庭制度(1940—1979)》,《交大法学》2010 年第 1 卷。

程子华:《程子华回忆录》,中央文献出版社 2015 年版。

崔月琴:《后单位时代社会管理组织基础的重构——以"中间社会"的构建为视角》,《学习与探索》2010 年第 4 期。

[美]德里克主讲、清华大学国学研究院主编:《后革命时代的中国》,上海人民出版社 2015 年版。

董良:《从韦伯到帕金:社会封闭理论的发展和思考》,《学术论坛》2015 年第 3 期。

[美]杜赞奇:《文化、权力与国家:1900—1942 年的华北农村》,王福明译,江苏人民出版社 1996 年版。

[法]埃米尔·涂尔干:《社会分工论》,渠敬东译,生活·读书·新知三联书店 2017 年版。

费孝通:《乡土中国》,江苏文艺出版社 2007 年版。

费孝通:《甘肃行杂写(之三):一厂两制》,《瞭望》1990 年第 10 期。

冯莉:《西方学者视域下的中国社会个体化进程》,载海市哲学社会科学规划办公室、上海社会科学院信息研究所编《国外社会科学前沿(2013)第 17 辑》,上海人民出版社 2014 年版。

冯同庆:《中国工人的命运:改革以来工人的社会行动》,社会科学文献出版社 2002 年版。

冯同庆:《中国工人的命运:工会民主选举与工人公民权利衍生》,中国社会科学出版社 2009 年版。

高伯文:《中国共产党与中国特色工业化道路》,中央编译出版社

2008 年版。

工人日报编辑部编：《大庆家属革命化的标兵——薛桂芳》，工人出版社 1966 年版。

［英］安东尼·吉登斯：《资本主义与现代社会理论——对马克思、涂尔干和韦伯著作的分析》，郭忠华、潘华凌译，上海译文出版社 2013 年版。

［英］安东尼·吉登斯、［英］菲利普·萨顿：《社会学基本概念》（第二版），王修晓译，北京大学出版社 2019 年版。

［美］戴维·格伦斯基编：《社会分层（第 2 版）》，王俊等译，华夏出版社 2005 年版。

［美］Doug Guthrie：《理解市场转型之中的中国：倪志伟和魏昂德的研究》，载何中华、林聚任主编《当代社会发展研究（第 1 辑）》，山东人民出版社 2006 年版。

何重达、吕斌：《中国单位制度社会功能的变迁》，《城市问题》2007 年第 11 期。

何海兵：《我国城市基层社会管理体制的变迁：从单位制、街居制到社区制》，《管理世界》2003 年第 6 期。

何俊志、任军锋、朱德米编译：《新制度主义政治学译文精选》，天津人民出版社 2007 年版。

侯才：《马克思的"个体"和"共同体"概念》，《哲学研究》2012 年第 1 期。

胡伟、李汉林：《单位作为一种制度——关于单位研究的一种视角》，《江苏社会科学》2003 年第 6 期。

黄春芳：《新中国成立以后全能主义政治的两种模式分析》，《东南大学学报》（哲学社会科学版）2011 年第 S1 期。

季崇威：《中国合作事业概观》，《经济周报》1946 年第 3 卷第 2 期。

贾文娟：《选择性放任：车间政治与国有企业劳动治理逻辑的形成》，中国社会科学出版社 2016 年版。

贾元丽：《计划经济时代："单位制"形塑社会特征的研究》，《重庆科技学院学报》（社会科学版）2011 年第 18 期。

姜义华：《中国传统家国共同体及其现代嬗变》（上），《河北学刊》2011 年第 2 期。

姜义华：《中国传统家国共同体及其现代嬗变》（下），《河北学刊》2011 年第 3 期。

揭艾花：《单位制与城市女性发展》，《浙江社会科学》2001 年第 1 期。

［匈牙利］亚诺什·科尔内：《短缺经济学》，高鸿业校，经济科学出版社 1986 年版。

［匈牙利］亚诺什·科尔奈：《增长、短缺与效率》，潘丽英译，商务印书馆 2013 年版。

［德］于尔根·科卡：《社会史：理论与实践》，景德祥译，上海人民出版社 2006 年版。

李春玲、吕鹏：《社会分层理论》，中国社会科学出版社 2008 年版。

李汉林：《中国单位社会：议论、思考与研究》，上海人民出版社 2004 年版。

李汉林、渠敬东：《中国单位组织变迁过程中的失范效应》，上海人民出版社 2005 年版。

李怀印、张向东、刘家峰：《制度、环境与劳动积极性：重新认识集体制时期的中国农民》，《开放时代》2016 年第 6 期。

李锦峰：《国企改制过程中的国家与工人阶级：结构变迁及其文献述评》，《社会》2013 年第 3 期。

［美］李侃如：《治理中国：从革命到改革》，胡国成、赵梅译，中国社会科学出版社 2010 年版。

李路路：《"社会现代化"理论论纲》，《社会学研究》1987 年第 3 期。

李路路、苗大雷、王修晓：《市场转型与"单位"变迁——再论"单位"研究》，《社会》2009 年第 4 期。

李路路、王修晓、苗大雷：《"新传统主义"及其后——"单位制"

的视角与分析》，《吉林大学社会科学学报》2009 年第 6 期。

李路路：《"单位制"的变迁与研究》，《吉林大学社会科学学报》2013 年第 1 期。

李路路、朱斌、王煜：《市场转型、劳动力市场分割与工作组织流动》，《中国社会科学》2016 年第 9 期。

李路路、李汉林：《中国的单位组织：资源、权力与交换》（修订版），生活·读书·新知三联书店 2019 年版。

李猛、周飞舟、李康：《单位：制度化组织的内部机制》，载中国社会科学院社会学研究所编《中国社会学》（第二卷），上海人民出版社 2003 年版。

李培林、李强、马戎主编：《社会学与中国社会》，社会科学文献出版社 2008 年版。

李培林、姜晓星、张其仔：《转型中的中国企业——国有企业组织创新论》，山东人民出版社 1992 年版。

李培林：《中国社会结构转型——经济体制改革的社会学分析》，黑龙江人民出版社 1995 年版。

李珮瑶：《从"工合"到新中国的工业企业——"单位"的"工合"起源》，《福建论坛》（人文社会科学版）2018 年第 3 期。

李强、邓建伟、晓筝：《社会变迁与个人发展：生命历程研究的范式与方法》，《社会学研究》1999 年第 6 期。

李强：《社会分层十讲》，社会科学文献出版社 2008 年版。

李强主编：《中国社会变迁 30 年（1978—2008）》，社会科学文献出版社 2008 年版。

李劭南、杨薇薇：《当代北京社会保障史话》，当代中国出版社 2011 年版。

李晚莲：《毛泽东时代的国企职代会与国家基层治理逻辑》，《开放时代》2012 年第 10 期。

李晚莲：《国企职代会实践变迁中的矛盾与国家基层治理》，《求索》2015 年第 9 期。

李威利:《空间单位化:城市基层治理中的政党动员和空间治理》,《马克思主义与现实》2018年第6期。

李威利:《新单位制:当代中国基层治理结构中的节点政治》,《学术月刊》2019年第8期。

李亚伯:《中国劳动力市场发育论纲》,湖南人民出版社2007年版。

林兵、腾飞:《传统单位制中的家族识别方式——基于制度与文化的解释》,《吉林大学社会科学学报》2014年第3期。

林盼:《红与专的张力:1949—1965年工人内部提拔技术干部的实践与问题》,《学海》2015年第3期。

林盼:《"单位制"的多样化研究——评Toleration: Group Governance in a Chinese Third Line Enterprise》,《公共管理评论》2018年第3期。

林盼:《"父爱主义"的延展及其机制——以20世纪六七十年代上海国营企业精简职工为例》,《开放时代》2019年第4期。

刘建军:《单位中国:社会调控体系重构中的个人、组织与国家》,天津人民出版社2000年版。

刘平、王汉生、张笑会:《变动的单位制与体制内的分化——以限制介入性大型国有企业为例》,《社会学研究》2008年第3期。

刘平青:《国有企业"准家族化"的生发逻辑》,《河北学刊》2004年第1期。

刘少杰主编:《国外社会学理论》,高等教育出版社2006年版。

刘少杰:《制度变迁中的意识形态分化与整合》,《江海学刊》2007年第1期。

刘小萌:《中国知青史——大潮(1966—1980年)》,当代中国出版社2009年版。

路风:《单位:一种特殊的社会组织形式》,《中国社会科学》1989年第1期。

路风:《中国单位体制的起源和形成》,载中国社会科学院社会学研究所编《中国社会学》(第二卷),上海人民出版社2003年版。

路风：《光变：一个企业及其工业史》，当代中国出版社2016年版。

卢广绵等编：《回忆中国工合运动》，中国文史出版社1997年版。

卢广绵：《抗日战争时期的中国工业合作运动》，载中国人民政治协商会议全国委员会文史和学习委员会编《文史资料选辑》（第24卷）（总第69—71辑），中国文史出版社2011年版。

陆学艺主编：《当代中国社会结构研究报告Ⅲ：当代中国社会结构》，社会科学文献出版社2018年版。

陆学艺：《社会建设就是建设社会主义现代化》，《社会学研究》2011年第4期。

吕德文：《"混合型"科层组织的运作机制——临时工现象的制度解释》，《开放时代》2019年第6期。

［美］吕晓波：《小公经济：单位的革命起源》，载田毅鹏等《重回单位研究——中外单位研究回视与展望》，社会科学文献出版社2015年版。

［美］R.麦克法夸尔、［美］费正清编：《剑桥中华人民共和国史：革命的中国的兴起（1949—1965）》，谢亮生等译，中国社会科学出版社1990年版。

［英］迈克尔·曼：《社会权力的来源（第三卷）——全球诸帝国与革命（1890—1945）》，郭台辉、茅根红、余宜斌译，上海人民出版社2015年版。

毛泽东：《论合作社——1943年10月在边区高干会讲话》，载中国人民解放军政治学院党史教研室编《中共党史参考资料》（第九册），1979年（内部参考）。

毛泽东：《发动妇女参加社会主义建设的重要意义》，载中华全国妇女联合会编《毛泽东、周恩来、刘少奇、朱德论妇女解放》，人民出版社1988年版。

孟用潜：《目前形势和我们对工合的应有看法与做法》，《工业合作半月通讯》1944年第5期。

苗红娜：《制度变迁与工人行动选择：中国转型期国家—企业—工人

关系研究》，江苏人民出版社 2015 年版。

毛丹：《一个村落共同体的变迁——关于尖山下村的单位化的观察与阐释》，学林出版社 2000 年版。

［美］倪志伟：《市场转型理论：国家社会主义由再分配到市场》，载边燕杰主编《市场转型与社会分层——美国社会学者分析中国》，生活·读书·新知三联书店 2002 年版。

牛先锋：《从"虚幻的共同体"到"自由人联合体"——马克思国家理论及其对国家治理现代化的启示》，《天津社会科学》2016 年第 4 期。

［美］巴里·诺顿：《中国经济：转型与增长》，安佳译，上海人民出版社 2016 年版。

［美］T. 帕森斯：《现代社会的结构与过程》，梁向阳译，光明日报出版社 1988 年版。

［美］裴宜理：《上海罢工：中国工人政治研究》，刘平译，江苏人民出版社 2012 年版。

［美］斐鲁恂：《中国人的政治文化》（第二版），胡祖庆译，台湾风云论坛出版社 1992 年版。

秦龙：《马克思"共同体"思想研究》，辽海出版社 2007 年版。

邱泽奇：《边区企业的发展历程——国有大企业和企业型城市的集体企业》，天津人民出版社 1996 年版。

渠敬东、周飞舟、应星：《从总体支配到技术治理——基于中国 30 年改革经验的社会学分析》，《中国社会科学》2009 年第 6 期。

渠敬东：《探寻中国人的社会生命——以〈金翼〉的社会学研究为例》，《中国社会科学》2019 年第 4 期。

任学丽：《从基本重合到有限分离：单位制度变迁视阈下的国家与社会关系》，《社会主义研究》2010 年第 3 期。

任学丽：《单位制度的初始意图与意外后果》，《理论探索》2010 年第 5 期。

任学丽：《政府职能转变视域下的单位制度变迁：以国有企业为主要

模型的分析》，四川大学出版社 2014 年版。

［美］吉尔伯特·罗兹曼主编：《中国的现代化》，国家社会科学基金"比较现代化"课题组译，江苏人民出版社 2010 年版。

［德］多明尼克·萨赫森迈尔、［德］任斯·理德尔、［以］S. N. 艾森斯塔德编著：《多元现代性的反思：欧洲、中国及其他的阐释》，郭少棠、王为理译，商务印书馆 2017 年版。

邵发军：《马克思的共同体思想研究》，知识产权出版社 2014 年版。

时鸿道、彭启炎、张筱云：《大庆家属革命化的标兵——薛桂芳》，载工人日报编辑部编《大庆家属革命化的标兵——薛桂芳》，工人出版社 1966 年版。

史骥：《公益岗制度实践与从业群体研究——以 C 市 P 社区公益岗群体为例》，硕士学位论文，吉林大学，2013 年。

舒敏华：《家国同构观念的形成、实质及其影响》，《北华大学学报》（社会科学版）2003 年第 2 期。

述周：《抗战中经济的新流——工业合作社》，《群众》1939 年第 11 期。

［美］埃德加·斯诺：《我在旧中国十三年》，生活·读书·新知三联书店 1973 年版（内部发行）。

宋建钢主编：《修史资政育人研究》（2015 年卷），宁夏人民出版社 2017 年版。

苏树厚、段玉恩、张福明编：《新中国劳动制度发展与创新研究》，山东人民出版社 2006 年版。

孙立平：《转型与断裂——改革以来中国社会结构的变迁》，清华大学出版社 2004 年版。

孙立平、郭于华主编：《制度实践与目标群体：下岗失业社会保障制度实际运作的研究》，社会科学文献出版社 2010 年版。

孙正聿：《马克思主义哲学智慧》，现代出版社 2016 年版。

谭文勇：《单位社会——回顾、思考与启示》，硕士学位论文，重庆大学，2006 年。

汤道化:《国企改革进程中工人与企业关系变迁研究》,博士学位论文,吉林大学,2017年。

唐玉良、张继兰、曹延平编:《中国近代工人阶级和工人运动(第十一册)——抗日战争时期抗日民主根据地的工人阶级和工人运动》,中共中央党校出版社2002年版。

唐云岐主编:《中国劳动管理概览》,中国城市出版社1990年版。

陶宇:《单位制变迁背景下的集体记忆与身份建构——基于H厂的口述历史研究》,博士学位论文,吉林大学,2011年。

田舒:《从全能主义到后全能主义:政治动员模式的变迁》,《理论界》2013年第4期。

田毅鹏、漆思:《"单位社会"的终结——东北老工业基地"典型单位制"背景下的社区建设》,社会科学文献出版社2005年版。

田毅鹏:《"典型单位制"的起源和形成》,《吉林大学社会科学学报》2007年第4期。

田毅鹏、吕方:《单位社会的终结及其社会风险》,《吉林大学社会科学学报》2009年第6期。

田毅鹏、刘杰:《"单位社会"起源之社会思想寻踪》,《社会科学战线》2010年第6期。

田毅鹏、汤道化:《转型期单位内部个人与组织关系的变迁及其影响》,《吉林大学社会科学学报》2012年第6期。

田毅鹏、李珮瑶:《计划时期国企"父爱主义"的再认识——以单位子女就业政策为中心》,《江海学刊》2014年第3期。

田毅鹏、陈卓:《单位人"住房策略"及其对单位共同体的影响——以Y厂为例》,《学习与探索》2014年第6期。

田毅鹏:《作为"共同体"的单位》,《社会学评论》2014年第6期。

田毅鹏、吕方:《"单位共同体"的变迁与城市社区重建》,中央编译出版社2014年版。

田毅鹏、胡水:《单位共同体变迁与基层社会治理体系的重建》,《社会建设》2015年第2期。

田毅鹏、许唱：《"单位人"研究的反思与进路》，《天津社会科学》2015年第5期。

田毅鹏、汤道化：《单位制度变迁背景下国企绩效问题的再认识》，《学习与探索》2015年第6期。

田毅鹏等：《重回单位研究——中外单位研究回视与展望》，社会科学文献出版社2015年版。

田毅鹏、苗延义：《单位制形成过程中的"苏联元素"——以建国初期国企"一长制"为中心》，《吉林大学社会科学学报》2016年第3期。

田毅鹏：《单位制与"工业主义"》，《学海》2016年第4期。

田毅鹏、刘博：《单位社会背景下公共性结构的形成及转换》，《山东社会科学》2016年第6期。

田毅鹏、李珮瑶：《国企家族化与单位组织的二元化变迁》，《社会科学》2016年第8期。

［美］伯纳德·托马斯：《冒险的岁月：埃德加·斯诺在中国》，吴乃华等译，世界知识出版社1999年版。

［德］斐迪南·滕尼斯：《共同体与社会：纯粹社会学的基本概念》，林荣远译，商务印书馆1999年版。

［美］华尔德：《共产党社会的新传统主义——中国工业中的工作环境和权力结构》，龚小夏译，牛津大学出版社1996年版。

汪火根：《社会共同体的演进及其重构》，《重庆社会科学》2011年第10期。

王建民：《转型社会中的个体化与社会团结——中国语境下的个体化议题》，《思想战线》2013年第3期。

王庆明：《身份产权变革——关于东北某国企产权变革过程的一种解释》，博士学位论文，吉林大学，2011年。

王晓升等：《西方马克思主义意识形态理论》，社会科学文献出版社2009年版。

王虎学、万资姿：《"共同体"、"资产阶级社会"、"自由人联合体"——从人与社会的关系嬗变看马克思的社会"三形态"》，《湖北社会科学》2009年第1期。

王韵、刘新宜：《如何认识国有企业中的"准家族化"管理现象》，《理论前沿》2001年第14期。

［德］马克斯·韦伯：《开放的和封闭的关系》，刘能译，载戴维·格伦斯基编《社会分层》，王俊等译，华夏出版社2005年版。

［德］马克斯·韦伯：《经济与社会》（第一卷），阎克文译，上海人民出版社2010年版。

［美］卡尔·A.魏特夫：《东方专制主义：对于极权力量的比较研究》，徐式谷等译，中国社会科学出版社1989年版。

吴海琳：《组织变迁中的意识形态整合研究》，吉林人民出版社2011年版。

吴理财等：《公共性的消解与重建》，知识产权出版社2014年版。

吴清军：《国企改制与传统产业工人转型》，社会科学文献出版社2010年版。

吴晓刚：《从人身依附到利益依赖：一项关于中国单位组织的研究》，硕士学位论文，北京大学，1994年。

萧功秦：《后全能体制与21世纪中国的政治发展》，《战略与管理》2000年第6期。

萧功秦：《中国的大转型：从发展政治学看中国变革》，新星出版社2008年版。

笑思：《家哲学——西方人的盲点》，商务印书馆2010年版。

肖瑛：《从"国家与社会"到"制度与生活"：中国社会变迁研究的视角转换》，《中国社会科学》2014年第9期。

谢富胜：《控制和效率——资本主义劳动过程理论与当代实践》，中国环境科学出版社2012年版。

谢立中主编：《西方社会学名著提要》，江西人民出版社1998年版。

谢雯：《历史社会学视角下的东北工业单位制社会的变迁》，《开放时代》2019年第6期。

许涤新：《抗战第一阶段中中国经济的动态》，《理论与现实》1939年第1期。

许纪霖：《家国天下——现代中国的个人、国家与世界认同》，上海人民出版社2017年版。

徐永祥：《社区发展论》，华东理工大学出版社2000年版。

徐有威、陈东林主编：《小三线建设研究论丛》（第一辑），上海大学出版社2015年版。

薛文龙：《单位共同体的制度起源与建构——以1946—1960年间的哈尔滨市为中心》，博士学位论文，吉林大学，2016年。

阎云翔：《中国社会的个体化》，陆洋等译，上海译文出版社2012年版。

杨国枢、黄光国、杨中芳主编：《华人本土心理学》（上），重庆大学出版社2008年版。

杨建华：《发展社会学通论》，社会科学文献出版社2016年版。

杨建军编著：《科学研究方法概论》，国防工业出版社2006年版。

杨晓东、马俊峰：《共同体演进的逻辑与自由人联合体的产生》，《理论界》2012年第6期。

杨晓民、周翼虎：《中国单位制度》，中国经济出版社1999年版。

叶麒麟：《中国单位制度变迁——一种历史制度分析的视角》，《华东理工大学学报》（社会科学版）2008年第4期。

游正林：《西厂劳工——国有企业干群关系研究（1979—2006）》，中国社会科学出版社2007年版。

于显洋：《单位意识的社会学分析》，《社会学研究》1991年第5期。

翟学伟：《人情、面子与权力的再生产》（第二版），北京大学出版社2013年版。

张汉：《中国大陆的城市转型与单位制社区变迁——单位制研究的空间维度》，《香港社会科学学报》2010年第39期。

张静、霍桂桓主编：《社会学》，华夏出版社1992年版。

张静：《利益组织化单位：企业职代会案例研究》，中国社会科学出版社 2001 年版。

张静:《阶级政治与单位政治——城市社会的利益组织化结构和社会参与》,《开放时代》2003 年第 2 期。

张静:《个人与组织:中国社会结构的隐形变化》,《探索与争鸣》2019 年第 6 期。

张静如、傅颐、李林:《开始全面建设社会主义:1956—1966》,北京人民出版社 2011 年版。

张翼:《国有企业的家族化》,社会科学文献出版社 2002 年版。

张颖慧:《马克思的社会共同体思想研究》,硕士学位论文,哈尔滨师范大学,2015 年。

赵延东、洪岩璧:《社会资本与教育获得——网络资源与社会闭合的视角》,《社会学研究》2012 年第 5 期。

郑杭生主编:《跨世纪中国社会学——回顾与瞻望》,中国人民大学出版社 2001 年版。

郑杭生主编:《社会学概论新修》(第三版),中国人民大学出版社 2003 年版。

郑杭生主编:《新世纪中国社会学"十五"回顾与"十一五"瞻望》,中国人民大学出版社 2006 年版。

郑淑美:《从"封闭系统"到"开放系统":中国大陆城市基层治理体制的建构、演变与转型》,《远景基金会季刊》2008 年第 9 卷第 1 期。

周建国:《单位制与共同体:一种可重拾的美德》,《浙江学刊》2009 年第 4 期。

周尚文等:《苏共执政模式研究》,上海人民出版社 2010 年版。

周绍朋:《周绍朋经济文选》,经济管理出版社 2015 年版。

朱宁:《刚性泡沫:中国经济为何进退两难》,中信出版社 2016 年版。

朱妍:《组织中的支配与服从:中国式劳动关系的制度逻辑》,社会科学文献出版社 2018 年版。

［美］邹谠:《二十世纪中国政治:从宏观历史与微观行动的角度看》,牛津大学出版社1994年版。

《工合教育动态——赣县水东各工合社教育讨论会的一点报告》,《工合战士》1939年第3—4期。

《巩固和提高手工业合作社,积极发展手工业生产》,《人民日报》1963年10月27日,载《人民日报社论全集》编写组编《人民日报社论全集:全面建设社会主义时期(1956年9月—1966年5月)》,人民日报出版社2013年版。

Jack Chen:《中国工业合作运动写真 Progress of China's Industrial Co-operatives: A Series of Twenty Drawings》, New York: Indusco Inc., American Committee in Aid of Chinese Industrial Cooperatives.

二 档案文件集

C市政协文史和学习委员会编:《C市二百年(1800—2000)》,C市政协文史和学习委员会2000年(内部发行)。

陈真、姚洛编:《中国近代工业史资料(第一辑):民族资本创办和经营的工业》,生活·读书·新知三联书店1957年版。

《当代中国财政》编辑部编:《中国社会主义财政史参考资料(1949—1985)》,中国财政经济出版社1990年版。

《当代中国》丛书编辑部编:《当代中国的劳动力管理》,中国社会科学出版社1990年版。

郭道晖总主编:《当代中国立法》(上),中国民主法制出版社1998年版。

国家计划委员会经济条法办公室编:《中华人民共和国计划法规汇编(1986—1987年)》,中国财政经济出版社1989年版。

国家经济委员会经济法规局、北京政法学院经济法、民法教研室编:《中华人民共和国工业企业法规选编》,法律出版社1981年版(内部发行)。

国务院法制办公室编:《中华人民共和国法规汇编(1956—1957)》

（第 3 卷），中国法制出版社 2005 年版。

国务院住房制度改革领导小组办公室编：《住房制度改革政策法规汇编》，改革出版社 1991 年版（内部发行）。

国营工业企业法调查组编：《厂长负责制参考资料》，中国经济出版社 1985 年版。

湖北省劳动局编：《劳动工资文件选编》，湖北省劳动局 1981 年（内部印刷）。

劳动部保险福利司编：《我国职工保险福利史料》，中国食品出版社 1989 年版。

劳动部劳动科学研究所、全国总工会劳动工资社会保障部编：《中国劳动、工资、保险福利政策法规汇编》，海洋出版社 1990 年版。

劳动人事部政策研究室编：《劳动人事法规规章文件汇编（1949—1983）》，劳动人事出版社 1987 年版（内部发行）。

李景田主编：《中国共产党历史大辞典（1921—2011）：社会主义革命和建设时期》，中共中央党校出版社 2011 年版。

李玉斌主编：《第八次中国职工状况调查》（报告卷），中国工人出版社 2017 年版。

刘文华主编：《最新劳动人事政策法律法规汇编》（1），中国人事出版社 2001 年版。

辽宁省劳动局编：《劳动力管理文件选编》，辽宁省劳动局 1980 年（内部资料）。

彭泽益编：《中国科学院经济研究所中国近代经济史参考资料丛刊（第四种）：中国近代手工业史资料（1840—1949）》（第四卷），生活·读书·新知三联书店 1957 年版。

《企事业单位改制相关法律法规文件汇编》编写组编：《企事业单位改制相关法律法规文件汇编》，中国工人出版社 2016 年版。

全国人大财政经济委员会办公室、国家发展和改革委员会发展规划司编：《建国以来国民经济和社会发展五年计划重要文件汇编》，中国民主法制出版社 2008 年版。

陕西省地方志编纂委员会编:《陕西省志（第29卷）：商业志》，陕西人民出版社1999年版。

《市场经济百科全书》编辑委员会编:《市场经济百科全书》（上卷），四川人民出版社1993年版。

时事问题研究会编:《抗战中的中国经济》，中国现代史资料编辑委员会1957年（翻印）。

汪茂勤主编:《劳动法指南》，东南大学出版社1992年版。

尹青山、时元弟等主编:《中国改革开放政策大典》，中国建材工业出版社1993年版。

张培田主编:《新中国法制研究史料通鉴》（第6卷），中国政法大学出版社2003年版。

张培田主编:《新中国法制研究史料通鉴》（第7卷），中国政法大学出版社2003年版。

中共山东省委党史研究室、山东省中共党史学会编:《山东党史资料文库》（第23卷），山东人民出版社2015年版。

中共中央党校理论研究室编:《历史的丰碑：中华人民共和国国史全鉴5》（经济卷），中共中央文献出版社2005年版。

中共中央文献研究室编:《建国以来重要文献选编》（第十五册），中央文献出版社1997年版。

中共中央文献研究室编:《建国以来重要文献选编》（第十册），中央文献出版社2011年版。

中共中央文献研究室编:《十二大以来重要文献选编》（中），中央文献出版社2011年版。

中共中央文献研究室、中央档案馆编:《建党以来重要文献选编（1921—1949）》（第二十六册），中央文献出版社2011年版。

中共中央书记处研究室理论组、中华全国总工会办公厅编:《当前我国工人阶级状况调查资料汇编》（1）（2）（3），中共中央党校出版社1983年版（内部发行）。

中国经济体制改革年鉴编辑部编:《中国经济体制改革年鉴（2000—

2001）》，中国经济体制改革年鉴编辑部 2001 年版。

中国人民解放军政治学院党史教研室编：《中共党史参考资料》（第 9 册），1979 年（内部参考）。

中国人民政治协商会议全国委员会文史资料研究委员会编：《文史资料选辑》（第 71 辑），中华书局 1980 年版。

中国人民政治协商会议全国委员会文史和学习委员会编：《文史资料选辑》（第 24 卷）（总第 69—71 辑），中国文史出版社 2011 年版。

中华全国总工会研究室编：《第六次中国职工状况调查》，中国工人出版社 2010 年版。

中华全国总工会研究室编：《第七次中国职工状况调查》（上卷、下卷），中国工人出版社 2014 年版。

中华人民共和国国家经济贸易委员会编：《中国工业五十年——新中国工业通鉴（第 4 部）1961—1965》，中国经济出版社 2000 年版。

中华人民共和国国家经济贸易委员会编：《中国工业五十年——新中国工业通鉴（第 5 部）1966—1976.10》，中国经济出版社 2000 年版。

中华人民共和国国家经济贸易委员会编：《中国工业五十年——新中国工业通鉴（第 6 部）1976.11—1984》，中国经济出版社 2000 年版。

中华人民共和国国家经济贸易委员会编：《中国工业五十年——新中国工业通鉴（第 7 部）1949—1999》，中国经济出版社 2000 年版。

《中华人民共和国国史全鉴》编委会编：《中华人民共和国国史全鉴第 3 卷（1960—1966）》，团结出版社 1996 年版。

冶金工业部劳动工资司编：《工资福利文件选编（第 2 册）劳保福利部分》，冶金工业出版社 1980 年版（内部文件）。

Y 厂史志编纂室编：《Y 厂年鉴（1987）》，Y 厂 1987 年（内部出版）。

Y 厂集团公司史志编纂室编：《Y 厂集团公司年鉴（1993）》，吉林科学技术出版社 1993 年版。

Y厂集团公司史志编纂室编：《Y厂集团公司年鉴（1995）》，吉林科学技术出版社1995年版。

Y厂集团公司史志编纂室编：《Y厂集团公司年鉴（1998）》，Y厂1998年（内部出版）。

Y厂集团公司史志编纂室、子弟教育处编：《Y厂史资料：子弟教育简史（1954—1999》，Y厂2000年（内部资料）。

Y厂集团公司史志编纂室编：《Y厂集团公司年鉴（2000）》，Y厂2000年（内部出版）。

Y厂集团公司史志编纂室编：《Y厂集团公司年鉴（2002）》，Y厂2002年（内部出版）。

Y厂史志编纂室编：《Y厂厂志第一卷（1950—1986）》（上），吉林科学技术出版社1991年版。

Y厂史志编纂室编：《Y厂厂志第一卷（1950—1986）》（下），吉林科学技术出版社1992年版。

Y厂史志编纂室编：《Y厂创业五十年（1953—2003）》，Y厂集团公司2003年（内部发行）。

Y厂集团公司编：《Y厂50年大事记（1993—2003）》，Y厂2003年（内部出版）。

Y厂集团公司档案馆编：《Y厂年鉴（2009）》，吉林科学技术出版社2009年版。

《中国Y厂志》编辑部：《中国Y厂志（1987—2011）》（上、中、下卷），Y厂集团公司2013年版。

《T厂年鉴》编辑委员会编：《T厂集团公司年鉴（1997）》，T厂1997年（内部发行）。

《T厂志》编纂委员会编：《T厂志（1958—1985）》，T厂1989年（内部发行）。

《T厂志》编委会编：《T厂志（1986—1995）》，T厂2000年（内部发行）。

《T厂年鉴》编辑委员会编：《T厂年鉴（2003）》，T厂2003年（内部发行）。

《T厂年鉴》编辑委员会编：《T厂年鉴（2004）》，T厂 2004 年（内部发行）。

《T厂年鉴》编辑委员会编：《T厂年鉴（2005）》，T厂 2005 年（内部发行）。

《T厂年鉴》编辑委员会编：《T厂年鉴（2006）》，T厂 2006 年（内部发行）。

三 英文文献

Rewi Alley, "China's Industrial Future", *Free World*, 1944.

Joel Andreas, "The Structure of Charismatic Mobilization: A Case Study of Rebellion during the Chinese Cultural Revolution", *American Sociological Review*, Vol. 72, No. 3, 2007.

Joel Andreas, *Rise of the Red Engineers: the Cultural Revolution and the Origins of China's New Class*, Stanford, California: Stanford University Press, 2009.

Joel Andreas, "Industrial Restructuring and Class Transformation in China" in Beatriz Carrillo and David Goodman, eds., *China's Peasants and Workers: Changing Class Identities*, Cheltenham, UK: Edward Elgar Publishing, 2012.

Joel Andreas, *Disenfranchised: The Rise and Fall of Industrial Citizenship in China*, New York: Oxford University Press, 2019.

HannahArent, *The Origins of Totalitarianism*, New York: Harcourt, Brace, Jovanovish Inc., 1973.

David Bray, *Social Space and Government in Urban China: The Danwei System from Origins to Reform*, Stanford, California: Stanford University Press, 2005.

Craig Calhoun, *Nationalism*, Minneapolis: University of Minnesota Press, 2004.

Nara Dillon, *Radical Inequalities: China's Revolutionary Welfare State in Comparative Perspective*, Cambridge, MA: Harvard University Press, 2015.

Carl Friedrich and Zbigniew Brezezinski, *Totalitarianism Dictatorship and Autocracy*, New York · Washington: Praeger Publishers, 1967.

Ernest Gellener, *Nations and Nationalism*, Ithaca, New York: Cornell University Press, 1983.

Gerth and Mills, *From Max Weber: Essays in Sociology*, Cambridge, MA: Oxford University Press, 1946.

Anthony Giddens, *The Constitution of Society: Outline of the Theory of Structuration*, London: Polity Press, 1984.

Antonio Gramsci, *Selections from the Prison Notebooks*, New York: International Publishers Co., 1971.

Ho-fung Huang, *The China Boom: Why China Will Not Rule the World*, New York: Columbia University Press, 2016.

Matthew Lange, *Comparative-Historical Methods*, London: SAGE Publications Ltd, 2012.

Yao Li, "Fragmented Authoritarianism and Pretest Channels: A Case Study of Resistance to Privatizing a Hospital", *Journal of Current Chinese Affairs*, Vol. 42, No. 2, 2013.

Jieyu Liu, *Gender and Work in Urban China: Women Workers of the Unlucky Generation*, New York: Routledge, 2007.

Xiaobo Lv and Elizabeth J. Perry, eds., *The Danwei: Changing Chinese Workplace in Historical and Comparative Perspective*, New York: M. E. Sharpe, Inc., 1997.

C. B. Macpherson, *The Real World of Democracy*, New York: Oxford University Press, 1966.

Barrington Moore JR, *Social Origins of Dictatorship and Democracy: Lord and Peasant in the Making of the Modern World*, Boston: Beacon Press,

1968.

Kevin J. O'Brien ed. , *Popular Protest in China*, Cambridge, MA: Harvard University Press, 2008.

Frank Parkin, *Marxism and Class Theory: A Bourgeois Critique*, New York: Columbia University Press, 1979.

Barry M. Richman, *Industrial Society in Communist China*, New York: Random House, 1969.

Edward Royce, *Classic Social Theory and Modern Society: Marx, Durkheim, Weber*, Lanham, MD: Rowman & Littlefield, 2015.

Theda Skocpol, *Social Revolutions in the Modern World*, New York: University of Cambridge, 1994.

Robert C. Tucker ed. , *The Marx-Engels Reader*, New York: W. W. Norton & Company, Inc. , 1972.

Andrew G. Walder, *Communist NEO-Traditionalism: Work and Authority in Chinese Industry*, Berkeley: University of California Press, 1988.

Andrew G. Walder, "Local Government as Industrial Firms: An Organized Analysis of China's Transitional Economy", *The American Journal of Sociology*, Vol. 101, No. 2, 1995.

Andrew G. Walder, *China under Mao: A Revolution Derailed*, Cambridge, MA: Harvard University Press, 2015.

Nym Wales, *The Chinese Labor Movement*, New York: The John Day Company, 1945.

Michael Webber, "Primitive Accumulation in Modern China", *Dialect Anthropology*, Vol. 32, No. 4, 2008.

Martin King Whyte, *Urban Life in Contemporary China*, Chicago, IL: University of Chicago Press, 1984.

Yi-chong Xu, "China's Giant State-Owned Enterprises as Policy Advocates: The Case of the State Grid Corporation of China", *The China Journal*, No. 79, 2017.

Yunxiang Yan, "The Individualization of Chinese Society", *The China Journal*, *No.* 68, 2012.

A Nation Rebuild: The Story of the Chinese Industrial Cooperatives, New York: Indusco Inc., American Committee in Aid of Chinese Industrial Cooperatives.

索　引

B

霸权主义　39,40,291

闭合单位体制　117,125,272,338,348

闭合性　41,105,118,120,125—127,131,134,138,168,329,331,333—335,338,339

庇护主义　40,41,291

C

厂办大集体　3—8,10,13,16,21,28—30,48,55,57—60,73,75,110,112,132,149,150,153—156,162,164—176,178—185,187—197,201,202,204—210,212—228,231—253,271—273,276—278,283,284,296,298,300,301,316,317,321,323,324,327,330,331,334,336,338,339,344,352,354,359—362

厂办大集体改制　168,227,232,233,235,241—243,245,246,252,263,286

出劳务　207,209

创业队　137,138,168,361,362

D

单位　1—15,17—62,65,66,68—70,72—76,78,80—85,87,88,102—123,125,126,128—134,138—149,153—175,178—185,187—206,208,210,212—218,220,222—241,243—253,257,258,260—264,266—274,276—292,294—304,306,308,309,311—314,316—319,321—351,353—357

单位办社会　9,26,28,51,52,65,125,261,262,264,314,328,339

单位分房制度　125,139

单位工资制度　304,305

单位共同体　1—11,13—17,19,21,23,27—29,41—43,48,52,57,60—62,65,66,69,73,76,77,79,83,85,

87，111，112，114，118，126，131，138，139，148，149，155，156，162，167—170，172，175，178，182，187—194，201，203—205，213，222，235，239，241，251，252，257，261，262，264，270—274，276—281，289，290，296—298，301—304，309，311，312，314—317，326，331，332，336—340，342—348

单位空间　48，52，126，130，131，328—331，334，335，339，342

单位人　2—4，7—9，12—15，19，29，33，39，42，43，47—50，52，53，57，59，60，65，73，81，84，87，102，104—109，112—114，117，118，120，121，123，125—127，129—131，134，138—140，142，145，147—149，155，156，162，167—174，177，178，184，187—192，194，196，201，203—205，213，238，252，264，272，274，278，297—299，301—304，309，311—315，318，319，321—326，328—336，338，342，347，350

单位身份　74，84，105，118，119，121，125，148，149，162，168，174，189—192，245，251，293，298，301，304，322—325，338，347

单位身份认同　295，297

单位体制　4—6，17—19，22，24，30，33，37，46，60，61，73—75，87，102—105，109，125—127，129，145，148，150，168，189，203，204，219，226，235，236，267，270—273，290，301，316，317，319，321，322，324—328，331，332，335，337—339，344，351，354

单位体制边界　8，59，61，70，85，87，103，126，148，189，251，258，272，297，298，314，316—318，322—325，327—329，331，334，336，339，343

单位制　2—10，12，14，15，17—20，22—37，39，40，42，43，45，46，49，51—57，59—61，65，66，70，71，73—83，85—89，94，101—105，107—110，113，117，118，121，125，139，148，149，156，167，168，171，187，191，228，246，257，263，264，270，275，285，289，290，293，296—298，301，304，314，316，317，321，324，330—332，334，336—338，343，345—347，358

单位资源　21，73—76，105，121，145，188，194，197，204，284，298，317，322，328，334，336，342

单位组织二元化　5，8，30，51，55，213，317

单位组织家族化　236

单位组织内边界　4，6，21，60，205，213，222，227，271—273，296，297，316，331，338

典型单位制　1，14，16—20，27，28，36，51，52，55，125，127，134，138，

164,190,239,241,245,267,268,
292,319,347

动员的集体主义 102,332,342

E

二国营 164

二级厂 166,223—225

F

封闭体系 53

辅业改制 17,225,235,236,240,
241,243,248,250,271

父爱主义 5,8,33,48,83—85,317,
318,332,335,336

附属厂 166,172,175,178—181,
184,195,197,201,214—217,220,
221,223,224,226,239,240,276,
284,286,361

G

干部任命制 268,274,275,278

个体化 44—46,65,68,342,346

根据地经验说 24

工业合作社 89—92,96,99,150—
152

工业化 2,9,15,23,24,43—45,64,
65,68,69,77,78,88,105,112,262,
319,340—345

工业七十条 253,254,282

工业三十条 124,254,283

共同体 2,3,5—7,19,20,29,42,43,
48,56,57,61—69,71—73,76—80,
83,85,150,167,203,204,235,
270—272,274,277,278,281,314,
335,337—339,345,346,348

国企改制 10,28—32,58,75,235,
252,253,258,260,261,267,270—
272,281,288,289,296—299,302—
304,311,313,321,338,339,351

H

合法权威 290,291,295,296

合法性 13,50,56,73,85,87,89,97,
98,103,105,113,123,156,169,
172,175,191,281,285,289,290,
304,311,326,331,332,334—338,
347

后单位时代 6,43,51—53,66,345,
346

化大公为小公 284

混岗 206—210,213,223,226—228,
301

J

极权主义 80—82

集体所有制企业 149,188,205,206,
218,224,233,236,298,299

家国同构 57,76,80,82,83,85—87,
117,150,193,203,204,317,335

家属革命化 3,29,105,109—114,
168,298,342

经济责任制 253,255—258,260,

283，306

局外人 70—72，333，334

绝对剥夺感 32

均等化 74，285，306

K

空间单位化 54，55，347

空间治理 51，54，55，347，348

L

劳动服务公司 166，178，179，182，183，185，186，208—210，222—226，228，234

劳务费 181，184—187，207，208

历史比较研究 11，13

利益组织化单位 37，123

M

买断 227，241，245—249，302，303，313，330，353

N

内婚倾向 118

P

派系结构 41，43

平均主义 25，93，102，103，161，264，304，333

Q

企业公司 183，185，186，208，210—213，223—228，231—235，238—241，277，359，360

潜在单位人 167—171，174，178，192

强制工业化 24，345

去单位化 52，53，347

全能主义 8，36，80—83，104

R

人情权力关系 19，227，234，235

S

三线厂 16，134，138，355—357

伞状结构 41

社会闭合 3，8，20，61，70—74，76，86，126，317，322，333，336

社会封闭 3，69，70，72

生命历程 11—13，59，275

失范效应 32，34，222，300，301

双轨制 30

四自一独 225

苏联模式 6，7，22—24，26，55，77，88，128

W

外来者 274，277，280，285，296

X

现代企业制度 243，246，252，258，261，266，282，285，289，296，308，310，314，327

限制介入性国有企业 289

相对剥夺感　32,217,222,297,298,301,302,311

小公共性　4,42,77,78,282,283,286

小公经济　4,25,281

小共同体本位　57,76,77,79,83,86,87,345

小集体　149,150,152—154,162,192,218

新单位制　28,34,54,55

Y

一厂两制　58

一企两制　32,59

依附意识　83,167—172,174,175,177,178,182,187

意外后果　4,336,337

Z

再分配经济　25,31,34

知青厂　164—169,176—182,184—186,196,207,208,212,214—216,219—221,223,226,229,232,239,244,247,249,284,286

知青场　163—165

职代会　37—39,123,125,141,268,278,308—311,350

职工医院　139,142—145,262,267—269

职住合一　19,42,120,126,127,130,131,303,328,331,334,342

制造同意　40,292

准家族化　50,51

子女顶替接班　3,115,191,197,198,201

总体性社会　318

组织化　17,19,21,23,29,37—39,43,51,82,94,98,104,112,131,187,340,342,343,345,346,348

后　　记

　　回想起最初接触单位制研究还是在 2013 年，跟着导师田毅鹏教授去访谈曾在长春某大型国有企业工作过的唐老先生。唐老先生当时已经 82 岁了，但是他口齿清晰、思维活跃，对于在工厂工作、生活的细节他都记得清清楚楚，每次讲到有趣之处甚至都要手舞足蹈起来。说来惭愧，我的爷爷、奶奶、姥姥、姥爷，退休之前全都在大型工业企业单位组织中工作，但直到对唐老先生的访谈才使我真正地窥探到了单位的一角。单位制的一切对我来说既陌生又新奇，我的"单位"研究也由此开展。硕士在读期间，在导师的指导下，我发表了第一篇期刊论文《计划时期国企"父爱主义"的再认识——以单位子女就业政策为中心》。以此为契机，在与师门团队共同调研、搜集大量实证资料的基础上，我最终选定了"厂办大集体"作为研究对象，并通过硕士学位论文的撰写对国企"二元化"现象进行了阐释。

　　随着理论知识的深化和调研经历的丰富，进入博士学习阶段的我却陷入了是否应继续进行厂办大集体研究的矛盾中。一方面，"厂办大集体"并非社会学研究的主流，甚至在单位话语中都十分边缘。虽然围绕厂办大集体的诸多问题都尚未厘清，但这项"厘清"工作是否有意义？另一方面，作为一个存在于特定历史时期的"过去式"，对厂办大集体乃至对单位制的研究，是否也当被视为"过去式"？2015 年，受国家留学基金委资助，我以公派联合培养博士研究生的身份赴美国约翰·霍普金斯大学师从著名的中国问题研究学者 Joel Andreas（安舟）教授进行了为期 12 个月的学习研究。这段学习经历让我有了跳出固有的单位框架来审视单位制的机会。在与各位老师、同学的交流中，我也逐渐意识到，社会学研究的意义有时并不在于一定要对既有理论有多大的突破，把所要研究的问题讲清楚，即便没有高深的理论升华，对于问题的揭示其本身也是一种意义。

而另一件使我坚定单位制、厂办大集体研究的事，是回国后与导师的一次闲谈。老师说，当年我们访谈的那位唐老先生，患上了阿尔兹海默症，在连续三个小时的访谈里神采飞扬地为我们讲述单位故事的唐老先生，如今连存折放在哪儿都已经记不清楚了。据唐老先生的儿子说，他父亲早年的经历他们都不甚了解，看过我们的访谈才知道他父亲年轻时候的故事。他把整理成文字的访谈打印了出来，唐老先生就放在他的枕头下面，每天都要拿出来看看。那一刻我觉得我所做的研究是一件意义重大的事，原来在我纠结于"制度""变迁"这些宏大词汇的时候，这些受访者们为我提供的经历和体验本身，就是最大的意义。

2018 年我完成了博士学位论文《单位组织边界形塑与单位共同体变迁》，在对东北地区两所超大型国有工业企业单位组织进行实证研究的基础上，通过考察单位人口述史和制度文本、文献记录之间的相互关系，从单位"边界"的建立与瓦解切入，回视单位共同体变迁的历史过程。本书是在博士学位论文基础上完成的，在书稿修订的过程中，主要对"厂办大集体"的相关章节进行了拆分和增补，并对原本的分析框架做了些必要的完善，以实现对逻辑阐释环节的强化。

在学习和写作的过程中，非常感谢指点我、帮助我、支持我的师长和学友们。

感谢我的恩师田毅鹏教授，从 2013 年正式成为"田门"的一员，到如今还能时刻得到老师的指导和帮助，是我一生的幸事。田老师扎根事实的研究方法、历史主义的研究视角和对问题深刻的理解、洞察力都令我受益匪浅。在学术的道路上，有老师带我们出去开会、调研的身影，有老师在飞机、高铁上为我们修改论文的身影，有老师在深夜的办公室钻研学术的身影……这些都是引领我未来成长的无声力量。如今我也走上了教师的岗位，希望能够不辜负老师多年来的悉心培养，希望能够成为像老师一样的"老师"。

感谢我在约翰·霍普金斯大学访学期间的导师安舟教授，他不仅让我参与学院的课程学习、专题讨论和学术会议，而且还坚持每周至少一次对我的研究进行面对面的指导。得益于他的指导，我发现了研究单位制的另一视角，我的博士论文撰写有了更加明确的方向。同时，安舟教授和他的家人都对我的生活给予了关怀和帮助，让我能够深入体验美国的生活，这段经历是我一生的宝贵财富。感谢我在斯坦福大学访学期间的导师 Andrew Walder（华尔德）教授，他作为单位制研究领域的权威，毫不吝惜他的时间和经验为我答疑解惑，并且，得益于他的邀请，我才有机会接触到保存于胡佛档案馆中的档案资料，这也成为我日后论文写作的重要资源。

感谢吉林大学哲学社会学院社会学系的邴正教授、林兵教授、张金荣教授、崔月琴教授、王文彬教授、陈鹏教授、芦恒教授、董运生教授、吴海琳教授和其他各位老师们。自2009年进入社会学系以来，他们的谆谆教导使我得以了解社会学这个庞大的世界。他们在开题、预答辩以及论文写作过程中对我的指导和建议使我能够顺利获得博士学位。他们对我学术、生活的关心和鼓励让我时刻能感受到社会学大家庭的温暖。

感谢南京大学周晓虹教授、中国人民大学刘少杰教授和华东师范大学文军教授。三位老师作为我博士论文答辩委员会的委员，在答辩现场为我提出了许多宝贵的修改建议，也指出了我论文中存在的尚待完善之处。这些意见和建议对于我之后的修改都起到了巨大的帮助，也希望本书的修订能够达到各位老师的预期。

感谢师门的师兄师姐、师弟师妹们。数年的时间里，我们跟着导师的步伐前往国内许多大型工业企业开展调研，搜集了大量单位人口述史和珍贵的一手资料。正是这些资源奠定了我研究和写作的基础。如果没有团队的力量，我的单位制研究几乎可以说是寸步难行。其中，尤其要感谢长春工业大学陶宇教授和中山大学博士后研究员史骥博士。陶宇师姐于我之前很多年就开展了单位制口述史的搜集和研究，在我论文的写作过程中，她将她的访谈资料全部提供给我使用，这些访谈对论文中几处关键环节都起到了补充作用。史骥师兄以他丰富的国企工作经验，丰富了我对现代国有企业制度和职工生活的认识，并向我提供了许多关于国企民主问题的相关资料。这对于我的论文写作及后期修改都起到了重要作用。

在美国学习期间，感谢约翰·霍普金斯大学董一格博士和哈佛大学博士后研究员李瑶博士，两位师姐对于国企改制、劳工问题的看法都给了我很大的启发。感谢与我同在霍普金斯大学访学的清华大学沈纪博士、北京大学王敏博士和张蒙博士，不同的研究方法和不同的研究领域并没有成为我们交流的障碍，不同学科的研究思路也拓展了我的研究视角。感谢我在美国期间的室友霍普金斯大学硕士研究生董昀澍和马雁飞，虽然她们曾一度认为我的"单位"研究是一项从历史变迁角度出发的度量衡研究，但她们用善良和真诚支持并陪伴我度过了在美国的时光。

在将博士论文修订成书的这段时间里，感谢南开大学王星教授、南开大学王庆明教授、中央财经大学王修晓教授和中国社会科学院林盼研究员。几位老师在多次学术会议和学术交流中都对我的研究提出了建议，在研究的诸多方面也都为我提供了帮助和鼓励。

感谢我的学友和朋友们。感谢姚君、吴征阳、张帆、李远这几位与我携手并肩9年的同窗，虽然我们的研究方向不同，但在学术上我们始终彼此勉励、相互扶持。感谢我的朋友杜晓雯、李梦莹、秦丹彤、曲杰，虽然大多数时候她们都不知道我在"研究"什么，但她们的"躬临其幸，与有荣焉"伴我度过了一个又一个寒冷的冬天。

　　感谢我的家人。感谢我的爸爸李大公，他常说读书是最快乐的事儿，上学的时光是最快乐的时光。得益于此，我才能够走上这条学术之路。虽然每次我想让他看我新发表的文章时，他都会摆摆手跟我说"看不懂"，但是他会经常上网偷偷去搜索我的名字，并为我每一次取得的小小成就和朋友"大肆宣扬"。这也成了我持续学习的动力。我的爷爷李澄赋是一位曾经的国企"老干部"，他将他的经历分享给我，填补了我对单位制认识的许多空白。他也是第一位读完我20余万字论文的人，每当他看完一段开心地跟我说"就是这样！当时的国企就是这样！"的时候，我觉得是对我研究最大的肯定。感谢我的姑姑李雁飞，她不仅毫无保留地跟我讲述了她的国企经历，还为我介绍了许多肯"说实话"的受访者。在书稿修订期间，我的妈妈高岩和表妹程萌做了大量的校对工作。妈妈是英语专业出身，她拿着笔一个字一个字地挑书稿有没有错别字，对于枯燥难读的部分一句一句念出来，遇到看不懂的地方就拿铅笔圈出，想通了再拿橡皮偷偷擦掉，付出了辛苦的工作。我的表妹是一名会计硕士，相较于数字而言，她对文字非常不敏感，但是她却用了三天时间，仔细检查了书稿中的711处注释和上百条参考文献。感谢我的奶奶、姥姥、姥爷和其他家人们，他们从不吝惜对我的鼓励和支持，也无时无刻不在为减轻我的学术压力作出努力。

　　感谢郭延东伯伯，他为我提供了近乎完整的企业年鉴，使得书中许多重要章节都具备了有力支撑。感谢所有愿意接受我访谈的受访者们，正是得益于他们的分享，我的研究才有了扎实的实证基础。如果没有他们，也不会有这本书。

　　在本书即将付梓之际，感谢国家社科基金对我的资助。感谢吉林大学马克思主义学院为我的学习、研究提供的良好环境和条件。感谢我的博士后合作导师吉林大学韩喜平教授对我的关心和支持。还要感谢中国社会科学出版社编辑王莎莎老师对书稿的认真校对和编审。

诚如导师田毅鹏教授所言，我的学术之旅刚刚起步。希望这本书的出版能成为我新的学术起点，我也会继续在单位制研究的路上走下去。真诚希望各位学者、老师不吝赐教与指正。

李珮瑶
2020年3月于吉林长春